《侨乡文化研究》丛书

U0508471

回归与融入
华侨农场归侨口述历史

◇郑一省 编著

中国华侨出版社
·北京·

图书在版编目（CIP）数据

回归与融入：华侨农场归侨口述历史 / 郑一省著.
—北京：中国华侨出版社，2021.9
ISBN 978-7-5113-7928-3

Ⅰ.①回… Ⅱ.①郑… Ⅲ.①华侨农场—史料—广西
Ⅳ.①F329.67

中国版本图书馆CIP数据核字（2019）第151379号

回归与融入：华侨农场归侨口述历史

编　　著 / 郑一省
责任编辑 / 高福庆
装帧设计 / 杨　琪
经　　销 / 新华书店
开　　本 / 710mm×1000mm　1 / 16　印张：22.75　字数：320千字
印　　刷 / 三河市嵩川印刷有限公司
版　　次 / 2021年9月第1版　2021年9月第1次印刷
书　　号 / ISBN 978-7-5113-7928-3
定　　价 / 68.00元

中国华侨出版社　北京市朝阳区西坝河东里77号楼底商5号　邮编：100028
发 行 部：（010）64443051　传真：（010）64439708
网　　址：www.oveaschin.com　E-mail：oveaschin@sina.com

特此鸣谢

广西一流学科·广西民族大学民族学学科资助

《侨乡文化研究》丛书编辑委员会

《侨乡文化研究》丛书概述

侨乡是华侨华人的故乡，是伴随着中国海外移民史的展开而出现的，它是中国颇具特色的一个社会现象。自侨乡形成以来，海外华人就与侨乡发生着千丝万缕的联系，海外华人与中国的联系实际上是与其侨乡的联系，而要理解并维系海外华人与侨乡的联系，对侨乡进行研究就必不可少。本丛书的特点在于：不单出版国内外学者的专著，还会推出海外学者的侨乡研究成果；以第一手资料和田野调查获得的侨乡研究成果为主，并出版国内华侨华人研究学者的著作，以及翻译出版国外有关华侨华人研究著作。

研究目的

在总结前人学术研究成果的基础上，本丛书试图达到下述目标：其一，在阐述华侨华人文化和侨乡文化的基础上，探讨新时期海外华人与侨乡及中国的关系；其二，通过开展侨乡研究，推动学术发展，展示侨乡研究的最新成果；其三，切实对新时期华侨华人与侨乡的关系之历史与现状进行总结和思考，为政府侨务政策提供参考和为侨乡文化建设提供智力支持。

研究意义

关于侨乡的研究，学者们的研究成果已相当丰富，涵盖社会、经济、文化等方面，但就其研究成果而言，还存在几方面的不足：第一，由于缺乏第一手侨乡社会的基本资料，研究方向偏向于大框架、大背景的梳理，往往以所谓的共识来理解具体侨乡的演变进程，缺少对侨乡深层结构和民众价值观念乃至意识形态的关注；第二，在研究方法上，更多的是重视理论宏观意义上的研究，忽视了田野调查的重要性，其研究成果主要是对已有文献史料的剖析，不能真正理解侨乡社会自身的发展变迁；第三，从研究深度上，就事论事，缺乏关注起背后的社会变迁，导致侨乡研究在某种程度上而言缺乏现实意义。鉴于已有研究成果存在的不足，本丛书主要以大量的田野调查资料为基础，注重共时性与历时性研究的结合，力求对侨乡与华侨华人的相关问题作微观或中观研究，将侨乡放在国家社会发展的大框架中，在调控侨务政策、促进侨务工作适应性转型的大背景下，以侨乡本身作为出发点，深入开展切实性的系统性研究。本丛书集国内外学者专著，既有编著亦有译著，以第一手资料和田野调查作出的侨乡研究成果为主，从不同视角、不同层次较为系统地展示侨乡研究的相关成果。综上看来，本丛书不仅具有一定的学术意义，且具有较强的现实意义。

研究内容

侨乡是中国特有的社会现象，它是一个地区海外移民到一定程度的产物，是海外移民比较活跃的区域性社区。侨乡民众与海外华侨华人存在天然的情感联系，侨乡与海外华侨华人长期以来存在互动，互为影响。中国侨乡已经成为中国实现城市化发展的排头兵和领衔者之一，同时也是中国与世界沟通联系的重要场地、桥头堡。《侨乡文化研究》丛书一定意义上是应学术与时代发展之需，在以往零散、独立研究著述的基础上再创新，形成全面、系统的序列性著作。

本丛书的研究内容主要体现在：

第一，侨乡文化。侨乡文化是侨乡研究的主要内容之一。侨乡由于有大量的海外移民，处于中外文化交流与对撞中的一个独特位置。在中国的近现代化进程中，侨乡民众开风气之先，他们对于西方文化不是照单全盘接受也不是简单的模仿，而是自觉或者不自觉地将外来文化与本土传统文化相结合，产生出一种新的亦土亦洋的侨乡文化形态。侨乡文化的生命力在于与时俱进，不断创新，大力提倡，广泛弘扬。侨乡传统文化是需要保护和大力弘扬的，以便侨乡传统文化得以发扬光大，促进社会发展，推动人类进步，缔造世界文明。本丛书对侨乡文化研究的内容涵盖了侨乡遗产、侨乡社会与文化史、当代侨乡社会现实问题、侨务理论与侨务工作等方面。

第二，华侨华人文化。海外华侨华人文化是一种源于中华文化，广泛地吸收了海外本土文化和西方文化，在海外的土壤中播种、成熟和发展起来的一种新型文化。它是华侨华人思维方式、价值取向、理想人格、伦理观念和审美情趣的集中体现。华侨华人是华侨华人文化的载体，研究华侨华人文化对于了解华侨华人这一族群的概况和侨乡具有特殊的意义。新时期，华侨华人文化的现代化过程是一个不断吸收中西方文化精髓的过程，同时也是不断向先进文化模式变迁与完善的过程，如何把握好新时期华侨华人文化的现代化问题，也是本丛书需要努力的一个方向。

第三，海外华人与侨乡的关系。海外华人与中国的关系历来是华侨华人研究的重要议题，海外华人与中国的关系主要表现为与其祖籍地的关系。侨乡作为华侨华人的家乡，是海外华人了解中国的一个窗口，是考察华侨华人与中国关系的一个重要方面和参照坐标，这不仅因为侨乡是海外华人与中国进行经济合作的主要区域，是海外移民影响祖籍地社会、文化的"独特风景线"，还因为侨乡研究是透视海外华人与中国关系的实证性研究。可见，海外华人与侨乡之间的关系是十分密切的，两者间的联系主要表现在经济和社会文化方面。首先，海外华人与侨乡经济上的联系是推动侨乡社会发展的主要动力，自侨乡成立之日起，海外华人就以各种形式与侨乡存在联系，他们对侨乡的经济贡献是明显的，主要体现在侨汇、投资和捐赠公益事业上。侨汇是海外华人一直以来联系侨乡的重要纽带，其改善了侨眷家庭的生活水平。随着海外华人经济实力的不断壮大，他们不仅仅局限于给祖籍地的亲属汇款，而且开始对侨乡进行投资建设，这直接推动了侨乡的经济发展。20世纪80年代在中国的改革开放中，乡镇企业经济发展出现了三种著名的模式，即苏南模式、温州模式和晋江模式。其中，晋江模式就是侨乡利用海外资源进行现代化建设的典型例证。海外华人投资侨乡，促使侨乡形成外向型的经济结构。此外，海外华人还给侨乡引进了西方先进的技术和管理经验，为侨乡社会经济发展注入了新鲜血液，促进了就业和制度创新。其次，海外华人与侨乡的社会文化联系是多元的、多层次的，体现在建筑、民俗活动、捐资办学等各方面。在建筑方面，一些侨乡采用了西洋建筑文化，并结合自身文化，展示了中外文化交流的样态；在民俗活动方面，海外华人对宗族组织的复兴起到了举足轻重的作用，随着海外华人及其新生代与祖籍地互动的加深，越来越多的海外华人回乡谒祖，使侨乡的民间宗教信仰得以恢复；在捐资办学方面，海外华人素有捐资办学的优良传统，促进了侨乡教育事业的发展。

　　海外华人与侨乡在经济、社会文化上的互动，在不同的时期有不同的特点，但毋庸置疑，这种互动联系在任何时期都产生着积极的影响，互动加强的正面是两者互利共生性的深化。随着全球化的发展，海外华人与侨乡的联系将日益紧密，研究如何在新时期更好地理解与把握两者之间的关系，从而服务于侨乡和国家的现代化建设，这是一项很有意义的工作。

《侨乡文化研究》丛书编委会

2014年3月

前　言

　　华侨农场的出现是在 20 世纪 60 年代和 70 年代，是由于南亚、东南亚国家受到冷战思维或狭隘的民族主义思想的影响，相继制定并实施了一系列限制、排斥甚至是打击华侨的政策和措施，由此出现了一波波的"排华事件"，迫使大量的华侨华人纷纷离开居住国，或返回中国，或流落到欧美等国。正是在这样的背景下，中国政府在诸如广东、福建、广西和海南等省、自治区专门建立了一批华侨农林场和其他形式的安置点，以安置当时大量的归国华侨。

　　据调查，1960 年 2 月，广西壮族自治区人民委员会成立了"广西壮族自治区接待和安置归国华侨委员会"。根据国务院的指示，广西把接待安置印度尼西亚归国华侨作为一项紧急任务和工作重点，先后接待安置了 20000 多名印度尼西亚归侨，大部分安置在新组建的武鸣、宁明、来宾、柳城、桂林和百色六个华侨农场。20 世纪 70 年代中期印支半岛的政治事变，形成了 160 万人口的印支难民潮，其中华裔人口约为 65%。据统计，从越南回国的难侨进入中国广西边境的有 222165 人，其中留在广西的有 10.4 万人，大多数安置在武鸣、宁明、天西、丽光、海晏、来宾、凤凰、迁江、柳城、桂林、伏虎、百色、浪湾、左江、新和、桃城以及其他华侨林场等。

　　近半个世纪过去了，在中国改革的进程中，有的华侨农场已经归入地方管理，或划入所谓的开放经济区，华侨农场的存殁似乎已进入最后阶段，而华侨农场的归侨大多数人也已成为老人，还有一些已经离开人世。这些从国外归来的归侨都有自己的故事和经历。我们抢救式地开展对这些华侨农场的归侨进行口述访谈，记录这些归侨的心路历程，弘扬他们的爱国情怀，已迫在眉睫。

　　2015 年，本人申报的"广西华侨农场归侨口述史研究"项目获得广西高校人文社科"2011 协同创新中心"民族文化遗产保护与传承协同创新中心招标课题的立项。为了顺利完成该课题，本人事先拜访了广西侨办和侨联等单位负责华侨农林场的有关领导。在他们的指导下，本人带领自己的研究团队重点选择了几个典型的华侨农林场如百色华侨农场、武鸣华侨农场、来宾华侨农场、柳城华侨农场、宁明华侨农场，拟以文化人类学的视野对这些华侨农场的归侨进行口述史访谈与调查。

几年来，我们走进了华侨农场，所到之处无不受到当地领导的热情接待，也获得了归侨们由衷的欢迎。在我们的访谈中，广西华侨农场的归侨，其归来的途径虽有所不同，但大多数人似乎经历了恐惧、惊慌而被动的回归历程。许多侨居南亚、东南亚的华侨被迫纷纷回到中国，成为特殊历史时期的"归侨"。而由于其遭遇困苦，回国初期的生活比较艰难，因此，他们也常常被冠以"归难侨"之称。我们还看到，归侨回到祖籍国的初期或一段时期，既充满着喜悦和希望，也充满着疑惑和无奈。虽然有许多归侨并不是回到了自己祖辈们出生的"祖籍地"或"家乡"，不过，他们仍然试图或努力地把"他乡"作为日后自己的"真正家乡"。在集体式居住和生产模式之下，以及来自不同的异国文化背景的归侨们，产生了自己的生活方式和不同于周边当地人的特殊的"归侨文化"，他们有着"当地人"和"归难侨"的双重身份，他们似乎是介于"当地文化"与"华侨文化"之间的特殊群体。一方面，他们被当地主流族群定义为"华侨"而排斥在当地主流社会之外，而他们自己也试图在以"归侨文化"自我疏远当地的主流族群，实行一种封闭或半封闭的状态，以维持着自己与当地人的族群边界。归侨群体，既是一个特殊的团体，又是一个相对弱势的族群。在回国后的几十年里，归侨经历了一个矛盾而复杂的自我认同的过程。在历史因素、文化因素、政策因素和现实利益的交织下，在一定程度上也强化了归侨对自身的族群认同。我们也了解到，20世纪90年代华侨农林场、归难侨安置点纷纷走上了改革之路。由于许多华侨农林场、归难侨安置点开始实行联产承包责任制，或者被正式转交给地方管理，或加挂经济开发区等牌子，继而被推向市场。在这个历史变革的时代，有的归侨萌发出靠"人"不如靠"己"的想法，毅然走出安置点，去寻找新的"家园"。而占大多数的归侨，因年龄偏大、身体欠佳，更多的是迷茫、渴求、无奈，有一种无助的感觉。

可以说，华侨农场是一个在特殊历史时期，因特殊的历史事件，经由特殊的历史决策而在国内外的帮助下建立起来的社区，这个社区既具有政治的，也具有经济和文化的特征，且是一个较为封闭的无所不包的人文社区。它曾在很长一段时间内得到了政府的种种政策扶持。然而，这样一种计划经济体制下的"扶持生存"之路，在进入20世纪90年代后，被席卷全中国的经济改革大潮彻底淹没。

从以往国家统包下的"华侨农林场政策"到目前有些近乎"甩包袱式"的完全市场化行为，特别是有些地方在华侨农林场、归难侨安置点的改制过程中出现的那种无视历史、缺乏人文关怀、为了其市场化而断然消除给予归侨任何特殊关照的做法，这不仅对归侨是一种伤害，也给华侨农林场、归难侨安置点此后的发展留下了巨大的隐患。

我们所要展现的是，作为"特殊的族群"如何从华侨到归侨，从初来乍到，到再次奔走他乡而经历的一个又一个漂泊的故事。回国前期，华侨在海外遭遇了侨居国的排挤。据印度尼西亚归侨讲述，在 20 世纪 60 年代初，印度尼西亚政府实施了一项第 10 号总统法令，即不允许县以下的华人从事商业和贸易，从而导致当地的华侨掀起了一股回归祖籍国的高潮。这些华侨主要来自印度尼西亚的亚齐、棉兰、勿里洞、巨港、泗水，有许多过着比较富裕的生活；而在 20 世纪 70 年代末，由于越南的排华政策，有将近 50 万名越南华侨华人被迫逃亡其他国家和地区，另外大约有 20 万名回到中国，其中有 10 多万名越侨留在广西，大多数被安置在武鸣、宁明、天西、丽光、海晏、来宾、凤凰、迁江、柳城、桂林、伏虎、百色、浪湾、左江、新和、桃城以及其他华侨林场等，这些越南归侨主要来自越南广宁省和海防市，尤其集中在广宁省沿海农村。这些归侨的先辈是如何到达印度尼西亚、越南的？据调查，印度尼西亚归侨很大部分是第二代或第三代，其先辈大约是清朝末年或 19 世纪 30—40 年代前往移居印度尼西亚的，特别是在 1848 年鸦片战争后被"卖猪仔"而骗到印度尼西亚者居多。印度尼西亚归侨的祖籍大多数在广东、福建，尤其是广东梅县的较多。每个印度尼西亚归侨的先辈及其家庭，都有一部移民史、苦难史和奋斗史。据一些归侨说，刚开始过去的时候是在种植园过着"契约劳工"的生活，后来期限满了，自己便在外跟着老板打工，后来积累了一些财富后，便开始自己种植橡胶、胡椒、咖啡等经济作物，随后逐渐发家致富。有的归侨先辈先在印度尼西亚勿里洞的锡矿做工，后合伙开锡矿。据访谈，越南归侨的祖籍有许多是广西的合浦、防城港等地的，他们的先辈大约是清朝末年移居到越南的。一些访谈者说，他们是第三代华侨，其爷爷是防城港上思县的，靠近防城港，是其爷爷奶奶最早从那边去越南的。他们的父母有许多是越南国营企业的工人，有的是在越南煤矿里工作，也有的是当地的农民。就教育方面来看，无论是印度尼西亚还是越南归侨，在小时候即使家境不好，但是其父母仍愿意花钱送他们去上学读书，他们大多数是在华文学校念书，后因各种原因没有读完书就开始为养活自己而外出做工。

　　我们所要展现的是，这些华侨如何从侨居地返回祖籍国中国，其归国的途径如何？是否经历了种种磨难？据了解，印度尼西亚归侨和越南归侨虽然处于不同的国家，居留时间各异，其对在所在国所经历的排华事件，以及归国历程的记忆却是心惊胆战，甚至是刻骨铭心的。印度尼西亚华侨的归侨大多数是在20世纪60年代初期，因印度尼西亚总统第十号法令，即不允许华侨在县以下城镇经商而导致的排华运动回国的，他们在回国之前都被驱赶到集中营集中，经历了种种紧张或被恐吓，被迫变卖家产，但终于在祖籍国的大力支持下，乘坐轮船历经千险回到中国。据访谈，越南华侨大多数是在1978年因越南当局排华活动升级而回到中国的，越南那时驱赶华侨，要把华侨统一流放到新经济区，即农村。其目的是想把华人集中，从而导致华人感到害怕，分别通过不同渠道，或翻山越岭，或跟着人流朝中国的方向逃亡。在过关的时候还被越南人没收钱和身份证，有的还遭到越南公安人员或军人的威胁，甚至开枪射击，他们有的带着全家老少、冒着生命危险，历尽千辛万苦才逃回祖国温暖的怀抱。

　　我们所要展现的是，当大多数华侨回国时，归侨们满怀信心回到祖籍国，希望在祖籍国重建家园；回国后，现实和理想之间的落差，以及所经历的种种运动和变革，给归侨们的心理留下了震撼或隐痛。据访谈，印度尼西亚和越南的华侨回到中国后，大多是服从政府的安排，自愿选择去其他地方的较少。印度尼西亚和越南归侨回国后，绝大多数开始从以前的做生意，转变为从事种植茶叶、剑麻、甘蔗、水稻等的农业企业职工，有的也因有一技之长而被其他的工作岗位录用。还有的因年龄较小，在华侨农场读小学或中学，后有的去上了大学而被分配到教育、科研部门，也有的读完高中后，回到父母的华侨农场从事农业职工的工作。印度尼西亚和越南归侨的生活也发生了与在国外不一样的变化，即从以前的自由职业的生活转变为集体工作的生活。一些被访谈者叙述道，印度尼西亚归侨刚回来时吃不饱，穿不暖，毡毛房冬天好冻啊，有的去读初中，走到脚都开裂了。那时候还要吃大锅饭，天天吃空心菜，有的归侨因发出"蕹菜万岁"的口号而遭到批斗。在60年代中期的一段时间里，印度尼西亚的归侨不同程度地受到了不同程度的影响。越南华侨回国不久，遇上自卫反击战，他们有的主动参加这场战争，利用他们的语言优势作出了应有的贡献。在随后的改革开放进程中，印度尼西亚和越南归侨的生计发生了几度变化，先是从事承包制，种植自己获得的几亩田地，后又开始外出打工，开始了自由职业的过程。

　　我们所要展现的是，归侨如何固守自己的"族群边界"。他们日趋表现出被"边缘化"的态势，而在日益被"边缘化"的过程中，又显现出不同于当地社会民众的认同意识和形态。从许多访谈中，我们可以感受到归侨群体内心深处的"归侨意识"，同时，"归侨意识"在归侨与当地人的互动交际中逐步被建构。这些共同的历史—集体记忆，是归侨群体产生认同的基础，对于整合归侨群体内部以及区分归侨和其他群体具有重要影响。从调查来看，广西华侨农场的印度尼西亚华侨祖籍地要么在广东，要么在福建，基本上与广西没有任何关系，而由于所在国的排华被迫回到祖籍国——中国。当他们回到中国后，大多服从中国政府的安排，来到广西。对他们而言，广西是一个陌生的地方，是一个"他乡"，在刚到广西时，由于生活习惯的不适，又由于印度尼西亚归侨在回国之前大多数从事商业，而来到广西后成为名副其实的农业工人，一切都从头做起，在一段时间是痛苦或悲观的，可随着时间的迁移，他们将以前在其脑海中的"他乡"逐渐变为其"家乡"，从以往的"陌生"变为"熟悉"，并对重塑的"家乡"充满了感情，成为一个自己不能离弃的家乡。

我们所要展现的是，文化的、自然的和社会的各种因素是如何引起归侨认同感、归属感的产生与建构，以及生计的变迁。从我们的调查与访谈来看，归侨的认同感是复杂、动态、多层面的。不同的时间、不同的地点、不同的对象，各族群都会作出不同的认同。换句话说，归侨的认同具有一定的场景性、动态性，它随时随地因人因事而改变。据调查，无论是印度尼西亚归侨还是越南归侨，都不同程度地与海外亲戚保持着这样或那样的联系。在中国改革开放后，归侨与海外的关系开始变得活跃或紧密起来。有的归侨女子通过海外的联系，嫁到海外成为新的移民。在 20 世纪 70 年代末和 80 年代初，有一些印度尼西亚归侨利用中国对归侨政策的变化，即允许归侨通过各种联系移居海外，有的通过海外亲戚的关系，形成了新的跨国网络，从而促使一些归侨或移民欧美，或移居港澳地区，成长为新移民。

我们所要展现的是，以"集体"方式安置的归侨安置点，无论是使归侨置换职工身份还是保持原有的职工身份，其问题与矛盾仍会时时浮现，虽然国家在华侨农林场等集中安置点投入大批人力、物力和财力来解决归侨的各种问题，也取得了一些成果，但还有许多华侨农场发展缓慢，困惑仍然十分突出。这些矛盾或缺失的现象，应该给华侨农场的管理或决策部门带来一些启示，有待于他们调整政策或策略，有待于他们改进工作方法和工作作风。

目 录

三、柳城华侨农场篇

四、宁明华侨农场篇

五、武鸣华侨农场篇

一、百色华侨农场篇

百色华侨农场成立于1960年，是为安置印度尼西亚归侨、越南归侨而由广西政府建立起来的"政治社区"，后来又陆续安置了一些百色澄碧河水库的移民，其逐渐发展成一个有多族群混合的生活社区，该华侨农场居住着印度尼西亚归侨、越南归侨、水库移民、当地居民四大群体。

百色华侨农场位于广西百色市的右江河谷南部，东距田阳县城8公里，西距百色市区10公里，南距中越边境120公里，百色华侨农场辖区横跨右江区四塘镇及田阳县头塘镇，辖区土地沿着312国道两侧分成六块与周边农村呈插花分布，东西相距15公里；场部设在右江区四塘镇。全场占地2.5万亩，有耕地1万亩，所占土地跨越百色市右江区和田阳县两区县。

百色华侨农场是在一个特殊年代建立起来的，起因是20世纪60年代印度尼西亚排华，引起一大批印度尼西亚华侨被迫回到中国，需要安置。正像场部的一份文件所提到的"为了适应国际斗争的需要，党和政府决定从印度尼西亚接侨回国，建立华侨农场是解决归国华侨安置的主要形式"。根据上级的指示，百色专区接受了这一任务，于1960年8月成立了百色华侨农场筹备领导小组，决定接管1958年成立的畜牧场、果木园艺场、劳改场等几个国营农场，作为华侨农场的基地，并选定与四塘镇（原四塘乡）人民政府驻地相邻的丘陵地作为场部中心居民点，此后开展了紧张的基础施工建设，等待归侨的到来。

1960年10月5日，第一批印度尼西亚归侨30户123人，在欢迎的锣鼓声中到场，随着归侨的陆续安置，也正式宣布国营广西百色华侨农场成立。据1960年年底统计，农场有人口868人，其中地方干部、复员军人90人，技术人员14人，医务人员6人。1961年4月，接收从广西宁明华侨农场迁来的印度尼西亚归侨88户420人。1961年8月，接收安置百色建设澄碧河水库库区移民84户346人。1962年春，接收1960年9月27日归国，临时安置在田阳县那坡镇的印度尼西亚归侨56户276人。1964年2月，原来安置在田东县公康农场的归侨108户607人；因田东县公康农场严重缺水缺地、交通不便，所以撤销该场，搬迁合并于百色华侨农场。1965年，接收和安置了回国的印度尼西亚归侨4户

26人。据1965年统计，农场共安置印度尼西亚归侨1425人，加上移民和原老场人员及外来干部工作人员等，全场共计2072人。1978年，由于中越的关系，农场又接收了越南难侨681人。截至1980年统计，农场人口达3450多人，其中安置归难侨2107人。

随着场员的到来，农场在进行紧张的开荒生产和基建施工的同时，理顺着各方面的关系和配套建设：1960年设立4个分场，1964年通过调整扩大生产单位后改为8个生产队；1960年成立加工、酒厂、基建队、木工组、车缝组、种菜组，将有一技之长的归侨分配到相应的工作岗位；1963年接管了百色百货公司在农场开办的商店，并迅速铺开到各生产队；1960年在茅棚里办起了卫生所，1963年后各分场都设立了卫生室，1965年总场卫生院部落成，各生产队都有了卫生室；1965年建立了五保户制度，孤寡老人有了新居；1961年开办了总场完全小学、总场幼儿园，1963年开办了头塘完小和设立全场各队分小及幼儿园；1964年全场开荒种地达7713亩。大批归侨的迅速到来和水库移民的匆匆进场，使农场基建无法承受，等待他们的是极其简陋的茅草房和工棚。除了部分归侨住瓦房外，大部分的人员都住茅棚。那时，办公在茅棚，卫生室开诊在茅棚，学校上课在茅棚。每逢刮风下雨，房子内外到处是一片泥泞。面对现实，农场的建设者们以满腔的爱国热情，掀起了基建高潮。经过三年连续不停的施工，1964年初，全场广大的归侨、干部、移民都住进了瓦房。各小学、卫生院都相继搬进了瓦房。

建场初期的农场，不仅是职工住房难，人畜饮水矛盾也非常突出。经过多年的努力奋斗，到1980年，农场各职工居住点都做到了自来水到家，1983年联合国难民署援助20万美元，四塘片各队的用水得到了进一步的解决。如今，农场逐步投入资金，逐年投建饮水工程，使全场的饮用水分别由田阳县水厂和百色水厂直接供给，彻底解决了饮用水问题。

1987年，为落实中央关于重新调整安置归难侨的政策，在区侨办、企业局和地方政府及有关单位的大力支持下，农场重新调整安置政策。从农场调出的人员有42户213人（其中一部分安置到广西隆安浪湾华侨农场、一部分被自治区华侨企业各工厂招工、一部分被调往防城港市），还有400多人迁居国外和港澳地区。据1990年统计，农场有干部职工1103人，其中承包农业种植的职工701人，占干部职工总数的64%；从事工副业的职工212人，占干部职工总数的19%；停薪留职自谋职业的职工98人，占干部职工总数的0.9%。

百色华侨农场成立之初,设置了中共党委,党务方面设有正副书记,行政方面设有正副场长,实行党委集体领导制。1984年起实行党委领导下的场长分工负责制。场部一般设置党委办(政工科)、行政办、劳资科、计财科、农业科、工交基建科、纪检办、供销科、工会办等。随着农场工作的重心变化,有的科室合并或增减。1999年农场改制为百色华侨经济开发区,开发区管委会内设机构设置为"一办四科",即党委办公室、综合科、农业与土地管理科、房产基建管理科、计财科,事业编制人员31名。2007年又进行改革,撤销百色华侨经济开发区及其关联委员会,设立百色华侨管理区,成立百色市华侨管理区管理委员会,管理区管委会为市人民政府派出的正处级事业单位,赋予其相应的行政管理职能。同时,保留百色华侨实业有限责任公司,该公司是一个集农工商贸于一体的综合企业。农业上以种植杧果、荔枝、龙眼、香蕉、水稻、冬菜、甘蔗、剑麻、菠萝等热带、亚热带经济作物为主,工业以农副产品加工为主,第三产业有汽车运输及修理、房地产、水电、商贸、饮食等服务行业。生产的"右江牌"淀粉、优质杧果原浆等产品畅销全国各地。

据2014年统计,农场有干部职工1319人,其中在职干部职工581人(其中农业职工占80%)、离退休人员738人。其中印度尼西亚和越南归侨610多人。印度尼西亚归侨大多居住在农场三区和八区,越南归侨主要分布在三区和七区。此外,水库移民分布在九区和十区,以及一些复员军人分散居住在农场。①

---

① 董中原主编:《中国华侨农场史》,北京:中国社会科学出版社,2017年版,第1574—1592页。

陈意美 口述

口述者简介： 陈意美，男，1945年7月14日出生在印度尼西亚亚齐，客家人，祖籍广东宝安县（今属广东省深圳市）。其祖父最早去印度尼西亚谋生，陈意美是在印度尼西亚出生的第三代华侨。

时　　间： 2016年7月10日
地　　点： 百色华侨农场，陈意美家中
采 访 者： 苏妙英
华侨属性： 印度尼西亚归侨
南 洋 物： 回国船票
整 理 者： 郑玉荣

一

　　我1945年7月14日出生在印度尼西亚亚齐。我爷爷是最早出到印度尼西亚的，他是在清朝末年时，由于社会动乱加上日本等帝国主义的殖民扩张，那时东南亚的印度尼西亚、马来亚等均已成为帝国主义掠夺劳动力的原产地。我爷爷叫陈滇，他应该是在被"卖猪仔"时期被骗到印度尼西亚的。当时我爷爷大概只有二十一二岁。那时爷爷听来自香港的人讲，在海外有工作可以做，可以赚钱。那时叫"下南洋"。于是爷爷就和自己的兄弟商量，那时爷爷的兄弟都结婚了，只有爷爷还没有成家，家人遂同意爷爷下南洋。当时拉他去的人说："你下南洋有工作做，有饭吃，还可以赚很多钱。"这实际是个骗局。

　　那个香港人说，要去就要登记，你要去就登记跟我走。于是爷爷就和他们去登记，刚开始是到香港。在香港待了十多天，就上了去印度尼西亚的船，坐四等舱。当时的船环境很差，一大帮人在一起。四等舱是最低的，机器轰隆隆地响，

一帮人像猪仔一样挤在一起，所以又叫"卖猪仔"。

那时印度尼西亚是荷兰殖民地，橡胶的种植比较发达，我爷爷就是被掠去那里，成为从事种植橡胶的劳工。带他到印度尼西亚去的人对我爷爷讲，是我们带你来找工作的，你要签订合同。你们一路来，都是我们掏的钱，我们带你来的车费、路上的吃饭什么的，你要通过做工来还给我们。另外你给我们做工，我们可以给你吃饭，给你提供住的地方，但是没有工钱。当时我爷爷没有办法，只得签订协议。刚开始是签订了10年的劳工协议，这10年间由雇主提供吃和住，但是劳动的所有劳动补偿都由雇主所得，只是定期给我爷爷一些零花钱，让他去买些烟及日用品。但是在这一段时间我爷爷是没有人身自由的，合同的这10年他必须只能为雇主做工，10年后可以获得人身自由，到时他可以选择继续做工，也可以选择离开。签订协议时我爷爷是22岁，合同到期时他已经32岁了。随后，我爷爷就让国内的水客帮他在家乡找了一个妻子，她也就是我的奶奶，并让水客把她接到了印度尼西亚。我奶奶是从宝安过去的，奶奶比爷爷小10岁，那时我爷爷32岁，奶奶22岁。

后来，我爷爷又做了5年，37岁稍稍存了点钱后，就去了苏北亚齐的博拉（BORA）。那边比较穷，去了后是挑东西拿来卖，以维持生计。当地那时社会动荡，好多人来抢东西，后来有个山东人很厉害，打败了前来抢东西的当地人，于是当地人就说中国人很厉害，不敢抢他们的东西了。后来我爷爷他们赚了点钱，自己开了个小店铺，生意不错。

1929年时，我爷爷给我的爸爸买了一辆旧的美国汽车，后来这辆汽车在日本侵略印度尼西亚时期被日本人抢走了，日本侵略者是1942年到达印度尼西亚的。我父亲叫陈父庆，他一共有11个兄弟姐妹，2男，9女，父亲排男的中的老大，总的排第二。我父亲结婚后，我们一家住在博拉镇，当时博拉镇有55户华侨，靠近博拉的不远处有个海口，那边还有22户华侨。因为家里人多，我有3个姐姐、9个兄弟，我排第10。日本人的到来，我父亲为了全家人的安全，特别是女性的安全，全家搬到了海边。那时在海边，父亲从事晒盐和卖盐的工作。在海边做了一段时间后，我父亲从海边搬出来，租了辆车，帮别人开车。1949年时，我父亲自己买了车，我父亲开车直到1953年，便过世了。其实父亲是被印度尼西亚的反军杀害的，反军就是当时反对印度尼西亚政府的武装组织。事情是这样的，当时我家居住的地方经常打仗。老板叫我父亲拉几车米去班达拉布，当时我父亲居住的地方博拉距离班达拉布大概200多公里。父亲说："现在的局势太紧张了，等稍平静一些再拉吧。"老板不听劝，老板对我父亲说："我是要养家糊口的啊，你不去给我拉我怎么养家啊！"。于是父亲没有办法，只得给老板跑运输拉货。第一次、第二次平安无事，第三次出事了。那时大约是 7 月，是放假的时候，有两个初中生乘坐父亲车子，是免费搭乘的。这几个学生也被抓去了。开始时反军不要人不要车，他只是要粮食和吃的东西。不过，他们担心我父亲去报警，就一直关着、拖着。当时与父亲一起出车的印度尼西亚人车夫跑回来对我母亲讲，说："你丈夫出事了，你不要去找了。"那位印度尼西亚人车夫说："你不要告诉别人是我告诉你的，我也是冒着生命危险跟你讲的，你知道他出事了，不在了就好了，不要去找了。我家里还有孩子，你讲我出来我要被杀头的。"听到这话，我母亲也不敢去找父亲了。

1953 年后，我与哥哥都已长大，母亲有做糕的生意，兄弟姐妹都长大后母亲也老了，就不做糕来卖了。那时在博拉有个华侨小学，我在那边读书。1960 年的 2 月，听到华侨总会来通知当地华侨，说印度尼西亚政府不给开商铺了，印度尼西亚政府开始有点排华了。3 月至 4 月间十号法令出台了，当时有一条是不允许华人在县级以下营业做小生意。要做生意可以，要去到县级以上。我家这种小本生意，没有钱去到大的县级以上的地方。所以，当地大部分的印度尼西亚华侨商贩走了，去到棉兰投奔亲戚。

4—5 月的时候，华侨总会都来通知了，说想回国的就登记回国。家庭贫困的优先。当时我家很贫困，于是我家是第一批回国的。当时博拉镇就有 50 多户，回来是 13 户人，还留了 20 几户的华侨在那边。回国是自愿的，贫困的家庭优先回来，也有一些家庭选择留下来。因为我的姐夫是当时华侨总会的打字的，像秘书一类的。姐夫叫他们先回去，姐夫的名字叫谭保田。谭保林是我姐夫的哥哥，他是印度尼西亚华侨总会的主席。谭保林的岳母非常有钱，后来谭保林就逃到了棉兰，谭保林一逃，博拉的华侨就全都走了。印度尼西亚政府也允许华人留下，但是前提是必须加入印度尼西亚国籍，加入印度尼西亚国籍就要去当兵。许多的华侨不愿意加入印度尼西亚国籍，纷纷选择回国。当时有我家 11 个姐妹，回来了一半。结婚的姐姐没回来，有两个没结婚的哥哥不愿意回来，母亲讲那你们就留在那边。4 月份时开始登记，每个人要照相，要证件，每个人拍 10 张。这些费用全部是华侨总会垫付。一直到 6 月份，这批回国的都集中在冷沙，大约是有 400 多人，暂时集体住在冷沙的小学里。在那边大概待了二十五六天，吃、住等的费用全部由华侨总会负责。当时的华侨总会是由当地比较有钱的华侨组成的，他们出钱帮忙。那时当地的印度尼西亚人已经开始骚扰华人了，经常听到外面半夜有人敲门，高声喊："喂，你们还不走？船已经在等你们了。"华人的商店也经常遭到抢钱或抢货物。在我们离开后的第二年，印度尼西亚的华人就开始变卖在印度尼西亚的房子，准备回国，因为那时的局势已经很紧张了。

6—7 月，我以及其他的华侨到棉兰去集中。在棉兰又待了一个月。到 9 月 10 日我们就到勿拉湾港口上船。当时当地的华侨都欢送我们，并高呼："祖国见！祖国见！"我们是乘坐俄罗斯号回来的，在船上坐了 7 天 7 夜。船上的小孩都昏昏沉沉的，吃不下东西。9 月 18 日到达湛江，3 点到达，在船上待了 2 个小时，下船后就坐火车到南宁。

二

我们这批回国的人大约有 2800 人。这一批原来是准备安排到海南岛的，但是海南华侨农场已经接待了几批，而且相关的措施之类的还没有建设齐全，所以我们这批人就被分配到百色的两个地方，我被分配到百色华侨农场，我现在的太太张亚芳被分配到田阳公康华侨农场。不过，这个公康华侨农场只存在了三年，因为水资源的缺乏，那边的华侨吃的都是鱼塘的水。当时的地委考虑到公康华侨农场的条件太差了，没有水喝，印度尼西亚华侨也比较爱洗澡，所以三年后，公康华侨农场归侨搬迁并被合并到了百色华侨农场里来。

当时 2000 多人的吃饭问题没有办法解决，拨了 2000 多亩的水田，给 2000 多人提供粮食。百色华侨农场共有 11 个生产生活区，土地分布在头塘镇合四塘镇片区。头塘片区有 6 个生产队，分别是第一生产队、第二生产队、第三生产队、第四生产队、第五生产队、第六生产队。种植水稻，解决农场的吃饭问题。四塘片区也是七队、八队、九队、十队、十一队。这里是种植经济作物的，有剑麻、甘蔗。百色华侨农场刚开始什么都种，因为对这里的地不太清楚和熟悉，还种过橡胶，最后种剑麻、甘蔗、水稻。刚开始国家每年补贴 100 万元—200 万元给农场。200 万元是钱，包括工资什么的。直到 1975 年之后，慢慢减到每年 100 多万元，后来 50 多万元。那时的农场也效益比较好，慢慢地可以盈利了。

我在印度尼西亚读小学，回国后读初中。回国时我刚好 14 岁。我 1960 年上初中，我的弟弟 1961 年上初中。我初中毕业后本来可以上高中，由于与弟弟和母亲住一起，当时家庭条件比较困难，加之弟弟也要读书，我就放弃了读高中。

那时每人有 6 元的生活补助。我放弃了读高中的机会，让弟弟继续读书。从学校回来后，我就加入了农场的生产队，生产队安排做什么就做什么。那时是 17 岁，农场叫我看牛，当时看牛的是两个老头，我又年轻力壮，所以被叫去看牛。看了一年牛后，农场领导说，我们的犁耙的人手不够，又叫我去犁耙，一直干到 1969 年。当时的生产队里有文化的也不多，高中生都被农场拉去当老师了。指导员经常让我写报道，后来我在第五生产队当了副队长，专门负责写报道。组织上看我要求进步，要求我入党，1971 年我写入党申请，1973 年 3 月 12 日，即考核两年后，组织批准我加入了中国共产党。1974 年我在五队当生产队指导员，一直干到 1984 年。1984 年 9 月调到了场部，当党委书记，直到退休。我一直在生产队做了 21 年。1978 年到百色市党校进修，1980 年回农场后就当了党委书记。百色华侨农场准备把我调去桂林华侨农场，我听桂林华侨农场的朋友讲，那边一塌糊涂，已经走了两个党委书记，我因此不愿意去收拾那个烂摊子。撒谎说自己国外的姐姐要回来，借此拖延时间。我老婆身体不好，如果去到桂林会受不了，我老婆也提出，如果我到桂林，两人就离婚，我因此躲过了去桂林的调配。我是提前退休的，三个处级干部有两个是提前退休。那时，全国的企业、华侨农场几乎都是亏损状态，很难继续运行下去。提前退休是为了启用新人，因此我等就内退了。

我所在的第五生产队是最大的生产队，每年要上交给国家 90 多万斤的粮食。第五生产队到头塘大约 3 公里，90 多万斤的粮食需要人力背到运送粮食的卡车上。有一次一个年轻人要和我比赛背粮食，如果我输了就把指导员让给他；如果我赢了，我就要年轻人喊我叔叔。一袋粮食是 200 斤，一个小时我扛了 48 包，扛了两个小时后，年轻人体力不支。那时的我 32 岁。我插秧一天可以插一亩地。1978 年场部想调我过去，生产队不放我走，我讲，人往高处走，水往低处流，你要留，是留不住我的。

现在我老了，也不想什么了，想回广东寻根寻祖。我结婚时给老婆聘礼十九块九毛九，那时相当于一个人一个月的工资。现在我们的生活变好了，起房子出租一年能得 4 万多元，现在我的房子准备要被征收了，大约可以获得补偿款 20 万元。我每个月有 2000 多元的退休金，妻子张亚芳是高中退休老师，每个月有 4000 多元退休金。我可谓可以安享晚年了。于是我想把自己家族下南洋的历史尽量收集起来，把自己和妻子的真实经历记录下来。我家中有关于客家迁移史、印度尼西亚华侨史等各种文献资料，我妻子张亚芳还保存了当年乘坐的俄罗斯船的船票。这对于我们来说是非常珍贵的回忆。退休之后我就开始研究印度尼西亚文化和中国文化，有人认为，印度尼西亚之所以排华是因为当地的华人表面上占据了大部分的财富，其实不是这样的，是有许多政治的因素。不过，在大大小小的餐馆里都可以看到华人的身影，而端盘和服务的却都是当地的印度尼西亚人。这可能引起了当地人极大的不满，因此每隔15—20年就会排华一次。印度尼西亚人穷，他们不会反思自己为什么会穷，不会学习中国人的勤劳。中国人是很勤劳的，如果不是自己祖先的勤劳，能够在印度尼西亚扎根？即使是被"卖猪仔"过去的，在这样恶劣的环境下依然能够顽强地生存下来，并经过多年的勤劳奋斗，积累大量的财富。我研究后认为，广东主要有三种人，一种是讲陆丰话的，另一种是讲客家话的，还有一种是讲潮州话的，而梅县讲客家话的客家人是最聪明的，因为他们文化水平最高。我的几个老师都是广东梅县（今梅州市）人，梅县人之所以文化高，是源于他们对于文化知识的重视。我的岳父是在印度尼西亚出生的，但是岳父的父亲为了儿子能够得到更好的教育，特意把他送回国接受正统的中国文化的教育。

我弟弟在深圳市的一家医院里当医生，已经退休了，目前已经六十七八岁了。我在儿时曾在印度尼西亚的儿童节说："那时我们都会到华侨总会去讨吃的，他们都很好，都会给我们吃的。"在过国庆的时候，当地的华侨也会同时悬挂中国国旗和印度尼西亚国旗，当时的印度尼西亚政府还是允许的。1960年之前是可以的。印度尼西亚政府要求工厂里必须百分之七十是当地人，百分之三十是中国人。

黄群芳　口述

口述者简介： 黄群芳，女，1954 年在越南出生，第三代华侨。祖父母最先去越南，父亲叫黄国强，在越南出生。祖籍广西防城港市上思县，在越南时居住在越南高平市，1978 年回国。在越南时当粮食局的会计，刚回国就遇对越自卫反击战，跟随部队到俘虏营当翻译。

时　　间：2016 年 7 月 9 日

地　　点：百色市华侨农场

采 访 者：苏妙英　邓欣婷　王贞荣　郑玉荣　罗世念

华侨属性：越南归侨

南 洋 物：无

整 理 人：邓欣婷

一

我叫黄群芳，1954 年我在越南高平市出生，我是第三代华侨，我回国那年 24 岁，那时候还没有成家。我爷爷是防城港上思县的，靠近防城港。我爷爷奶奶从这边去到越南，我爸爸也是在越南出生的。我奶奶是那坡平孟的，她跟我爷爷结婚后才去越南。我父亲是独生子，没有兄弟姐妹。他叫黄国强。我母亲是玉林博白人，我们家三个兄弟姐妹，我是老大，有一个弟弟叫黄志利，1956 年出生的；一个妹妹叫黄群芬。我们都一起回国，现在都在百色，居住在一起。弟弟妹妹回来时也都二十几岁，就不在这边读书。我的爱人是 1960 年从印度尼西亚回来的，他叫张运蓝。我家婆是印度尼西亚爪哇人，她 83 岁时过世了。

我爸懂中文，他在平孟的时候读书，读到大概高一的时候才去越南。在整个高平市的话，他的文化水平算比较高的。我父母都是工人，在竹器厂工作。竹器厂是国营的，里面也有很多华侨。我爸爸是专门做桌椅的，我妈妈是做吊椅的。越南打仗，1964年就开战了，竹器厂就迁到了离高平市13公里的地方，我父母在那上班，我们就在那边读书。那时候读书很辛苦，晚上去读书，白天都是飞机的声音。每个学生刚刚得一毛钱的火油，要点灯来上课读书。在竹器厂的时候，因为他们对待华人不好，我爸就退出来自己谋生。他出来之后也是做竹器，做了很多的桌子、床铺、沙发，那时候我已经有十几岁了。我爸爸是1970年才出来单干的，1978年我们就回来了。

二

　　其实在1978年回国之前，我们曾打算回来的。1966年开始"文化大革命"，1967年他的堂兄弟们都叫他回来，因为我爷爷的名下还有产业，说留着给他。然后我爸就申请回国，护照也批下来了，允许我们一家七口人回来定居了。我爸在南宁有一个朋友，我爸写了一封信给他，告诉他我们可以回去定居了。后来他偷偷回信说，处于"文化大革命"时期叫我们别回来，后来我们就不回了。抗美援越的时候，我们被疏散到农村去住，在那边有一个营，我还小，也读过一点书了，就懂简单的几句普通话。见到他们就用普通话说叔叔你好啊，他们就会给我吃苹果、雪梨等。1978年听说排华，其他地方的人走了很多了，但我爸不相信。后来我爸到大使馆问别人是不是排华，他们也不敢表态。当时很多人走了，越南政府也没有明确说叫我们回国，就是自己愿意，想回国的话就走。那时候排华的迹象就是不给生意做，还有叫我们加入越南国籍。因为我们几代人住在那里，都是华侨，加入越南国籍的话，我们不能接受，转变不过来，所以我们就拒绝了。那时候越南准备换身份证了，不加入越南国籍的话，就不给我们身份证。我爸去大使馆问了之后，就在河内坐飞机到高平，回到家就叫我们准备晚上走。我爸是带着我弟第一个回来的，从那坡县平孟走山路回来。他是连夜悄悄地走，隔壁邻居都不知道。我们隔壁是高平省公安局副局长，所以做什么都很小心。我爸跟我弟先走，因为还有房产之类的东西没有解决，所以我跟我妈还有我妹后面走。我妈说，几代都住这里，东西也不少，如果走的话舍不得。后面剩下我们三个都是女人，我是干部，我妹和我妈都是工人，他们来到我们家也不敢怎样就走了。两个礼拜后，越南报纸就刊登了消息，如果你们是华侨，想要留下来就打报告，申请之后就给你留下。我看到报纸之后，就去照相，申请定居。我们提交材料给公安局之后，三天他们就受理了。他们问我爸爸去哪儿了，我就说我爸爸去河内没有回来，去那边做生意也不知道具体在哪个地方。后面他们知道我爸已经回国了，让我们申请回去团聚，三天他们就批准了。后面我拿着公安局的批条，就像是通行证一样，到单位辞职领工资。我们回来就是堂堂正正买车票，坐车从高平市到河广县县城，再租一部车到达边境。那时候都没有想过要回国。

　　我们1978年回来还没有打仗，1979年才打。我们在越南还有房产，1980年之前还不给别人进去住，1980年之后打仗了，他们就让人进去住，到现在也有人住。现在我家还有楼房在那边，还有房产证，我们拿房产证去越南的房产局，他们也承认房子是我们的，但是国家没有政策将房子归还，所以没有办法收回来。后来有一个政策，就是如果你有家属在越南，而且是越南户口就可以还给你。不过我们现在都已经回来了，只有旁亲在那边。我们回到平孟，它是属于百色地区的，我爸第一个报到，政府来劝我爸爸回去，他们说没有收到任何通知。我爸爸说，如果你们说没有排华，不收留我们的话，就借一条路让我们去南宁。后面他们就说要请示领导。我来到农场是6月1日，那时候还没设有接待站。我爸是第一个进来的，两三天之后就看到很多人进来。我们进平孟关口的有1000多人，全部是从高平过来的。我们这边有那坡县的政府去接待，我们在平孟住了20多天，就被分配到百色华侨农场。我们被分配到百色华侨农场十一区，那时候是泥巴路，开车拐来拐去，路边种有很多剑麻和菠萝。在生产队的时候，我们住的是大棚，还没有房子，有点失落。八区这一带，一批是从东兴过来的，他们住在农村，什么东西都拿回来，我们就每个人一个皮箱。印度尼西亚归侨来接我们的时候就说：这些人有钱啊，都是穿金戴银的，不像那一批穿得烂烂的，什么东西都拿回来。

　　我在越南读书，读的是越南学校，会计专业读到中专毕业。刚开始，我们高平市有一所华文学校，我在那儿读到三年级，后来因为越南打仗等原因，那所学校就解散了。我跟我弟都读了这所华文学校。学校关了之后我们就到越南学校读书。读到中专的时候，也是在高平市就读，我们有外语课，那一届外语课学的就是中文。我18岁就中专毕业了，后来我就签约去工作。我高考那时候报考金融，即使录取了但因为是华人所以不给读那个学校。他们会把华人安排到师范学校里，我那时候身体又不好。当时我关节痛得很厉害，去做老师的话，一天到晚要站着讲课，考虑到这个，他们就不要我去当老师了。1972年我高考，下半年就进粮食局了。那时候我有一个表舅在粮食局工作，他说粮食局招人，我们又是亲属就让我进去工作。粮食局主要是收粮卖粮，都是定量的，每个人都有固定的量。那时候越南也用粮票，现在像中国一样没有了。我进了粮食局之后就当保管员、收银员，第二年，他们就让我去深造会计，也是在高平市。读完之后，我有证书了就做会计。回国时我的证书带回来了，我们是1978年回来，1979年落实政策之后他们就叫我把证书交上去，可能是放到档案里面，没有拿出来。

1978年6月到这里之后，到1979年打仗我就去做翻译。我们回来休息一周就开始做工，那时候是种剑麻。1979年2月开战，元月部队就下来动员，一部分做向导，一部分做翻译。我们农场有40多个人去，男的比较多，女的只有两个。我是作为正式军人，还有证书，现在是退伍军人。我是在俘虏营当翻译，百色田阳镇的一个俘虏营。我当了两年多的翻译就回来了。在审问俘虏的时候，一些军人比较难审问。我回到农场后就被调到计生办工作。我从越南刚刚回来的时候不习惯，因为我们之前住在市里，虽然学生时代是在农村里住，但是后面又在市里工作。当翻译结束后没有分配到其他地方，都是从哪里来就回哪里。我在计生办工作的时候还有两个同事。1980年刚刚开始计划生育的时候，工作还挺好做的，后面几年不允许生二孩的时候就难了。周边的人们都是七八个小孩，印度尼西亚归侨十二个都有。人们都说多子多福，所以都生多一点。越南归侨在那边如果是生活在城市可能就不生那么多，但是在农村就会生比较多，她们就说多一个孩子也就是多一瓢水煮饭而已，吃红薯也可以，不过小孩子上初中的时候就困难了，他们就来争取拿补助。我一直做计生工作到退休。我是1983年结婚的，我爱人大我5岁，我只有一个女儿。我爱人是基建队的，我在场部工作，我们是自由恋爱的。我父亲是很开明的，没有说一定要找越南归侨，只要我们愿意就可以。

那时候外逃风我们农场也受到影响，但是我们没有要出去的想法。我家几个人都去参军，我姑姑是从越南买了一艘船到北海找我们，叫我爸带我们回越南。我爸说三个小孩都去当兵了，只有两个老的在家了，就一直在这儿了。我跟我弟弟妹妹都去参军了，我弟是坦克队的。回来之后我第一次去越南是在1987年，越南开关的时候，两国之间开始做贸易。在平孟的山顶边界开设一个贸易点，中国和越南的摊位临近，可以互相交易，但是不能在境外过夜。早早他们就开始摆摊卖东西了，有亲戚的就会通知他们在那儿拿东西，可以见面。1992年开始就可以办证，回去探亲了。在百色这边，公安局还不能帮我们办理通行证，一定要拿护照到广州办理签证，程序很烦琐。我们想去越南的话，就叫那边的亲戚帮我们办越南的通行证，就可以过去了。我们每年都去，爷爷奶奶的坟还在那里，我们三月三就过去扫墓。去年我去了越南一个月，住在亲戚家。我现在的退休金有 2100 元一个月，退伍军人补贴 500 元一个月。从 1978 年回来到退休我的工龄整整 30 年，退休金也是按照工龄发放。我们来到这里关系都很好，一起做工，有说有笑。我们这里有印度尼西亚归侨、澄碧河水库移民，还有我们越南回来的，大家都很融洽，没有隔阂。我们回来的时候都是讲普通话，我还会听越南话，但是不会说。

林国昌　口述

口述者简介：林国昌，男，1945年生于亚齐瓜拉新邦，在印度尼西亚读到三年级，1960年在勿拉湾乘坐"俄罗斯号"轮船回国。回国后几经辗转来到百色华侨农场。初中时被评为优秀共青团员，曾在天安门前接受毛主席的检阅。初中毕业以后回到农场，1988年自己开诊所悬壶济世。

时　　　间：2016年7月10日上午

地　　　点：百色华侨经济开发区三区

采 访 者：郑一省　邓燕　梁润丽　陆圆圆

华侨属性：印度尼西亚归侨

南 洋 物：无

整 理 人：陆圆圆

一

我叫林国昌，我（以前）在瓜拉新邦，后来被转移到棉兰的集中营，那时候的事情记不得了，还小，才十多岁。

我的父亲是林马俊，他从家乡逃到印度尼西亚，那时候他18岁。为了逃难，他先住在香港几个月。我父亲是1980年82岁去世。我妈是1924年出生的。我父亲比我妈大。我父亲参加了澎湃农民起义，失败以后，他就跑去了香港。我回家探亲的时候，那里的人说："你爸命大，再晚十分钟就挨抓了，国民党就来包围了。"刚开始到了印度尼西亚的棉兰，棉兰有很多荷兰人，我父亲不想帮荷兰人种烟，他远远看见有灯光就马上跳下去游泳，我父亲游泳很厉害，那时候还背了一个人一起下去。我父亲没有告诉我他在澎湃起义的时候做过什么，但是他说了如果跑不出去就是死。他逃了以后就到处走，在棉兰待过，后来又去了冷沙，最后在瓜拉新邦定居种烟。我父亲在瓜拉新邦没有做工而是种菜，他在印度尼西亚蛮辛苦的，我父亲还在印度尼西亚养猪，养猪卖给日本人，价格很低有时候甚至拿不回钱。我父亲有时候会把猪杀了，用盐巴腌起来，这样就有腌肉吃了。

我父亲在有个叫苏丽甘霖的地方，就是现在的星光村。我父亲在那里种菜，我妈是"印度尼西亚婆"，即当地的印度尼西亚人，我外婆很漂亮，我妈妈也很漂亮，我去香港的时候有人说我是印度尼西亚人，但是我说我不是印度尼西亚人我是中国人。我妈妈生了7个，到那坡的时候，我小弟弟林国盛因发高烧而死在那坡了。我排行老三，老大是林国兴，老二林国旺，老四林国辉，还有个妹妹叫林桂英，林桂兰十七八岁的时候发高烧在南宁死了。这个弟弟是七兄妹中最小的。林桂兰排在林桂英后面。

我是1945年出生的。我父亲在瓜拉新邦种菜，在干崩留恋住了四五年。我在印度尼西亚上中华学校，上到三年级就回国了。是1960年回国。我读书的学校叫瓜拉新邦中华学校，由华人开的。我们破坏的学校是印度尼西亚人的学校。因为他们来我们的学校捣乱。砸了学校以后印度尼西亚人就恼火了。1960年下令，1962—1963年就说不要搞双重国籍。其实当地的印度尼西亚人对我们很好了，给我们土地。那时候我已经十几岁了，可以参加游行了，八九岁的孩子都可以参加了。

我们这些华人都是讲普通话，但是也会有些印度尼西亚的习惯，比如会做九层糕。九层糕要加椰汁才好吃，还有需要一种香料来染色，可是拿回来种不活。五色糯米饭中有两种染料也可以放在九层糕里，但是做出来不好看，没有那么鲜艳。

具体是几岁开始读书的我就不记得了。我14岁就回国了，我父母带全家人回国。我们集中在瓜拉新邦，再乘车到印度尼西亚拉格东邦，从乾旺再出来，然后乘船回国，我们是被印度尼西亚通知要离开的。

二

我全家都住在集中营，住在干崩留恋。在那里住了几个月以后就回国了。我们是7月、8月间回去的。我们是第一批回国的。我们从瓜拉新邦到棉兰坐班车。到了棉兰待了两个星期左右，就在勿拉湾乘坐"俄罗斯号"轮船回国。回国时从湛江上岸，然后去到南宁。

我父亲本来要求回家乡去，但是政府不给，因为家乡也很穷。我回过家乡，大概是 1966 年的样子，那里连饭都吃不饱。我去见我舅舅，他做饭给我们吃都是吃红薯的。我们很多人回去，都吃不饱。

在南宁待了一段时间，又到了那坡，在那坡住了几个月后就来到了二塘。那时候住毡毛房。那个房子现在还有，是我父亲起的房子。那是 20 世纪 60 年代的房子。

那时候我们回来以后很难过，吃不饱，穿不暖，毡毛房冬天好冻啊，哪像现在有皮鞋和手机。那时候我去读初中，走到脚都开裂了。那时候在那坡要吃大锅饭，二塘就不用吃大锅饭了。那时候有人喊了一句"干共万岁"，就挨批斗，被抓走了。干共就是空心菜（竹叶菜）。二塘的时候种水稻，"文革"的时候也种水稻。在那里住了五六年，从 1961 年—1968 年，直到参加工作。我回来的时候还读书，读初中。但是读了两年就"文化大革命"了，那时候是初二。不读书以后就回到家中了。那时候我们这些学生老师等知识分子都集中在一起进行再教育，就是劳动。我也在那里认识了我妻子。我妻子叫陈春枝，也是印度尼西亚归侨。我比她大 6 岁。那时候我劳动很积极，力气很大，一次能挑一两百斤的稻谷。那时候拼命地干活，被评为优秀共青团员。因为我家原本就是种菜的，所以我爸经常挑菜，我也经常去帮忙。

我年轻的时候很有名，初中被评为优秀共青团员，曾在天安门前接受毛主席的检阅。大概是 1971 年的时候，"文革"时期不要车票，直接由组织送上北京。我在年轻的时候也是蛮红的，当时我是班长，很活跃。我的同学都以为我家是当官的。大家都听我的指挥。现在想起来都觉得好笑。

我在毕业以后就回到农场了。我可以留校，但是我选择了回到农场。我回到农场以后就做个小医生了。有人叫我去做老师，但是我不去做教师，做赤脚医生。这些医术是我自己学的。那时候有三个医生，我是做内科的，有个做妇产科，还有个做外科。我就一直做到退休。

1988 年我就自己开诊所。云南、贵州那里的人都有来找我看病的。那些治不好的病也来找我问，甚至有人 42 岁生不出小孩也来找我看病。我爷爷也是从医的。

我生有两个小孩，一男一女，男的在家种芒果，女的嫁出去了。我家有 16 亩地，男的已经有一个小孩，现在初中二年级了，现在我儿子也准备生第二个了。

我在瓜拉新邦还有亲戚。我舅舅还在那里住。他去年才去世。我没有回到瓜拉新邦，现在也不想回去。回去也没什么意思。我妈叫我不回去了。他们那里的生活也不是很好。我妈妈还在世，现在她和我的弟弟住在香港。我的妹夫也是华侨。本来我申请去香港，但是没申得成功。

我现在不讲印度尼西亚话，但是他们说印度尼西亚话听得懂。像我妈是印尼人，她会讲印度尼西亚语。印度尼西亚的话也有很多种。回到这里以后，一直到改革开放以后才和印度尼西亚的亲戚取得联系。我的弟弟妹妹是1980年到香港的，我没申请得到香港，但是现在让我去我都不去了，在这里生活好过了，我有退休金2100多元，我妻子也有1000多元退休金，所以就不想过去了。

我觉得我比较像我妈妈。我爸去世是1980年，不记得他去世时多少岁了。我弟弟妹妹1980年去香港的原因是那时候我们农场工资确实很低，才300元多一点。2002年的时候是400多元那样子。现在生活好了。

为什么要把印度尼西亚华侨叫华侨，越南华侨叫越侨？因为习惯了，其实大家都一样，只是刚开始领导这么喊，所以就渐渐习惯了。

我觉得印度尼西亚华侨的特点是特别努力。如果不努力就永远住茅草房。我觉得可以靠自己生活，就不会向父母要钱，我还帮我两个弟弟讨老婆，帮弟弟林国辉读完中专，去南宁茅台夜校读书，现在他在香港。

我还看手相、看脉络，判断病人是否血气不足，看药理。有时候也会和少数民族交流医术。比如有个男的，他说如果你跟我喝酒，我就教你看病。他是少数民族，瑶族的。但是我跟他说我不喝酒，没办法。我只懂用草药来治，一般有人找我来看病，我都是给他们吃几包药草，就好了。我认识的那些瑶族人，他们教了我好多药方，害人的和救人的都有。所以我的医术不仅从汉族这边学，还向瑶族人那边学。我学习很快，看到的东西都记得，但是现在老了就不太记得了。

我觉得那些越侨特别勤劳，有什么荒地都会开荒出来，种得两棵菜都能种，所以他们房子很多。印度尼西亚华侨就比较懒散一点了。像我小孩在学校偷芒果吃，被老师骂。我觉得这样非常不好，不是自己的东西不能拿。现在我的儿子工作了，会修很多东西，比如修摩托、修电车、修水管这种。

我们拜祖先。会挂祖宗像来拜。那些仪式在印度尼西亚的时候也和在中国一样。

　　我妈妈是印度尼西亚人，她很爱吃印度尼西亚菜。我的生活习惯也受她影响。我妈妈很小的时候就和我爸结婚了。那时候日本人来了，见到漂亮的姑娘就要强奸她们，所以我妈妈就嫁给我爸了。我不是很清楚为什么他不娶一个华人做妻子。

　　退休以后要交农村合作医疗保险，如果要看病，就可以报销一点。像我们现在老了，能过得去就过得去了。

利泽荣　口述

口述者简介：利泽荣，男，1948年出生于越南广宁省锦普市，祖籍广西合浦。1978年经东兴归国，到达百色，在百色华侨农场第七生产队任会计一职。1979年参加自卫反击战，在部队里担任三个月的翻译员。后回到百色任凉果厂出纳员，现与其妻子退休家中，享受退休金和国家津贴。

时　　　间：2016年7月9日下午
地　　　点：利泽荣先生家中
采 访 者：郑一省　邓　燕　梁润丽　陆圆圆
华侨属性：越南归侨
南 洋 物：无
整 理 人：梁润丽

一

我的名字叫利泽荣，1948年在越南出生，老家在广西合浦。从爷爷那一辈开始前往越南的，爷爷名字叫利中联。我们在越南的时候居住在广宁省锦普市，爷爷就是在那里做煤矿的，当时锦普市里煤矿业很旺盛，很多华侨在老家生存不下去，都跑到越南来做煤矿。我父亲的名字叫利培业，他在越南没有继承爷爷的工作，而是买了十几亩地，拿来种稻谷和花生，当个老老实实的农民。他一生娶了三个老婆，第一个是在中国娶的，是华人；第二个是在越南娶的，也是华人；第三个，就是我的母亲，她是京族人，叫陈氏风。父亲一共有9个孩子，4个女的5个男的，我是男孩当中排行最小的，前面有一个大姐和四个哥哥，我底下还有三个妹妹。父亲第一个老婆没有生小孩就过世了；第二个老婆有4个孩子，3 男 1 女；第三个老婆，也就是我的母亲，生了 3 个女孩 2 个男孩。现在大姐和大哥在美国已经去世了，我的二姐现在还在英国，二哥也过世了。

　　我是在锦普市的华文学校读书的，学校里设置了小学到初中的课程，我一直读到了初二，因为高中要到省里去读，所以也就没有继续读下去了。以前我们读的书本都是越南文字，中国文字的书本是不允许的。当时在越南只有河内的中国人才能算是华侨，河内以外城市的都不能叫华侨。河内的华侨有很多权利，就像越南打仗的时候我们就要去当兵，但是河内的华侨就不用去。后来，我们华侨被改称了越南汉族，华文学校也被改叫汉族学校了。我读到初二之后也出来做煤矿了，那个时候在越南，你只有满 19 岁才能申请到煤矿去挖煤。我那个时候十几岁吧，在越南的一个国营企业，下龙湾的一个煤矿里挖煤，那个时候条件很艰苦，大家都知道，挖煤的地下都是黑漆漆的，什么都没有，还随时都有可能坍塌，现在想想还是挺幸运的，我挖煤的时候没有碰到什么危险的事情。我挖煤一直挖了 10 年。现在下龙湾已经被开发成旅游景点了。

　　我和妻子是在越南认识并结婚的，我妻子祖籍在广西宁明县，4—6 岁的时候被阿婆带过去的，当时还在读幼儿园呢。那时在中国生活不好，所以大家都想方设法去谋出路，哪里可以生活好就往哪里跑。我妻子的婆婆那一辈，之前在越南和中国之间有生意往来，门路也多，可能就认为在越南会生活得比较好，后来越南又不让和中国人有生意往来了，所以他们也只好在越南了。

二

　　我回来的那个时候已经 30 岁了。1978 年，越南刚排华的时候没有很大的动作，我们都是自己人里面一传十，十传百，一起偷偷跑回来的。不久越南就开始真正地赶人了。

　　当时我和妻子带着一个孩子，从东兴过来的，没有越南军队追赶。当时我们身上就带了一些换洗的衣服，越南的田产都给亲戚了，也带不回来。很多人是直接丢了。我们刚回来的时候在 7 队里做会计。后来我们又有了 2 个小孩，一男二女。一共就是 3 个孩子，老大老二都是女的，老三是男的。老大已经嫁到四塘了。老二在美国，老二和她老公是经过别人介绍，然后两个人在网上加好友相互聊天认识的。现在他们这批人大多是通过这样的方式找对象的。老三现在在汽车检车站上班，还没有结婚。

我刚刚回国的时候,就到7队里面去做会计了,还种一点地。自己上山去开荒,再花点钱跟农场买一点,多多少少也有十几亩地了。大家刚来的时候都很困难,样样都要靠自己,木薯、菠萝、甘蔗,这些东西都尝试一遍,哪一样赚钱就种哪样,卖得的钱可以添补一点家用。我们当时都是统一拿到工厂里加工然后统一售卖。有时候货出完了,但是钱拿不回来,工厂没有资金周转,我们就会被停工,停工的时候一个人可以得到30元钱的补助金,但是没有什么用,一家子还要吃饭。我们当时有三个小孩,都在读书,我们天天都勒着肚子,原来我们每天吃两碗米饭,现在就只一碗,省下来的一碗饭的钱用来给小孩读书。小孩读书回来连一个能给他填饱肚子的饼都没有,我们就去买点酱油和辣椒煮点东西给小孩吃。那时候我们心里都很委屈,在越南的时候我挖煤,我妻子帮别人做衣服,工资虽然低,但是越南政府还会给我们这些人一些补助,就像你买猪肉、青菜,他们都给相应的一些补助,小孩子读书也有补助。但是回国之后什么都没有,我们每天看着门前一座座高山都想哭。不想回来,但是每个华侨都回来了,我们也只好跟着一起回来,不回来的话留在越南,最后遭殃的还是我们。

回国之后我们就开始"里外不是人"了。在越南的时候,越南人叫我们"中国佬";回国之后,我们这里的人又叫我们"越南佬",我们心里很委屈。

1979年开始自卫反击战的时候,我们这些从越南过来的基本被叫去做翻译,大部分工作都是接俘虏、翻译文件、为俘虏翻译的工作。因为我们会说越南话,国家也需要我们这样的人,所以也没什么不愿意的。在越南做了3个月翻译之后我就回来了,去了罐头厂做出纳员,一直做到退休。好像是2003年,2003年凉果厂倒闭之后就退休在家里待着。

我们现在住的房子是农场的地皮,以前住的安置房在罐头厂那里。开始起房子的时候上面说,华侨要是从越南带了小孩过来的,可以得到15000元的补贴,用来起房子。我们也是等到国家征地了才有足够的钱起房子的。第一次征地的时候一亩才得2400元的补贴费,我们农场的职工都觉得太少了,其他地方征地都有分红的,一年分一点,但是我们农场没有。所以我们就一起去农场领导那里提意见了,后面才增到3680元一亩,青苗费等都包含在里面。

我们到这个房子来住5年了,变化还是很大的。当到这的时候住的是国家统一安排好的油毡房,住了20多年后搬到安置房,安置房面积大概是40平方米,大概花了两三千元买来的。后面我们搬来新房了也不能把安置房卖掉,所以我们现在就给亲戚住了。

现在我们也没有什么困难了，国家会养我们到老。但是就是这个养老保险有一点不好，我们华侨不是工也不是农，我们的医疗保险是新农合的，看到要跑到指定的医院才能报销多一点，甚至有好多项目是不能报销的，像B超、进口药物、检查费这些都是不能报销的。如果帮我们办医疗卡就好了，医疗卡是可以百分之百报销的。但是上面又要求我们农场全部的人全部参加养老保险之后才能升级到医疗卡保险，少一个都不行。但是，像我们儿子这样的没到年龄又不能买养老保险，所以这很难办。

彭成坤 口述

口述者简介： 彭成坤，男，出生于印度尼西亚的勿里洞，祖籍是广东梅县。1961 年，在印度尼西亚结婚了。结婚后半年，因印度尼西亚排华就回国了。回国后，就一直在百色华侨农场里教书，1976 年当上农场小学的校长。教了 31 年的书，直到退休。在教书期间，多次荣获农场和自治区的各种优秀奖项。

时　　间： 2016 年 7 月 9 日　下午

地　　点： 百色华侨农场八区彭成坤家里

采访者： 王贞荣　邓欣婷　邓　燕　罗世念
　　　　　　陆圆圆　梁润丽　郑玉荣

华侨属性： 印度尼西亚归侨

南洋物： 无

整理人： 王贞荣

一

我叫彭成坤，祖籍广东梅县，1932 年出生于印度尼西亚的勿里洞，今年 84 岁了。最早是父亲去到印度尼西亚的，因此我是属于第二代华侨。我父亲叫彭德敬，他大约是 20 多岁出去的，具体时间我不太了解。听说那时候是被"卖猪仔"出去的，出去以后就在那边谋生。那时候他们被称作"水客"。原来，我母亲也是广东梅县的，是个童养媳。父亲出去到印度尼西亚，妈妈还在广东这边，跟她家娘住在一起。这样几年后，爸爸就以"水客"这样带妈妈出去了（"水客"就是外面的人带钱回来，带人出去，这样来来去去，"水客"在当时扮演着很重要的角色）。我父母生了 8 个兄弟姐妹，其中 4 男 4 女，我排男中老二。

大姐名字忘记了，二哥叫彭成或，四弟叫彭成传，五弟叫彭成荣，现在在柳州，六妹叫彭田妹，七妹彭记妹在广东，还有一个妹妹不知叫什么了。

印度尼西亚那边的锡矿比较多，父亲就跟他的朋友三五个人去开发那个锡矿，父亲开始做这个锡矿的时候我们并不知道。那时候父亲还年轻，体力还比较好，自己去挖锡矿，很辛苦的，但是不加工，锡矿是直接卖给荷兰人（印度尼西亚当时是在荷兰的统治之下），父亲也做了十几年。我记得我七八岁的时候，学校离家里很远就没有去上学，就去帮助父亲做这个锡矿。当时我筑起水坝，用水冲洗矿泥，看到有锡矿多了就捡起来，然后再清洗干净，回去还要晒干，晒干了就会有人来收。价格的话我也不太了解，按道理来说应该还不错，因为那时很多人都弄这个锡矿生意。做这些东西的，不管是我们广东出去的，还是福建出去的，每个地方出去的都不同，好像福建人头脑思维能力比较灵活，他们就专门做买卖，所以他们都会比较富有。学校读书人里，就勿里洞来讲，福建人是比较富有。我觉得，福建人有一个特点很好，就是他们自己富起来了以后，再帮助其他人福建人富起来。他们这点互相帮助，做得很好，所以大多数比较富裕。而很多客家人多是卖苦力、打工、做锡矿的，所以普遍都比较穷。除了福建的人，潮州人也比较富有，都是做小生意的多，做锡矿的少。

我在印度尼西亚读书很迟，10岁才读书。学校离家很远，要走2公里路，再搭车去上学。学校在勿里洞市玛乞读书，而家住在岸洞，是属于勿里洞一个区（当时勿里洞有4个区）。我在中华学校，读到初中三年级就毕业，我是家里面兄弟姐妹读书最多的人。现在我回想起来，知道我父亲偏爱我，但是想想，为什么父亲偏向我？可能因为我出生的那些年，父亲做的锡矿生意比较旺盛，找到那个锡矿多，摊锡矿时比较多，因此赚到的也比较多。好像那时候的人都有这种想法，觉得我是旺家旺财的。我现在想起来也觉得很不公平，我们家这么多兄弟姐妹，对他们都没有像我这样，我姐姐都没读书，他们最多只能读小学毕业，就是严重的重男轻女的思想嘛。现在想想，很多事情，觉得对兄弟姐妹们都很过意不去。父亲很多东西都偏向我，其实这些东西想想都是不对的，家里兴旺的时候可以这么想，但是真正对待孩子们就不要这样了。我初中毕业以后，因为华人学校想要我做老师，那时候学校里老师少，因此我什么都要教，我在那边教了五六年。我教的学校不是我以前上学的学校，开始我教的学校是小学校，不是城市学校，那时候就是我们说的"村"。农村里人很多，村里要去城里读书很困难，所以村里就筹资办了个学校，学校就叫集资学校。那时候学校就有两个老师，学校有 20 多个学生，都是教华文的。当时学生的费用我不太懂，学生要不要交学费也不懂。我们老师的工资每月都是不一定的，由当地董事会来发，大约能发 800 块，在当时收入算是还不错。

二

1960 年左右，那时候二十几岁了，知道印度尼西亚排华了。我们那边地区就有工会，我们那边就派船去接。1961 年，我们坐"光华轮"回来。1961 年，那时我 29 岁，在印度尼西亚结婚了。我和我夫人当时是自由恋爱，不是别人介绍。我爱人她也是在印度尼西亚的华侨，我们经常碰面，自然而然就认识了。结婚半年后我们就回国。当时是父母要求我们回来的，除了一个姐姐、两个妹妹因为她们结婚了，所以不回国，剩下我们都回来了。后来一个妹妹也回来了，先在海南岛，现在住在广东深圳那边。那时候回来也是没有办法了，是因为受"十号法令"影响，不允许县以下的华侨从事商业，办学校。我们当时没有工作，就种菜，虽然种菜，但是很少人买，原因是大家生活都这样了，社会全部萧条了。回来时，在湛江下船，几天之后回到南宁，最后被分配到百色。其实在广东原来还有我爸爸妈妈家那边的亲戚，但是在印度尼西亚的时候都没有联系过，也不知道在广东那边还有没有人，还健在不，什么都没有联系的，所以也没打算回去。回来时是在困难时期，我父亲从来没想过要回广东，但我母亲曾提出说回去广东看看。我们说，现在正困难着，回去那么远，条件不允许，而且回去找谁呀，没有一个答案，也是很困难的。如果有书信来往还好，至少知道他们在哪里，我就安慰母亲，等再过几年看条件怎么样了再回去。有个故事，就是当时和我们一起回来的人中有个老人，住在我们隔壁，她的名字叫廖山妹，她当时是个孤寡老人，她是通过朋友去联系到她的孩子在广东，联系好了，她孩子也打听好，准备去接她回来。她也同意回去了，这样农场的领导还特意派了一个干事带她回广东。到了广东下火车以后，她的孩子也来接呀，但是看到老人的行李很少，只有几件衣服，什么都没有，然后就跟带的人讲，就说不接受她，要她回去，最后就扔老人在那边。这是送的那个干事回来跟我们说的。我回来跟母亲讲，我觉得现在在这里也好，至少有国家照顾，还有个"侨"字号来照顾我们。你要是去，可能也像她那样的哦，丢你在那边，回去没有人，谁能养你呀。现在母亲您也老了，要去的话，也要联系好再送你回去。母亲听了也同意，她也害怕她会像那老人一样被丢弃。后来我们就都留下来了。我们到这里来是国家分配，有些人被分配到其他地方的。我们都是服从国家分配，不挑选不闹。当时也有人选择呀，说不要来百色，要去广东、南宁，要留在城市，不到这地方。而我们是服从分配，比较老实，没有什么要求，要是当时坚持留在南宁的话，也可以，现在可能就生活在城市里面了呢。其实刚来到百色，看到情况也是很不好的，也很失望。刚开始来是在百色市里住几天，然后就到农场里面来，当时都是茅草房，用泥巴和稻草混合起来的，没有起好房子，一家一家分开住，住了几个月，之后才分到瓦房。这边的人就安慰我们说，现在是这样，以后会住得好的。当初我们为什么会回来？其中一个原因，还是中国在印度尼西亚那边的宣传好，画报上面宣传的国内生活都很好，而回来却是不一样的景象，刚开始确实挺失望的。回来妈妈很不适应，因为气候太炎热，受不了这种天气，虽然在印度尼西亚一年都是夏天，但是属于海洋气候，很舒服凉爽，没那么炎热。妈妈和爱人都埋怨，说为什么要带我们回来。更严重的有些人吹牛说在那边也许还能当老板呢！我跟很多人说，我们不回来，在那边的生存问题都还不能确定，万一印度尼西亚人拿火烧你房子都不知道呢！所以说，回来还是正确的，现在生活好多了，现在国内生活和在印度尼西亚是不一样的。1962 年，回来两年父亲就去世了，1997 年母亲也去世了。我父亲和母亲的生活习惯是完全不同的。爸爸是对吃的很讲究，要经常吃夜餐的，回来吃不得苦，所以回来两年就不在了；而妈妈很吃得苦的，饮食也很随便，对什么都不挑。

我回来以后就一直在农场学校教书，31 年了，直到退休。在教书期间，也得过农场或自治区的各种奖项。我的爱人叫丘春娇，以前是私人请去做保姆，回来刚开始是在农场饭堂做了七八年，之后到卫生院去拣药，一直到退休。我们生有三个儿子，现在有孙子、曾孙了，四代同堂了，现在生活也满足了。我的三个儿子以前在柳州柳城化纤厂工作，倒闭以后就回来了，都在农场工作，都自己有家了，所以我们自己住。现在大儿子自己承包修配厂，自己忙不过来，两个弟弟回来一起帮忙。我和爱人现在领的是退休工资，是属于文教卫生的，是百色市拨发的工资，每个月四千多元的工资（文教卫生不按照农场的工资标准）。1976 年，我当上农场小学的校长。我们农场有两个小学，一个在田阳的第一完整小学，另一个是我在的第二完整小学。"文化大革命"期间，虽然我们是知识分子，我们被讲成吃吃喝喝的，但是并没有受到很大的冲击。父母也没有受到冲击。1996 年，回到勿里洞看看，现在亲人有些在勿里洞，有些在椰城。印度尼西亚的勿里洞变得萧条了，生意没有人做了，很多华人都不在了，跑到其他地方了，现在听说又好了，重新开发了。印度尼西亚不重视人才，很多都是靠我们华人来的。勿里洞现在治安还是可以的。我的孩子都是在国内生的，那时候生孩子都是在最困难的时期，虽然困难，但是我们觉得大家都这样，大家都一样辛苦，并没有什么特别的想法。1978—1980年的外逃风，我们并没有想过外逃。回来后，初中毕业，觉得知识还是不够用，我都是自己学习。以前回来都是安排工作，并没有像现在考试教师资格什么的。二完小，有100多个学生、8个老师，因为以前一个生产队一个小学，老师辛苦，教学质量提不高，1976年左右，才合并起来的小学。我以前的毕业证书和在国外的其他证件都不在了。我现在也还保留一些印度尼西亚的生活习惯，吃一些印度尼西亚菜，不过我的爱人不会做印度尼西亚糕点，我不会唱印度尼西亚歌曲。我爱好体育，以前打球跑步什么的都很在行。现在我也每天5点起床去锻炼，做早操，散步跑步，坚持做运动。回来已经50多年了，在国内的生活的时间长于在印度尼西亚生活的时间，我觉得国家对于我们还是很照顾的。例如，吃的有保证，病了有医保，不像过去刚回来那么困难，什么事情总有一个过程的，没有什么一开始就那么好。现在在印度尼西亚的人都很羡慕我们，说我们现在睁开眼睛就有钱来，包括在香港地区的人也很羡慕。我认为我们回国是正确的，在那边都不确定，现在他们那边都在羡慕我们的生活。我的哥哥他们加入印度尼西亚籍，在印度尼西亚还会讲国语，但是他们的孩子不会讲了。家里人没有要求孩子们讲国语或者客家话，所以他们都不会讲。他们回来看我们，也很喜欢这里。我住在八区，这里是总场，现在归侨都没有多少了，很多都已经搬出去住了，现在包括归侨、侨眷有200多户。场里面的也不好管的，越南归侨不好管，他们不像我们一样安分，他们的卫生很不好，我们印度尼西亚归侨不一样。水库移民，和我们很合得来，他们多数是壮族。印度尼西亚归侨和越南归侨之间也有通婚。

唐进锐　口述

口述者简介：唐进锐，男，1956年出生于越南高平通农县，祖籍广东佛山。1978年回国时投奔佛山的亲戚，因老家无地建房、耕种，生活无保障，便响应国家号召随一众华侨前往百色扎根。到百色两个月后参加自卫反击战。战争结束之后回到百色进行生产，在生产队担任副队长，现与妻子已退休家中，经营个体商店。

时　　间：	2016年7月9日上午
地　　点：	唐进锐先生家中
采 访 者：	郑一省　邓　燕　梁润丽　陆圆圆
华侨属性：	越南归侨
南 洋 物：	无
整 理 人：	梁润丽

一

我叫唐进锐，我是1978年回来的，那个时候22岁。我们老家是在广东佛山那边，从老祖开始就去越南了，已经不记得老祖的全名了，只记得前面两个字。至于爷爷是哪一年过去的我也不太清楚，那个时候我还没有出生，我也从来没有问过他们。我和父亲都是在越南出生的。我的父亲叫唐田科，田地的田，科学的科，我的父亲有4个兄弟，2个妹妹，他排行老四。大妈叫什么名字我已经不记得了，她在越南过世的。大伯叫唐影科，也在越南过世了。二伯叫唐建科，下来就是我爸爸了，还有我的小叔，他叫唐耕科，原来回国的时候参加过红军，现在是离休干部，在越南生活了。还有一个姑姑，名字叫唐秀英，她和叔叔一样参加过红军，那个时候我已经长大了，好像是四几年过来参加了游击队，姑姑唐秀英先前在合浦那里生活，现在已经去世了。

我们家有 6 个兄弟姐妹。我的前面有两个姐姐，大姐叫唐琼仙，二姐叫唐育仙。再下来就是我的弟弟，叫唐进江，最后的是两个妹妹，一个叫唐积仙，一个叫唐美仙。我们当时住在越南的高平通农县，在唐街那里。说起这个唐街，还有一个奋斗的故事。早前在广东那里发生了洪水，为了躲避洪灾，丁姓和唐姓的祖先就组队去越南做生意。当时通农县都是华人，全是广东佛山那一带的，而且都是姓唐、丁。其中很多人在那里组成家庭，之后就开始慢慢建设，用"唐"来代表中国人，最后那条街就发展成为唐人街了。我们在那边的时候都是说白话，只有去越南街上才说越南语。当时唐街差不多有 100 多人，其他的华人街我就不清楚了。今年我去越南探亲的时候，有些越南人想改唐人街，但是改不了，因为它是有历史的，地图上写的就是通农唐街，如果改成别的名字，别人就不知道这里了。不过我今年过去的时候发现，唐人街现在差不多被越南人占了，华人还有几家，但都不是正规的华人家庭，家庭成员里有一些是越南人。听说打仗之后越南政府就把他们归入越南国籍了。

当时爷爷在越南是做什么的我也不知道。那个时候我也还不记事，只记得爸爸是农民，刚去越南的前几年是没有田地的，后来花钱买了一点，于是拿来种点菜，平时还做一些小生意。关于爷爷和爸爸的事情我知道得很少，平时也不会特意去问。

我是 1956 年出生的，六七岁的时候开始读书，读到了高一，在越南学校学习。那时候也想去中文学校读，但是在当时我们那里是没有中文学校的，所以很遗憾。当时越南对于华人读书没什么政策，所以读书的华人其实很少。读书出来之后我做的是车衣服的工作。当时找工作是很难的，因为你是一个汉族人，就算你读书的时候很聪明，他们也不会给你上班，而且当他们打仗的时候，人数够了即使你去从军他们也不会要，他们只有在当人数不够的时候才会让我们进军队，甚至可能会强行抓我们华人去当壮丁。我老婆的弟弟就是被抓去当壮丁的，当时她的弟弟已经有一只脚因为得了风湿病而瘸了。但是越南人是不会同情你的，她弟弟被抓去当壮丁之后就没能跟着我们一起回来了，现在在那边做屠夫，跟老婆两人一起杀猪。当时我读书的时候简历上写的是汉族，他们打仗的时候就开始把我们叫"越南华族"了，他们想把华族变成他们的民族，当时我的越南身份证上就是这么写的，我回来之后搬了几次家，那张身份证就不见了。

我的老婆也是越南华侨，当时住在一条街上，都是彼此认识的。当时也有很多越南的女人追我，但是老人不喜欢。我父母也不愿意我的姐姐嫁给越南人。当时我姐姐在越南的政府单位里上班，有一个越南人很照顾她，就结婚了，如果她在家里做工的话，父母是肯定不会让她嫁给越南人的。我和老婆1976年结婚，1977年的时候生了一个小孩。当时我做车衣服的工作，还在唐街那里开了一个小卖部，平时就由老婆负责照看，专门卖一些杂货，这其中最好卖的就是我们中国的药了。当时在越南边上有一些越南商贩，从中国熟人那里进了一些头痛药、跌打药之类的，我们觉得很便宜，在唐街也还没有什么人卖这些，于是就进一些货来，没想到销量还挺好的。在那里相对来说，华人比较会做生意，越南人比我们穷很多，我们5点钟吃饭的时候，他们还在田地里干活。我们华侨生意做得好他们也会眼红，所以当时排华的时候即使我们不走，那些越南人也会找到机会就为难我们的。

我们在越南的时候，习惯还是保留不变的。比如说吃的，越南的菜我们不会炒，只吃得惯中国菜。过节的时候，比如初一十五我们都会点香祭拜祖先，把祖先的名字写在一块木牌上，然后放在桌上供着。以前我们家族是有族谱的，但是回国之后几次辗转新家，族谱不见了，连带回来的越南房产证也不见了。说起房子，我之前在越南的房子现在已经被越南人占了。

二

说到排华的情况，准确来说，当时我们那里还没有排华。但是收音机里的广播已经开始通知让我们走了。其实早先如果我们的祖先来越南的时候，去的是村，那就可以直接加入越南国籍了，但是他们直接就在街上扎根了，没办法入越南国籍，所以到排华的时候就不得不走了。广播之后不久，我们的朋友就叫我们跟他们一起走，我们当时也没有多想，反正早晚也是要走，留到最后还不知道会发生什么不好的事情，所以就收拾东西跟着他们一起回来了。真的，那时候自卫反击战的时候即使你不想走也得走。当时就有个朋友，他表姐一家就被越南人打死了。因为她家有钱，一家都被打死了，那么钱就归他们越南人了。

1977年的时候我们生了一个儿子，名字叫唐德仁，他7个月大的时候，就是1978年5月份，我们就回国了。那时候我父亲已经在越南过世了，是妈妈带着我和弟弟，还有两个妹妹，一路从通农县走到孟平，再到昭平县的。听说当时东兴和防城港边境都有越南的军队在驱赶，甚至还有的被抢东西。但是昭平县那里没有军队敢驱赶我们，可能也是越南政府的政策问题吧。那时候走得也挺匆忙的，很多东西都带不走，我们只能带点衣服，把能换的东西都换成现金或者是金条带回来。那个时候也是进退两难，回来之后家里人说广东老家那里去不了，回到我阿公的家询问，那里的亲戚说只能让出一块地皮给我们用来起房子，其他田地都没有。最后还是国家安排我们来百色，说是有房子住也有地耕，我们才过来的。

我们也知道当时祖国正在建设时期，生活肯定比不上越南，那个时候还是挺悲观的，之前在越南住的还是很好的房子，但是在这里就只能住毛毡房，想想还是挺心酸的。但是也没办法，既然回来了就要想办法把生活过好，跟着同胞一起建设祖国。

到百色之后，国家分给的田地还很有限的。刚刚开始是种甘蔗，还有剑麻，后来我们发现有些地方的土地是可以开荒的，我们也就一起上山去开荒了。当时开荒的人大多是越南华侨。回国两个月之后，国家和越南开始打仗，那个时候我自愿去当兵了。当时也没有多想，虽然也在越南生活过，但是我们国家需要人去，我又年轻力壮的，所以就去了。我参加的是正规军，连队里都是分组的，因为会说越南语，所以我在军队里当翻译。当时我们在两公里之外看两个军队打仗，前线抓到了人就让我们上去接俘虏。因为是打仗的地方，所以有些地上是埋了地雷的，当时有工兵给我们开路，就是他们走过的地方会在上面插个小红旗表示安全，我们就一路跟着他们上前线把俘虏接回来，每次派三四个人去接，接到根据地之后我们就不管了，后来俘虏被带到了哪里我们也不清楚。战争刚开始的时候抓了差不多 90 个俘虏，其中妇女也有很多。我们押送的时候其实也害怕他们反抗，但是没有发生过反抗的情况。

1979 年我从自卫反击战回来了，前面刚到百色的时候还是大锅饭的，自卫反击战之后就开始分产到户。当时我得到了 10 亩地，1998 年的时候因为甘蔗、剑麻收益都不好，所以农场统一改种芒果了。之前国家给我们的 10 亩地，现在都被征收了，30000 多元一亩的补偿费。耕地的话就是 3680 元，其中青苗费、土地补偿费都包含在里面了。现在我们住的房子是之前跟农场买的地皮。刚过来的时候国家还免费给我们住安置房，后来农场改造安置房之后就开始收我们的钱了，好像是 3000—4000 元，安置房差不多就是五六十平方米。后面我们跟农场买了这一块地皮之后，政府补贴了 15000 元给我们起房子，如果不起房子的话就得不到这笔钱。其实我们还算少的了，听说头塘片那里一个人可以得到

15000 元的补贴费，但是我们这里一户才得 15000 元，我们到政府那里去了解的时候，他们说是国家的政策。我们也没有门路，不知道到哪里去反映这个问题，只能认栽了。后来我们起房子的钱也不够，就把向农场买的安置房卖了，再加上一点工资，这房子就起来了。但是我们的钱也差不多花完了，现在女儿要结婚也没有钱再买一块地皮给她了。

我之前在生产队的时候当过八九年的副队长，当时还是挺出色的，但是不知道写汉字，领导想让我当队长，但是我不会写报告啊，所以也没办法胜任，就拒绝了。原来的工资是每个月二三十块钱，在当时来说算多的了。我当副队长的时候队里有 400 多人口，大概有 80 户，现在分出来了可能就有 100 户了，水库移民 80 多户，越南华侨有十几户，只有一两户是印度尼西亚华侨，我们和印度尼西亚华侨相处得挺好的，那时候有一户印度尼西亚华侨有一个是老师，姓李，原来她是农场的会计，最后转到二塘中学去当老师了。

现在我每个月都可以领退休金，每个月 2200 多元，我老婆 1800 元左右。说到退休金就不得不提一下养老保险了，我们每年要交 2000 块钱的保险。之前退休的时候农场给我们参加新农合我就觉得不对了，那个是城镇保险，去定点医院可以报销 70%，但是你去市里的医院，比如人民医院和附属医院，那就只能报销 40% 了。我们生病的时候不想去那个右江区医院，因为那里也没有什么药，但是去市里的医院又只能报销一点点，这样给我们造成了很大的困扰。

我现在和越南的大姐还有联系，今年我还去越南拜山了，我们每隔几年就去一次，祖宗的坟墓还在那里，爸爸的坟也在那里，有亲戚在那边帮忙照看，但是每年拜山我们能过去就尽量过去。我妈妈过世的时候姐姐们也来过百色。现在大家生活都不错，她们在那边也起了两层的楼房，大姐之前在越南政府上班，所以现在可以领退休金。二姐就不行了，她现在生活都是靠自己。

原来去越南的时候还挺好玩的，但是现在在越南的朋友很多都去世了，今年过去就不怎么好玩了。跟我一起回国的我们班的同学也有的去了加拿大、美国生活了。我们去越南的时候都不敢住亲人家里的，都是住在旅社。因为怕影响亲人在越南的生活。因为越南人对我们还是很仇视的，有的越南人看到有中国人过来探亲，他们会给脸色看，我们也是怕越南的政府看到我们过去了，就影响亲人的小孩读书、工作。上次我老婆的弟弟过来看他母亲，也只敢在百色住几天，因为怕越南政府知道了影响他的小孩读书。当时他到百色就一直感叹啊，因为百色有大路，生活也比越南好，所以他也挺羡慕的。

现在我们在家就是开个小卖部，有空就打打牌，照看孙子，生活还是挺不错的。但是我们的问题解决了，儿女的又要操心，我儿子现在待业中，上次去应聘保安，没有成功，儿媳妇现在在医院送饭，他们还有一个孩子，也不知道该怎么办。我们还有一个女儿，已经嫁到新加坡了。

温春发　口述

　　口述者简介：温春发，男，排行老三，祖籍广东梅县，其出生于印度尼西亚勿里洞，是第三代华侨。回国时曾分配在百色华侨农场，1976年后在百色田阳教书，教龄25年，1992年获广西区优秀归侨，侨眷知识分子。

　　时　　间：2015年7月15日上午
　　地　　点：温春发老师家中
　　采 访 者：苏妙英　罗世念　韦佳颖
　　华侨属性：印度尼西亚归侨
　　南 洋 物：无
　　整 理 人：罗世念

一

　　妈妈是像养猪一样把我们三兄弟抚养长大的，我在家里排行老三，祖籍广东梅县，1931年9月6日出生于印度尼西亚勿里洞，3岁失去了父亲，我和兄弟姐妹是第三代华侨。1945年日本投降，1946年我才去学校读书，那时我10多岁了。有个老师问我要不要上午做工，下午教书，晚上读书。我没想到还有这样的好事，早上7点去教小学生，在华侨小学教1年级，又可以拿薪水，晚上去读书，后来我有经验了，觉得钱少。21岁结婚，我一共有3个小孩，我太太今年50多岁了。

　　在印度尼西亚生活的时候，没有觉得遇到什么困难，感觉印度尼西亚比较进步，但是政府很排华，有那种歧视，排华不是短期的事，是由来已久的。他们印度尼西亚人认为，我们把他们的经济生意都抢了，这也怪不了中国人。他们让中国人处处受到限制，印度尼西亚人不管是官员，还是普通民众，都是有一点歧视。官员就是不管发生什么事，我们华侨找他们办事，全部都是要花钱，就是要钱。

我在华侨学校读书和教书教了4年多，就走了，因为那个学校是由国民党资助的，我不愿在国民党资助的那个学校教书。那时我教语文。我个人记忆力比较好，我在爱华学校教书11年，在那边就是印度尼西亚文在上面，中文在下面。我准备回国时，人家和我说，国内很苦，回中国要扛锄头。印度尼西亚排华，变番等于歧视。我是怕小孩受到当地歧视、变番。我爸爸是锡矿工人，我的母亲很有本事，生了我们三兄弟，我是最小的那个，两个哥哥已经去世了。我是21岁结婚，在印度尼西亚有了2个小孩后一起带回国内的，我回国是带着我爱人和小孩回来的，我在海外是侨领，因为我参加进步团体中华劳工会，是里面的头。主要考虑是后代会不会被变番，所以就决定回国，建设社会主义，他们说讲的好听，就是回去拿锄头。我妈比我先回国，她是在1960年回国，我1961年回国。打算回国后，我就去登记了，1961年4月1日通知我，在华侨学校集中，在勿里洞丹绒住了两个月。

二

1960年母亲回国，1961年我回国，坐的船是我们国家的"光华轮"。我开证明表示自己是教书的，然后就安排我当团长。乘船的一共200人，我把大家一起带到百色。1961年6月7日从湛江上岸，住到和平旅社，住了一个星期。6月25日晚上到达百色。到达百色后，有些归侨还想返回南宁，我安慰他们，将来会好的。那时我也在想不回来就好了，可是印度尼西亚人看不起中国人，在印度尼西亚我们又受到侮辱、变番。现在印度尼西亚归侨，像我这个年纪的很少了，这是一段历史。我回来一段时间后，农场的领导就来找我，他叫我把学校弄起来，我问他学校在哪里啊，他说还没有学校，你组织一下吧，我问他课桌呢，叫我去买课桌，我就去买了100套崭新的课桌。那时教室还没有，只有牛栏，车库。学校建起来后，我就在那里教书，当百色华侨农场小学副校长。我在那边当了15年副校长，当到"文化大革命"开始为止。

1961年回国，到现在54年了，那时很艰苦。1968年11月11日，我就被下放到五七干校，不过没做过苦工，只写毛主席语录，画毛主席画像。1969年6月1日，我从五七干校毕业了，又叫我继续当老师，在白桥三队。在60年代中期，我一切都还好。在思想汇报时，我的学生都说温老师是好人。其实是我对学生好。有一次有一位学生迟到了，我就找他谈话，才知道他是因为要早上起来煮早餐吃，我就和家长说了，家长就开始给孩子主动煮早餐，从那以后他再也不迟到了。所以，讲话交流的时候都要慢慢讲，语气态度温和一点，不然人都是会有逆反心理，听不进去。个人性格很重要的。

那时我工资才34块，一个月只能剩下7块或8块。1961年的34块是非常高的工资了，但那时还是觉得很绝望啊，省不下钱啊。当老师到1992年退休的，很稳定的，在这个岗位上兢兢业业。1978年有很多越南归侨回来，那时他们被安排在五合华侨农场。组织上调我去那里，五合华侨农场在三沟，越侨们整天喝酒，我又不会喝酒。我只能打报告，我说我要归队。他们说越侨很难哦，没有学校，很辛苦的。我是1982年5月12日调到五合的。五合都是越南华侨，就我一个印度尼西亚华侨。后来在五合当越侨小学的老师。在家访时，学生没有作业本，让学生家长买作业本，但他们家长很凶地说：“没有钱！”这里以前还是农村。他们说我不会讲白话，让我说普通话。

那时好多人都回印度尼西亚，我觉得还是在中国比较妥当，而且我有退休金，而且在中国比较稳定，有生命安全保障。20世纪90年代，百色华侨农场好多人外逃，在印度尼西亚的小孩找工作，比在国内好找，好多人去澳门。我没有动摇过，我说我有共产党养我。退休后我就搬到了南宁，学生里面有当官的，有发财的，有做生意的，有企业家。他们那时还给我评奖，现在我还是老师，因为我还有教师资格证。我有4个小孩，最大的那个是女孩在百色，种点杧果和四季豆。

我退休以后天天看报纸，看《环球时报》。以前我住北湖南路的时候，每天都有报纸卖。现在这里住的太偏远了，寄信难，坐公交车难。除了我爱人的妹妹外，很少有亲戚过来探亲。有些当时的照片遗失了，本来想将这些照片过塑的，可我走了几个店也没有找到过塑的地方，当时就应该把这些照片过塑。我这几年都没出国过，只见过我爱人的妹妹，现在都没联系了，因为我没大团结啊，没什么钱，出国以后对比发现变化很大。印度尼西亚的钱，我还带回来几张，印度尼西亚的币值很小。我出生在勿里洞，人家都说这边的人印度尼西亚文不怎么样，但是我的印度尼西亚话还不错，有些人还会来找我写印度尼西亚文的信。

那时我们回来的人和那时没回国内的人，聊到回国以后和在印度尼西亚现在的情况，在印度尼西亚的人很后悔没有回中国，大家都忍不住热泪盈眶，我觉得我现在过得不错，待遇比他们要好得多，我以前也比较调皮。我没有印度尼西亚当地人的朋友，因为我和他们扯不上任何联系了。现在我教育我的孩子孙子辈，都让他们好好做事，踏踏实实做人。偶尔我也会教他们说印度尼西亚文，他们就学一点基本的话。在 60 年代中期的时候，我也没有动过回印度尼西亚的想法，主要是因为没有钱，有钱的话可能就回了。

　　我 1992 年获广西区优秀归侨、侨眷知识分子。我从来不后悔回中国，中国非常非常好，南宁不比雅加达差，印度尼西亚排华是政府行为，印度尼西亚有 3600 万名华侨，我早晚都要回中国，国内再苦都回来。

叶松柏　口述

口述者简介：叶松柏，印度尼西亚华侨，1944 年出生在印度尼西亚苏门答腊岛巨港，祖籍广东新会台山地区，是一位典型的"广府人"。其在百色华侨农场做过不同的工作，四个字，即勤勤恳恳地在劳动岗位做好自己的工作。

时　　间：2016 年 7 月 15 日上午
地　　点：百色华侨农场叶松柏家中
采 访 者：郑一省　苏妙英　罗世念等
华侨属性：印度尼西亚归侨
南 洋 物：无
整 理 人：罗世念

一

1944 年我出生在印度尼西亚苏门答腊岛巨港，是一名印度尼西亚华侨，祖籍广东新会台山地区，在家里讲的是白话，是一名"广府人"。我父亲叫叶润林，他是"卖猪仔"去的印度尼西亚。父亲做过修船工、木工，做家具，卖过家私，什么苦力都做过。父亲修船一直修到回国，就没有再做其他的生意了。我在中华学校学习中文，读到小学四年级就不读了，因家庭困难而去了咖啡店打工。我的母亲是 1960 年在印度尼西亚去世的。我的父辈兄弟，有的开咖啡店，有的卖面、卖烟。

印度尼西亚"第 10 号总统法令"让我们没办法做生意，我们广府人很多都是打工的。我们回国前是住在亚齐，排华是从亚齐开始的。我们先迁移到棉兰，在"华中"集中，即棉兰华侨中学，后来那里停留了大概有几千人。当时有 1

万名亚齐的华侨聚集在棉兰，有 4000 多被中国接走，还有 6000 人在棉兰留下来，是一个叫美达村的，还有星光村等。我们回来有的是坐"俄罗斯号"，这是苏联的船。我们华侨回来是不同的批次的，乘坐最大的船是"俄罗斯号"，接下来是"光华轮"，是因为印度尼西亚那边港口水太浅，光华轮据说不能停靠上岸。我们坐船到湛江上岸。

对这个穷的方面，我们没有什么感觉，在那边也穷，只是风俗不同，我老婆不会讲广府话，我们那边被同化了，只会讲闽南话（福建话）和普通话，棉兰和库打扎内的话很相似，讲相同的话人家才会搭理你，打交道才能做生意，环境能影响语言的使用。

二

我 16 岁时，父亲带着我们三兄弟回来，我们家里一共 3 个兄弟。我 1961 年坐"光华轮"回国内。我老婆叫冼秀英，1946 年出生，1960 年回国。我老婆也是广府人，出生在班绒班荡，文化相似两个人就容易互相吸引，我和老婆在农场认识的，我老婆 1960 年从印度尼西亚回来，那时她 14 岁，在机建队，主要负责起房子，搬砖头，特别是夏天，盖瓦，特别热。2—3 年后就出来搞农业，即 1963 年出来种东西，我们有地，我们也一起种过甘蔗、木薯、地波萝、芒果、棉、麻，每个月每个礼拜算工分，看表现评的，相当于人民币 16 块钱。有家庭有孩子要养，有的家庭靠国家补助，因为孩子太多，1 分 2 分都很在乎，后来安排去了凉果厂，做果脯、凉果，那时我们做保管员之类的不需要技术的活计，在凉果厂干了 7 年，凉果厂工资是按月算的，40 多块钱一个月，那是 20 世纪 80 年代末至 90 年代的时候。后来凉果厂倒闭了，我们快退休了，安排不下了，就办理了内退。我是 2001 年退休的，我老婆是 2004 年退休的。

1980—1990 年农场开始改革，三次大改革，就是承包。场里有欠我们工资的情况，有过一次欠 2% 的工资，整个厂都是欠的，内退的时候一次性给了 600 块钱，就不管我们了，以后每个月都没有了。看病有一定的报销，报销 7% 这样，两个孩子要上学，要拿去买菜这样，老婆工资顶着，我只能当甩手掌柜。越南归侨什么都有，什么都给，我们是什么不给，我们都勉强满足了，我们老实，可越南归侨老是不满足，老是去闹。我们就觉得国家对越南归侨那么好，他们还有什么不满足的，他们的行为让我们心里很不爽，他们的环境是战争，我们是老老实实，回国以后也去过我的老家新会，我老婆老家是茂名的。那时爱唱印度尼西亚歌，会被批斗，他们说印度尼西亚歌曲是黄色歌曲。穿衣服以前不给这样穿、那样穿，裤子不能喇叭裤，看看塞不塞得进瓶子。

说一下我们的恋爱故事：我是副队长，我老婆是记分员，在队里大家一起做工，广府人和广府人有文化共同性，语言相通，所以两个人就熟悉了。我老婆说，有些人记工分老是要赖皮，该多少就是多少，他们就整天反反复复问。我老婆之前做农工，后来 1977 年去百色初中当老师，我老婆是"老三届"。我们两个人退休工资不一样，我 2000 多元，我老婆工资 4000 多元，因为她是文教卫系统的，是按照自己的级别定的。我是 2001 年退休的，2001—2003 年每月才给 400 块钱，2004—2013 年才按照国家待遇给。

我们还跟海外的亲戚保持一定联系。我家里有人曾给我写信，他写信来华侨农场，但他没写对地址，这封信就转来转去各个华侨农场，收到的时候都破破的了，后来总算联系上了，2009 年去到我亲戚他们那边。我亲戚在先达，先达话有种桂柳话口音，变形过了，为何先达说桂柳话，是因为桂柳话教书的老师很多。其实，我们是"文化大革命"时期与他们暂时失去联系，后来就有伯父在那边保持联系，跟女方这边亲戚比较亲密，我们的孩子也比较亲近他妈妈这边，我们就是去先达那边探亲过，我老婆的姐姐在那里，我老婆家里其他人都回国了。

有些在印度尼西亚的华人印度尼西亚话都说不好，甚至有些印度尼西亚当地人会讲客家话，还保持着联系，我老婆的姐姐姐夫带着女儿回过国，那是1995 年的时候。他们觉得我们生活水平很不错，我姐夫是有文化的人，曾经是我的小学老师，我们带他去了百色，他们觉得挺漂亮的。棉兰的路十年前怎么样，现在还是怎么样，因为路都是私有的，国家穷，私人有钱，这就是土地的公有制和私有制。现在还会专门有跳印度尼西亚舞唱印度尼西亚歌的活动，有的不会唱歌，但是他们会跳舞。

我们两个在家讲普通话的多，印度尼西亚话也很少讲。我有两个小孩，两个孩子都和我们一起住一起吃饭。我的大孩子现在靖西做驾校教练。目前我住的还是 20 世纪 70 年代的房子，后来我们自己装修，一开始都没有天花板，这里一家就是一间，分房按人头算，4 个人挤在这个小房间，一起住一起吃，20 世纪 90 年代房改，有些人走了。我们就买下来他们的，合并成 3 间，是维修改造的。按政策，我们维修住房，国家是有补贴的，即一家一户 1.5 万元。对面那家只分到 7000 元，据说是被人扣下来的，换瓦就被人扣了钱。这是国家给的钱，为了这个事情，干群关系很紧张。原来他们也是不给我们，我们也是到处去问、去要，钱就给了。所以我们也不要怕，国家给的，就是该给到群众手里。老了以后我们也出去玩，子女带我们去，我们自己也出去旅游了。农场给我们报新农合，很不合理，报得很少，100块钱给我们报的最多40块钱这样，大概40%。每个地方的农合是不一样的，河池那边是60%，他们地方帮出钱，医保挺高的，但是农场给我们报的新农合就比较低。工资现在是没有问题，养老保险有点问题。因为现在老了，越老病越多，这个钱不够用。现在光是拿一点药，都要上百元了，所以医疗保障真的很重要，广西的医疗不太好，做的没有其他地方好，希望以后能够改进吧。

曾宪瑞　口述

口述者简介：曾宪瑞，男，出生于印度尼西亚亚齐，第二代华侨，祖籍广东梅县。1960年回国，回国一直在百色华侨农场任职，曾任百色华侨农场副场长，1991年退休。

时　　间：2015年7月15日
地　　点：广西华侨联合会宿舍区
采 访 者：苏妙英　韦佳颖　罗世念
华侨属性：印度尼西亚归侨
南 洋 物：无
整 理 人：韦佳颖

一

我1931年出生于印度尼西亚亚齐省，是第二代华侨，我的祖籍是广东梅县。

很多华侨都是在印度尼西亚那边做生意，我们家不是，我们在印度尼西亚是种菜，父母都是菜农。除了种菜外，也干其他的农活，我从小也跟着父母在田里插秧，生活比较艰苦。

我在印度尼西亚时留下的印象最深刻的事情是日军侵略印度尼西亚。日本南进印度尼西亚给我们这些老百姓造成了很大的影响，无论是土生土长的印度尼西亚人，还是我们这些漂洋过海的华侨，每个人都留下了深刻的记忆。那个时候日本法西斯手段很厉害，对印度尼西亚人的手段就不说了，对待我们华侨，日本人就培养汉奸来抓我们，他们要排查出华侨的"头头儿"，要利用那些有名望的、进步人士、华侨总会领头人来协助他们统治印度尼西亚，华侨如果不顺从他们就会被杀掉。这些事情都是真实的，就发生在当时我们所在的那片地方。我们家因为是菜农，没什么影响力，那些日本人也觉得我们家没有威胁，所以没管我们多少，我们家因此幸免于难，没受到太大影响。

我们家虽然一直都在农耕，但是父母仍愿意花钱送我去读书，我读书的时候差不多10岁，也就是20世纪40年代初去上小学的，我在小学读了两年，学业就被迫中止了。日本南进印度尼西亚，战火蔓延开，教书先生都跑了，学校无法在继续教学，我只得辍学回家，跟着父母一起务农。1945年日本战败投降，学校重新筹办起来，我才得以继续读书。能读书是件很幸福的事，我的求学之路充满了坎坷，不仅受到战火波及，而且家里花钱供我读书很是勉强，我小学毕业之后就没能继续读书了。

毕业后我就出来做工，跟着家人一起种菜、养猪，补贴家用。我的家人都是勤劳的、质朴的，赚的钱虽少，但也在一点点地累积。到我20岁的时候，家里已经有了点积蓄，我就到小镇做生意。我去的小镇叫"怡里"，也在亚齐省，与我们家种菜的地方有些距离，我在那里开了家咖啡店，主要是买卖咖啡豆、磨制咖啡粉。印度尼西亚以前是荷兰的殖民地，它在独立前称作"荷属东印度群岛"，所以在很多方面都会受到欧洲那边的影响，印度尼西亚人很喜欢喝咖啡，我们中国人早上喜欢吃油条配豆浆，印度尼西亚人早上就喜欢吃面包、喝咖啡，印度尼西亚的咖啡在我们东南亚国家也是享有盛名的。在我们亚齐省怡里镇，一共有10多户人家都是中国人，他们有的是第一代华侨，有的是第二代华侨，来自国内的各个地方，以福建、广东人居多，大家都在怡里做些小生意。我们华侨之间的关系都很和睦，有什么难事都会一起帮忙，亚齐当地的印度尼西亚老百姓对我们也是相当好的。

我家的咖啡店经营了差不多十年，后来印度尼西亚政府排华，就不给我们华侨开店了，县以下的店铺全部要关门。我们华人对印度尼西亚政府的这个举措感到很愤怒，但是也不敢怎么样，毕竟我们是在印度尼西亚的地盘上。这个时候，印度尼西亚华侨总会就号召华人回国了，我觉得我们家的生意肯定是做不下去了，干脆全部回国吧，所以就联系了我们怡里的华侨联合会安排回国事宜。那时候是1960年。在此之前，我们家已经有回国的先例了。我一共有六个兄弟，四个男孩，两个女孩，我是老二。1949年，我父亲先带着我的两个小弟回国念书，后来印度尼西亚排华，我带着我妈妈、我妹妹一起回国，当时我29岁，而我大哥在印度尼西亚已经成家了，就留在了那里。

1960年5月，怡里华侨联合会通知我们回国，他们工作是很负责的，一路上都对我们热情相迎。我们从怡里出发，途经浪莎，到棉兰上船，乘"俄罗斯号"回国。"俄罗斯号"是苏联的船，印度尼西亚排华后我们国家特地把苏联的船给租了下来，将我们接回国内，那个船很大很豪华，能装两三百人。

我们 1960 年 6 月到达中国，在湛江上岸，是第一批集体回国的印度尼西亚华侨，之后的 11 月还有一批印度尼西亚华侨乘"俄罗斯号"回国。

二

我回国后先是到了湛江，在那里住了一段时间，之后就被分配到南宁，住在火车站旁边的朝阳旅社。过了不久，组织上把我安置到了田东县的公康农场，那里已经有供我们居住的泥砖房了，不过公康农场缺水严重，干净的水很少，印度尼西亚归侨没有水怎么生活？我们以前在印度尼西亚的时候水资源很丰富，毕竟印度尼西亚是岛国，无论是海水还是淡水资源从来都不缺的。跟我们一起去公康农场的大概有两三百人，因为缺水，我们就向组织上打报告，申请换个地方做工，组织也重视我们的意见，把我们这批人调到百色华侨农场。就这样，我到了百色华侨农场的田阳县做工，在那边种水稻、种甘蔗、种剑麻。

我这辈子一直扎根在百色华侨农场里。

刚到农场，我首先是当了记分员、记工分。后来工作踏实，组织上信任我，我就被委任当上了副队长，在副队长这个岗位上做了两年成为队长。百色华侨农场有 10 个队，其中第一到第五生产队都是种水稻的，我所在的生产队是第五生产队，有几百户，工作的地点在现在的二塘那边，那时候我们每个人都要定量向国家交公粮，我们第五生产队的产量年年都是最高的，组织上经常给我们奖励毛巾、热水壶、水桶。在那个物质匮乏的年代，能得到这些奖励是一件很光荣的事情，我退休已经 20 多年了，这些奖品全都丢了，以前从印度尼西亚带回来的东西也不见了，这是我的一个遗憾。那时最累最苦的就是"双抢"，每个人负责耕种八亩地。"双抢"指抢收、抢种。我们是靠天吃饭的，季节不等人，如果种水稻的时间不对，收成就不好。我虽然是队长，同样也要面朝黄土背朝天，还要发挥带头作用，脚踩在泥水里面，泥水很烫，里面还有蚂蟥，一脚踩进去蚂蟥就跳出来吸血了，这种情景现在的年轻人是无法体会的；还有搞"大会战"，"大会战"就是集中农场的主要人力、物力、财力，克服工作、生活的各种困难，大家联合到一起开荒造田，那个时候也是很累的，我们加班加点地劳动，所谓能力越大、责任越大，有时候我们晚上只能睡几个小时。好在我们场子里的人都很踏实，生产积极性很高，工作不难开展。

1976年我加入党组织，入党以后我继续在农场工作，那个时候我什么都没考虑，就是考虑把工作做好。1984年我当上了副场长，调任到百色华侨农场总场，专门管水稻种植工作。我当上副场长不久，我们农场就开始改革了，除了种水稻外，还大规模改种经济果，我们种植的经济果大多是芒果、龙眼，这个改革是组织上提倡的，我们农场通过这项改革确实也提高了收益。

我刚到农场的时候还需要记工分，到我当场长的时候，经济制度已经改变成家庭联产承包责任制了。家庭联产承包责任制是20世纪80年代初在我们农村推行的一项重要改革，它是土地制度的重要转折，也是一项基本经济制度。农村"包产到户""分田到户"，以承包合同为纽带，组成一个有机整体，调动农民的生产积极性，我们的农户家庭向场里承包果树，收成后自己拿出去卖，会有人来收。

当了场长后，光有蛮力没有技术和知识可不行。我们经常要到来宾念文化课，提高素质，还有到侨办开会、学习，了解现在的政策和局势，给农场拟定相对应的发展措施。在技术上，华侨企业级也会向我们提倡一些先进的生产理念、派优秀生产队员给我们做指导。

我们农场在种果树、种水稻的时候也请潮汕老农指点过。潮汕农民很会种田，精耕细作，产量很高。水稻产量高低，很大程度上取决于水利、土质、肥料、良种以及耕地是否平整，但是人的栽培技术同样也起着很重要的作用。科学的水稻栽培技术肯定是有利于农场水稻产量的提升的，我们不仅向潮汕老农学习了先进的耕作方式，而且在种经济果的时候推陈出新，农场生产效率明显提高。

百色华侨农场先后出过很多位场长级的印度尼西亚华侨干部。张顺、卓克豪、姚慧清、林耀忠、石向金（音）都是印度尼西亚归侨。除了印度尼西亚华侨外，我们百色华侨农场还安置了几百户越南归侨，印度尼西亚归侨和越南归侨的关系都很融洽。

三

我们刚回国的时候条件很艰苦，回来在公康公社转了一圈，看到的都是黄泥路、茅草房，大家都震惊了：真的是太穷了，穷得连水都没有！和印度尼西亚比简直是一个天一个地，有些老人都哭出来，抱怨不应该那么快决定回国。像我妹妹回来就很后悔，但是没办法，已经回来了，不可能再回去，只能既来之则安之。好在当时我年轻，而且小的时候跟父母一起在亚齐种过菜，吃了不少苦，所以感受不一样。刚到田阳我就马上习惯了，毕竟年轻能吃苦，如果我以前是在印度尼西亚的大城市里面生活，可能不会适应国内的这种环境。不过现在的情况倒过来了，印度尼西亚的发展没有中国好，现在印度尼西亚很多人还奇怪怎么中国人退休了还有工资领呢。

回中国的时候，除了我大哥其他人都回国了。我们跟外面的联系一直很少，首先我们农场就比较封闭，60 年代中期的时候更是要切断一切与外界的联系。之后恢复通信、步入现代化的时候，我大哥不久就在印度尼西亚过世了，现在我们基本上没有与国外的联系过了。1948 年我两个弟弟是先跟着我爸爸回来的，他们直接回了老家广东梅县，在那里读书，后来一个弟弟跑去贵州读了大学，毕业之后分配到贵州，一直都在贵州生活，另一个弟弟则在江西某个县里的侨联工作；我弟弟在上大学的时候，我已经工作了，也有自己的房子，所以我就把爸爸接过来一起在住，一起在田阳生活；我妈妈回国后做托儿所，做了几个月就退职了，因为她年龄到了，但是工龄没到。我工作忙，两个老人有时候可以帮我照顾一下小孩。我有三个小孩，都是由他们自己去奋斗，用现在的话来说就是放养式教育，我管不了，工作实在太忙了。现在大女在南宁，在自治区侨办监察室工作；二女在深圳；儿子在 1981 年考上华侨大学，现在也在深圳工作。

改革开放以后我们的生活得到明显的改善，住进了新楼房。我 1991 年 3 月退休，退休以后我还待在农场，组织上安排我做督导员，给接班的领导做指点。退休时我的工资才 142 块，现在水涨船高，也有两三千元，按现在国家政策规定，归侨一户一年有 15000 元的补贴，我们也能得到这项补助。

我在印度尼西亚曾开咖啡店，很爱喝咖啡，现在不敢喝了，喝完咖啡我就会很兴奋，兴奋得睡不着觉，那现在老了，为身体着想就不能喝咖啡了。现在我在家里就看看电视，安心养老，有时候还会出去散步，怎么健康就怎么做。

张亚芳　口述

口述者简介：张亚芳，出生在印度尼西亚，祖籍广东梅县，在印度尼西亚的棉兰生活。外公是中国人，外婆是纯正的印度尼西亚人，母亲因此是中印混血。张亚芳自出生就注定坎坷，混血的身份让她受尽歧视与不公。回归后，特殊的身份又使她较别人多了一份机会。

时　　间：2016 年 7 月 10 日
地　　点：百色华侨农场张亚芳家中
采 访 者：郑玉荣
华侨属性：印度尼西亚归侨
南 洋 物：回国船票
整 理 人：郑玉荣

一

我知道爷爷的事是听我堂哥讲的。我家最早是爷爷去印度尼西亚的，爷爷是被"卖猪仔"出去的，具体的出去时间我也不清楚，只是描述大概是清朝末年，和我丈夫陈意美的爷爷出去的时间差不多。刚开始过去的时候是跟着老板打工，打工期间经常寄钱回家。后来积累了一些财富后，我爷爷开始自己种橡胶、胡椒、咖啡这些经济作物，随后因此发家。慢慢地给家里寄的钱越来越多，叫家乡的亲戚帮忙修缮祖屋，还买了车，因此，在家乡也是小有名气。我爷爷也在棉兰市买了房子，棉兰市巷街 32 号就是我爷爷当时买的房子，这是我们一家在印度尼西亚的居住地，我也是在这个房子出生的。现在这个房子还在，我们也经常会回去看看老屋。

我爷爷在中国就已经和奶奶结婚了，后来在印度尼西亚致富之后就把奶奶接到了印度尼西亚。爷爷奶奶一共生育了 13 个孩子，我有 6 个姑妈，全家都在印度尼西亚生活，老家的房子就托人保管。爷爷只娶了一个妻子。我的父亲排男子中的第一，总的排第五。我父亲回中国读书，是爷爷特意送回去的。我父亲在中国读了 5 年，后又被接回印度尼西亚。所有的孩子中，只有我父亲接受了中国教育。我父亲出生在棉兰市的巷街，那时爷爷的生活已经比较好了，我父亲长大后，在爷爷的教育下开始自己做生意。

我外公也是被"卖猪仔"卖到印度尼西亚的，最早从事的行业是伐木。因为离家久，那边的老板就派印度尼西亚女子服侍他，而后两人产生了感情，就结婚了。我的妈妈是中国人和印度尼西亚人的混血。外公在中国广东有一个大老婆，我的印度尼西亚外婆被外公的大老婆赶走了。我爷爷的广东大老婆赶走了印度尼西亚外婆后，她把我的母亲留了下来。因此，母亲从小受继母的虐待，再加上混血的特殊身份，我的母亲更是备受冷眼。广东的大老婆育有两个孩子，一男一女，印度尼西亚外婆与外公只育有我母亲一个。外婆被赶走后，我听别人说外婆又嫁给了一个华人，但是一直没有往来。祖父后来因得肺病而去世，那时得肺病是很难医治的。祖父去世后，家业就开始衰落了。我一家回国时，也就是 1964 年，祖母也去世了。

我父亲 30 多岁才结婚，大约是 33 岁，之前一直没有找，直到别人给父亲介绍了我母亲，父亲一下就中意母亲，要结婚。可是我的姑妈反对我父亲与母亲结婚。因为母亲是混血儿，她们称母亲为番鬼种，家里人希望我父亲找一个纯正中国血统的女子，可父亲偏偏就要和母亲结婚。直到他们结婚，家里人还是不接受母亲。父母结婚后，一直住在租的房子中。从我的母亲进入父亲的家门，就一直被不公平对待。我从出生直到长大，都忍受着家里喊她"番妹"。如果做错事时，更是会招致辱骂。我父母结婚时，父亲 33 岁，母亲仅仅 19 岁。是广东的继母急着把母亲嫁出去，勉强刚成人，就给母亲安排相亲。幸运的是，母亲遇到了我父亲。尽管我父亲一家都不喜欢母亲，甚至歧视，但是父母之间的感情始终很好。父母一共生育了 7 个孩子，我上面曾有一个，但是不幸夭折，存活下来的就是 5 女 2 男，7 个孩子。我排行老大。

我的姑妈始终没有接受母亲，对母亲态度非常差。而父亲也很怕他的姐姐们，不敢因为这个而对抗姐姐。我 10 岁时，父母终于忍受不了家人对他们的态度，搬离了爷爷的房子，父亲一家出来后自己做生意，养活妻子和子女。搬出来后，父亲主要做冷饮，母亲做糕、炒粉。那时我父亲卖的有刨冰、冰水、水果捞之类的。

那时是专门有卖冰的公司，父亲把大块的冰买回来以后自己再加工。那时的生活还可以，勉强可以度日，也算不上是很有钱的，但是一家人生活得很幸福。

在反华排华时，我父亲就报名回国了。我的小叔刚好在华侨总会工作，于是就安排他们回国。父亲所有的兄弟姐妹中，只有父亲一家回国了。因为那时只有父亲一家生活比较艰难，其他的叔叔伯伯都留在了印度尼西亚，没有回来过。我的两个叔叔都是靠吃老本儿，靠祖父留下来的财产，而姑妈也都嫁给了当地华人。我一家与他们一直保持联系，直到60年代中期中断了联系，改革开放后，又重新联系上了。

我一家回国时，有父亲、母亲以及6个在印度尼西亚出生的孩子，共8个人。后来回国后，父母又生育了一个孩子。我的四妹在回国前被送给了叔叔，因为叔叔没有生育，所以四妹送给叔叔抚养。因为叔叔没有回国，四妹也就跟着叔叔留在了印度尼西亚。我回国时不满12岁，但是对于很多回国的记忆我很清楚。

二

刚回国时，我们被安排在田东公康华侨农场，当时农场的领导欢迎我们回国。用很大的缸煮一锅的蕹菜和粥给我们喝，我看到这番情境不禁落泪。在印度尼西亚，从来没有吃过这样一盅一盅的饭。在印度尼西亚生活虽不富裕，但是饮食还是很干净卫生。刚回来前好几天都吃不下饭。田东因为缺水，蒸出来的米饭都是黄黄的。但是父亲从来没有抱怨过，父亲很爱国。我父亲的名字叫张念华。母亲谢宝玉整天跟父亲抱怨。因为回国前和回国后落差太大，我一家的生活都很不适应。田东天气干燥，又缺水，生活实属不易。后来搬到百色华侨农场之后，情况稍稍好转，吃水、用水至少不是问题。来到百色华侨农场后，父母就从事农业，种剑麻等一些作物。那时候的我在田东中学读书，一直读到高中。

我读到高中一年级时就遇到了"文化大革命"，学业没办法继续，只得回农场做农工，这一做就是五年。因为我的字写得比较好，文章写得很出彩，因此就被调到工作组，后又被调到我丈夫陈意美所在的生产队当了小学老师。主要教授语文课。当老师时的工资是16块，因为农场缺知识分子，我几乎哪个年级都有教过。我从事教育事业整整30年，在五小教书10年，在二完小工作一直到退休。

我在读初中时，刚好遇到"文革"，班级里选归侨代表去北京见毛主席。

班里一致推选我，早上刚决定，晚上就被撤销了。为何会发生这个原因，是因为那时学校来了另一个老师，调查我的家庭，说我的父亲是资本家，因此我就被取消了进京的资格。我小小年纪就要背负家庭成分这样沉重的负担。我也曾一度低迷，但是后来想通了，是因为我的家庭就是给我这样的命运，我就是这样的家庭，我不能去选择，也不能改变什么，我只有去面对和接受它。我父亲在农场很爱听收音机，父亲亲自从印度尼西亚背回来的收音机，常听澳洲台、美国之音。60年代中期，因听国外的电台，被指是美国的特务，是坏分子。其实父亲也不是农场的什么干部，就是一个普通职工而已。因我的父亲的原因，我在中学的一些评奖评优，入团入党都不可以。甚至参加一些学校的活动都不可以，因为家庭成分不好。虽然我没有被批斗，但我因此失去了很多的机会。这也让我一度很郁闷。我一直默默无闻，努力工作，领导看到我这么努力，而且是知识分子，有一定的文化，就把我派到了广播室，负责广播编稿。那时候还让我当了民兵的文书，让我从事文案工作。我的一切一切都是自己努力得来的，我没有捷径可走，也没有退路可选。虽然心里很难过，尤其是每当看到没有自己文化水平高、工作没有自己努力的同学、同事都获得了比我更多的机会，我的心里就更加难过了。

　　1978年恢复高考，身边的人都劝我报名去参加高考，因为我学习好，也热爱学习，但是我不敢报名。很多人参加了高考，纷纷去了右江医学院、右江师范、广西农学院，而我却不敢报名参加高考。我一直很想读书，想学习，想读大学。直到工作以后，即1987年有一个进修的机会，我和另一个有着相同身世的同事一同报了名，学校批准了。因此，我们两个来到南宁师范学院进修了两年，进修结束后得到一份进修合格证书，算是圆了我们没有读完高中的梦。后来学校里的老师评职称，我和同事因为有到南宁进修的经历，很顺利就评上了高级教师的职称。现在我因为有这样的职称，退休工资要比同事高很多，我现在每个月能拿4000多元的退休工资。而那些没有被评上职称的同事，虽然他们也工作了很长时间，和我一样从事的是一线教育工作，但是因为没有进修的经历，没有被评上高级教师，现在每个月的退休金仅有2000多元。去南宁进修和评上高级职称，这让我心里稍稍舒服一些，自己的努力总算得到了肯定。

　　当讲到是如何和陈意美认识并在一起的，是他那时候比较进步，很会说，很爱带职工参加一些活动。有一次，我在写大字报，大概是七几年的时候，陈意美说我看不起他。其实我的学历是比陈意美高，但是并没看不起陈意美。陈意美说这些话的时候我就记在心里了。后来因为农场经常举办活动，经常开会，我们两个人一来二去就相识了。那时双方的父母也没有反对，我结婚时 24 岁，陈意美比我大 3 岁。我的父亲希望我能够读大学，大学毕业后再结婚，但那时的我已经不考虑那么多了，于是就和陈意美结了婚。婚后我们只育有一个女儿，因为国家计划生育的政策，再加上我是人民教师，我丈夫是农场领导，更要以身作则，所以我们至今也只有女儿一个孩子。

庄天元　口述

口述者简介：庄天元，印度尼西亚归侨，出生于苏门答腊岛的勿里洞，第二代华侨，1983 年曾任厂部总部水电科经理，刚开始叫工交机建科科长，主要管理工厂和交通。以前在汽修厂工作，当上车间主任，后又被提拔为副厂长。

时　　间：2016 年 7 月 10 日上午
地　　点：百色华侨农场庄天元家中
采 访 者：苏妙英　王贞荣　罗世念等
华侨属性：印度尼西亚归侨
南 洋 物：无
整 理 人：罗世念

一

我是印度尼西亚归侨，也是第二代华侨，1942 年我出生于苏门答腊岛的勿里洞。我父亲老家是广东揭西，我母亲她是第二代华侨。听我父亲讲，是国民党当政时期被"卖猪仔"出去的，到勿里洞那边，荷兰政府走了以后，就跟印度尼西亚政府工作，挖矿，是工人来着，也算是一个公务员，退休以后享有养老金，有大米补贴。

我有 3 兄弟和 1 个妹妹，我是老大，负担比较大一点，母亲是侨生，具体哪里我不知道，她是雅加达的华侨，在家讲客家话。我母亲已经去世了，她那时在家做家庭主妇，我们家庭孩子不算很多。我在印度尼西亚那里读书，只读到小学 5 年级，因为那时中文学校关闭了不给读了，我又不想读印度尼西亚文，我们校长是清华大学毕业的。我们学校合并成中华学校，因为"十号法令"不给华人办学校，5 年级那时我 16 岁了。我们读书很迟，还要在木材加工厂做工，需给老板打工，煮饭扫地，正式做工做到回国。回国后一开始不习惯，后来习惯了也没什么。

我们当时是有回国风潮，看不惯印度尼西亚人歧视华人、调戏华人女孩子的现象。我母亲病重时告诉我们，回国吧，后来就回国了。后来我母亲去世了，我的父亲在那里当公务员退休了 3 年以后，也是病重去世了，我有个弟弟留在印度尼西亚了，因为那时他工作了，我当时是没有想法的，是我母亲的话让我有了回国的想法，因为那时我也工作了。父亲退休以后家属不到 18 岁可以享受这个"菜金"，我年龄已经过了，就那个弟弟领那个补贴，领菜、大米和油。

二

我回国时是 19 岁，1960 年 4 月在那里有个中华总会，集中一段时间就上船，我们分为两批，我们是分到了第二批。弟弟排老二，他那时 18 岁了，送给人家养过，所以没有与我一起回，他现在还在印度尼西亚。我一分就分到了百色，我住的还是砖房，不是茅草房，只是没有装修。住茅草房的还用牛粪弄过，按家庭多和少的问题分配的，我们人少，人家多的就住稻草房，差别很大。一开始不习惯，感觉很辛苦，一回来就做工了，我没有在生产队待过，两次都在加工厂，不用做农活，我运气比较好。1965 年的时候，成立一个汽车修配厂，也有粮食加工厂，我在机修厂工作，后来当上车间主任，被提拔为副厂长。机修厂修农场拖拉机、汽车，接手附近农村的柴油机、拖拉机。我在机修厂做了大概有 15 年，后来调到场部总部，刚开始叫工交机建科科长，那时是 1983 年，管理工厂、交通，全都管，那时候有五六个工厂，淀粉厂、粮食加工厂、修配厂、砖厂，大概这几个。由于不同的原因，有的工厂亏损，现在只有淀粉厂还有，原料来源木薯是来自越南的，越南粗加工，我们这里再加工成细料。我就在场里一直做到退休。

我爱人王菊英和我不在一个地方，她是在苏北的苏坤，我们在 1963 年结婚，因为那时觉得我要工作，可是弟妹还小，家里需要有人照顾。我的印度尼西亚话现在还会讲，当地本地话我也会讲，当地话就是土话。我的印度尼西亚话都能对答如流，哪怕没这个环境了，也还是能讲，我的小孩大的那个已有 50 岁了。我有 3 个女儿，1 个在香港；1 个在工会，在农场附近，自己有家庭，就搬到自己的房子里住；最小那个女孩在南宁，私人单位，前不久我们就去了一次南宁。

　　归侨不适应，从计划经济到市场经济，归侨们有种优越感。我们的工厂是淀粉厂，做喂鳗鱼的饲料等，加工厂现在还是做这种，销路还可以，也就淀粉加工厂还能坚持下来。现在机修厂也是私人承包了，场里的基本很多都承包给个人了。以前的工友们都退休了。做多得多，工厂变化太快，给归侨们做思想工作，因为他们思想转不过来，没有土地怎么办，养老方面要自己解决，归侨们都在担心子孙怎么办。

　　我们没有土地，靠的是退休工资，我爱人也没有自己的土地，她退休前做农工，那时还去过幼儿园当老师，我们也没有想到开荒种地，那时分土地的时候她不做农活所以也没有地，退休了以后我们就串串门儿、喝喝茶走来走去，我43年工龄，比我爱人长，2100多元退休工资，我爱人1900多元退休工资，我子女有他们自己的工作，也不用怎么担心我们。

　　60年代中期的时候，我们与印度尼西亚的家里失去过联系，后来15年前找回了联系，是我自己去印度尼西亚找的。我弟弟在国外做化妆品生意，大概和老板有点合股份的，环境还可以，家里有挺多设备，有传真机，是高层管理人员，不是打工者。弟弟在那边有3个孩子2男1女，我叫孩子去但没有去成，年轻人语言不通，主要是多年不见亲情淡薄。弟弟没有回来过，他讲中国就是冷，弟弟的小孩去过北京，我也是不习惯气候。

　　我觉得印度尼西亚和很多年前比有变化，但没有中国的变化大。我们归侨变化比他们好，有退休金基本保证，第二点是医疗，住宿环境我们还可以，他们也不差，年年春节都打电话过来，还有亲戚在那边。他们听别人说中国好，他们看电视节目，也觉得中国现在不错。50岁以上的华人都会讲客家话，50岁以下的不懂，我弟弟的老婆只会讲印度尼西亚话，我弟弟懂普通话，因为他以前读过书，他也没有想回中国的愿望。一些外国媒体的报道不符合现实，不了解中国情况，我在印度尼西亚时上网，搜到广西地震、发大水。这么多年，就觉得就是天气太热和太冷，其他都还好。中国最好的就是有医疗和退休金，在印度尼西亚医疗不太好，而且在印度尼西亚不是公务员就没有退休金，要靠子女养着，子女赚钱又孝顺还好，要是赚不到钱，老人就辛苦了，所以，印度尼西亚人很羡慕我们有退休金，这一点就比他们好太多了。

二、来宾华侨农场篇

　　来宾华侨农场地处来宾市西北部，距离来宾市城区 3 公里，周边与兴宾区桥巩乡、凤凰镇相邻。来宾华侨农场始建于 1960 年，是最早安置归难侨的农场之一，安置的是来自印度尼西亚、印度、越南等 13 个国家和地区的归难侨和部分外籍侨民。

　　来宾华侨农场有着特殊的历史轨迹。农场建立的初衷，是用来安置犯人的劳改农场。1960 年，东南亚国家掀起排华浪潮，国外不允许中国人居住，"要么加入当地国国籍，要么就回中国"，在这种压力下，许多世代旅居国外的华侨饱含一颗赤子之心，都不愿意加入所在侨居国的国籍；再加上当时的国侨办也鼓励华侨回国，支持国家建设，因此，许多华侨义无反顾的放弃国外较丰富的物质生活回到祖国。1960 年伊始，国内正式接侨后，劳改农场才逐渐转型为华侨农场。来宾华侨农场先后分八批安置了来自 13 个国家和地区的归侨。但因为有些侨居国的归侨人数少，只有几户人家，后来也慢慢的迁离来宾，投奔亲友。

　　根据农场统计资料，1960—1980 年，来宾华侨农场先后安置了来自印度尼西亚、印度、尼泊尔、不丹、锡金、缅甸、柬埔寨、马来西亚、新加坡、文莱、孟加拉国、泰国、越南 13 个国家和地区的归侨，素有"小小联合国"之称。据统计，1960 年 11 月 28 日，第一批因印度尼西亚排华而归国的华侨到达来宾华侨农场，建立来宾华侨农场第一生产队。1961 年、1962 年和 1963 年来宾华侨农场又先后接收印度尼西亚、印度回国的归侨，相继建立来宾华侨农场第二、第三、第四、第五、第六、第七（知青队）、第八生产队和工管队（直属队）。1963 年 6 月 28 日，第二批印度尼西亚华侨从湛江到达来宾华侨农场安家落户。1977 年，由柳城华侨农场调来一批 200 多名职工安置到来宾华侨农场，建立第九、第十一、第十二生产队。1978 年，来宾县全县安置归侨 7866 人，其中在来宾华侨农场安置 3495 人，建立农场第十、第十三生产队。1996 年 2 月，农场接受一批从十万山华侨林场愿意分流到来宾华侨农场的归侨 17 户 82 人。这样，1960—1996 年来宾华侨农场全场共安置归侨 5398 人，其中 1960—1962 年安置印度尼西亚归侨 816 人，1963 年安置印度尼西亚和印度归侨 1005 人（印度尼西亚归侨

595 人、印度归侨 410 人），1978 年安置越南等东南亚国家和地区的归侨 3495 人。

自 1871 年起到 1988 年止，老归侨属职工按照国家有关政策和本人自愿申请，经批准到第三国或地区定居达 280 人（不包括随行的非正式职工的老人小孩）。其中中国香港地区 251 人，中国澳门地区 9 人，美国 6 人，英国 1 人，瑞典 1 人，澳大利亚 1 人。其次，越南归侨先后到第三国定居 52 人；重新调整安置到城市工厂（包括区内外）114 人。越南归侨在 1978—1980 年据不完全统计先后外流 395 人。2000 年农场累计到港澳台地区及第三国定居的移民达 1200 人，有亲戚联系的达 34 个国家和地区，成为当地对外联系的重要窗口。

2011 年，农场常住人口 2018 户，其中归侨 1566 户。常住人口 5588 人，其中，归侨 2441 人、归侨子女 2569 人、并场区 578 人；在职职工 758 人，其中归侨 667 人。

来宾华侨农场体制随着时代的发展发生了不同的变化，农场始建于 1960 年 11 月 28 日，曾隶属自治区华侨企业管理局直接领导和管理，直属广西壮族自治区侨务办公室处一级单位，负有安置归侨就业的责任，具有事业性质，实行企业管理。1998 年 3 月 31 日，自治区华侨企业管理局将来宾华侨农场下放给柳州地区行署领导和管理。1998 年 4 月 1 日，柳州地区行署委托来宾县人民政府代管。2000 年 12 月 7 日，广西来宾华侨农场正式有来宾县人民政府领导和管理。2003 年 5 月 12 日，来宾华侨农场受地级来宾市人民政府领导和管理。2004 年 4 月 26 日，来宾华侨农场由来宾华侨投资区直接领导和管理至今。

程玉梅　口述

口述者简介： 程玉梅，女，生于印度尼西亚勿里洞，第三代印度尼西亚归侨，祖籍广东。20世纪60年代随父母乘船回国，自广东湛江上岸，途径南宁，后被安置到来宾华侨农场。1972年高中毕业，同年进入生产队工作。在生产队负责种植水稻、制种等工作。1974年之后转到场里做工，主要负责工作行政清算，后调到当地计划生育科工作直至退休。

时　　　间：2016年7月19日
地　　　点：来宾华侨农场程玉梅家中
采 访 者：苏妙英　邓欣婷
华侨属性：印度尼西亚归侨
南 洋 物：无
整 理 人：韦佳颖

一

我出生在印度尼西亚勿里洞，在家里排名第三。我们五个兄弟姐妹都是在印度尼西亚出生，唯独最小的妹妹是回国后才呱呱坠地。我虽然生活在印度尼西亚一段时间，但是并不长，再加上长期大多数时间是在国内，因此并不会说印度尼西亚话。

我的父亲祖籍是广东河源，归国后他曾两次回老家祭祖，家乡当时还十分贫穷。他是从那里"卖猪仔"出去的。由于印度尼西亚的矿产资源比较丰富，因此父亲出去后就一直作为工人在锡矿挖矿。

母亲是属于侨生，她的祖籍是广东大埔，她一直没有回过老家，反而是外公外婆回过老家。母亲在印度尼西亚生活的时候，工作是在家中带孩子，有时做腐竹卖。我父母是在印度尼西亚结婚的。

我一直没有随父母回过祖籍地，本来父亲有生之年十分想带我回去，但是姑姑考虑到父亲年老的缘故，并没有允许。

在我还小的时候，父母考虑到读书的问题，因此打算带孩子们回来读中文，即便当时哥哥已经在印度尼西亚上学了。因此在我很小的时候就从印度尼西亚回国了。据母亲的记忆，我们是乘轮船回到湛江港，而后在南宁集合再出发去农场的。

安置我们的这个农场比较特殊，是一个劳改农场，在我们到来之前很长一段时间都是与劳改犯在一起居住。我们来的时候还有部分劳改犯仍然还留在那里，他们是往后的日子里慢慢迁走的，据说是迁到了贵阳、桂平等地。劳改犯里也有比较友善的，在迁走的一段时间里，农场里的老人们还和他们保持联系。我们回来住的是劳改房，是劳改犯们一开始已经建好的房子。据母亲的回忆，我们回来的季节是冬天，当时条件十分简陋，我们只能睡在稻草随意搭成的堆上，住的房子屋顶会漏风甚至漏雨。但是由于那时候年纪还小，即使生活状况与国外相比有一定的落差，但并未有太多的想法。

回到农场安顿之后，我便在农场上学。从幼儿园一直到高中毕业。农场的设施还算齐全，从幼儿园到中学一应俱全。我上初中的时候恰逢60年代中期，当时很多中学被迫停课，但是农场算是比较平静的，我们经历了短暂的停课后又恢复了正常，在农场的生活也并未受很大的影响。我们家有许多从印度尼西亚带回来的物品，但在60年代中期把这些东西销毁了，并没有保留。

我是1970年上的高中，没有受贫苦归侨生的影响，照常上学。高中顺利毕业是在1972年。

高考恢复后老师曾鼓励我们重新回去参加高考，我也曾有过这样的想法，但是因为种种缘故，也许是不敢尝试吧，也就没有去考试。

回到国内以后，兄弟姐妹没有再回过印度尼西亚，但是母亲的弟弟现如今还在印度尼西亚。只有母亲八十多岁的时候还回过印度尼西亚探亲。母亲是在87岁去世的，父亲是90岁去世的。

1972年从高中毕业之后我就进入了生产队，在生产队做种水稻、制种等工作。1974年之后转到场里做工，主要负责的工作是行政。在工作几年之后，紧接着国家进入计划生育阶段，我也随着被调到计划生育科工作。在计划生育这一块工作一直到裁员时才离开了工作岗位，工龄有 37 年，退休时已经 55 岁了。退下来之后就集中精力照顾母亲，直到五年前母亲离开。

我大概是在 1976—1978 年入的党，当时入党想法主要是为了能够获得一份更加稳定的工作。

调到计划生育工作岗位之前是做干部，一开始主要管生产。我们的工作都由有老干部带领，随着他们一起走农场。因为得到老干部的照顾，在工作出现困难的时候老干部都帮忙解决，所以工作压力不算大。等老干部退休后，自己也学会了很多，已经可以独立地处理好事情。

在当时仍然存在重男轻女的思想，在这种两习之下，一些人滋生了逃跑的现象，即为了躲避上交超生费而在夜间逃离。当时出现这个情况较多的是越南归侨。我们处理此类不服从行为的方式主要是跟他们讲道理，大部分人还是愿意选择配合，偶尔遇到不服从的，在劝说无果之后，他们会选择外逃。虽然计生工作中遇到不少困难，但是我们一般不采取强硬的措施，都是遵循以理服人的原则。农场里的计划生育工作相对于农村还是比较好开展的，只有部分农场里的人态度比较强硬和蛮横，印度尼西亚归侨的工作比较好做，大多数人愿意主动拿钱上交，我们只遇到过极少数讲不通的。计划生育工作每天都要下队，当时条件还比较艰苦，并没有像现在这样有专门的小汽车，我们的交通工具主要是自行车。我们的工作当时还得到了较多人的肯定。现在再提起来，很多人还是会夸我们办事得力。

我们几个兄弟姐妹生活并不算辛苦，都有比较稳定的工作。哥哥当时是在生产队当会计，有稳定的工资可以领。父母对我们这群儿女也并不算得操心。用一句话来总结就是：跟人家相比还可以，比上不足，比下有余，身体健康状况也不错。

二

用一句话总结我的一生那就是：这一生挺平凡的。

我是在 1978 年与我的先生结婚的。我的先生也是归侨。在印度尼西亚时，我们在不同的地方，我在勿里洞，他在泗水，当时双方也并不认识。因为他的兄弟还在印度尼西亚，所以"文革"后他曾回过印度尼西亚探亲。

结婚之后的一年，就是 1979 年我生了大女儿。后面国家开放了归侨的政策，只要第一个女儿年满四周岁，归侨便可以生二胎。政策开放之后，我在1985年生了第二个女儿。

女儿现如今已经嫁人了。我并不希望女儿嫁到外国，看父母的经历得知，外出打工十分辛苦。据我了解，有的人出去打工后反而更加留恋祖国，希望能够回来。不过，我一般是尊重女儿们的选择，毕竟她们的人生由她们来做主，我们作为父母的只能希望儿孙自有儿孙福。

两个女儿的姻缘也是她们自己选择的。老大远嫁山东，现在主要在广东打工，女婿是她在网上认识的。小女儿嫁到来宾，她读书比较少，读到高中就不读了，所以她主要是在家带孩子，她丈夫在社区工作。

我退休之后享受的待遇还挺好的，由于工作的地方主要是政企事业单位，因此能够领到一千多元退休补贴，到现在为止退休金已经增加到两千多元。

有一段时间外逃风盛行，主要是越南归侨比较多。有部分人最后成功了，但是也有很多人失败被遣送回来。我当时因为没有胆量，也只是从亲戚朋友口中得知这些消息。

我父母当时的思想也很简单，服从安排就好，没有想过要逃，对于当下的顺境也好逆境也罢就是安然接受，算是"既来之，则安之"吧。

我退休之后很少跳广场舞，因为要带孙子。空闲的时候偶尔就到姐姐那里走走，和姐姐聊聊天。姐姐的这个房子是比较迟一点建起来的，因为还没要到地皮所以还住在原来地方，姐夫以前是知青。我现在搬到了政府临时安排的安置房里。

我们那种"侨居工程别墅"是后面才建起来的。后面政府给了我们一万五千元的补贴，我们主要用来装修旧房子。越南归侨有自己的工程队，回来已经起好楼房了，因为回来的时间比较晚，住的条件比较好。

以前的房子没有天花板，都是用草堆砌的，一刮风垃圾灰尘特别多。房子都是红瓦。用的材质都不一样。房子有的是六十几平方米。大多数是一套三十多平方米，一间4—5平方米，几家人住在一起，一间房一家。后面二队和三队合并，房子就可以打通成为一家，面积就会大一点。从前的生活肯定不能和现在的相比。

我一个老人不喜欢住楼房，关上门之后大家都不能聊天了。老房子的话比较有人情味。我住的那一层都是农村本地人，都没什么人可以说话。一回家就关上了门。完全没有以前那种有好吃的好玩的，就叫左邻右舍一起分享的快乐。

虽然现在的生活更加富裕，房子更大，但是我反而更愿意住回以前的土房。

以前交通十分不方便，出个门要颠簸很久，但是现在通了动车，来回需要的时间短了，坐着也舒服了。

现在的生活是比以前好了呀。

人们都说：一个人的智慧不一定是对的，如果是大家的智慧聚集起来就是大智慧，那就会产生很好的效益。我觉得这句话在农场的发展上得到了很好的证明。这么多年来大家一起努力发展农场，农场现在的经济收入也一年比一年好。农场可以自负盈亏了。

我们农场的发展主要依靠来宾的开发建设，发展的策略是城市与农场结合。由于农场处于来宾市的特殊地段，再加上来宾市实行西进北扩的战略，农场的发展前途大好。

最近农场的项目比较多，依托的是柳州市，柳州的收入是十分可观的。我们看到柳城华侨农场种果子的盈利十分可观，很多人都买车了，我们也学着做，许多茶叶户都想砍掉茶树换成果树。

我家的茶叶是从20世纪60年代种到现在的。这几年，我种茶都是任其自生自灭，没有施肥，所以这些茶都是比较干缺少水分缺少营养。我把重心放在种蜜橘上，一斤甚至卖到5元，收益十分可观。

邓日辉　口述

口述者简介：邓日辉，出生于中越边界的芒街，祖籍是防城港的那梭。1978 年的越南归侨。1968 年 6 月 25 日毕业后就在越南参加工作，作为一名小学教师，教汉文。1975 年到越文中专学校补习了两年的越文。1978 年，回国后还是一名老师。1987 年到武鸣培训，继续学习汉语。1992 年获得小教高级职称。1993 年被调到农场总场工作，为侨联工作，挂侨联副主席。1993 年 5 月，被调到农场办公室，职位是办公室主任兼侨联副主席。一段时间后，又被调回侨联工作。2003 年正式退休。

时　　间：2016 年 7 月 18 日 14 : 30
地　　点：来宾华侨农场 12 队邓日辉家里
采 访 者：王贞荣　郑玉荣　苏妙英
华侨属性：越南归侨
南 洋 物：无
整 理 人：王贞荣

一

我叫邓日辉，今年 73 岁了，是属于 1978 年的越南归侨。我的祖籍是在防城港那梭。我是属于第五、第六代华侨了。我们那时候是住在中越边界的芒街，靠近那良的地方，我们算是边民。我父母在那边是做农工的，是种田的。我有 7 个兄弟姐妹，1 个姐姐，大姐是老大，然后就是到大哥，我是排第三。我有个哥哥在越南当兵，去世了。我读书是在芒街县的马头山，叫马头山中学，在大河村对面，那里是非常有名的。1968 年 6 月 25 日毕业就参加工作，在越南我是当老师的，教小学，我们都是华人老师，以汉文为主。1975 年我再到越文中专学校补习越文，那个学校在东朝县，在那边学习了两年。因为 1975 年以后我们那边都要补习越文了，就没有汉文了。在芒街我们有四十多个汉文老师，只有十多个老师进到中专，就叫作培训班。我教书那时候的学校就是从小学到初中，班数我也不记得有多少，大概也有五六百人，就算是一个完全中学。后来 1972 年就有一两个越文老师，是像我们现在当外文来学习的。

教书那时候，我哥哥已经去当越南的人民兵了，是自愿去。但是我们家里孩子多，看你家里有几个孩子，多多少少也有个孩子去。我们住的是归属到他们管理的，各个地方都有武装部的，然后就派哥哥他们到哪里就去哪里，待遇上我也不太清楚。到 20 世纪 70 年代，哥哥他是要经过老挝、柬埔寨才到的南方，后来在老挝被炸伤的。我大哥在老挝受伤了以后，就回到越南永福省休养，当时他属于部队后勤的，就在那边找了个越南女朋友就结婚了。结婚 18 天以后就车祸去世了。当时哥哥去世的时候我们还在越南，还没有回国，但是车祸我爸爸去处理过这件事情，哥哥车祸是在北方的永福省，靠近河内的一个省，离我们也不是很近，我们在边界这边。哥哥去当兵那时候是没有办法的，当时我们都有责任，生活在这个国家，就该为这个国家出点力，多少有点义务。回来中国之后我还有一个弟弟去当兵，还在部队参加自卫还击战，去当了翻译，之后就又回来在来宾华侨农场当老师。那时候我们村里有很多人都跑走了，就剩下一家两家了，就是一些住在山上的他们就不跑。也不懂怎么住，越南那边也是有排华的意思，所以我就回来了。我们在那个村都是住着华侨，有来自博白、防城等地。我兄弟姐妹现在都回来了，是在我回来之后再回来。我之前有个姑姑嫁到南方，就跟着丈夫没有回来，之后就一直没有联系了。我们从那良走路回来，边防也不会拦我们。1978 年 6 月 15 日我们回到这里。而有些跑过来这边拿点东西来买，就被抓，一抓就跑走了。越南的社会制度和国内都差不多的。我们回来的时候都没有什么东西，就带了一些衣服，全身只有 400 块钱人民币，在越南那边的房子也是全部丢了。

二

回来时我本应该去北海的侨港镇住的，我有一个朋友那时候在那边当县长，之前我跟他同是上的越文学校，他问我想不想下来，想的话他就帮忙办理手续。可是我想想，下去的话又没什么工作，要做生意的，我夫人文化水平又不高，就没有再下去了。所以我们回来就直接到那良，副科长张宏基就直接去接我们，开着几辆大巴来接我们。我们从越南回来的这群人，大家都没有约好，都是从各地跑过来的。就直接到来宾了，回来就直接当老师。回来后人多孩子多，就有人来找我当老师，那时不会普通话，我就去学习汉语拼音，一边学一边教。1987年我去武鸣那边培训，写论文拿到企业管理局审批的评分后，1992年获得小教高级职称。我们农场这边也有几个获得。1993年我调到总场，当时我在侨联，挂侨联副主席。当年5月，又把我调到办公室，职位就是办公室主任兼侨联副主席，做了一段时间，最后又想把我调回侨联。当时农场有98位老人，每位每月才有15块钱生活费。我就跟场部说，把我调回去可以，但是你得答应我一个要求，就是把这98位老人的生活费从15块钱调到30块，我就同意到侨联。最后领导答应了，可是过了一段时间，领导还没把我调回去。后来我就说不调我回去可以，你们得下个文批，不然别人以为我是赖在这边部门不走。后来经过领导班子的决定，下文批我当办公室主任、兼侨联副主席和房改组的组长。

我们农场现在住的房子是到1995年完成，到时才能买下来。1989年就出台一个文件，要求职工把房子买下来，但是农场搞不定。当时我还在办公室兼房改组组长，我就下去动员他们。职工都认为，这个钱是联合国难民署拨款下来给我们的，房子是给我们住的，为什么要我们买？我就跟他们说，我们买是买，不是全买。你们是职工，每人还得优惠550元，两个人就是1100元这样，那买下来房子就是你们的了。他们想想认为也是正确的。最后把思想工作做好了，到1995年才把归侨的房子搞定。就像现在房子的征收工作，得到的赔偿几十万元不等，你们不买下新房子，就没有你们自己的新房子。当时农场对我很信任，例如每年农场里事业费都是由我来全权支配的。总数23万元，当时我们成立一个福利组，职工的子女上大中专的补助，上大学的给多少、大专的给多少、中专的给多少，有人申请上来，我们就召集这个福利组的成员来讨论给予补助多少。福利组还帮助打井和给予补助。有困难的归侨打报告上来，我们也给予补助，不过得到的补助不是很高，每张报告30块，那时还是20世纪90年代。后来的补助就是不给予现金，只帮助买米之类的，起码能够维持生活，不然万一给你们钱了，你们不拿来生活补助而是拿来喝酒抽烟什么的。这些费用都是经过我的手来支配。后来器材科来检查，我都很光明正大地说清楚钱的去处。各种孤寡老人、生老病死，我们都经常买补品、礼品去慰问这些人，不管多远我们都会坚持去看望。这些福利现在还有，特别是在教育上的重视，重视职工子女的受教育程度。这几年我们农场考上大学的很多，特别是我们这个队。我们回来呢，当时是困难一点，现在生活好了。我们这个农场以前是很苦的，现在好多了，在广西来说还是不错的，但是和广东那边相比就差得多了。那时候我在来宾的工作还是可以的，反正有困难的，我们都注意关心到。例如有从十万山来的难侨，就是当时我们从十万山招来一批工人过来，他们很困难。在十一队，原先有工人在那边住，但是他们以前都是城市来的，太辛苦住不下，就全部跑到城市中心地带去住，之后土地就荒了，就被当地的村民抢占了，然后我们就从十万山招一批工人过来。当时他们的鞋子、衣服、蚊帐都是我们侨联出钱买给他们的。这个经费，是从华侨企业管理局每年拨下来的那23万元里面出的。有些人来了，太困难了，也打报告上来说免学费，我也经过和其他领导商量核实，最后也批准给他们了。我在侨联这个岗位上做到2002年内退，2003年正式退休。我现在的工资是1960元，我曾经打报告申明过，有个领导说会给我一个答复，后来他去世了，这件事情也没有再提过，我想想也就算了，知足常乐，不去闹这种事。当时总工会也有一个文件，说文教卫生可以算连续工龄，加两头减中间，要是按这么算，我就是35年工龄，百分之百工资了，可我没有得到。但是，我回来的一个吃亏就是，没有教龄，在越南十几年的教龄回来都不算。如果我还是一直在教师行业的话，我退休工资会到5000多元，可是现在我的工资都不到2000元。我在侨联做事，当时还是来宾县的人大常委。这样的退休工资是很低的，我想想我也不去闹事了，得多少拿多少了。从我教书，我觉得我工作也很尽力，当过教导主任、副校长等，我个人是比较严格的，做事很尽责。当了九年办公室主任也是，从来没有说拿着职权对某个职工怎么样，不管是哪个职工或者是我怎么忙，我都得说你等两分钟，等下我再办给你，而不是说叫你明天再来，职工都是种地的，他们也很忙，能有几个明天，我都尽量帮他们办事情。以前我连个证明都写不清楚，这种公文写作我都不懂，然后就去书店买本公文大全来看，感觉做事就得心应手。我们这个农场致力提高教学质量，只有提高教学质量，生源才多，人才才多，农场才会更加美好。我2003年退休，两年种了30多亩西瓜，谁知那年西瓜不好卖，亏本了。我还去养鱼了，还去打过一年工。2007年，我夫人的姐夫开的石膏厂，我去帮忙，也在那边当了办公室主任，整理好各种文件，帮他们设置标语，整理好之后我就回来了。2008年，我就用国家给的一万五千元危房改造款起了房子。

我们全家从1972年都是工人了，我母亲是林业工人，我是老师，全家人都吃国家粮。我的兄弟姐妹回来都是在这个农场这个队。我弟弟也是这个场的老师。我是 1966 年在越南结婚，我夫人是梁余玉，她也是华侨。我的夫人也是在马头山中学读书的，比我低一级，读完小学就不读了。她是在中国出生的，因为后来日本侵略中国，他们就跑到越南来了。当时我们是住在同一个生产队，大家每天都会见面，但是婚姻都是老人安排好的，并没有像我们现在的自由恋爱自由婚姻。我们在越南生了四个孩子，回国后再生一个，三男二女，共五个孩子，他们分别是：邓殷华（男）、邓殷丽（女）、邓殷娇（女）、邓殷富（男）、邓殷贵（男）五个孩子，现在他们都有工作了，并且结婚生子了。现在最小的男孩是在防城港计生委工作的，医科大学毕业。两个女孩一个在来宾农场这里当老师，另一个在器材科当副科长。现在孩子都工作了没有后顾之忧了。我们在越南那边没有亲戚了，但是我爷爷奶奶的坟墓还在那边，所以我会回去那边扫墓，大概两三年回去一次，第一次是在自卫还击战之后和我两个叔叔回去的，当时很害怕，害怕踩到地雷。在那边还有朋友，但是真正好朋友没有几个在了。当时哥哥的坟墓在那边，但是我们也找不到了。

　　我在越南生活了 30 年，也回中国生活了 30 年，本身我是很喜欢回那边看看的，还是有朋友在那边的。在那边出生然后生活了几十年，多少还是会怀念的。但是呢，在这边的生活比那边生活好很多，好很多倍。我们得到国家照顾，得到国家重用，孩子孙子都健康幸福，很满足了。我们虽然没有什么大贡献，但是我也为归侨做了十多二十年的事情，也解决了很多问题，也问心无愧了，对得起自己，对得起国家。1979 年出现的外逃风，我们这里也有个别跑往香港澳门或者出国，但是都没有成功。我是从来没有想法说要跑出去。我记得 2001 年左右，有个外国年轻人想要娶我一个女儿，我都没有同意。我女儿在医科大学毕业，如果要到那边去的话，那边不承认你的学历，你就得重新学习。在这边我们想几时去看女儿都可以，去到外国就没有那么容易。我对去国外没有好感，要是我们和这个国家关系好，我们去到那边地位就高，要是有一天关系不好了，或者例如是像某国想要与你的国家抗衡，受难的是华侨们。现在中国一天比一天强大了，在国外很多做生意的也越来越放心了。中国为维护世界和平，帮助弱国修路呀扶持呀，致力于维护与他国的关系，从而得到越来越多的国家拥护与支持。

何延谷　口述

　　口述者简介：何延谷，出生于越南。祖籍广西东兴，幼年与年轻时在越南广宁县生活。1978 年越南排华运动时回国。回国后被分配至来宾华侨农场。何延谷因其在工作上的优异表现得到了农场群众的认可，曾三次被选为职工代表。身为职工代表的何延谷成为联系领导与群众的纽带，经常将群众的意见汇总并在职工代表大会上提出，同时也准确地将农场的工作传达给员工。

時　　間：7 月 19 日上午
地　　点：来宾华侨农场
采 访 者：邓欣婷　陆圆圆
华侨属性：越南归侨
南 洋 物：无
整 理 人：陆圆圆

一

　　我 1950 年出生于越南。我是去越南的第三代，最早是我爷爷去的。因为生活困难，所以去那里找工作。中国当时是很穷的，所以只能到外国谋生。我爷爷的名字叫何日友。他去越南是去开荒、做工、种田，在越南广宁县姑苏岛。我爷爷在中国已经结婚了，但是后面去越南又找了个越南妹。我爷爷生了三个儿子，没有生女的。我的爸爸叫何程采，他是 1910 年在越南出生。他去世的时候是 1980 年，那时候是 70 岁。我已经不记得我大伯的名字了，只记得他是程字辈的。我爸爸是排第二的。我不太记得我家的那些亲戚了，我只记得我有个大伯、有个叔叔。我叔叔的小名叫邓何蛋。我爸爸没有出去打工，就一直在广宁生活。

我不太清楚我爷爷是什么时候出生的了。我爷爷是在中国最困难的时候去世的。也就是 20 世纪 30—40 年代日本鬼子打进来的时候。那时候我们很穷的。

我们老家是东兴的。我在那边有读过书，也做过工，我读到初二。就直接在广宁县的中文学校读书。我们学中文，越南语不太学，那时候以中文为主，那时候分开越南人和华侨来教学。我们学校全部都是华侨，我们住的地方也是华侨。我们那里都是华侨。我们那里人不多，海岛的，几千人到几万人这样。

我兄弟姐妹六男六女，我记得我的兄弟姐妹的名字。我大哥叫何延男。我大哥死了好久了，如果他现在还在的话就有八十岁了。二哥叫何延志，第三个哥哥叫何延进，第四个是姐姐，叫何秀隽。还有个小妹叫何秀英，我是最小的那个。

男的都能得读书，女的也可以读，但是女的读的年级比较低，才读到一二年级。我读的学校不大，当时在越南生活是很困难的。

我妈妈也是华侨。她跟我爸生活在同一个地方，那时候有一大批人来到越南生活。我妈妈也住在广宁那边。然后一起做工互相认识就结婚了。

我们住在广宁的一个海岛上，广宁姑苏岛。我们在那边住瓦房的，我们也有茅草房，这些房子都是自己盖的。有些人住茅草房，有些人住瓦房。我们用草和泥巴搅拌，用这种混合物来砌墙。那个时候就是用泥巴当作砖。那时候住的就是茅草房，不是毛毡房。

以前我们住瓦房，很简单的那种，因为孩子多，所以住得很挤。瓦房要很久才有得住，买砖买瓦需要很久才能买齐，那些瓦房差不多有两三百平方米。那个房子比我现在住的还要大得多。我们有两套房，两套房都连在一起，分家之后就我叔叔一个房我爸一个房。分家这件事发生在我爸妈结婚之后。

在越南那些土地是人们自己开荒出来的，没有人管。你开荒多少土地就有多少土地，你拿来盖房子种田都可以。

我毕业以后就留在海岛上，岛上没有什么工可以做，所以我就靠打鱼、种田生活。在海岛附近有很多鱼，但是我们田地很少。我们那里的地种田不太好，种了稻谷没得多少收成，一亩地才几百斤。我们那时候很辛苦，都没有什么吃的。我们种些红薯，打鱼，在生产队里集体种点稻谷，这样子生活的。

我们在越南的集体生活是跟着爸爸妈妈生活的。我们生活得很辛苦，养的猪一年才能吃一次，就是过年的时候才吃一次猪肉。

后来 1978 年越南开始排华，之后中越之间还发生了战争。我在自卫反击战的时候没有去当兵，因为那时候成分不好，我也不想当兵。说起当兵这件事，我想起我的二哥和三哥都在越南当过兵，那时候越南还在和美国打仗。后来两个哥哥都是 1984 年回来。

我之所以会回中国，就是因为在 1978 年的时候越南排华。那时候又刚好在越南听到有人讲，在中国非常幸福，有房子有田有地，什么都安置好了，就等着我们回去住了。当时候我对这个消息是比较怀疑的，因为我的父亲跟我说过以前中国很穷很苦的，但是考虑到越南排华这个因素，还是决定回到中国发展比较好。听说中国政府为了我们这些海外侨胞，花费了很大的精力把海外的难侨接回来。

<h2 style="text-align:center">二</h2>

我们回国是有人用轮船送我们的，送到了东兴。越南政府也提供交通工具送我们回国。那时候越南政府赶我们走，赶我们上船回国。因为我们住在一个岛上，我们哪儿也跑不了，所以所有人只能等越南政府开船接我们。我们还要给一点钱给船主，让他们拉我们回国。在岛上的居民有船的就自己开船走了。送我们的船很大，一条船可以搭载一百多人。

那时候有人说中国好，也有的人说中国以前"文化大革命"的时候很多人都过得很惨，说在中国其实也很辛苦的。我听到这些的时候也有点担心。据我所知，在中国和我同一个时代的那批人，很多人都吃不饱穿不好。我还听说 20世纪 50 年代，饿死冷死病死的人很多。但是在我们回国之后的那段时间，中国已经结束了"文化大革命"，百废俱兴，一切都向着美好的方向发展，那时候的中国已经没有那么辛苦了。所以我也明白了，以前我们国家不是不好，而是比较穷。那时候还没有经济开发，所以大家都比较穷。

后来中国政府接待我们的时候给我们房子、棉被、衣服等。现在让我回越南的话我就不回了。自己的孩子对自己都比不上国家对我的好。现在退休每个月还能领两千块钱，我的孩子现在哪里会每个月都拿那么多钱来孝敬我。

我在越南那里，从姑苏岛到芒街需要一天一个晚上。越南排华的时候，我们是白天坐船离开姑苏岛，到晚上八九点才到。在芒街没有人安排我们住哪里。芒街和东兴有一条桥连着，我们直接就从芒街连着东兴的那条桥走过去了。走过去以后就有我们国家的人接待我们。那些工作人员就安排我们住在招待所。在那个非常时期，我们这些华侨并不需要什么相关证明，只要走过了这座桥，关口那里就会有人带我们去招待所。我们在东兴住了十几天，等着国家安排我们的去处。我们之后的去向可以有很多个选择。我们可以在广西，也可以去广东。去处的选择有两种情况，一种情况是亲戚之间约好了去的地点一起去，还有一种情况是自己已经选择好了去处，后来如果打听到自家的亲戚在另一个地方，则可以申请搬过去。最后，我们全家选择的去向就定在了来宾。在选择到来宾的时候，我并不了解来宾华侨农场的具体情况，大概是因为来宾没有百色那么闷热，也不会受台风的影响，冬天也没有桂林寒冷吧。所以我现在还是比较满足的。

我回来的时候房子还没盖好，我们住的茅草房。茅草房是用竹片、茅草搭起来的。

听农场的领导说，盖房子的工作进行得非常紧张，那时候是 6 月，那些茅草割下来还没完全变黄就要拿去当建材。还经常会下雨，不仅要和时间赛跑，还要和泥泞的道路做斗争。大家风雨无阻地运输建筑材料，组织农场的职工尽快建好毛毡房，以一个最好的姿态接待从越南回归的同胞。

我们回来的时候带了一些很简单的东西就回来了，带了一床棉被和床上用品。在越南的东西没有带什么回来，在越南也没什么东西可以拿的。在越南的结婚证也丢了，回到中国又再办过，相片也没有拿回来。

我妻子叫吴彩娟，是 1955 年出生的，现在 62 岁了。我们一起在越南的合作社工作的时候认识的。我们是一个生产队的。我的哥哥姐姐也是和我在同一个生产队。那时候我们都是在岛上的合作社种田记工分。农场一般是安排给大家工作，大家就拿着锄头到田里干活，干完了就回去吃饭，然后就计工分。一个月大概可以得 27 元。

那时候刚回国时还是有点后悔的，因为住的房子又烂，一个月就得那么27元，生活又辛苦，大家都偷偷地哭了，因为和传闻中的中国不一样，我们也没想到在中国会过得比越南还辛苦。后来农场加班加点把砖瓦房盖好，我们在华侨农场住的瓦房是 1983—1984 年建的。我们住进了砖瓦房里，日子才过得好一点。

后来政府为了照顾华侨，就给每个劳动力 40 斤大米，一些面粉、若干盐油和猪肉，小孩、老人就是 28 斤大米。每个月杀一头猪分给大家。当时国家对华侨的待遇可以说是相当的好，附近的农民羡慕得不得了。还发了部队的棉被、衣服、鞋子给大家。

我们在越南工作的时候没有钱领的，生产出来的东西需要交给公社，然后按照工分分发粮食。我们按华侨农场工作分配，有的生产队是种稻子，有些生产队种玉米，有些生产队种花生，有的生产队种剑麻。

再后来我就一直在农场当普通员工，也没有什么职位，就勤勤恳恳地做好自己的本分工作。但是 2009 年退休之前我做过三次职工代表，参加了三次职工代表大会。具体是哪一年我就不记得了。我们的职工代表大会是一个队一个队选出来的，每一个队都有一个代表，我原来是一队的代表，后来 1988 年我就迁来十一队了。我参加了一次一队的，两次十一队的。这个职工代表大会相当于政协、人大的作用。因为我是农场里的职工代表，所以经常为了农场的工作和人民群众进行调解。在职工代表大会里可以听取意见，大家一起讨论，如果有合理的要求就可以提出来。不合理的要求就保留意见。有些群众对于这个职工大会有一定的抵触，他们认为这种会议是空喊口号的，大家的愿望没能很好实现，但是他们自己没考虑到有些要求是不太合理的。有些不合理的要求，比如说让国家全额买养老保险这种不切实际的，就只能是提出来而没有办法解决。

我们华侨农场里的人都是国家职工。哪怕是种田也算是国家职工。我以前主要负责安排老人生活的，通过我来传达上头的通知给群众。我觉得职工代表大会是对我们的日常工作非常有利的，但是在工作中还是有难处的。难处主要是众口难调，有些群众的工作不太好做，他们不理解国家的难处和农场的难处。

我 2010 年退休，退休的时候是 60 岁。农场的领导说我是一个求真务实，善于联系人民群众的人。中国永远都是我的祖国，祖国发展到现在已经能让人民生活得很幸福了。

我有三个子女，两个女儿和一个儿子。大女儿名字叫何燕，1976 年出生于越南，现在是 40 岁。现在大女儿在美国那边打工。第二个小孩是个男孩，叫何光，1978 年在来宾出生的，现在在来宾摆夜市做夜宵生意。小女儿叫何芳，1981 年出生，现在已经嫁到北海去了，现在在北海打点零零碎碎的工。

我们分田到户的时候每个劳动力可以分到 8 亩地，两个人加起来就一共分得 16 亩地，我们在上面种过很多种作物，种过木薯，也种过甘蔗。青苗费是4500 元一亩，总共获得了 8 万元这样。目前农场的地基本被征了。征地这种事情自然是好的，农场现在被纳入市区，也需要一定的发展。开发了以后会提供新的房子给我们住。我们职工算是城镇居民，拿的是医保，但是我们的小孩拿的是新农合。

胡福祥　口述

口述者简介：胡福祥，男，出生于印度尼西亚达拉根省，祖籍是广东花县。在印度尼西亚 12 岁便开始出去卖冰棍儿，17 岁还没毕业就辍学了。1959 年底回国。回国后，在农场当了一个小队长，带领大家种稻谷等农作物。1963 年，入团，然后去参加培训，之后就入党，当时的职务是小队长兼党支部书记。"文化大革命"之后，当了总农场的书记。一生一直在致力于服务农场，为农场办事，为人民服务一直到退休。

时　　间： 2016 年 7 月 19 日　9：00

地　　点： 来宾华侨农场 1 队胡福祥家里

采 访 者： 王贞荣　郑玉荣　苏妙英

华侨属性： 印度尼西亚归侨

南 洋 物： 无

整 理 人： 王贞荣

一

　　我叫胡福祥，今年 74 岁了，我是第二代印度尼西亚归侨。我父亲叫胡明，是中国广东花县人，出去的时候大概十七八岁，到七十多岁在那边去世。我母亲是潮汕人，我父亲和我母亲同是住在印度尼西亚，认识了，然后就结婚，并不是别人介绍。我父亲比我母亲大十岁。我父亲是花县的人，说的是客家话；我母亲是潮汕人，说的是潮汕话。他们开始交流都是讲客家话的，我妈妈很厉害的，在与我父亲交往后很快就会说客家话。我不会说潮汕话，但是白话我就很会。那时候国内很困难的，我父亲跟人家坐船到印度尼西亚那边做工，大概是国民党时期，那时候抓壮丁加上家里困难，父亲就出去了。我母亲也是这样，被卖出去的，就是传说"卖猪仔"出去的。我们到印度尼西亚是在达拉根省，属于加里曼丹岛，石油很丰富的一个地方。我父亲一去那边就做豆腐卖，那时候日本侵略印度尼西亚的时候，父亲还在做豆腐。父亲做好豆腐以后就用推车拿去卖，当初还供应豆腐给日本人，后来父亲生病了以后就没有再做豆腐了，那时候我们都还很小，包括我和姐姐还有三妹妹都还很小。我是在印度尼西亚出生的，我有三个兄弟姐妹，兄弟姐妹算是比较少的，一个姐姐现在在广州，一个妹妹现在在柳州。我就跟我母亲回来。我七岁在达拉根读了小学，那个小学叫"中华小学"，那时候算是很进步的了，中国人在那边办的。那里有两所小学，一所国民党的，一所共产党的。我读了小学，但是没有毕业。那时候中华总会对华侨是很好的，经常帮助我们。我父亲卖豆腐直到他生病了就没有再出去卖了，那时候家庭很困难，我妈妈和姐姐妹妹我们都得出去工作。我12岁就出去卖冰棍儿了，我妈妈就是帮人家洗衣服赚钱，我姐姐就是当保姆帮人家带孩子。在20世纪60年代中期，印度尼西亚换总统，换上苏哈托上台，就开始有些排华了，他们计划想要我们住的那地方来做军营，作为印度尼西亚士兵军队住的地方，后来一遇困难他们就要赶我们走了。然后妈妈就带我们回国，那时候呢，中国在印度尼西亚宣传各种画报，也是宣传说在中国吃饭不用钱，生活是很美好的。我母亲也是看到这个画报就心动了，就回来。

那时候不仅仅是在印度尼西亚有困难，回到国内也是很困难的。1960年刚好回到国内过年，我们是1959年底回来，回到湛江刚还能过新年。我们不是自己回来的，是国家派船去接我们的，那时候我们乘的是中国租的"俄罗斯号"。那时候我在印度尼西亚的萨玛拉达，是离达拉根不远的一个地方，我们坐小船过去，总会集中我们住在那里等待，住了一段时间就上船回来，我们在湛江下船，然后就坐火车到玉林那边住了一个多月，后来才来到来宾。我们现在是属于1队，住的是投资区，这两栋房子是农场的，后来我们的房子拆掉了就暂时在这里住，属于过渡时期住房，我们在外面还有房子。我们回来时国家也是很困难的，很多人没有米吃，但是国家对我们华侨很是照顾，给我们一人三四斤的米，一个月还有半斤猪肉。我们现在住的这里是属于劳改农场，以前的人搬走了我们才来到这里，一直住到现在。我从印度尼西亚回来，当是我们是很听话的，我想象中的中国是很伟大的。我们回来尽管不是像画报中的那样的场景，但是我们并没有埋怨，回来看到国内的百姓那么苦，但是国家都很照顾我们的，我们也是很感动的，我们是很爱国的。

二

当时回来，我是领队的，带领了300多号人来到这里。我来到农场当了一个小队长，带领大家种稻谷等农作物。那时候农场也亏损，但是国家还是对我们很好。1963年，我就入团了，别人看到我很"红"（红是当时的词汇，就是很爱国爱党很积极的意思），就派我去海南岛学习，回来后没能继续读书，因为超龄了，但是我妹妹还可以再上学，就再去上学了。后来又到武鸣"四清运动"，然后回来我就当了小队长兼党支部书记，回来以后我就入了党。

20世纪80—90年代的计划生育是最难做的，也经常被别人骂。虽然是归侨，但还是有很多工作要做的，那时候没有办法，不符合计划生育的话就得扣工资等。我曾任党支部书记，现在上级给我300块钱的补贴，每个月开会什么的，就得到这些，加上我的2300块的工资，每个月就是2600块。以前我在投资区当过顾问，当了半年，那时候也得300块钱的补贴，现在这个投资区被撤掉了。

那时我们回来，还有一个叔叔准备与我们一起回来，他是我爸爸的结拜兄弟，那时候跟我爸爸出去的。不过，他最后没有回来（我真正的叔叔在国内，已经去世了）。我那个叔叔在印度尼西亚那边是杀猪的，生意还不错的，也算挺发达的。故事是这样的：叔叔那时候已经打包好东西说要一起回来的，但是因为是第二批回国，他们等不到船来接，所以后来他们没有回国。我叔叔在那边有三个小孩，现在生活还是很不错。我们是前几年的时候才和叔叔联系上的。当时有个印度尼西亚的人回来到我们这里，他叫"银凤"，我姑姑遇到就问他："你在印度尼西亚认不认识一个女孩子叫金凤的？"不料，他们就是结拜的兄妹。我们就通过这样的关系与在印度尼西亚的叔叔联系上了。我叔叔的一个女儿嫁给了当地的一个省长的儿子，也是因此，那个妹妹就是直接到卫生院上班了，他们的生活也是从此发达了。

我在印度尼西亚生活了十几年，在国内过了几十年，现在我们中国好了，还是很喜欢祖国的。不仅如此，祖国对我们归侨还是很好的，给我们房子住，还给我们退休工资，还有低保，看病有保障，有些生活上困难的还有更多的补贴。但是现在我们的子孙以后的就业、住房问题就很难了。例如，我的孩子现在一个人做工，要养活他们一家四口人，仅仅是有300块钱的低保（2005年出生的人都得到补贴），生活还很是困难的。但是我觉得党对我们还是很照顾的，我们农场的待遇还是很好，这些政策落实下来很是不容易的，相对于其他农场好很多了。我夫人是横县人，是她姐姐嫁来这里，以前是南宁侨办的，嫁到这里就来这里工作了，她也就跟着来这里，我们就这样认识结婚了，我们结婚后在生活上没有什么不习惯，我们都很合得来。我夫人也很会煮东西的。我们育有一儿一女。我跟我夫人一起回过印度尼西亚探亲，就是我夫人听不懂，我还是会说印度尼西亚话的，当年小的时候卖雪条就得讲印度尼西亚话。我回到印度尼西亚还去找过那个老板。我和夫人结婚，那个年代也没有什么彩礼，就是什么小水壶、毛主席语录等，并没有什么金银。我父母亲都是在印度尼西亚那边去世的。

那时候来宾这里也有外逃风，很多人都想着往外面跑，但是我们并没有要出去，想都没有想过。不过以前都很羡慕从香港地区回来的，都带有什么电视机呀，可是现在我们比他们好多了，那边一碗面25块钱，住一晚都要上千块，对比起来我们生活比他们富足很多。我从未想过让我孩子出去，他们也不想出去。在印度尼西亚留下比较深刻的印象就是，回去那边什么都变了。我回去，附近的人们都还认得我，我的朋友都还在，他们生活都还不错。

刘国虎　口述

口述者简介：刘国虎，祖籍广东，出生于印度尼西亚，第三代华侨，父亲为中国人，在印度尼西亚华侨工会工作，母亲为印度尼西亚人。1960年9月24日随父母乘坐苏联的船"果戈理"号回国，从广东湛江上岸，途径南宁、宁明，最终落户于来宾华侨农场。少时曾参加红卫兵，来宾初中毕业后参加工作，先后担任农场第五生产队农业组组长、民兵排长，曾管理工厂。1994年入党，进入当地派出所工作，现已退休。

时　　间：2016年7月19日　09：12
地　　点：来宾华侨农场刘国虎家中
采 访 者：苏妙英　邓欣婷
华侨属性：印度尼西亚归侨
南 洋 物：无
整 理 人：韦佳颖

一

我的父亲是广东人，主要是讲客家话，他也会讲印度尼西亚话，在家里沟通都是用印度尼西亚话，所以我们讲普通话不太标准。他是年轻的时候和爷爷辈一起去印度尼西亚的，是由爷爷带着从广东到印度尼西亚，当时就爷爷和父亲两个人。出去的原因是国内生活太过于穷困，才自己打算出去。到那边一开始是做小本生意，接着卖糕点。有段时间做过石油代理。父亲在那边主要是售卖糕点，做糕点生意有了点钱就娶了母亲。父亲娶过两个老婆，第一个是华人，第一任妻子去世之后娶了第二个是印度尼西亚人。和第一任老婆生了两个孩子，和第二任生了6个孩子，8个孩子在一起生活。父亲独自承担一家的开支，父亲一个人出去工作，母亲在家带孩子。当时我的爷爷和父亲仍然住在一起，并没有分家，爷爷奶奶都是在印度尼西亚去世的，回国的时候已经不在了。

我的母亲是印度尼西亚本地人，是讲印度尼西亚话的，叫沙利亚，她是父亲的第二任老婆，在三十几岁生下了我们6个兄弟姐妹。老大是男孩，接着老二是女孩，老三是男孩，老四是女孩，老五老六都是男孩，总共四男两女。都是在印度尼西亚出生的。接着兄弟姐妹一起回国并在国内长大。当时父亲的大老婆生了一对孩子，我叫他们哥哥、姐姐，哥哥、姐姐没有回国。在准备上船之前跑掉的，他们不愿意回国。

我们回国的时间是1960年9月24日，当时我已经10岁了。对于父亲执意回国的原因已经无从考究，当时父亲在中华总会里工作，性质有点像国内的工会。第一批回国就是中华总会来安排接待的，回国的第一批华侨是首先集中在首都雅加达。我是居住在万隆，因此就是由万隆公会把大家集中起来，大概在万隆待了一个月筹备回国的东西，再到雅加达集中，并在那里待了一个礼拜，然后乘"果戈理号"船回到广东湛江。当时中国的船不够大，因此用的是苏联的船，当时回国的费用都是由万隆公会承包。我们在船上大概住了6天。从广东湛江登陆后，没有做停留，就直接到南宁集中，到南宁住的是火车站对面的朝阳旅社，以前称为中华旅社，在那里居住了半个月。后来就到宁明华侨农场，由于那边面积太小，不能够容纳那么多人，最后就到了来宾。当时很少人申请自由选择居住地，我们也是服从组织的分配。

当时哥哥、姐姐还有姑姑等一些亲戚都没有回国。我们家在印度尼西亚的时候家里还是挺富裕的，用人都有好几个。回国前有两个姑姑在北京读书，她们都寄信来印度尼西亚叫我们不要回国，她告诉我们在国内状况比较糟糕，特别是在食物供应上，就比如一天的饮食主要是早上吃粥，还要限定一两，午餐、晚餐都是吃饭，很单一，没有其他的了。姑姑就想通过这个例子劝说我们留在印度尼西亚，但是父亲从中国画报上面了解到中国之后，就执意一定要回国。

回国的时候，印度尼西亚出现了大规模的排华行动，在农村的华人不允许做生意，在城市基本没有受到影响，在比较偏僻的农村的华侨受到较大的影响。当时在印度尼西亚的时候，我们家生活还是挺不错的了，当时家里用人有4个，也有车。我的外公是印度尼西亚的海军将领，我们在回国前，他还来看过我们。

我母亲一开始是不愿意跟着回去，但是为了孩子也没有办法，因此就跟着回来了，当时像妈妈这种情况，妻子跟丈夫回来的现象挺多的。当时母亲回来根本不习惯国内的生活，以前身体是还不错的，但是不适应这里的环境，她又是个不善言辞的人，不喜欢把心里话说出来。回国什么东西都没有，想吃什么也没有，所以母亲积郁成疾。那段时间父母亲经常吵架，母亲一直埋怨父亲，父亲吵着吵着就默不作声了，父母的朋友一直有人说我们是不应该回国的。

当时回国，我们的经济状况相对于国内部分人还是比较好的，还带回来了很多漂亮的裙子，但是回国之后看到国内的人很辛苦，有的人连吃的都没有，父母亲看到这种情景都很不舒服，因为自己没什么能力帮忙也感到过意不去。

回到国内之后，全家人吃饭还是依靠父亲一个人，一家十几个都住在一起。回国不到一年母亲就在宁明去世了，父亲带着我们6个孩子来到来宾，他依靠种田维持生计，不久后父亲也去世了。那时候我才刚刚初中毕业，接下来的日子我们主要依靠补助来维持生活。

当时看到国内贫困的生活，经常听父母提起想过逃回印度尼西亚。当时我也想不通父亲为什么要回国。回来的时候没有厚的衣服穿，国家还专门给我们发了厚棉衣。农场饭堂里的饭是用黑色的瓦罐来做的，没有人愿意吃，觉得不卫生。我们一开始主要吃原来从印度尼西亚带回来的一些东西，后来还拿家里的一些东西去置换鱼与红薯等，后面吃着吃着就习惯了。以前的制度是每人每月平均6元钱，一个人的钱都集中在生产队那边，生产队一个月杀一次猪，油和肉都是有定量的，每次领取之后就会自动扣除。以前补贴的钱都不够用，除了置办一些吃的以外，其他都没有了。

老实说我们几个兄弟姐妹，都是靠隔壁邻舍帮忙才能长大的。就比如春节的时候其他人家热热闹闹地去做糕点，我们家里的人都还小，没办法做，隔壁邻舍就会做好送过来。为了生存，妹妹还在空闲时间帮其他人家舂米。

虽然我们家在印度尼西亚富裕风光，回国后穷苦落魄，但对我来说没有太大影响，我在印度尼西亚生活的时候还小，突然到了国内，也可以接受，我觉得，只要人心境开阔，生活就是幸福的。

我在印度尼西亚华侨公学读了二年级就回国了，和李丽强在同一个学校。她是上午上课，我是下午上课，国外的学校大多是这样的。当时上的课程主要有印度尼西亚文，语文又称为国语。回国内在宁明继续读书，接着随父亲到来宾，从五年级读到初中。当时来宾就只有一所中学：来宾初中，我通过考试考上了这所学校。因为"文化大革命"，我就只读到了初中。当时在来宾读书，也没有什么菜，吃饭的时候就有4片南瓜菜，当时还买粗的盐巴，放葱花炒一下，放到玻璃瓶里，就带去学校了。其他弟弟妹妹当时也读书，一个一个接着上学校。我是1968年12月份毕业的，然后就被分到生产队5队。

我以前得到过许多人的帮助，没有受到欺负。当时没有衣服穿，人家就把衣服送过来。因此现在我在派出所也经常帮助其他人。

工作初期，我比较调皮，在生产队一开始是种田，后来我一直闹着要回场部，他们最后就安排我去开拖拉机。期间还当过一段时间民兵，还去管理过砖厂，最后才在派出所做事。

那时候我写文章挺好的，因此我当上了生产队农业组的组长。同时我还是柳州地区足球队的，我是踢边锋的，踢足球经常能够得奖。

在生产队我做过生产队农业组组长、民兵排长等职位。

当时作为生产队农业组组长，一到活动的时候就把大家召集起来，一起唱歌、打球，还是挺开心的，当时思想也比较单纯。在当民兵排长的时候，除了要去训练，还要守夜，去保护仓库的稻谷等物资。我们曾经去抄过家，有一次就是到一个印度尼西亚回来的人的家里去检查，并把跟国民党有关的东西全部没收。

在年轻人当中，我还算是比较先进的。当时我在队里是担任团支部书记，当时入团是件比较困难的事情，需要群众讨论，每个小组分别讨论，我有一定群众基础，但一到领导班子这里就不同意了，因为我在"文化大革命"中犯了错误。后面团委书记来找我入团，一开始我赌气不想入团，党委书记就一直劝说我，我最后就入团了。入团之后两个月我就成为团支部书记。1994年，也入了党，去派出所做事配枪是一定要入党的。

我1980年结婚，当时将近30岁了，我是等弟弟妹妹都结婚了，才成家的。

二

1978年出现外逃风的时候，很多人都跑了，当时大家都想去银行取钱，银行的部长一直劝说我们不要逃跑，留下来，但很少人听。生产队只剩下老人和小孩。我们哥儿俩也跑了，当时我们是分开跑的，家里只剩下了最小的弟弟和其他妹妹们，为了让弟弟逃出去，妹妹们还杀了一头幼猪换了钱给弟弟作为离开的盘缠。我们一开始是打算逃到澳门，然后再从那边逃去其他地方，我是先坐火车到广州，在广州火车站前面住了几个晚上，后来逃到了一个边境的地方平沙，但是由于逃的时间比较迟了，电报下来了，因此边境已经有人把守，没有办法逃出去。我们刚刚走了不到一个星期，就被迫回家，全家都没有逃成功。

当时逃跑比较多的主要是越南归侨，印度尼西亚归侨还算是比较安分的。

当时从印度尼西亚回国之后，和哥哥姐姐的联系都断了。父亲去世之后，尤其是"文化大革命"期间，写信都是受到限制的。"文化大革命"后，印度尼西亚的表哥来到广州找我们。表哥的生意做得很大，但他妹妹当时还小，没有人帮他管理，所以他想到我，但是他跑了几趟都没有找到我，我们当时还留有旧地址，他就给我们寄了一些衣服、罐头。

我们和印度尼西亚亲戚的相遇，完全是因为缘分。2003年左右，我们农场有一个八队的青年，他去到印度尼西亚万隆，正好在我们表哥开的饭店吃饭。当时饭店管事的人告诉我表哥"有一个从中国来的人"，表哥知道了就找到这个青年聊天，青年告诉他自己是广东、广西这一带来的人，越聊越深入，后面提到我的名字，表哥就猜出这是我了，他后面写了一封信附带上相片，让那个青年带回国来给我们。就是在这种机缘巧合之下，我联系上了在印度尼西亚的兄弟。

我后来一共去了印度尼西亚三次。第一次是2005年，去到了印度尼西亚万隆，当年的老房子都还在。当时姑姑觉得我们这边工资还很低，所以希望我们去那边工作，由于考虑到家庭的缘故，我没有留下来。对比国内，印度尼西亚当时的生活相对较好，去到那边住了一个多月都是下饭馆吃饭。家里还有好几个用人，得到用人的伺候，我们开始有点不适应了。对用人的要求是很严格的，用人不能和主人一起吃饭的，有专门一条路走，是很讲礼貌的。我们看用人可怜，把一盘食物给他们吃，他们收下了也不敢吃。直到主人们同意了之后才敢吃。

第二次出去是在2010年，当时是全部兄弟都出去了，第三次是与女儿一起出去。当时她到那边教印度尼西亚文和中文，我们去那边主要是去玩的，现在大家也都回来了。

表妹2012年的时候来过中国，她经常义务帮中华公会做事，帮助比较穷的人。万隆的华人是很团结的，一个月至少有两次是所有华人在一起聚会的，一早上就去礼堂聚会，什么吃的都有。2012年表妹来中国，她曾认为这里仍然像以前一样穷困，没有灯没有卫生间，但是2012年我们的生活已经渐渐富裕起来了。

回来之后国家就安排我们住进小平房，原来是从宁明到五队，然后又住到场部，最后搬到这里，这个也是个过渡，然后也分到了其他的房子，面积还是挺大的。跟其他的农场相比，我们来宾农场算是挺好的了，香港地区的朋友来，我们给他们住，他们都觉得房子很大，挺幸福的。现在住在这里都不用钱的，但这边的房子已经住满了，因此没有地方住的人，政府提供 1000 元补贴，有些人就去外面租其他的房。我们的农场待遇还是挺好的，相对于百色那边来说。

农场的发展是以党的领导思想来发展工作，以前没有那么重视，党员的组织比较涣散，党委也是偶尔开会，现在工作分配到每一层，党组织建设都比较健全。对于现在农场的土地征收，我的想法是：总体来讲还是好的，但是也有一些地方是不足的。归侨基本上能得到安置，但是有些人家人口多，得到的房子也小，五六十平方米。得到的房子还需要自己装修，因此开销挺大的，好多家庭没有钱装修。他们工资本身也不是很多，有些很困难的就没办法。那些没有子女的老归侨，一般就安排到养老院，费用主要是用退休金来支付，主要是住在来宾养老院。一开始他们是不太愿意去养老院的，但是由于年纪大了，实在行动不方便，就只能到养老院居住。养老院的费用是每个月一千多元。

如果现在让我们到印度尼西亚去生活，我们不愿意了，因为到那里要重新开始，而且现在在国内，国家发退休工资，退休后有三千一百多元，然后也有医保等，所以我现在挺满足的了，工资够用，挺满足的，一个人一份工资都用不完。我妹妹现在也还在担任支部书记，等她退休后工资也有两千多元，其他补贴有三百元。

我生在印度尼西亚富裕之家，长在国内穷困之境，在成长中见证了国家不断发展的过程；我因年少无知做过错事，也因此得到教训，饱尝痛苦。在生命的历练中，我始终保留着一颗豁达的心，成为一个有担当的人。

马润能　口述

　　口述者简介：马润能，男，第二代华侨，祖籍广东顺德，初中毕业。父亲是一名海员，在战乱时从顺德去了印度。父亲第一任妻子是中国的，有五个孩子。母亲是父亲的第二任妻子，印度人，有四个孩子，三男一女。有很强的艺术细胞，热爱音乐与舞蹈，年轻时就到各处表演，并代表来宾华侨农场以及广西华侨参加演出，这对于他来说，不仅仅是自己的事业，更是自己的爱好与信仰，通过表演带给更多人欢乐。现在开了一家小吃店"拉姆十里香"，远近闻名。

　　时　　间：2016 年 7 月 20 日　16：00
　　地　　点：来宾华侨农场
　　采 访 者：苏妙英　邓欣婷　陆圆圆　郑玉荣
　　华侨属性：印度归侨
　　南 洋 物：无
　　整 理 人：邓欣婷

一

　　我叫马润能，大家都叫我拉姆（印度名）。在印度住在孟买，我是第二代华侨。我爸爸最先到那边，他是广东顺德人，当时是一名海员。他是 1940 年跟几个青年一起出去的。他出去就带了一个背包，很能干，几年就有一栋楼了，算是精英吧。他吃苦耐劳，什么都会，一口流利的外语。出去的时候我爸爸已经结婚了，但是在国内的妻子没有带出去。他去那边开了一家中国餐馆，那时候我很小，生意很好。餐馆生意好，家里什么都有了。我妈妈是印度人，是我爸爸的第二任妻子，她家靠近尼泊尔，他们语言都不通，我也不知道他们怎么认识的。我是 1955 年出生的。广东的妈妈有五个小孩，我妈妈有四个小孩，三男一女。我排第三，一个姐姐、一个哥哥、一个弟弟。我跟我爱人是一起回国的，她妈妈是尼泊尔人，爸爸是中国人。我是 1982 年结婚的，有一个男孩，那时候限制一胎，我儿子是 1984 年出生的。

1962 年排华，我们 1963 年就回国了。因为爸爸开中国餐馆，挂的是五星红旗，印度首先抓的就是他们。我妈妈是印度人，其实我们可以不回来，但是我妈妈说一起回来，外公外婆也没有意见。我的妻子也是印度归侨，我们小时候一起回国的。印度政府把华人全部抓起来，安排在集中营，我们的东西全部被没收，就穿了一件衣服回来。集中营在马达拉斯沙漠，我们住了六个月。我们回国时是 6 月 28 日。中国派船去接我们，我们在湛江下船。下船之后就分配，有广东、云南、广西、福建，然后我们就被分配到广西来宾。我在印度读的是中文学校，学过中文，那时我八岁，读到二年级，回来之后我继续读书。我爸爸回来时 60 岁左右，我妈妈还年轻，他们相差 30 岁。在印度只要双方愿意，不违法就可以结婚，那时我爸的生意已经做起来了。我们回来的时候是一起回来的，连同大妈和她的孩子们。大妈的孩子有三女两男，有些现在还在国内。

我妈妈很不习惯这边的生活。我妈妈在印度的生活就像大小姐一样，经常去看电影。刚刚回来几个月就要去劳动了，爸爸老了就不要用劳动，那时主要是种水稻。我妈妈去插秧，田里有蚂蟥，她就在田里跑来跑去，有时候就趴在别人背上。因为妈妈踩到秧苗，晚上就被批评，他们说她是资产阶级分子，她受不了，当天晚上就跳河自尽了。我们晚上睡觉了，她就跑出来，第二天才发现她。我爸爸是 1968 年去世的，妈妈是 1969 年去世的，她才 30 多岁，当时我 14 岁。

我们读书的时候就是半天读书、半天劳动，我在农场读到初中毕业，那时我 17 岁。那时候很穷，我没有读高中，去读的也是政府保送的，我毕业后就在农场做工了。刚开始劳动是做农活，我工作的时候生产队主要是种剑麻和水稻，因为读书时半工半读，也没有不习惯。我先在烘干厂工作，主要是烘干甜叶菊。后来农场开了一个淀粉厂，我就在淀粉厂工作，做管理人员十几年。后来来宾市成立，淀粉厂要搬迁，农场就给了一点生活费，我就回来了。

二

我的几个兄弟姐妹都出国了，我的大姐在回国之前就结婚了，她 1972 年就申请出国，因为我姐夫没有回国。我姐姐是从沙田去到香港地区，没有回印度。我姐夫是印度华人，他是英国轮船公司的海员。在印度的时候我哥哥已经工作了，他也是海员。我大哥的女儿先出国，我大哥退休之后就申请出国定居。现在他们每年都回来按手印领工资，因为他们是在这边办理退休之后才出国的。我也申请出国，但是公安局不批准。我们这里原来有几百户归侨，很多人去了别的地方，现在还有几十户。那时候我很想去香港，现在庆幸当时没有出去，我去到香港看到他们还是做工很辛苦。

我申请去香港很多次了，那时候逃跑去南宁。20 世纪 70 年代的时候，我逃跑到海边睡了一个晚上，那边出事我就回来了。当时是 7 月，那里有一大帮人，都是国内的华侨。我当时是逃到了虎口斗门，对岸就是澳门。那时候很穷，他们找到一艘船，但是人太多，船漏水了。我们是住在同一个旅馆的，后来听他们说船是我们一起出钱的，我也交了一千多块钱，从沙滩上船时，船都差不多沉了，我觉得肯定跑不了，没有上船就跑了。后来我就在旅馆住了一个晚上，又在沙滩上睡了一个晚上，回来的时候路费都没有。回到农场之后就开会教育我们。

我喜欢音乐，就买了录音机，在外面给印度华侨跳舞。1972 年，我跳摇摆舞被批评了，在会上点名批评。1990 年，全区的华侨在柳州比赛，我代表农场去参赛，得了一等奖。我跳的是印度舞，后来区侨办很看重这个节目，让我去广西华侨农场巡回演出一个月，由邱国华带队。

第二年，全国华侨在三亚举办汇演，我又代表广西侨办去演出。我去三亚演出的时候他们叫我在舞台上讲话，下面坐着领导，我说我不会说话，他们就说回答问题就好。第一句话就问我："你是中国人吗？"我说我百分之百是中国人。他们就说我皮肤黑头发又卷，我有点生气了，就说我的妈妈是印度人，但我爸爸是中国人。后来又问我："那你老爸爱国吗？"我在舞台上想了一下，就说："我清楚地知道每到中国的节日我家挂的是五星红旗，家里挂的是毛泽东、周恩来、朱德的相片。"我就反问他，请问这算爱国吗？

改革开放时，我的生活还是很艰苦。我还去桂林的地下舞厅工作过，80 块一个晚上。因为我在 1990 年上过广西电视台，他们就来我家邀请我去演出，给我钱。我那时候只考虑到钱，因为我不想在淀粉厂扛麻袋，所以就去了。我去做了一个星期，家里人反对，在桂林也有我的亲戚，我就跑了不做了，后来舞厅的人还跑到家里要钱。改革开放后我就经常去演出，有时候是农场组织的，有时候是市里面邀请的。前年还下乡演出，很辛苦，春节去的时候很冷，有些地方连舞台都没有。有一次又下雨，我发烧了，白天打针，晚上演出。我在农场的演出队里有补贴，演一场就得几十块钱，我说我老了，但是他们一直叫我演下去。

因为观看表演的时候，有人喜欢吃东西，我就做小吃。我的小吃店是不断扩建的，原来小小的，我一表演观众都坐不下。我经常出去演出，就在舞台上宣传我的小吃店，这样生意就越来越好。我从2006年开始就开小吃店，现在已经十年了。如果生意好的话，包括成本一天可以有五千块进账。我的儿子初中毕业，根据他的爱好，我让他去烹饪学校学习，现在就跟我一起经营这家店，店名叫"拉姆十里香"。我妈从小就教我"LARU"，就是仰望的意思。我2012年入党，当时他们到我家里动员，我就加入了。我妈妈的弟弟妹妹都在印度，他们住在乡下，但是没有联系了。现在通过香港的亲戚找他们，应该可以联系上。这边的印度归侨有很多回去探亲，我没有回过印度，我也想回去一次，但是很忙。现在生活越来越好了，政府也很照顾我，我也希望祖国繁荣富强，人们过得更好。

王贵妃　口述

口述者简介：王贵妃，出生于印度尼西亚，第二代华侨，父亲祖籍是广东梅县大浦，客家人。外公是印度尼西亚大商人，家底殷实。回国后艰苦的条件没有把她和丈夫打倒，虽然出生在富贵人家，从小过着优越的公主般的生活，但是吃苦耐劳的王贵妃不仅没有公主病，相反而是坚强的扛起了整个家的重担。赚工分时她比同事多，分产到户后，主动承包下瓦厂。在她的辛勤劳动下，瓦厂的生意蒸蒸日上，王贵妃的日子也一天比一天好。

时　　　间：2016年7月19日
地　　　点：广西来宾华侨农场王贵妃家中
采　访　人：苏妙英　郑玉荣
华侨属性：印度尼西亚归侨
南　洋　物：无
整　理　人：郑玉荣

一

　　我叫王贵妃，是第二代华侨，祖籍广东。我的父亲是被"卖猪仔"出去的，去到印度尼西亚芝加林。父亲开始去是帮别人打工，后来自己开商店，卖杂货之类的。我父亲在去印度尼西亚之前在老家广东有一个老婆，并和大老婆育有一个女儿。

　　我的父母是在印度尼西亚认识的，我的妈妈出生于印度尼西亚，是侨生。我的外公是当地的大商人，我外公姓邓。那时，我外公有25部汽车，有砖厂，有粮库，家底殷实。我外公是客家人，于是也想自己的女儿嫁给客家人。我父亲是一个普通打工的,在外公的厂里打工。外公得知父亲是客家人后,就想把女儿嫁给父亲。

我父母一共有6个孩子,4个女孩2个男孩,我是老大,我下面还有3个女孩2个男孩。我在印度尼西亚读的是中华小学。1960年,我小学还没毕业就跟着家人回国了。在印度尼西亚的时候,我的生活很好,我一直不明白家人为什么要回国。回国之前,我们看到了有关于中国的画报,画报上描绘的中国很好,很多的华侨看到画报后纷纷想回国。

父亲惦记在广东的大老婆和女儿,于是决定回国,我的母亲就跟着父亲一起回到了中国。我的外公没有回来,我妈妈的兄弟姐妹们都回来了。回国时,我的祖父卖掉了在印度尼西亚的车子。

因为我的外公很有钱,于是当地的一个印度尼西亚姑娘就想嫁给我外公,就"放蛊",让我外公爱上她,后来外公就真的娶了这位印度尼西亚女子。但是,与这位印度尼西亚女子结婚以后,外公的生意就渐渐下滑,最后破产了。

我是1960年乘坐"俄罗斯号"回来的,当时大概是10月。回国之后就被分配到了宁明华侨农场,后来又被分配到了来宾华侨农场。我们当时是在广东湛江下的船,在南宁住了一段时间。1963年,被分配到了来宾华侨农场。

回来以后,看到中国的景象和想象中的不一样,差别很大。那个时候的生活也很艰苦,物资匮乏。我们当时回来的时候带了一桶猪油、腊肉、黄油、菜籽油之类的,这些东西都是自己留着吃。有很多人因为生活困难就把这些东西卖了,换取一些生活用品。我们没有卖,都是自己吃了。还有很多归侨带了黄金回来,因为没有吃穿,最后卖掉以后换衣服和吃的。还有一些归侨带了铁床、自行车、手表等之类的物品回国,这些东西在当时的中国来说都是奢侈品,普通的百姓是没有的。印度尼西亚很热,不需要穿很厚的衣服,我们回国后南宁是冬天,很冷,于是很多归侨都拿这些物品换衣服来御寒。

妈妈全家人回来后,没想到回国后的生活如此艰难,与在印度尼西亚时的生活相差极大。我的父母在印度尼西亚时是开商店的,商店里雇用了五六个工人,男的有两三个,女的有两三个,家里还有一个保姆,一个专门做饭的,生活很好。回国后,所有的工作都要自己做,自己挑水,自己种菜。刚回国时不习惯这里的生活,前一个月天天哭。回国后虽然生活很差,一个月只有十几、二十多块,但是我父亲依然救济广东的大老婆,惦记在广东的大老婆和女儿,每个月定期给她们汇生活费。我妈妈也并不反对,知道她们生活很不容易,没有丈夫在身边，一个女人还得自己带孩子，确实很不容易。我妈妈也很善解人意，有时候我爸爸忘记了汇款，我妈妈还会提醒他去汇款。

二

我回来以后，在宁明读书。1961 年，我当时 17 岁，就与我的丈夫王纪泉结婚了。我与丈夫是在印度尼西亚时相识的，我和他是远房亲戚，后来我们一起回国，经过亲戚的介绍，两个人结婚了。

我的父亲在印度尼西亚时跟一位师傅学习牙科方面的知识，帮别人拔牙补牙之类的。回国之后，由于国内的环境和"文化大革命"等因素，父亲的工作被迫停止了。我父亲回国之后从事种植业，种木薯、香蕉之类的农作物。

我在印度尼西亚的时候没有做过工，一直过着像大小姐一样的生活，回国后就开始做工了，什么都做。我刚回来的时候，被安置下来后，农场派我去种田、插秧，农场安排我做什么我就做什么，很辛苦。插秧的时候，水一直淹到我的膝盖，蚂蟥就吸我的血。我很卖力地做工，很辛苦。

1963 年时，我搬进了新家，也就是现在我们居住的房子。原先是我和丈夫在五队做工，农场调了一些工人出来，说是要搞工厂，砖厂、瓦厂、水电厂等。我和丈夫就被抽出来在瓦厂做工，说是为社会主义添砖加瓦。那个时候的瓦厂是公家的，我和丈夫是在给公家干活。我和丈夫的工资都很高，因为我们很能干，所以多劳也就多得。那时一个老师的工资大概也就是几十块，我一个人就能赚几十块，我和丈夫两个人的工资加起来一个月差不多有 100 块。

原先的瓦厂是大家在一起做工，后来就分产到户，农场把瓦厂分到具体的家家户户，大家自谋出路，自产自销。分产到户后，自己做也可以，请工人也可以。大约 20 世纪 80 年代，农场就开始施行了家庭联产承包责任制，瓦厂就分到了自己家，变成了我和丈夫自己经营。当时的瓦厂被分到了 5 家，每个人 150 元的管理费，这个费用是承包厂子的费用，是农场定的，每年都要上缴给农场承包费。我那个时候每年要上缴 600 块的承包费。

现在的砖厂用的是机器，当时的瓦厂用的是工人。我的瓦厂有两个厂房，雇了 4 个工人，一排就是一个厂房，一个厂房需要两个。我后来不停地加工人，因为靠人力的时代不像现在的机器，以前都是用牛踩的。我贷款，用贷款得来的钱扩大厂子的生产。

当时做瓦的程序是这样的：有一个圆桶，一打出来是 4 片，然后晒干，就能得到 4 片瓦。4 个人一个月烧一窑，除去雨季，一年能烧 9 窑。烧窑时用的是柴火、茅草、干草之类的。烧的时候几个工人轮流烧，每个人烧半个小时，如果不下雨的话，要烧十天十夜；下雨的话就要烧半个月，才能烧成瓦。

工人要养家，吃住都是在厂里，工人一天的工资是 20—30 块钱，晚上工人们还要加班。那个时候的生意很好做，一片瓦卖八分到一毛、一毛二。一窑有十二万片瓦，烧一窑出来两三天就卖完了。那个时候我家的生活很好，别人没有电视机的时候，我家就有电视机，后来又花了 12000 元买了一部现代车。烧窑的时候，一个月大概能赚 3000—5000 元，三个厂房一年就是十多万元。20 世纪 90 年代，我家就是远近闻名的万元户了。

后来厂子被征收以后，就没有再从事烧窑了，不做瓦厂了。我做瓦厂一共做了十几年。

当别人问我：你一个女人哪里来的胆量去贷款开瓦厂？还这么能干？我回答，我也是为了生活，没办法。其实刚做瓦厂的时候，也怕亏本。但是后来逐渐看到瓦厂不但不会亏本，相反还很赚钱，于是我就贷款，扩大生产。有时候瓦厂的钱收不回来，我就一个人拿着账本去要账，挨个儿要。平时在家的时候我也会做饭、收拾屋子，我做的糕点亲戚朋友都很喜欢吃。儿子把我做的糕点拿给他在桂林的朋友，他的朋友说没吃过这么好吃的糕点。

因为丈夫病了，需要人照顾，我一个人既照顾丈夫又打理厂子，实在是忙不过来，于是就让儿子从柳城的化纤厂回来，帮助我照顾他爸爸和打理瓦厂。那个时候儿子在化纤厂一个月的工资是 100 块。在来宾做工，如果一个月不吃饭，一年下来才能买一台彩电，我儿子那时候一个月的工资就能买一台彩电。所以儿子不愿意放弃在柳城化纤厂的工作，回到来宾也确实是没办法。我的小儿子没有回来，留在了柳城化纤厂。

大儿子回来以后，把户口、档案等都调回了农场，正好遇上农场分房子，分地，我的大儿子都赶上了，分到了房子。没有回来的小儿子，因为当时留在了柳城化纤厂，户口什么的也都在那里，于是没有分到房子。后来柳城化纤厂倒闭了，我的小儿子也因此下岗了。现在在当保安，一个月大概 200 多元。

我年轻的时候很瘦，不到 90 斤，因为做工太辛苦了。现在我的身体不太好，骨头坏死，身体状况很差，也变胖了。那时因为年轻时候做工太累了，为了缓解劳累会经常打一种药物，药物打多了就有一系列的后遗症。后来我去做了手术，因为有医保，所以自己才垫付了几万块。现在我们生活好了，我的年纪也大了，不用再去做工了。

我以前在印度尼西亚的生活很舒服，我也很怀念在印度尼西亚时的生活，但是我觉得中国的生活更好。现在，我早上10点左右去菜市场买菜，偶尔做做糕点，带给朋友们尝尝。我1995年的时候去过一次香港，之后就再没有去过了。因为我的弟弟在香港，我去看望我的弟弟。我有两个弟弟，一个在香港，另一个在桂林，其他的兄弟姐妹都在农场。弟弟以前经常回来农场，一年要回来一两次，后面父母去世后，弟弟又生病了，就很少回来了。弟弟说，还是中国好，因为有退休金或者有儿女照顾，大陆的老年人大多生活很好。我弟弟在香港还要做工，在香港一个月也是2000多元，中国的退休金差不多也是2000多。弟弟觉得中国现在发展的很好，在这边生活更好。如果是在印度尼西亚的话，孩子如果没有本事，父母也得跟着吃苦；如果孩子有钱，父母就能看病，否则就没办法了。现在看病有医保，每个月有国家发放的退休金。特别是对上了年纪的人，国家的政策更好。在海外的老人都很羡慕中国的老年人。

许锦才　口述

口述者简介： 许锦才，男，生于柬埔寨金边铜仁区，祖籍广东，1962 年回国，毕业于南宁华侨补校、南宁二中；1964 年去来宾华侨农场工作，先后担任指导员，办公室副主任、主任，纪检委书记，1969 年入党，任党支部书记；1981 年调往自治区侨办政治处工作，1985 年担任纪检组副组长，1997 年退休；1998 年去往美国，2006 年归国。

时　　间： 2015 年 9 月 1 日
地　　点： 被采访者家中
采 访 者： 苏妙英　韦佳颖　罗世念
华侨属性： 柬埔寨归侨
南 洋 物： 无
整 理 人： 韦佳颖

一

我是第二代华侨，是从柬埔寨回国的。

我的父亲从广东出发，途经越南，最后到达柬埔寨。父亲之所以出国，是为了给他的叔叔做帮工，我们家在柬埔寨那边有一家小茶店，缺人手，所以父亲就过去帮忙了。

我在柬埔寨出生，在柬埔寨长大，我们家在柬埔寨金边的铜仁区。我是家中的老大，下面还有 9 个弟弟和妹妹。我们家与柬埔寨的华人家庭相比处于中等水平，算是不太有钱的；到了西哈努克执政时期，也就是我在柬埔寨做学徒之后，自己能赚点钱了，可以补贴家用了，家里人也做点小生意、去打工，这样生活才变得好一些。

我在柬埔寨有读过书，在当地的华人学校读到小学毕业。我小学毕业的时候已经有 17 岁了，毕业之后家里再也没有钱送我继续读书了，当时读书是要花很多钱的。我想继续学习，家里面又没有钱，在这种情况下，我只能白天去当学徒，学习技术，晚上去参加夜校。当学徒的时候我曾在当地的印刷厂和机器修配厂工作过，赚取生活费、补贴家用，读夜校的钱也是我自己挣来的；我所就读的夜校什么都教一些，我在里面主要是想更深入地去学习中文。这种半工半读的生活持续了一年。

当时我们这些在铜仁的华侨是很向往祖国的。西哈努克出访中国时，柬埔寨的媒体都有相关报道，他归国之后也带回了很多国内的信息，我们华侨就是从这些渠道中得知中国的建设情况，因此许多人很想回到祖国，我就是其中之一。后来印度尼西亚排华，虽然我们身处柬埔寨，但也受到一些影响——无论是在印度尼西亚还是在柬埔寨，我们都是远离祖国的异乡人，得不到国家的庇护。这次是印度尼西亚排华，那下次会不会就轮到柬埔寨排华了呢？对此我们有所担忧。我想，干脆回国吧，看看祖国的发展，参与祖国的建设，如果在那边我发展得不错也可以把家人一起接回国内，何况如果有朝一日柬埔寨这边出了什么状况，我在中国发展，也能给我们家人留条后路。我的家人也支持我的想法、支持我的行动，父母愿意让作为长子的我去外面闯一闯。1962 年，我回到了中国。

我从柬埔寨坐飞机飞到了香港，那时我们乘坐的飞机只能容纳二十多个人，是一架小飞机，飞机票是我父母出钱买的，机上还有我的几位同学同行。西哈努克的执政，中国与柬埔寨的关系良好，通行完全没有受到限制，我有些同学来到中国后不久还能回到柬埔寨，而那些从印度尼西亚回来的华侨就不能再回去了。我在香港下了飞机，然后被安置到了广州的华侨补校，但去到那里后被告知里面人数已经饱和，即将被分配去南宁华侨补校，我们也没什么意见，都服从分配。

我从广东华侨补校转到南宁华侨补校后马上加入了共青团，在补习了 11 个月后，我直接参加了中考。虽然我在柬埔寨只读到了小学毕业，但好在多读了一年夜校，中考结束后，我顺利地考入南宁二中。

当时我们二中专门有两个班，一个班全都由归侨学生组成；另一个班，也就是我们这个班，共二十多个归侨学生，占全班总人数的一半了，其中印度尼西亚的归侨最多。

我读高三的时候，没有要参加高考的打算。当时的风气就是毕业之后上山下乡，那些"一颗红心，两种准备""到边疆区，到祖国最需要的地方去"的思潮充斥着我们的内心，年轻人总有一腔热血想去报效祖国。毕业以后，还没等学校安排，我就跟着几个同学主动申请去石埠插队。我们就在那里种田、干农活儿，在那里劳作一两个月后，学校正式分配给我们下乡的地区。因为我是归侨，不能去农村了，学校要求我们到华侨农场工作。1964 年，我去了来宾华侨农场。

二

我到来宾之后，一开始去青年队做农工，耕田、插秧，一去就是 17 年。来宾华侨农场有十二个队，队与队之间相隔甚远，一个生产队共有五六十人。在那边工作一两年之后，我当上了指导员，后来又去了许多不同的生产队工作，第五队、第六队、第七队、第十一队等，都是做指导员。我在来宾华侨农场一直工作了 17 年，做过办公室副主任、主任，纪检委的书记，1969 年我加入了共产党，当上了党支部书记，直到 1981 年我才离开来宾华侨农场。

后来我怎么又调到自治区侨办了呢？适逢新侨办成立，需要各种成分的归侨，他们就往各个农场里找表现好的归侨安排到侨办工作。1981 年我在农场任办公室主任和体委书记，又是柬埔寨归侨，所以我就这样被调上去了。当时企业局和侨办是合在一起的，我先是在政治处，组织人事，管本系统里面的干部。

我在农场搞生产用了 17 年，在侨办工作也是 17 年。

1997 年我申请提前退休，因为要去美国，我母亲、妹妹在那边。我母亲与妹妹在美国，是因为在 20 世纪 70 年代，柬埔寨出现印支难民逃难潮，社会动荡，死的人很多，我和柬埔寨那边的家人断了联系，生死不知。后来通过妹妹的描述我才知道当时的情况：1975 年，我们家开始逃难，从柬埔寨跑到越南，如果不走去越南的那条路，就是九死一生，我一个很好的朋友，他的家人就是没有走那条路，一家人都没有了。当时跑去越南是唯一能活命的路子，但不是所有人都能过越南的，在跨越国境的时候，只有会讲越南语的难民才会予以放行，我的爸爸妈妈原来在越南生活过，会讲越南语，就骗他们说自己是越南人，最后放行了。因为逃难，家里几兄妹都走散了，在逃难的路上，我的 2 个弟弟、3 个表妹失踪了，一路上都在打仗，他们是生是死、现在在哪儿我都不知道。我们家在越南有个舅舅，我母亲、妹妹他们就在越南西贡的舅舅家里生活了五年，后来越南那边也是不安定，排华，他们又跑到泰国，从泰国边境出去，最终去了美国。当时联合国难民署问我妹妹："你们有亲人在别的国家吗"我们有个远亲在美国，所以联合国难民署就把我们家安排去了那里。

他们到美国大致是 1981 年这样，差不多就是我到侨办的时候。到美国安定下来之后，他们回国看我，是 1983 年回来。1987 年，我妹妹写了一封信给我，说他们可以担保我去美国。他们帮我在美国办公证、办手续，后来批准了，我可以在美国居住，但是要排队，从 1987 年排到了 1997 年，整整排了十年。所以 1997 年我申请提前退休，那个时候适逢机构改革，机关精简人员，办理提前退休也容易些。

我申请出去的时候没有退党。在那边有居住证，有绿卡，但没入籍，护照是中国的，在中国也有户口、身份证。

1998 年我去到美国，在美国生活了 8 年，住在加州的唐人区，在那里打工。

我曾在圣地亚哥的三个餐厅打过工，第一家餐馆每月给 800 美元，工作是洗盘子、干杂务，工作时间从早上 10 点一直到晚上 10 点，中午可以吃饭，没有午休，很辛苦；第二家餐馆 950 美元，做 11 个月，本来一年有 7 天的公假，后来又不给放假了，也是在洗盘子；第三家餐馆叫福星餐馆，在那里每天工作 8 小时，从早上 7 点做到下午 4 点，每月工资有 1100 美元，但是在美国打工和在中国打工比较不同，在中国打工比较自由，你爱做不做，美国的老板就会盯得很紧，第三家餐厅的老板就是这样，整天盯着我，想看看我这个人是否勤劳，半年后他就放心了，不理我了，我又多加了 100 美元工资。一开始我在那家餐厅做点心助手，后来点心师傅死掉了我就接替他。要做十几种点心，虾饺、烧麦、凤爪，什么都做，架起三个大炉，每个炉子有 7 层，比人还高，这些点心每种蒸的时间都不一样。每逢节假日就有很多人，需要特别注意哪些蒸 5 分钟、哪些蒸 10 分钟，特别容易搞乱。

刚去美国时，我们一家住在我妹妹的家里，住了 3 个月，后来觉得住妹妹家不方便，所以又出去外面租了个一房一厅的房子，每月大概 500 美元，租的房子也是在妹妹家旁边。

去美国工作很辛苦，我的肚子整整小了 3 寸，还得了肩周炎；我妻子在美国搞装修，工资也差不多；孩子则在餐馆当服务员，工资比较高，比我们两个加起来还多，他原来是在明园饭店工作的。我妹妹则在美国做律师助理，每个月 4000 多美元，她的丈夫也是一个月几千美元，比较富有。

　　我从在中国坐办公室到去美国洗盘子，经历了这个身份变化，没有后悔，在美国是不论什么身份地位的，你可能拥有一份光鲜体面的工作，也可能做一份辛苦劳累的工作，这都无所谓，你能找到钱，就算是本事。

　　在美国虽然赚钱多，但是我"有眼看不见，有脚走不动"，为了生活，什么困难的活都做过，后来老了不想再干了，就回国了。感觉还是回到祖国好，如果在美国生活，在那边有养老金、会开车才过得好。

赵耀强　口述

口述者简介：赵耀强，男，第二代华侨，祖籍广西岑溪，1956 年从马来西亚回国，在来宾华侨农场工作，管理电站，后来 1984 年进入知青办。

时　　间：2015 年 7 月 21 日

地　　点：赵耀强老师家中

采 访 者：苏妙英　罗世念　韦佳颖

华侨属性：马来西亚归侨

南 洋 物：无

整 理 人：罗世念

一

我 1939 年生，第二代华侨，爸爸是广西岑溪人，1956 年从马来西亚回国，我有 4 个女儿，2 个在新加坡。

我出生于马来西亚柔佛州，在那边读到初二上学期，在西加默（音译）华侨中学，初二上学期读完就回国了。六七岁开始就帮妈妈割橡胶，我们家不种橡胶，在英国人的橡胶园里割橡胶。我们家有 3 兄弟，5 个妹妹，我排老大。在那里，华人有小的橡胶园。1948 年 6 月 28 日，公布紧急法令，就把所有的华人集中到一个所谓的新村，所住的地方华人多，海南人多，大多是马共，是马来西亚第 4 支队。华人一部分被集中，思想进步的一些人和马共的一些外围组织被拘禁，要么被驱逐。我是比较调皮的一个人，是个小头目，在学校里面不是很安分守己，做过一些比较过激的事，比较特别一点的地方，有个印刷机，我们就偷偷去那里印刷进步思想传单，到处发传单。现在不是很会讲马来话了，只能应付地讲。

华侨被赶到泰国、越南等很多很穷的地方，特别悲惨。彭国强这辈子和我只见过一面，他和我同年，但在国外的时候，经常见面，但互相不认识，我们接触点都在一个药房里面，信和资料送到药房里面，他来取走，单线联系，大概有3年时间。都是用密码写的信，我们根本看不懂。1956年他被抓，坐了8年牢。跟苏妙英老师的姐夫同时回来的。被安排在英德茶厂，后来去香港。马来西亚交通不方便。有一次我去深圳，他来见我，我们见过一面，就那一个小时，后来他就病故了。1956年在广州华侨补校，后来1957年到厦门集美中学读书，读初三，私下里说我偏右，集美学校里面很多学校，"文化大革命"就把这些过去翻出来了。高中的时候就说我是准右派，被批斗，而那时反右派，我的性格就是那样，比较偏激，不安分守己，改不了。我还可以继续读书，读到高中毕业，1960年大炼钢铁，身体不太好，回到了岑溪，在岑溪上完了高中，1958年和国外的马共还有联系，后来就没有联系了，最后我去了来宾华侨农场。

二

从组织部到侨办拿了信，1962年去来宾华侨农场报到了，当时没有分场，只有生产队，当时安排我做农工，没有种剑麻，是种水稻，我在第五生产队。和妻子在来宾华侨农场认识，还有我妻子的哥哥也在来宾华侨农场，我太太叫张美云，在来宾退休了。太太是印度尼西亚华侨，我们是患难夫妻，跟我在一起没有享受过几天好日子。她是印度尼西亚排华，从苏北回来的，回到国内没继续读书，直接在农场工作。太太有5个兄弟姐妹，上面两个哥哥，一个回来，其他的都还在印度尼西亚，她是最小的那个，她没有继续读书，我们是1963年结婚。

1963年建电站的时候，我就一直参与的。1966年我就去砖厂那边搞电工。1984年的春节我就到南宁了，做知青返城工作。我是王荣亮的手下。农林场里我主要管理水利方面，每年安排500多万元款项，林木松厂。武鸣搞了一大片，来宾有点不情愿，来宾很多大规模的抽水站现在都是我做的，可惜那些地方现在都荒废了。我搞水利刚开始是杨文才，苏朝路帮着跟着，他们懂行。我一直在农林处，一开始在供销公司，再上去管水利。1999年退休的，真正办退休手续是2000年。真正来讲，报到人事厅，本来已经同意退休，但他们又不给我办退休，说我退休有问题，虽然人事厅批了，但后来不能退。那时我就问怎么回事，觉得很无趣，就整天喝茶，看报纸。

我有 4 个女儿，2 个在新加坡，2 个在国内，大女儿赵中红，做生意，原来在服装厂，1993 年就出来了，后来卖窗帘。老三老四都在新加坡，老四在新加坡最老的旅行社，经理叫什么的我也不懂。老三在新加坡定居，是新加坡公民，在东盟博览会秘书处工作。最小的老四还没结婚，1979 年出生，36 岁了还没结婚。

我参加马共到现在的经历，感觉怎样，我以前回去和我那些队员讲，一起聊天，如果我不是因为被抓，就不会回到中国；如果不那么调皮，不那么偏激，总是做一些出格的事情，就应该和队员在一起，做一个橡胶工人或者农夫，或者做点小生意。但是回来中国，坎坎坷坷。改革开放以后，整个命运 180 度转变，所以我这一生，没有什么后悔的。我现在回去的时候，我感觉我比以前那些队员、朋友过得好，比他们风光多了。我对形势有一定的理解和认知，跟着时代的发展，对孩子来讲，孩子长大了，所以我不再管，老三 18 岁就出去了，先去的深圳，她读的是旅游专业，一开始在西园宾馆，进了人事处，经过她的努力，到了深圳办事处，后来在深圳遇到了贵人，在那里遇到了她丈夫的妈妈，就问她你愿不愿意去新加坡，在新加坡搞钻石加工。那时是 1993 年，她就来问我，爸，我想去新加坡读书。后来她说，你不要管我就得了。三四个月，她就走了，后来她去新加坡读了 3 年，1996 年她就结婚了，然后她就在那里定居了，后来东盟博览会有了，广西派出去比较多，后来想起来还有我女儿这个人物在新加坡，然后就安排她成为东盟博览会驻新加坡首席代表。我出去旅游从来不参加旅行社，想去的话一个背包就走了，自由行，怕别人骗我，我又懂点马来文，所以我在马来西亚到处乱跑，每一年都去马来西亚三四趟，去马来西亚随便就会去新加坡，因为在新加坡有个家，就会先到新加坡，再转到马来西亚。我很少参加社会活动，每年通知我时，我就去一下。侨办经常会搞活动，这两年好像就去过那个美丽南方。

改变命运的话是从 1983 年开始，从农场调出来了，以前虽然比较困难一点，但是还可以应付过去吧，跟我几个孩子说，你们真的很幸运啊，要是倒退几年，你就苦了。苏成耀是我同班同学，苏成耀最近会回来，之前他在美国。重庆侨联的邓海东也是我同班同学。这一生，苦尽甘来，1983 年还在农场，1984 年的春节才到知青办的，打倒"四人帮"后，慢慢好起来了，我回来的时候什么都没有，家徒四壁，从我现在住的环境来看，比国外环境好。

郑由兰　口述

口述者简介：郑由兰，男，中共党员，出生于越南芒街。祖籍河南，后迁至福建，再而移居防城港、东兴。一百多年前迁至越南。在越南马头山学校读完小学以及初中，后来在越南的合作社参加工作，成为生产队里的记分员，后来认识现在的妻子并与其结婚。1978年越南排华以后携带妻子儿女回国，在来宾华侨农场生活担任生产队队长直到退休。1995年加入中国共产党。

时　　　间：2016年7月18日下午
地　　　点：来宾华侨农场
采 访 者：邓欣婷　陆圆圆
华侨属性：越南归侨
南 洋 物：无
整 理 人：陆圆圆

一

我们这边在还没有退休的时候，都是越侨，从1978年的时候就来到了这里。我叫郑由兰。我是1946年出生的。我离开越南的时候是三十一岁这样。我家最早去越南的是我祖，阿公阿祖，都有一百多年了。

我老家、老祖宗是河南的。后来就来到福建，后来又搬到防城港，最后又去了东兴。到了越南以后，我们住在广宁省的芒街。我们在离边境线几十公里的地方种田务农来养家糊口。种水稻、花生、玉米、红薯等。

我爸爸叫郑似龙，他现在不在了。他2011年在国内去世的，去世的时候是90岁。如果现在还在的话就快百岁了。我妈妈也不在了。大概是一九九几年不在的。我的母亲叫王东秀。她老家也和我们差不多，她老祖宗不知道在哪儿，但是她也是越侨。

我亲兄弟姐妹有很多个，我爸妈总共生了7个，4男3女。在男的排我就是老二。我们排的是一个家族一起排，可以排到二十七八个。我姐姐郑秀兰，1944年生。然后到我了。我是老二。老三是郑法兰，是我弟弟；第四个是郑世兰，妹妹；第五个是郑代兰，妹妹；第六个是郑光兰，弟弟。最小的小弟是郑围兰。不过我不记得他们是什么时候出生的。连我的小孩是什么时候生的都不知道了。

我是1978年回来的。那时候已经结婚了，我妻子也是务农，和我一样的，都生活在那一片地区。她小时候不得读书，她从小就跟她爷爷奶奶住。她没得读书，只能去放牛。她是1944年出生的。我和我妻子认识靠媒人说媒，同一个村。结婚的话也要像在中国这边一样摆酒席。我妻子回来的时候也就带了些衣服，没有带什么越南的东西回来，照片啊、房产证啊都没带回来，孩子都大了，回国又生了个小的。我五个小孩，三个男两个女。我的大孩子叫郑世伟，是1971年生，老二郑记伟，老三是郑世军，大女儿是1968年的，叫郑纪永。现在他们去打工了。现在老二在医院工作。最小的是男的，是来这里生的，前面四个是在越南生的。所以我妻子在怀孕的时候就悄悄回来了。我们结婚的时候不记得是什么时候了，但是也按照越南的规定，男的22岁结婚，女的20岁结婚。我老婆住的地方离我们有30公里。那时候我们参加工作，调来调去，分配工作，那时候我就都是在生产队搞计分员，分配粮食、红薯、木薯，都要经过我们分配。我妻子叫梁永兰。我们这边的华侨有两三家以前是在一起的，都是越侨。我们平时见面的时候讲的是客家话。

越南那时候也是成立合作社，合作社一个村成立一个社，一个社管多少远，多少远又一个队，它是这样子的。那时候我才读初中，那时候我们家也没有考虑这些事情，有钱的家都在芒街。我们读的是汉语学校，学校名字叫马头山。那个地方的山像马头一样的。以前我们叫"滩敦乡"。

我妻子的母亲是中国人，她父亲是越南当地人。我妻子在那边也读书，在那边读汉文学校。我们上课讲白话，越南语也有，但是这种课程很少。不知道一天有没有一课。胡志明还没有去世的时候中越关系还很好。排华什么的都没有。我们读初中的学校是在山区四社。一般来讲，一个年级有一两个班，没有多少个人在那里读书的。因为我们不是城市，是村上的，其实在城市也差不多的。我们学校离家里蛮远的喔，有两三里远，得大早就起来上学。我在越南读到初中。

初中小学不在一起，分开的。就我得读书，我大姐不得读。

我在越南时住在瓦房里。房梁房柱用竹梁。我们都住在一起，但是出嫁和成家以后就自己在做房子来住。都是华侨住那里。我们越侨一般是住在沿海。在那里那些越南妹也有嫁给我们华人的，排华的时候我们回国，她们也跟过来的。

在胡志明还没死的时候，中越之间没有什么摩擦，那时候在芒街还有中越友谊桥。我的大小孩回国以后才读书。在越南那边的教育是义务教育，但也不是人人都得，三区海岛的可以享受义务教育，上小学初中不需要交学费。以前越南还没有排华的时候，我大姐住在越南南方。那时候联系很困难，电话整天打不通，因为有些小偷偷电话线。

美国占了越南南部好多年，1968年才把他们赶走的。开始是拿那些炸弹来炸，不过我们在越北，边境那边没什么影响，但是美国飞机飞过头顶时还是有点怕的。我妻子5岁时，大概是20世纪50年代就被父母丢给她爷爷奶奶带。

以前在越南做工，一天担两担桂皮换工分，也是搞社会主义，搞合作社。在越南也分成分，会分地主、富农、贫农这些。越南的这些成分对于政治前途没有什么影响，富农地主也都有机会加入越南的执政党。

二

我们是1978年越南赶我们走的时候我们就来这边了。这里最初的时候是个劳改场，印度尼西亚那边不知道是因为什么，可能是排华，也来到这边了，所以就改成叫华侨农场。以前有三个华侨农场，我们来宾县是最早的。这边还有印度的归侨。印度归侨主要是集中在武鸣华侨农场。柳城也有一些。我不是很懂印度发生了什么事情，才会有这么多人回来。

我们回来时，只有大姐没有回来。是因为那时候大姐嫁人了，在下记县，没有回来。大家都是那时候回来，那时候很乱，那时候都是一个村子都回来了。我们都是能拿的东西拿回来，拿不了的就丢在那边了。因为我大姐和我们离得好远，所以，没有什么联系。我们回国的时候就带得一些衣服，那时候我们想的是几个人能回来就可以了，东西没了就没了。我们回来的时候直接蹚过一条河就回国了。所以我们那时候也属于是边民。我们是走到那良，那里有接待站，我们在那里住了几天，然后就直接分配到这里。那时候我们想去哪里都可以，有什么要求，也可以去另一些地方。那时候回来需要好久才找得到自己人。那时候我们花了好多时间才联系到我大姐，是通过侨联和其他各种方法联系上的。那时候领导跟我们说要大胆说普通话，那时候也不老，所以渐渐学会了讲普通话。回来这边以后就做生产队队长。那时候初中没读完因为人少，不只是我们这个地方的人，还有其他地方的人，人少了就不上课了。毕业以后就务农，没有做过什么工，在越南那边也没有什么工业，大家基本上是在务农。在生产队里搞林业、公路什么的，我妻子在越南也是搞农业。

我们回来住的是用羊毛毡盖在上面的那种房子，臭臭的。我们住了两年那种羊毛毡房，现在住的这些房子是后面建的。这些房子是联合国出资建的。我们回国以后，种一点红薯、玉米、花生等农作物，刚回来这里的时候这里都是荒山来着，都是茅草地。1978年改革开放了，这边还是集体劳动，我来的时候当生产队队长，一直做到退休。后面把土地征收完了，再过两三年以后就退休了。

农场变化很大，以前几乎没有一条路，以前的路很难走的，一旦洪水来，那个桥面都不敢走，过一段时间就找不到路了。我们这边现在也属于市里了，现在是工业园区了。以前有面粉厂，还有个田业局，还有个淀粉厂，有个粮所。我们刚来的时候就把这些地全部翻好，种一片片的柑橘。

以前淀粉厂的产品卖到市里，不过淀粉厂有点污染。不知道那些淀粉卖到哪里去。不过淀粉厂的原料就产自我们农场。本来我们种柑橘，不过因为黄龙病就死光了，之后就种木薯来做淀粉。粮所后来也取消了。那时候换米需要用粮票的，就在粮所里换。一般职工是40斤大米，像我们干部是30斤大米，小孩就再少一点，这是国家规定的。

分田到户之后，一个职工六亩地，小孩不算。领导干部没有地。现在征地我们没得什么钱的，像现在甘蔗地都不得什么钱，柑橘地得的钱多一点，种稻谷的地征收可以得更多钱。我们这是国有土地，所以征地的话是农场得钱，我们不得。农村的话就好，农村又得土地又得钱，我们这些国家职工就不得。每个地方的征地补偿钱不一样的。

在打自卫反击战的时候我们农场有人去当翻译，也有烈士。我的一个弟弟也去当兵了。他叫郑河兰。我这个弟弟去了美国。以前是在灵山县星光农场，他没和我们在一起。因为在越南的时候，他和他外公在一起住在芒街，他没有和我们住在一起，不过回国的时候几乎是同时回来的。在自卫反击战的时候他参加中国军队，去当翻译。近两三年他就出国去了。是去美国了。因为他有亲戚在美国，他亲戚担保他去了美国。他妻子家是美国的，所以能成功担保他到美国。

我是回国后，1995 年才入的党。我入党的时候，是领导看我的工作表现好，才推荐我入党的。说我在农场做得好，管理得好，所以就让我入党。我就种地养这一家子。等农忙了我不在家的话，就是我妻子照顾小孩和务农。我妻子什么活都做得来。

我 2006 年退休，按照正常的退休年龄。退休的话现在领退休金，但是因为我们农场比较穷，所以得的退休金比较少。我们现在用的是城镇医保，不是新农合。

现在对越南没什么感想，对越南没什么感情，我们就是想祖国强大一点。我在越南还有亲戚，现在我和在越南的姐姐主要是用电话联系。我回国以后再也没有回越南，在越南没有留下什么了，连祖先的墓地都移回中国了。就是中国好。发自内心的想法。美国好不好呢？其实我觉得美国不好，种族主义太明显，说不定什么时候又赶你走了。现在中国有钱了，你看那些航母铁路公路，没有钱是搞不了的。

我还保持着一些越南的习俗，比如我们会做越南菜，越南米粉、越南春卷什么的。

对于以后我们华侨农场的未来发展，现在这个牌子都没人知道了。

三、柳城华侨农场篇

柳城华侨农场地处柳城东泉镇境内，从柳州到农场大约要乘车一个半小时，大概 46 公里路程。柳城东泉镇地处桂中腹地，是具有悠久历史的古镇，东与鹿寨雒容镇相连，南接柳州洛埠，西和柳州沙塘镇毗邻，北跟鹿寨平山镇相邻，是柳城与柳州市相接壤的城镇，全镇镇区面积 282.4 平方公里，人口 6.2 万人。历来就是区域性交通枢纽。[①]

广西国营柳城华侨农场位于桂中北面，居柳城县东南的东泉镇和鹿寨县西北面的平山乡交界处。距柳州市区 50 公里，离柳城县 43 公里，地理座标为东经 109° 30′ 49″—109° 37′ 17″、北纬 24° 30′—24° 35′ 20″ 之间，地形南北最宽 6 公里，东西最长 8 公里，呈 "一" 字横形地图。农场周围，东尽第八、第十二分场（距总场 7 公里）与鹿寨县平山乡的陈家村、六合村、九简村相邻；南至第十分场（距总场 3 公里）与柳城县东泉镇的碑塘村、前屯、后屯相望；西临第一分场（距总场 2 公里）和第四分场（距总场 2.5 公里）与东泉镇的拉寨村、水丈村、福耳村、大染村、高田村跨铁路相连；北迄第六分场、第七分场（距总场 2.5—3 公里）与平山乡的新村、白扬村、歪田村为界。[②]

1960 年农场土地总面积 32 平方公里，合 48295 亩。生产用地总面积 28297 亩，占全场土地面积的 58.59%。其中：在柳城县境内的土地面积为 26698 亩，占全场土地面积的 55.28%。生产用地面积 16644 亩，占全场生产用地总面积 58.82%；在鹿寨县境内的土地面积 21597 亩，占全场土地总面积的 44.72%。生产用地面积为 11653 亩，占全场用地总面积 41.18%。[③]农场主要种植水果、茶叶和甘蔗等经济作物，现有茶叶种植面积 3460 亩、水果种植面积 12000 亩、甘蔗种植面积 4100 亩。

柳城华侨农场成立于 1960 年，其前身是建于 1958 年的国营东泉农场，原隶属农垦系统。1960 年 4 月接受从海外的归侨更名为广西国营柳城华侨农场，

---

① 资料来源于柳城华侨农场党政办公室。
② 柳城华侨农场《农场志》编纂办公室：《国营柳城华侨农场农场志》，1993 年 6 月。
③ 同上。

隶属于广西区侨务委员会。1970 年下放到柳州地区政府管理，1978 年 6 月改由广西区侨务办公室领导。1998 年 9 月交由柳州市人民政府管理，成为直属企业。2003 年 11 月改由柳城县人民政府管理，2003 年在农场增设华侨经济管理区。农场的主要管理机构为柳城华侨经济管理区，全场分为 5 个作业区，共计 13 个分场，第三作业区另有 2 个并场村。场部的办公机构主要有党委、纪委、党政办、计财科。社保科、土地保卫科、生产经营科、生活服务部、物资经营部、计生办等，群众性组织有工会、侨联、妇联、共青团等。柳城华侨农场茶厂为农场直属企业，事业性质单位有东华卫生院、柳桥学校。其他设场机构有狮子山派出所。柳城华侨农场的现行体制是管理区和农场"一套人马、两块牌子"的管理模式，柳城华侨经济管理区为参照正科级单位管理的事业单位，管理区编制人员、经费由县财政承担，负责管理辖区的政治、经济和社会等各项事务，同时保留广西国营柳城华侨农场的牌子，农场按企业化方式运作管理。

目前，全场 13 个分场中，有 4 个是 20 世纪 50—60 年代为安置马来西亚、印度尼西亚、缅甸以及印度等地归侨而设立的。1960 年 4 月 25 日—1960 年 11 月 29 日，接待安置了归侨 388 户 1599 人，农场另有 8 个分场是 20 世纪 70 年代末位安置越南归侨而设立的，至 1989 年底，共接待安置印支归侨 599 户 2847 人。[①]

农场现有人口 6212 人，归难侨及侨眷 4047 人，其中印度尼西亚归侨 648 人、越南归侨 1784 人，侨眷 1610 人，占总人口的 72%。农场在职职工有 692 人，离退休职工 1190 人。柳城华侨农场的归侨大多数来自印度尼西亚、越南等国，与世界 24 个国家和地区有海外关系。归难侨在场生活定居四十多年来，受在国内教育和生活影响，饮食和语言与国内群众逐渐同化，但保留着一些原有的鲜明民族地域特色。印度尼西亚归侨祖籍地为福建和广东两省，习惯语言以印度尼西亚话和客家话为主。越南难侨的祖籍多为广西、广东和云南三省，习惯语言以白话及客家话为主。[②]

---

① 《柳州柳城华侨农场》，《中国华侨农场史·广西卷》北京，中国社会科学出版社，2017 年 12 月版，第 1593–1615 页。
② 资料来源于柳城华侨农场党政办公室。

邓 飞 口述

口述者简介：邓飞，男，出生于广西钦州，8 岁时随因战乱与其父母逃至越南，1958 年在越南与华侨结为连理，生下 6 个儿女，在越南曾从事多种行业。1978 年因越南排华回国，回国后被安置在柳州华侨农场。从国内到国外，从国外回到国内，一去一回造就了他不一样的人生经历。在农场中建设自己的家园，在平淡的日子里回忆过去，虽在外生活四十载，却不忘祖国情。

时　　间：2016 年 7 月 15 日下午
地　　点：柳城华侨农场三分场邓飞家中
采 访 者：邓　燕　邓欣婷　陆圆圆
华侨属性：越南归侨
南 洋 物：相片、孩子的出生证
整 理 人：邓　燕

一

父亲叫邓成章，1908 出生，在中国去世的，母亲是李三姐，1914 年左右出生的，我是 1936 年在钦州出生，8 岁的时候去越南。是被日本赶过去的，当时中国和日本打仗，日本鬼子经常会进村抢粮食、找花姑娘，小的时候，日本人为了能让我们这些小孩带路进村，还给过我们糖果饼干吃，村里很乱，鸡飞狗跳的，父母带着我偷偷地去越南。我在钦州还有个妹妹，但是原来家里穷，送人养了。

我们当时从钦州直走到东兴，走了 100 多公里，到东兴后过芒街到越南海防，我们没停留在芒街，一是因为芒街是农村，没有生活的基础，二是怕日本鬼子追过来，一旦被抓是要砍头的，海防是个港口城市，是越南最大的港口了，海防的华侨很多,是十分之二三,有40来万华侨。当时越南还是法国管理的,所以到城市比较安全。至于怎么走,没有人告诉路,我还小,可能是我父母知道,可能他们去问路了,我就不知道了。那时候还没有边防,还没有公安的,那里的农民跟我们这些人差不多的,我们过越南是很容易的,那时我们钦州有好多人偷偷过越南都是因为害怕日本鬼子而走的。那时在中国没有日本鬼子追赶,但是在越南就有人追赶,日本鬼子到广西到钦州的时候基本是战争结束的时候。

以前,我们在钦州篓园的时候就是农民,篓园是很大的邓家庄,家里就我一个儿子,还有一个妹妹,都是在钦州生的,小的时候妹妹就给人养了。我父亲送我们去越南后,大概一个星期之后父亲就偷偷回中国了,他回来因为家里还有田地,在篓园的田地还是有很多的,他回来之后就没有去过越南,也没有和我们有联系,不久被日本鬼子抢了粮食,活活被饿死。那时候我不懂事,也没有想过跟回来,那时候家庭不好,和老爸的接触也少,以前旧社会的小孩,不像现在这样有书读的,就知道出去玩。

到了越南后我父母就做小贩,贩一些东西卖,主要是一些菜果,贩的是越南的东西,到越南后我们语言是不通的,我们就跟一些华侨做生意,主要是跟华侨赊一些菜还有其他东西。后来认识了一些华侨之后就在港口做工,做一些苦力工,我们这些过去的人去到那里,外语不会就只能做一些苦力工了,那里的生活有钱就是和我们这边一样,没钱就吃的清淡一些。没钱就是买一些粗米,越南的米种类很丰富的,有小米、香米、粗米,也有一些专门给猪给鸡吃的米。粗米也是可以吃的,很多华侨也是吃粗米,那时煲粥也像我们钦州人一样,煲一餐吃三餐。现在也说不清在越南那边的生活怎么样,没得对比,过去的时候我都还小,还没得见过社会,想想都想不起,不过在那边也习惯了生活。那边华侨很多,回到家一条街都是讲白话的,那边的华人有北海、防城、钦州、合浦的,多数是广西的。他们过去有钱,有些是早早就过去了的,他们在海防买船做客运,有些还卖一些干货山货做生意,我们没钱就找一些苦力工做了,慢慢地而我也讲越南话,但是回到吉利和妈妈还是讲白话。

我在中国的时候还没读书,在越南也没得读过书,都是偷偷学的,就是人家读书上课,我们就在外面偷偷听,人家有些是上夜学,我们就坐在那里偷偷学。我和我妈在海防做工,我14岁开始做工,做饮食,做冰棍、冰淇淋、美容美发和些七七八八的东西。我去那里做的是杂工,我们这些年轻人就是帮洗洗米、洗洗工具的,其他的都是靠自己偷偷学,偷学人家不收钱。在旁边看看别人怎么做，然后晚上就回来自己做记录，这些都不是难事。我自己赚钱，买单车、相机，我做工都是做得好的，老板都喜欢我，什么补贴的都比别人多一些。

那时我也比较大胆，给法国佬开过车运粮食，当时法国的一个管事的人说要认我做干儿子，经常给我些东西，对我很好，我也在大河船上做过事，从海防到胡志明市的大船。那时我 17 岁，跟着法国佬做事，当时轮船上边的副经理是我们的华人，他负责的是船上的早餐，糕点牛奶什么的，我也是跟着他偷偷地学做这些东西了。他叫我和他去香港，我没去，因为我还有老妈在那里。后来 18 岁的时候我改做电筒，做学徒，后来我又去做纺织。19 岁的时候去做铁路，铁路建设完毕后我们就回来了，人家问我们还回铁路工作吗，我说不回了，不习惯铁路的工作。那时越南解放了，后来又进水泥厂了，越南国家水泥厂，最大的水泥厂，厂里面有 5000 多人，越南人多，宿舍都有 5 公里。在水泥厂工作近 20 年，直到回来的前两年。水泥厂的工资还可以的，越币 200 多块，折合人民币 100 多块，回到这边开始的工资才 27 块，那时那边的生活还好一些，因为我工资高，我有小孩，一个小孩就得多 10 块，两个就 20 了，加上我是水泥厂的工人，是属于越南的国家工人，有病进医院都不用钱。直到排华时候，我们这些华人是没有工作的，他们不安排我们工作，后来我就组织我们这帮年轻的人一起踩三轮车拉客，我们借钱买车，我们不求越南人给我们安排工作，刚开始很多人很害羞，不敢做，说出街接客，我们华人都没做过这些，害羞怎么办呢，但是我是组长，我就去做贸易，跟人签合同，帮人运输水果，人家说我们是华侨的，我们也承认，这些年轻的华侨就不用再抛头露面，我们去到农村运水果，做了两年，直到我们回来。

我去参加铁路建设的时候结婚的，结婚的时候是 1958 年，我们不是被人介绍认识的，是在建设铁路的时候相识的，1956 年铁路建成，1958 年铁路建设完毕后就退伍回来结婚。老婆也是华侨，那时越南解放了，她跟我一个单位，我们在同一个单位去参加建铁路，是越南和中国一起做的铁路，中国通越南的铁路。建设铁路的时候我们有工资领的，5 斤米一日，当时做工是讲米的，一日三餐除了吃，剩下多少就是拿去换钱买生活用品，那时候都没有多少钱，就相当于是青年义务性的。认识我老婆的时候，我知道她是华侨，她的父母比我们先一批到海防。他们是老华侨了，他们家已经在那里开了店铺，建了房了。

二

我回来的时候都有 6 个孩子了。大的是女儿叫邓友，1958 年出生的；第二个是邓黎明，1960 年出生的，现在已经去世了；第三个是女儿邓丽芳，1961 年出生；第四个是女儿邓丽萍，1965 年出生，在东兴，以前是做翻译的；第五、第六双胞胎，大的是邓黎鸿，小的是邓黎军，1971 年出生的，他们都是在越南出生的。我的孩子在越南的时候读夜校，读中文，白天去做工，那时没办法，穷啊，读中文也读越文，我也喜欢读书啊，但是不得读。

1978 年 4 月 28 日我们回来，有自卫反击战，我马上让邓黎明去参军，当第一批兵，他去做侦察兵，我亲自送他去，后来自卫反击战回来后，我有送他去当海军。我还送我的孩子到钦州读书，邓友就回来读到高中，之后到广东的工商银行工作了。现在双胞胎都结婚了，孩子们也有自己的生活了。

1978 年 4 月 28 日到农场，是农场第一批回来的越南归侨。他们大概是在 1975 年开始排华，我们自动脱离他们的国家工人队伍，他们先前说中国要打他，他们宣传说原先元朝明朝的时候，我们中国欺负他，他们还游街宣传，说我们是强盗，他们不敢赶，但是他们歧视我们。我们是中国的汉族，但是他们说我们不能是汉族，是越南的华族，我们的种族都没犯着他们，他们要我们加入他们的种族，我们不干，就都走了。很早之前他们除了歧视我们的民族之外，还对我们有一种仇视的感觉，我们被逼回来了。我们华人那边的影响力是很强的，什么纳税啊，都是我们华人交得多，我们华人身体好，又团结，又不怕苦，就像一个绳，一人发动起我们就组织起工会。以前中国困难的时候，我们还在水泥厂，我们工会就组织买些水果一起聚一餐，我们都不图什么的，就是大家坐在一起聊聊天，不讲究物质的享受。在越南主要受到的是政治层面的影响。我们在那边掌握很大的财政力。我们和越南人的相处，和民众还可以的，民众对华侨是没有什么意见的，他们认为我们华人老实讲信任，和我们一起住的越南人，觉得我们挺亲的，因为我们不贪钱，但是越南人怎么讲，就有一个贪字。但是他们又不能骗到我们，因为我们华人还是比较精明的。当时越南的所有港口都被封锁了，我们中国空运物资过去，大米，果蔬，连一根牙刷都是我们空运过去的，后来他说是苏联的，那时我们还在那边，是在 20 世纪 70 年代初的时候，明明就写着中国大米，他们硬要说是苏联的。中国大米在越南没几个人不认识的，现在他们的庙堂写的还是中国的字，当时我们说是唐文，法国的时候，越南人也要学习我们的汉字，都是孔子的那一套教学方法，当时我们中国是经济比较好的国家，与越南有往来，做生意的越南人必须懂我们的中国字，还有一些医学方面的，不懂中文他们医不到病人。我们这些华侨看着情况，知道了就找路走，什么时候都想回我们自己的家的。

我和几个比较好的朋友商量后就动身回来了，其他什么都没带，就用布袋装了几套衣服和一些越南的证件，身份证、孩子的出生证，还有一些相片。相片就像日记，比日记还要好一些，有眼有鼻，记录的是在越南的很多事情，其他的收音机、沙发等东西一样都没带回来，我们锁好了门就走了，当时想过我们会有机会回去的，但是我们没想过回去的时候那些东西肯定都没有了，因为越南人说我们是罪人，会拿我们的东西去充公的。

我们回来的时候是没有人组织的，两三个家庭偷偷回来，一起回来的有一个现在已经去世了，我们日日夜夜赶着回中国，回来的时候还没有越南人赶我们，因为我们的越南话讲得好，人家不知道我们是华人，我们回来后大约一个礼拜后，就有很多人回来了。他们回来的时候就有很多越南民兵在后面追赶，抢他们的东西，我们回来的第一批还没有遇到这样的情况。海防港口到河内有104多公里，我们坐班车到了嘉林集中，从嘉林坐火车坐到中国，从嘉林到越南老街有240多公里，再从老街到云南河口，这套路线我们曾经参加过建设，很放心，当时我们选择回来路线的时候，我们还是有些担心的。

我们是在云南河口回来的，因为当时我们坐的那条铁路的火车路过那里。我们从海防出来路过越南的老街，再到云南河口，路过昆明，一路都是坐火车，但是我们选择这条路线，清明时节还没到，还没有水，河口是很多内河的交界地，大雨一来就水涨，清明节前水还没涨，我们可以过河，到了河口就有难民站了，那时我们算是很晚一批到河口的了，到那里已经有很多难民了，住得很拥挤。我们以为我们是回来的早的，但是人家回来得更早，在海防我们是回来得比较早的一批。农场的代表是谢春芳，她也是老华侨了，他去接我们。

我们回来的时候也不怕，回到中国的时候也是很高兴，农场派人去接我们，我们是第一批，农场很隆重的，中学生排队迎接，敲锣打鼓，9辆解放车去接我们，回来时吃5天，因为高兴啊。我们想都没想到，那时没有手机，有的话都记录下来。

我们回来的时候全家都回来了，那时候刚回到中国觉得高兴，虽然一家只有一张台、一盏煤油灯、一个锅，七八个人生活，是农场分配给我们的，在昆明的时候每人就发两包卫生纸。刚回来的时候就是住在这里了，生活方面一时不习惯，慢慢会好的，好像我们到越南一样。回到农场的时候我们也回到老家钦州，但是国家安排我们房子住，我在钦州那边也有田地，但是我不要了，留给我那边的兄弟。来到农场后就种茶叶，那时很辛苦的，大概过了半年，我们农场就想做饮食，各家各户开座谈，问我们会不会做糕点，我说我会做雪条，然后农场就叫我做雪条，那时是集体的，为集体做生意。那时候我做的雪条都是被人成筐地买的，一条不够吃，那时才4分钱一条，有花生、牛奶，白糖，有红豆，还有各种混合搭配原料做成的，很好吃，柳州的雪条都要来这里进货回去卖，我也是领工资。36块一个月。那些地菠萝雪条，先用地菠萝榨汁，再用牛奶搅拌做粉，再冷冻，很好吃的。我做雪条一共做了4年，公家做两年，然后再承包，我自己承包两年，后来和商店吵架，因为我要交任务，一年要交5000块，应该我买的糖的指标他不给我，以前买糖是要用糖票，后来我觉得他给的指标太高了做不来就不做了，然后又回来种茶地了，也没种几年，后来种果树，一直做到退休，退休后地集体又收回去了，1996年退休的。现在退休工资是1900多元，不到2000块。我做雪条的时候，防城来叫我们去做过，我去过一个月。之后还是回到农场种果树了。早上一打钟我们就吃早饭出去工作，中午一打钟就收工吃饭，不像现在这么舒服，以前三队养过猪，我们还担过猪粪和人粪进茶沟。

　　现在我们日子好了，有机会我还会回越南看看，因为我的朋友还在那里，我还有一批朋友，当时我回来的时候是偷偷地回来的，没有通知他们，因为怕人多，在路上会有麻烦，但是那帮朋友都没有回来。我在越南住了那么久，觉得越南就像家乡，现在有时候也会想起越南的生活，记得越南的农业是非常丰富的，他们的瓜果比我们中国的要甜、要香得多，刚吃完个芭蕉，走过来，都知道他刚吃了个芭蕉，很香的，我们煮越南的大米，隔壁家都能闻到香味。我们在越南的生活还好一些，但是我们不怕苦，我们刚到越南的时候也是很穷，我们相信慢慢会好的。

　　我们刚回来的时候，印度尼西亚归侨已经回来了近20年了，但是都比不上我们回来十年，那时的经济很落后，我们回来后农场才算真正开发。我们和印度尼西亚归侨的关系还可以，说好也不是很好，说坏也坏不到哪里去，就是他们有种歧视我们的感觉。在他们眼里我们比较穷，是乡下人，不爱清洁，而他们比较爱干净，他们说他们是中国用船接回来的，带有多少油、多少米，我们是自己偷偷跑回来的，什么都没有，我们越南归侨穷。我们越南归侨也说他们也不清洁，因为他们是用手吃饭的，刚开始的时候他们叫我们越南鬼，真的是气死我们啊。回国 5 年后，经过我们越南归侨的勤劳，搞种果树经济变得越来越好，印度尼西亚归侨在经济上比不上我们。在我眼里，我们觉得越南归侨聪明，但是对印度尼西亚归侨，我们不敢打价，因为接触得少。节日的时候我们越南归侨会坐在一起，我们习惯吃自己煮的菜，印度尼西亚人喜欢糕点什么的，我们刚回来的时候也习惯做一些越南的东西吃，比如春卷。我们在越南那边也是做我们中国菜吃，回来后也能习惯，印度尼西亚吃的是咖喱，不过他们现在也是吃中国菜。回来的时候他们都要跟我们做，因为我们勇敢，不怕苦，不怕脏，因为我们就一个想法，这些都是做给自己，为自己做的，我相信我们以后会好过他们，比留在越南那边的人生活得越来越好。

黄文珠　口述

口述者简介：黄文珠，男，出生于越南，祖籍广西宁明县。在越南时，在教会里面学习法语。曾在中华中学上学，上到高中毕业，为越南在轻工业部实习团，做中越翻译，1956年，之后跟着越南轻工业部实习团到湖南。在越南做翻译一直到1978年回国，做了22年。回来之后，先是到茶厂的技术科工作，之后成为一名老师。

时　　　间：2016年7月17日　8：30
地　　　点：柳州柳城华侨农场黄文珠家里
采 访 者：王贞荣　陆圆圆　郑玉荣　苏妙英
华侨属性：越南归侨
南 洋 物：无
整 理 人：王贞荣

一

　　我叫黄文珠，1934年出生于越南，今年82岁了。我爸爸妈妈是从广西宁明县出去的，我爸爸是宁明的，妈妈是南宁的。我们都是在那边出生的，所以我们也不知道父亲是何时为何出去的，我猜想父母他们出去也是做生意出去的，他们做小本买卖，是搬货到河内卖的。我夫人叫李玉华，1938年出生于越南。我夫人的外公他们都是"黑旗军"的，以前过去到越南都是带有一帮人跟在他们后面的，然后过去到越南，就做生意，最后就在越南被某个马帮骗钱，被害死了。我是出生在越南，我有一个姐姐，叫黄文米；三个妹妹，其中一个妹叫黄文妹，另一个妹叫黄文珍，还有一个是黄文英，我是排老二，五个兄弟姐妹。

　　我在教会学校里面学了法语，当时越南属于法国殖民地。在教会里面的神职人员教的我法语，不收我们的学费。我小时候先学的法语，1954年越南解放以后我才上中华中学的。我回来开始就教初三化学，后来才教地理。1979年的对越自卫反击战，我没有参加军队，也没有去当翻译。我在中华中学上学，上到高中毕业，之后就在中国工作，在中国做翻译，做中越翻译，为越南在轻工业部实习团做翻译。1956年，跟着越南轻工业部实习团到湖南，当时我们有很多人，实习团的人学做瓷器，我们到湖南长沙。这个团做翻译的人大概有七八个，但是分散呀，有些人在湖南，有些人都有到唐山去的，也是有的去学做瓷器，有的去学做卫生纸，有的去学做电池，什么都有。我曾来中国两年，到过长沙、唐山，也去武汉、北京等地旅游过，但是主要是在湖南长沙。那个时候，都是中国援助越南，就觉得国内发展都比越南河内好。1958年，回越南还是继续做翻译，跟专家。但是我们也不是直接分配，也是通过毕业了，然后就考试，考上了就可以参加工作。回到越南就在河内肥皂厂工作，跟着上海来的专家做指导工作，然后我就做翻译。我接触到中国上海来的专家，就觉得他们很谦虚，而且很专业。相对于中国来说，越南的工业是很落后的，都是向中国学习的。我们河内的肥皂厂、灯泡厂、橡胶厂等都是中国的技术员工程师来指导工作的。我就只在这个厂的轻工业部工作，越南的体制是社会主义体制，很多是学习中国的，包括现在也是。我在越南招待过来自上海、广东等地的专家，也从中学到很多东西，我们都很喜欢他们，包括越南工人。我们那里的工厂大多数是越南人。他们也都知道我是华人，但是当时我们关系很好。我一直做到回国，直到1978年，做了22年。在与中国专家接触过程中，也有过想法想要回国，总觉得还是自己祖国好，特别是想到为下一代的读书呀、就业呀、生活呀，都是比较好。但是当时申请回国不容易，因为中国说我们请人到越南去，你们华人还回来？应该留在那里帮助他们。越南人以前也觉得在越南可以帮助他们，之后就开始有些排华了。

我是在去中国工作之前结婚的，我和我夫人是自由恋爱，以前是同一所学校的，毕业后就恋爱结婚，那时候还没有生孩子。我夫人初中毕业后就去河内医院中专学习防疫，既学又实习，相当于进修。出来之后就是在卫生院工作了。她还有毕业证书，但是后来搬家都不见了。我们在越南的房子不是分配得到的，都是我们自己买到的，是妈妈以前买的然后留下来的。我们育有大女儿黄淑琳、大儿子黄鉴、二儿子黄振、小儿子黄强。我们的孩子黄振在福建人办的华侨学校上学，每次准备放学都先跑了，因为回家经过的很多越南的学校和街道，河内还是挺大的，越南的学生都用石头砸他，所以他很害怕都会提前跑回家，他们是知道黄振是华人才打他。黄振回家就跟我们说，所以我们也就有过想法要回国。

二

那时是 1975 年，也还没有什么排华，1978 年我们就回来。我们住的房子，也经常有街道里的越南人来骂我们，说"你们来占我们越南的土地房子，赶你们回去"，还有向我们泼水什么的，态度很恶劣，但是以前在工厂里的越南人并没有这样，而且关系还不错，现在街道这边的越南人就很坏了。工厂里的人比较好，里面有共青团组织呀，他们也要我加入他们的组织，但是我没有加入。那时候到中国工作之前他们就说给预备党员，但是我一直没有加入。虽然是这种情况，我们还是没有申请回国，也是直到 1978 年才要回国。当时还是我的小孩先回来。他们在学校读书，很害怕的。黄淑琳才 14 岁，带着黄鉴回来，他们那时都还很小。她跟她同学和我表哥在 1978 年 2 月先回去，自己买火车票到友谊关这边，然后就从凭祥走路回来。但是越南那边也没有人阻拦他们。到了 5 月，到我们带着两个小儿子回来，那时还搬着电视机等家具回来。黄淑琳他们回来时是作为越南难民受到中国的接待的，住在招待所里等到我们回来。中国是很人性化的，给吃给住，说等到父母亲回来。到我们回来就带了贵重的东西，房子就扔在那边了。我们到凭祥难民招待所就找到了黄淑琳他们。之后就被安排到农场。有些被安排到广东、福建。我们就服从分配，到哪里就到哪里。之前分配到武鸣那边，但是在柳州我夫人有亲戚，就申请问能不能到柳州来。到柳州之后就住在大礼堂一两个月，才分到自己房子。我们回来，国内和河内的环境是很不一样的，我们在河内的房子是平房，但是很大的，大概有 300 多平方米，住在越南是大房子，但是我们住的是左邻右舍都有越南人，没有专门的华人区（父母留下来的房子就这样，自己住得就住，住不得就租给别人，租给别人的话房子就没了，肯定被越南人占了）。和越南人很难相处，什么水费电费煮菜做饭等生活都要和越南人接触，关系不好的越南人就天天骂你，不过也有个别关系好些的越南人。

我回来之后并不是直接当老师，而是先到茶厂的技术科工作，我原来在越南是在化工厂当翻译，可现在这些都不是我原本的专业，做起来很吃力。后来欧厂长来到我家，他也是我的老乡，武鸣人，就叫我去当老师。我夫人回来就直接到卫生院工作了，因为她回来有证书的，可现在证书存在场部了，存入档案了。1978年、1979年的外逃风很严重，我们也受到很大影响的，我的姐姐妹妹等亲戚都走了。我们也曾尝试过一次外逃，可是没有成功。说起来还是有段故事，那时我们逃到广东江门平沙，那时候我们一家人和很多人一起逃出去的，学校的课也上不了，感觉像第二次逃难一样。我妹妹写信来说，她的船在广东那边，要逃去的话就现在去，不然的话到时候就找不到她了。她从越南坐船来到广东的。我还有兄弟姐妹在越南，我母亲那时候还没有去世，父亲已经去世了，母亲就和妹妹在越南。外逃那时候，当时都不懂，也没有目标说要去哪儿，就是想去找我们的孩子们。因为是黄淑琳和黄鉴先去的，他们在香港那边住了一年才回来。他们先走的，后来我们才走的。之前很多人都逃的，每天都有人逃。我们走的时候就带了一些重要的东西，家里其他的就让亲戚帮看着。我们搭火车到柳州，然后就再转车，下火车就找不到妹妹他们，还被别人骗了。就是有一些工头，别人说要你给多少钱几时去接你走，要我们在那边等着，他们拿了我们给的钱却不来接我们走，我们就在那里这样等着。那时候我们什么也不怕，就像蚂蚁一样，边防也不管我们，也放心我们走。还好当地的老百姓很热心，跟边防的人说，就能住在当地的居民家里，住了一个多月，都没有等到船。我们被很多蚊子咬，又没有钱了，就知道被人家骗了。后来想想还是回去算了，家那边还有房子，至少还有住的地方，就这样我们就又回来了。黄淑琳他们后来又被送了回来，因为香港那边只接收越南难民，不接收大陆来的人，所以他们就被送回来了。我们经历过外逃风以后，就没有再出去了。回来以后就还继续回场部上班，要学习一个月，农场的人安慰我们要好好安定下来，现在好好读书好好工作，别再出去了。那时候我们也没钱了，也不想着出去了。不过有些人还跑了三次，我妹妹就挺好命的，直接从越南过去，一次就成功了。我大姐姐现在是在澳大利亚，不过她是移民过去的，他的儿子是在难民潮那时候跑到了澳大利亚。还有一个姐姐是从河内出去的，现在是到加拿大，还有一个姐姐在美国，现在还有一个妹妹在越南。我那个妹妹留在越南照看母亲，那时候母亲走不了，所以回不来。妹妹他们住的是在乡下的地方，所以接触的都是少数民族，并没有受到越南人怎样。那么久过去了，回到农场几十年下来，现在也习惯了，也没有说再想出去了。不过姐姐曾经申请要我们过去到加拿大，他们曾经到加拿大使馆那边"借鉴"两次，但是都没有成功，好像打分不够，凭着"关系亲疏"

来打分，要是直属关系就可以了，还花了不少钱去请律师也没有办法。当时申请我们是六个人，全部人去的话，花钱去买也要花不少钱，所以最后就放弃了。

在 20 世纪 90 年代之前和姐姐妹妹们都没怎么联系，大家都各自走散了，写信的话也是写不到的，大概是 90 年代以后才开始有些联系。我那越南的妹妹回来过几次，但是他们在那边生活也还可以，也就没有想法说要回国。1993 年我第一次回越南，之后也回去过几次。发现那边并没有发生什么大的变化，我们在那边的房子还在，而且是在河内的闹市区，靠近大使馆的，不过现在越南政府租出去，收租金。近些年我们都没有再回去了。我的孩子黄振、黄强也曾经回去看过。黄鉴现在和老婆、舅舅在越南那边开店，刚开始他之前在北海做生意的，到后来就直接去越南做生意了。我们也曾经想要黄鉴去把房子拿回来，因为我们还有房契，但是越南政府和中国大使馆也都没有办法处理这件事。我都还写信到国务院侨联的，但是都没有办法。之前我们提出，要把房子留给妹妹，可是也不行。越南政府说，要是我们回去越南的话，他们就会还房子给我们，不过我们都老了，也没有精力说要回去了。要是我们回去，然后把房子卖掉的话，其实没人敢买的。因为说是华侨的房子，可能不被承认，买了没有保障的，所以也没有人敢买。我们跟法国人买的房子，当时是没有说是有多少年的产权，可以说是永久的。但是法国殖民者离开以后，越南独立了，这房子的房契还生效不，还被承认吗，这是个问题。

官世茂 口述

口述者简介: 官世茂,出生于越南广宁,祖籍为福建漳州,是家族中的第五代越南华侨,在越南世代为农,1978 年因越南排华而回国,被安置在石龙的五先农场,1979 年调到柳城华侨农场。回国前对农场并不了解,如果没有排华,他没想过回祖国,但回国后积极投身到农场建设中去,曾任生产队队长,在平凡的岗位中建设自己的新家园。不受"外逃风"的影响,对农场不离不弃。面对现实,在政策的支持下,其一儿一女至今已移居国外。

时　　间: 2016 年 7 月 16 日
地　　点: 柳城华侨农场第二作业区十分厂官世茂家中
采 访 者: 邓　燕　邓欣婷　陆圆圆　苏妙英　郑玉荣　王贞荣
华侨属性: 越南归侨
南 洋 物: 无
整 理 人: 邓　燕

一

　　我是 1951 年出生在越南广宁,是家族中在越南生活的第五代了,我们 1978 年 4 月因为越南排华而回国。据我们家的族谱上记载,我们的祖籍是在福建漳州,因为各种原因迁到广东后又到越南,族谱上只记载我们一家的事情,是我爷爷传给我爸,我爸又传给我的。父母回来这里也不想回祖籍福建,只是懂得祖先从哪里来,但是没去过,现在自己也不想去,我们也不去越南了。曾祖父在越南的时候去世的,我爷爷是回到农场后,1980 年过世,我爸是 2003 年去世的。爸爸是在越南广宁种田,父亲只有我一个儿子,我有一个阿姐,现在在广东,有四个妹妹跟我一样在农场，我们几个都是在广宁出生的。

我17岁就结婚了。当时和现在不一样，过了20岁，人家就不要了，很难娶得到老婆了。我老婆叫黄润妹，也叫水妹，也是种田的，她的老家不知道是哪里的。她是另一个村的，我们是7村，他们是8村，我们是通过人家做媒介绍认识。那时候农村人不懂什么是谈恋爱，觉得过得就结婚了。我结了婚后才回来，妹妹们是回来两三年才结婚，嫁的是越南归侨。那时候我们口笨，因为不是在这里读的书，认识的人也不多，认识其他的人很难的。回来的时候我最小的孩子官泽萍才三个月，我有二男三女，大儿子官泽强、女儿官泽英、官泽兰、官泽萍和小儿子官泽明是回到这里后出生的。现在官泽强、官泽英在美国，官泽兰、官泽明、官泽萍都在广东，都已经结婚成家了。

只有官泽强在越南读过书，读过一二年级，其他的都还很小，官泽英那时还没到读书的年纪才6岁，就要去帮看牛了，牛是我自己买的。小孩也能算工分，大人一天算十个工分，小孩一天算一个或半个工分，工分越多，米粮越多，没有工分就没有米粮吃，小孩也不能做什么，也要跟在大人后面做点事，抢工分。除了官泽强，其他孩都是回来后才读书。回来之后，官泽强继续读书，读到了高中，后去读会计，读不下去了就去广东打工，打了三年工。官泽英读到初中，后来又去南宁读幼师。官泽兰读到高中，之后广东打工。官泽明也是初中毕业后就去广东打工。官泽萍读到初三，之后也去广东打工。他们都是官泽强带出去的，带他弟弟妹妹出去之后，官泽强自己又回农场帮我做工。

二

我们是1978年4月28日回来，如果越南不排华，如果没有人回来的话，我们是不想回来的，毕竟我们在那边生活了那么久，已经习惯了那里的生活。但是这个排华弄得这个村里的人心乱，个个都乱哄哄的，不敢不走。当时我们也不知道中国的情况，但是那时候村里的人双日双日就有人走，一家两家一起，而且每隔两天就有越南兵进村来抢东西。我们偷偷回来的，白天不敢走，都是晚上12点走，我们这些人也没有人组织，没有一个带领的头儿，但是大家商量，比如大家商量说我们今晚走，你看你们是怎么样了，或是再怎么走，走哪条路线。然后就三五成群地走公路回来。那时候交通没有现在的好，都是靠双脚走的。我们也不懂来到这里有没有东西，就带一些粮食、衣服这些东西。我爸推着单车，驮点东西。我也推着一部单车，驮东西，单车是中国制造的，又背着官泽明，我老婆挑着担，背着最小的女儿。因为背小孩，又拿东西，肩膀用手压下去都没有感觉了，过了两三天就像被打伤一样，惨哦。我们村到东兴是 36 公里，我们是 4 月 25 日凌晨，走 36 公里，25 日中午 12 点到了东兴，中途很累，但我们不敢休息，我们怕，没到中国之前心都是慌的。

除了一些生活必需的东西外，其他的都丢完了，没回来之前我们每天都出街看，靠里面（离边境较远）的华人都走了，我们靠近东兴的就有些打算了。我们养的鸡鸭就卖给别人，但是越南人很坏的，不给价钱，价钱低得很，但是多少钱都得卖，能卖多少钱就卖多少钱了，或者我们自己杀来吃。我在越南的房子是自己起的，很大，有 5 间房，上面有一层楼，煮饭的厨房有时另起，养鸡养牛的又是另起，搬不回来的只能丢了，那时也顾不得那么多。村里也没有哪家因为那里有房不跑的，都是走的走、跑的跑的。后来听讲，我们走后不久，就有越南政府派越南人去住我们的房子。

排华那时候越南的老百姓对我们也没有什么，走的时候越南人也对我们没有什么。有个和我们蛮好的越南人，（职位）有一杠三星的，他跟我们讲我爸我妈老了不用回中国了，叫我爸妈跟他住，但是我爸妈说我们这些儿女都回来了，也不在那边了，和孩子在一起好。那个越南人，他送我们过了一个关，他怕我们的东西被抢。

回来的时候还是很心烦，因为不知道回到这里会不会好，看见别人走我们也走，但是来到这里之后，到了东兴之后就懂了，知道有人来接我们，又安排得好好的，我们就放心了。上岸到难民站之后我们要检查身体，填表，然后被分配到各个农场，就安心地等待农场的人去接。当时分配的时候也没有征求我们的意愿，只是因为是华侨性质，就安排在华侨农场，中国的几个省有华侨农场，他会问是到哪个省城，就安排在哪个省城的农场。在来农场之前我们对农场一无所知，农场的领导到了那里，我们登记后就跟着他们来了，当时我们领导安排我们在石龙的五先农场，直到 1979 年被安排到了柳城华侨农场。

我在越南的南方还有亲戚，我老婆的外家就在南方。我老婆 3 岁的时候，她爸妈就去了南方。南方的华侨不跑，是因为那里的华侨人多，那里 90% 是华人。后来我们回到中国后还有联系的，互相通过信，她的两个弟弟也来过这里看我们。但是我们没去过越南，一是我们年纪也大了，二是没有人带我们，语言也不通。以前我们是在农村，加上我们之前住的地方是华人多的地方，很少人讲越南话的，出街买什么的都是讲白话的。加上我们上学的学校叫中华学校，都是说中国话，如果是在镇上县上的学校有学越南文，农村的不学，在市里面的人都会讲越南话，农村的就不一定会。

1994年我们去越南做清明，回去扫墓，挨那边的人欺负，回到那个村庄，变化完了，现在都是越南人了。回到以前我们住的地方，我们的房子那么大，现在都被拆完，分成一间间小小的。我们华人到越南就像一个过客一样，不会有房产证什么的，所以我们回去之后，也就只能看看自己以前住过的地方了。

回想刚回来的时候，这里的农村人都叫我们越南佬，后来我们跟他们讲，我们不是越南佬，是真正的华侨，然后他们就慢慢地不叫了。越南归侨多数都说这里好，刚回来的时候，一些老人一下子就不能适应这里的生活了，不习惯，我们是农村的也没什么不适应，我们做惯工，一些城市来的就不习惯了。

我在越南读过一点点书，上的是中华学校，我读到了初一，就回来帮家里赚工分了，我爸也尽量让我们读书，但是我们也不愿意读。那时我们农村读书迟，十一二岁才开始上学，我读到了17岁。我读书出来之后就在合作社里面工作，种田、放肥料、插田，还是从事农业工作，只是我是做管理的，就是看人家干活的。后来调我去砖厂做负责，砖厂好大，有100多名工人，多是华侨，也有越南人，但是越南人不跟我们住，他们做的工作也不一样，我只管理华侨。

1978年回到五先农场，我们就集体去种果树，那是个果园。1979年调到这里来之后就专门种茶，1979年一起调过来的大概有400人，也是集体种茶。原来在越南的时候我们是农民，就专门种田，从种田到种茶，感觉种茶那么辛苦，虽然我们什么都不懂，但是农场这边有专门的人做技术指导，场里有技术部门，专门为茶农解决各种难题，场里还分配物资、农药什么的，比起在越南种田的时候好多了。这里的茶量很高的，这里的茶也是我们这帮人来这之后才开始种的，这里有个水库，气候宜人。来到这里之后我老婆也是种茶的，我做个小小的管理人员，副主任。刚开始还没做管理员的时候我们夫妻养猪，也是集体的，之后又种了两三年茶，后来书记刘勇环就提我出去当副主任，一直到2000年精简管理队伍，我们就退下了，不是管理人了。农场给了我们一点地，我自己也开荒有一点地种自己的果，我现在不做了，给我妹妹做。

外逃风的时候我们一家都没跑，我大儿子官泽强现在在美国，也不是那时候逃出去的，外逃风的时候他也还小。那时候，我们也没有想法，有钱人才会逃去香港，没有钱能逃到哪里去？我自己有五个子女，加上爸妈，一家都是要吃饭的，还有两个妹妹，回来的时候是 27 块工资，加上 3.5 元的补贴，30 块钱的工资，能去哪里？人家是在越南时做生意，来到这里变卖一些东西，有钱的才逃。好多人到大海也会死的呀，我胆子最小，我怕死的呀，我们这里有两家，在海上遇到到风暴，喂大鱼了。有人在珠海被抓回来，也有人在澳门住了几个月还被抓回来。我大儿子是 5 年后才去的，他是异国结婚，他老婆担保他出去的，他老婆是越南归侨，在武鸣出去的，他老婆在美国工作，后来经过他朋友介绍，认识了官泽强。他老婆知道管泽强在南宁的纤维厂工作，就介绍担保他出去了。官泽英原来是在农场当幼师的，她的老公的哥哥是很久之前就出去了，官泽英是两年前在农场结的婚，婚后他的哥哥就担保他们出去。所以官泽强和官泽英都是通过正常手续出去的。他们到了美国也是打工，在那边他们也说我们农场好，那边的生活也不错，毕竟他们在这边长大，但是家在那边，出去了也回来，官泽强两年前就回来了，经常打电话回家。

现在讲老实话，相比外逃风出去的，我们留在农场还是好的，就是现在在农场搞不好，以前我们还在做领导的时候，农场还是好的，每天那个茶叶，上万斤的茶叶送出去。

2000 年我们退下来后，这边的农场都没人管，很多茶地都荒凉了，很多被农村人占了，现在都十多年了，搞不起来了，那时就应该给职工分一点，一两亩都好啊，再让职工交租就好了。我还记得我上去灵山，去进一些苗圃回来，在那里住了一两个月，用了两辆车运回来，种了 73 亩，都不懂现在还有没有 60 亩。现在职工也不管，两三家临时工哪里管得过来，现在茶叶也不得钱，不是只有我们的农场，全部的农场都是这个样的。但是现在我们的生活好了，有车有房，家家户户开小车的，有钱买车没地方放车，生活水平好了。我现在想买车也不买了，想开都不得，子女都出去了，我自己也在场部那里买了一套房，13 万元，125 平方米，还没装修，所以没去住。现在老了，楼层买的高了，难爬楼梯。2006 年我在广东沙头那边也买了房子，33 万元，装修后差不多 40 多万，116 平方米，那时候我们的孩子都没出去。我去年去儿子那里住了半个月，那里热死人，开空调开风扇都不得，加上城市的生活不习惯，人跟人之间都不认识，不像这里我们出门跟人家聊天，去到哪儿都是认识的人。

郭树德　口述

口述者简介：郭树德，男，祖籍是福建同安，出生于越南河内，1965年回国。其父母漂洋过海，无意中到越南落脚定居，在越南从事教育工作。出生在教师世家的他，回国后被安置在留守华侨农场，从事着教育的工作，其间还担任了茶厂书记、工会书记等。作为教师的他，面对狂热的"外逃风"，他理性对待。对他而言，在越南出生的他，不会忘记越南的点滴，但在祖国生活了四十多年的他，祖国更是他的生命所在。

时　　间：2016年7月16日　13点
地　　点：柳城华侨农场总部
采 访 者：邓　燕　邓欣婷　陆圆圆　苏妙英　郑玉荣　王贞荣
华侨属性：越南归侨
南 洋 物：出生证、身份证等
整 理 人：邓　燕

一

　　我父亲郭子鹤，1907年出生，1990年去世，享年83岁。母亲陈文华，1910年出生，1989年去世，享年79岁。我的祖籍在福建同安，我爸是1937年的时候从福建到越南的。那时候中国打仗了，家乡很乱，很多人被赶到南洋。我父母本想去新加坡，但是因为气候变化，海上风浪大，下不去新加坡就靠岸，可能是这种原因就在越南靠岸的。我们族谱上写的是我爸爸去南洋。原来越南河内的郊区有个地方叫山西，就是在那里上岸落脚，最后再去河内。妈妈也是福建人，是福建集美人，父母他们是在家乡认识的。我爸爸在复旦大学读过书，我妈是厦门的幼师。我妈的家族姓陈，当时在厦门姓陈的读书是不用钱的，他们去越南的时候应该是已经毕业了，应该已经结婚了，但是还没有孩子，到越南才生了我大哥。我爸妈在越南生了 9 个孩子，但是活下来了的就 7 个。我第四，上面有两个哥一个姐，下面有三个妹。我爸妈出去之后，我们与中国还是有联系的，因为我们在这边还有叔叔什么的，他们都在福建，到了中华人民共和国成立后我父母才回福建探亲。1978 年我爸妈才真正回国。我爸妈在越南的时候也是老师。我出世之后，我妈在中华小学做老师，我爸刚开始是教中学，后来就教高中。

1975 年越南统一了之后，我姐夫和我姐去北方了。因为我姐夫是柬埔寨华人，曾在越南西贡，后来就去南方了，他是在抗美的是时候去的越南。现在越南那边还承认他们是抗法抗美的军人。他们后来到柬埔寨去了，他们现在发达了，生意做成功了。我没有回过越南，开始时到边界走走。我在越南还有个姐姐。姐姐下去教书，姐夫做针灸，1978 年排华的时候，他们的户口写的是华族，他们的身份证等都称呼华族。这也没有什么，既然他们是越南那边的居民，做生意做什么，华族就比较方便一点。现在西贡，就我知道的情况，大概有 50 万人还是华侨。当时住的整条街都是华人的。西贡华人做学校、商店的还是有很多的，不过现在都越南化了，因为很多跟越南人通婚了。我们在那边的华人很少有人跟越南人通婚的，我有些同学是娶了越南人或嫁给了越南人的，其实也很正常，我还有几个同学说要找鬼妹做媳妇，鬼妹比较乖啊。

我姐 1976 年结婚，我姐是在越南统一以后，很多人想到越南南方，因为那里繁华。加上我姐夫就是柬埔寨的，他们就决定往南方走。现在还有联系，上个礼拜还有联系。我姐也想回老家，老家回过三次，本来也想回金边。我们在越南那边的房子，政府已经收回去了。那时越南只是租给我们住，当时政府就是让我们管，只要我们交租。后来政府分得很清楚，那个房子是谁谁的，是属于私有的，当时是我叔叔管。我们一走，越南就派人进去住了。我之前回过那边，我看见我们的房子都被人住了，因为他们说是政府给他们住的。我看到我们楼下原来住的也是福建人，生了一大堆孩子，孩子也都出去了。我们回去，那位福建人还带我们回去看我们的家，但是现在都变化了。老家（越南）回过三次。哥哥在桂林去世了，大姐现在还在越南，二哥在伦敦去世了。

我们所有的兄弟姐妹都在越南的中华学校读过书，我一直读到高中。1978 年中国对越自卫反击战后，中华学校就没有了。读书期间开展的活动印象比较深刻的，就是学校组织的少先队员和共青团的活动。当时中越关系好的时候，没有什么大的矛盾，中越领袖常往来。中国的国家领导人去越南的时候，我见过领袖，因为我爸妈都是教师，有些活动都是教师的子女去参加，或者教师子女优先。中国杂技团去越南，我们得上去献花，第二个印象比较深的就是我六年级时，大概 10 岁的时候，周恩来总理去越南，我们学校就是我一个人代表少年队见周恩来、胡志明、陈毅这些领袖，当时我上去唱歌，唱中国歌、越南歌，带领少年儿童唱歌，我还记得我拿中国糖回来给同学们吃。周总理去越南首先去的就是我们中华学校，那时我哥也在那里读书。第二次周总理去的时候，我哥都还可以跟周总理谈话，因为当时华侨青年是比较出名的，基本上是华侨青年见国家领袖。

我在越南的时候没真正工作过，平时做一些附带的工作，做勤工俭学，赚点学费，那时候刚好是越南建设的时候。我们家的生活都是靠父母做老师的工资维持，他们工资不高，生活也是很困难。我们也是靠亲戚朋友支持，我们出去做些附带的工作，算是去做工赚学费。家庭的经济情况不好，不去做也不行，所以我什么都去做。从 10 岁就开始做手工，开始做汽水，后来学校组织去搞建设。在河内大学开始建的时候，我们就去江边洗洗鹅卵石，然后转交给机械学校，当时的收入还可以。1965 年底，高中毕业后，我带我弟弟妹妹和叔伯还有两三个人回来，我爸妈都很放心我们回来。当时我们所知道的内部的消息，越南开始对华人排斥，所以就打算回来读书。因为我哥哥他是 1957 年回来的，办了护照回来的，之后又有大量的华侨青年回来。我哥回到了福建，在福建读书，之后他考上了南京机械制造学校，1964 年毕业之后到北京的科学院工作。

二

我们从东兴这边回来，我们从河内坐火车到海防，再坐船到芒街，从芒街走路到东兴。在东兴的时候是没人接的，因为我们还是小孩子，别人也不会注意，没有什么危险的。但是家人交代我们怎么走，然后我们就坐车到南宁。我嫂子和我姐在南宁，到南宁后我嫂子就接待我们。我们是越境回国，我把我从河内读书的证件都带回来了，包括我的越南出生证、身份证、毕业证，因为有什么事情的话还有个证明，这些东西我都还留着。我们在南宁没多久，就去北京找我哥了。到了北京就在我哥那里住了，后来我哥找中侨委了解情况，中侨委的人说如果我不愿意回越南，就分配我到南宁这边，当时想回福建，但是被劝到南宁，侨委的人说南宁因为靠近越南，方便回越南，侨委的人还帮我买好了车票，送我上车。只是那时候的我是决心不回越南的，因为中国稳定，没有战争。在北京的时候也有想过要读书，但碍于侨联的安排，我们也只能听从安排。

我这个人很能想得开的，我们在越南也经历了很多，在越南融入不够。因为我们是华侨，但是我们也有联合会，并且联合会专门给我们放影片，宣传中国。我们离中国很近，走一步都到了，我们觉得中国很好。但是后来越南政府就有个计划，将华侨同化，就是将华人变成越南人，成为一个华族，当时我的几个同学家参加了。因为越南有54个民族，我们中国比他多两个，但是他有一个是华族，但是我们都没有加入。

我们回来后也一直和父母保持联系，我爸妈是1978年回来的。我父母回来是因为大家都在广西，都没回福建。他们是拿护照坐国际列车回来的，他们是在难民走了之后回来的，但是他们不是难民。中国在越南的领事馆专门给他们办了护照，给他们写介绍信。因为我爸妈帮领事馆做了很多事情，领事馆对我爸也比较照顾。我父母回来之后跟我哥一起去到了桂林，我爸妈也在桂林的领事馆做理事，有国家养，每个月给生活费、医疗费、丧葬费什么都有，不需要像那时的归侨那样需要申请。我爸妈每个月去邮政领取生活费就可以了，而且我父母在越南的时候已经退休了，当时也帮大使馆工作，也按工龄算。

我18岁时回来，那时候我高中毕业，就刚好够上山下乡。我回来后"文革"还没开始。广西侨联的人就送我和我妹妹到这里来上山下乡，然后就介绍柳城这个地方，是广西比较好的，他们还鼓励我来柳城之后努力一点以后就可以进城市了，我说太长久了。可以说我一辈子都在农场了。

刚到农场时我就在三队做工，我在青年队真正做过劳动的有两年，刚开始什么都做，种田种茶，杀虫、放牛、收杆什么都做，哪怕我是出生在教师世家，但是我还习惯做这些活，开始比较累。当时我们还想读书，但是没有办法，我两个妹妹还在读书。我小妹妹在妈妈肚子里时，我已经高中毕业了，比上不足比下有余了，可以了。

我1969年开始做老师，那时我在刚建的茶厂守茶厂，然后领导来跟我说不用守了，去学校教书。刚开始教初中语文，1973年才有高中，就教高中，后来数学我也教过一年，在初中教书，最后我还是教物理。我读书的时候最好的是物理，那时候也有很多人来找我做其他事，但是原来的吴校长跟我说什么都不理，还是安心教书了，所以就教书了。后来去桂林广西师范大学学习物理一年。在国务院侨办的组织下，又在广州华侨补习学校脱产进修了一年，那时专门请大学老师来上课，让我们一年之内把大专的课程全部学习完，要不然回来教不了高中。我是觉得有机会我就去学习。

1982 年的时候学校派我出去学习。1989 年我在学校当副校长，当了 3 年，教了初一 3 个班、高中 1 个班，个别学生考上了大学。当副校长时，我们就管理老师，因为老师管学生，后来我管后勤、教学仪器。1992 年到工会当副主席，在工会做了 5 年。我对教学改革，听从教育局的安排，教改首先从课本上改，再到老师方面改，最后才到学生身上改。老师要做到以身作则，比如要求学生要 2 点半来到学校上课，当然老师也必须在 2 点半之前到学校。

妻子是印度尼西亚归侨，那时候我们回来之后基本没几个是越南归侨，到工会做了副主席，做了 3 年，工会面向全体人，工会是不分归侨这些的。工会的工作没有指向性，侨联就专门做侨工作的，作为工会里所谓的领导，要自觉做好自己的工作，后来也在侨联做了 4 年。有事情我们就向上面的领导反映，我们要听从农场的安排。以前也有一些归侨闹过一两年，因为土地承包、水果收购等价格方面有些问题，比如价格不统一。我也下队解决了很多事情，比如房前房后的土地、修路、修厨房，或者是占地，这些都是我本职的工作。发现问题，遇到问题，就要将问题摆出来，是政策上认识不同，还是什么问题，然后就向他们解释。还有一些是家常小事，我们也经常要和职工进行沟通。有时候职工打架，我也要去派出所做公证员。

后来我在茶厂当书记，书记主要是抓思想，不用抓生产，我做了 5 年。第一年是到车间去熟悉，起码让自己看得清楚。2000—2005 年在茶厂，每年茶厂交易都有 100 万元，茶叶还有 3500 亩。每天都想办法摘茶，工人有 180 多个，茶叶基本是内销，内销到横县，就是茉莉花茶。2005 年底的时候内退，那时候想有 500 块够吃饭就够了，就内退了，本来是 2008 年才正式退休。那时候体制改革，讲究年轻化。2006 年又到了柳州民族中专教越文，第一、第二年 2 个班，第三年 3 个班。教他们读听写，一个人上课。一个星期 20 节课，他们的专业是商务旅游专业的，越语是第二外语。我还做一些零散的工作，朋友介绍我做些翻译，就是做商务，跟老板沟通。我翻译了两本书，已出版了，2010 年越南青年来柳州联欢出了一本画册，还有同年的《胡志明故居》，在柳州中越出版社出版，我把里面的图片文字翻译成越文出版。

　　"文革"的事情，不想讲了，对我们来讲是个经历，也是个学习的经历，但是全国都这样，是我们中国学习的一个经验。当时我们对中国不熟悉，很多东西我们都不好表态，场部里也有少数人怀疑我们回国的目的，怀疑我们通外面的东西，因为当时我有些同学写信给我，用越文写的，他们看我的信，他们看不懂，我说要么你拿这封信给人家看，如果怀疑我的话。

　　我父母在越南时帮领事馆做事，越南对我父母怀恨在心。我姐姐被越南通缉，因为也是帮领事馆做事。当时我们华人住在一起，我父母比较通情达理，华人比较喜欢到我们家里玩，就好像把我家当成自己家一样，而且我爸妈的政治资源也比较多，我也看过这份通缉令，但是我姐回到了凭祥，人走了他们通缉也没用了。所以我爸回到中国以后就不再想回越南，我爸跟我们说可以去香港，可以回家乡，可以去其他地方玩，但是越南千万不要去。

　　外逃风时，我作为老师，也有人跟我们交流过，但是我们就对比了下。我们孩子还很小，去冒这个险，我们就思考值不值。我跟我父母商量以后，要是父母同意我就跟父母走了，而且我们的经济条件也不够，基本上家庭也比较困难。我们对外逃风比较冷淡，我也有些亲戚朋友外逃出去了。说实话，再好的朋友也不会告诉你，要么就一起走，要么就不告诉你他不走，因为他怕告诉了你，你告诉了领导，所以就是暗示自己想走。什么时候走，其实要走我也可以走，因为我外家这边动了这个心，这个心是互相传染的，有这个想法就会去做，去找钱，去卖东西，但是当时我的孩子还很小。

　　我们对越南还是有感情的，对中国我也有感情，毕竟我们在中国生活了这么多年，特别是这个农场，因为我在这个农场做了很多，经历了很多，有很多回忆、很多同事和朋友，这是自然的情感，我也会受到环境的影响。

　　回到中国50年了，国家发展了，从回来时那么辛苦，经历了"文革"、改革开放，到现在国家强大了，我们人民生活稳定了。农场里的新一代也靠他们种果树，农场变化了，也是靠自己的辛勤劳动。华侨从第一代到现在一代一代，越来越安定了。华侨有了安定的生活环境，农场留给了年轻人继续发展，华侨农场的牌还是要挂。希望国家更加关心，关心老一辈，关心一代一代的发展。如果有机会让我回越南定居，我是不会回的，除非迫不得已，因为在那边我们没有什么经济来源。越南现在都变了很多，讲老实话，现在我们中国稳定，现在越南对我们中国还是有意见。有一次过海关的时候，越南人觉得我是中国人，怎么都不给我们办理过关，后来我用越南话跟他们讲，他们立马给我们办好。

他们对我们还是有意见的，我就用越南话跟他们说帮我办理签证，才能顺利过关。有些海关还要行贿才得，我觉得我去越南一点都不害怕。我的孩子也去过越南，但是他们就是觉得好玩。

邝翠英　口述

　　口述者简介：邝翠英，女，在印度尼西亚出生，第三代华侨。爷爷奶奶结婚后"卖猪仔"去了印度尼西亚，后来又接爸爸出去。爸爸叫邝柏光，妈妈叫余美莲。祖籍在广东台山，在印度尼西亚时居住在印度尼西亚泗水市。共有十个兄弟姐妹，排名第七。1960年母亲带着兄弟姐妹一起，乘坐芝利华号回国，而父亲在新加坡谋生，虽远隔万里，但保持联系。母亲、哥哥陆续到香港定居，自己也曾多次申请到香港定居，未果。现在生活得很好，子孙满堂。

　　时　　　间：2016 年 7 月 16 日
　　地　　　点：百色华侨农场柳侨花苑
　　采 访 者：邓欣婷　邓　燕　郑玉荣
　　华侨属性：印度尼西亚归侨
　　南 洋 物：无
　　整 理 人：邓欣婷

一

　　我是 1947 年出生的。我爸爸是 1907 年出生的，在 80 多岁时去世了。我妈妈 1911 年出生，去年去世，活了 104 岁。最先去那边的是我爷爷，为了谋生"卖猪仔"过去的。"卖猪仔"就是接你过去，然后帮他干活，到了一定的时间才放出来让你自己谋生。我爷爷结婚之后到那边，后来又来接我爸爸他们过去。我的祖籍在广东台山，我妈妈是广东新会的，讲土白话。我爸爸叫邝柏光，妈妈叫余美莲。我爸爸是在中国出生的，去那边的时候已经结婚了，我妈妈 15 岁就嫁给他了。爸爸结婚后先到印度尼西亚，后面再接我妈妈出去，去了新加坡。

我爸爸去印度尼西亚时 20 多岁，我妈妈 18 岁，他们去了新加坡谋生，当时还没有生小孩，因为新加坡有我妈妈的姐妹，住了几年。1937 年日本人进印度尼西亚的时候他们已经在印度尼西亚了。我们在印度尼西亚是住在泗水市。我爸爸在那边开了一家钟表修理店。先到加里曼丹，后来才搬到泗水，搬到泗水的时候我 8 岁左右。在加里曼丹的时候爷爷就做钟表修理了，到了泗水又重新开了一家，爷爷过世后爸爸就接手。我们还做点小买卖，在那边学校里都有小卖部。我是在加里曼丹出生的，我总共有十个兄弟姐妹，我排第七，4 女 6 男。战争年代，四处逃难，几个都去世了，有的在我没出生前就去世了。我还记得几个，邝惠初，1943 年出生；邝惠双，1949 年出生；邝翠婷，1952 年出生；邝翠红，1955 年出生。

我在那边读到五年级，叫光华学校，是华人办的，都是我们华人在里面读书。我们三个人读书，最小的两个妹妹是回来这边才读幼儿园。在光华学校里，老师都是用普通话教学的，上到四年级一个星期就有一节课是教印度尼西亚语的，相当于外语，也是中国老师教的。课程跟这边一样，语文、数学、历史、地理、劳动课。上劳动课，男同学锯木头，女同学还小就上手工课，高年级的就织毛衣、学裁缝。手工跟在中国是一样的，只是劳动课不用扛着锄头去劳动。我们回来的时候，我大哥还去南宁读书。我们读书的学校是茅草房，我们住的是平房。我读到初中，但是没有毕业。那时候家里困难，我在农场读到初一就去做工了，弟弟妹妹读书就靠我们劳动。

二

我们是 1960 年回来的，那时候排华，我妈妈就带我们回来。当时也没有动乱，他们想要封闭中国的学校。我们回来的时候他们说是安排回广州，还有宣传海报，但是回来之后就被安排到柳城华侨农场。印度尼西亚政府想让我们加入印度尼西亚国籍，就变成双重国籍。爸爸妈妈爱国，就不同意加入印度尼西亚国籍。看到很多人回来，我们也跟着回来了。我们的护照一回国被政府收了，他们怕我们又回去。我们是在泗水上船的，坐的是"芝利华号"，一部分人的船票是自己买的，另一部分是国家买的。在那边有工会，山东的、福建的、广州的等，每一个组织就一个工会。我们回来的时候就是工会送的我们。坐芝利华号一个星期之后在新加坡靠岸，停了两三天，但是不给下船。我们在新加坡停船的时候，我姨妈上船来看我们，还带有布、吃的，比如饼干之类。我们有项链就拿去银行换钱来买东西，才十几块钱。那时候冷了，我们就用换来的钱在新加坡买棉被、外套。从新加坡再到香港，然后就到深圳，我们在广州待了十多天。在广州下船的时候很多人来围观，我觉得很奇怪，因为他们穿着蓝蓝黑黑的衣服。我们在那边都不冷，没想到回来那么冷，被子是花花的。然后直接到柳州住了十多天，说是房子建好了，我们就到农场，来的时候房子还是湿湿的。当时画报、电视都在宣传祖国好，我们一直想着回来会很好，祖国好我们的生活就好。

那时候上船回来我们都很开心，回到这里看到人家都晒很多煤球，我们以为是咸蛋。1960年很困难，我们在路上看到有人捡别人丢的东西来吃，我们也知道祖国是很苦的，特别是家乡，但是没有想到那么苦。那时候我们有东西也分给别人。我们在船上他们照顾我们很好，吃的什么都有。我们坐的是荷兰船，吃的不用花钱。我们是3月回来的，停船的时候我们在旅馆住。妈妈有时候会去开会，有个组长会召集他们。我们还小，什么都不懂，我捡到2分钱给他们，他们就给糖果给我吃。回农场时那些工作人员接待我们，跟我们说这边有泳池、电灯，后来回来看到他们挖了一个坑，四四方方的，就是给小孩子游泳的地方，电灯也是后面才装上的。我爸爸妈妈想回广州老家，也没有申请，他们叫我们服从分配，大概广州的房子也被别人住了，就没有回去了。我们是第一批回来的，第二、第三批回来的人看到这个景象有人哭了，还有人拉悲伤的二胡。

我爸爸1959年，也就是排华前去了马来西亚吉隆坡，是我妈妈带我们回中国。他是去帮别人修理钟表，本来要接我们过去的，但是我妈妈不愿意去，我们就回来了。我爸爸一直在马来西亚，没有回来过，我们也一直保持联系直到他去世，在马来西亚有堂兄弟们照顾他。我爸爸只有一个哥哥，就是我大伯，当时爷爷去印度尼西亚也带他去了，我大伯一直在印度尼西亚，他儿子在新加坡，我妈妈的兄弟姐妹也在新加坡。大伯当船员，叫邝柏叶。我们回来之后爸爸有寄信给我们。刚刚回来政府还比较照顾我们，后面东西就定量了。在农场一个星期杀一次猪，自己用钱去买饭票然后排队取饭，我们都是在食堂吃饭的。我们用饭票自己买蒸饭，一个月吃两次猪肉，后来没有饭堂就自己煮了。在国外天气不冷，水果多。在那边生活很简单，随便买一块钱的饭菜就很多了，以前两毛钱就可以吃饱了。回来大多是吃青菜，我们还小也不知道艰苦。我妈妈回来后就参加劳动，当过保姆，也在托儿所工作过，她是农场的先进分子，年年都代表农场去南宁开会。回来后我哥哥去南宁读书，读了一个学期，后来又调到柳州二中读高中。毕业之后安排他做木工，后来他就结婚了，现在在香港。那时候家里都靠妈妈一个人，所以我就不读书了。我 15 岁就不读书了，1963 年底就开始做工了。做工都是要抢工分的，我一个月就得六七块钱。每个月都会评分，我还小不会做，比如要挖一个坑，我没有力气挖不出来。满分是十分，他们就给我四五分。我妈妈一个月 20 多块工资。先进分子也没有加工资，只有奖状。刚刚开始是集体种木薯，妈妈也在食堂做过，后来又到托儿所，种茶叶的时候她就去香港了。我也在托儿所做过一年，后来种茶、采茶，都是分配的。我哥哥也回来做工，后来又调去南宁木工厂。他结婚后就跟我嫂子去香港了。

20 世纪 70 年代的时候我妈妈回广州老家看过。我妈妈是 20 世纪 70 年代去香港，那时我爸爸还在，我妈妈就申请去香港团聚。跟妈妈一起申请出去的有弟弟惠双和他妻子，还有妹妹翠婷。我爸爸去香港一段时间又回马来西亚，妈妈就跟哥哥在香港生活。爸爸不愿在香港生活，香港生活节奏快，他习惯在马来西亚生活，他说在香港阻止他做生意。我从 1972 年开始就申请去香港定居，都没有同意我去，我先生的姑妈也在那边，只有我妈妈去世的时候去过一次。妈妈去了香港之后也经常回来，我妹妹她们还小，生活困难，就会买衣服给她们。我哥哥 1972 年申请出去的，我妈妈是 1979 年去的。我哥哥的申请理由是与妻子团聚。他妻子也是印度尼西亚归侨，在南宁认识，他们是在中国结婚的，他妻子先去香港，然后他才申请过去。我申请的理由是跟爸爸团聚，但是他们说我还有姐妹在这里就不同意，有些走后门也可以出去。妈妈去的时候我已经结婚了，就跟我丈夫一起申请，一直到 20 世纪 90 年代。那时候我也想去马来西亚找我爸爸，但是没有钱，工资才十几块钱。他也会寄生活费回来给我们。就算想去也不可以，护照也被没收了。刚开始去香港探亲不回来的也有，但是我妹妹她们还小，我放心不下她们，还是想着全家一起去定居。去香港也是白手起家，那边的房子小小的，他们的东西烂了不用修直接扔掉或者卖掉，因为修理的钱比买新的还要贵。

我先生叫马华焜，他 1943 年出生，我们 1970 年结婚。他老家是广东中山的，是从印度尼西亚雅加达回来的，跟我坐同一艘船回来的，但那时不认识。他 17 岁回来，在机修厂做工，年年都被评为先进分子。我们是在农场自己认识的，属于自由恋爱。我有三个儿子，大儿子叫马国晖，1971 年出生；二儿子马国雄，1972 年出生；小儿子马国锋，1976 年出生。大儿子原来在柳州第二空压机厂工作，工厂倒闭后就回农场，现在果树。二儿子在湖北武汉，自己开了一家粉店。小儿子也是在农场种果树。我现在有 2100 元退休金，参加城镇医保。我哥哥、弟弟娶的是印度尼西亚归侨，妹妹翠红嫁的也是印度尼西亚归侨。我的妹妹翠婷嫁的是香港人，是经人介绍的。

我与国外的堂哥、姨妈们现在还保持联系，以前写信，现在是电话联系。以前我跟广州老家的亲戚也联系，现在地址也找不到了，舅舅也去世了。"文革"时我们也写信，后来寄不出去被退回来我们就不寄了。"文革"后又取得联系，但是有一部分地址不见了。"文革"时天天开会，念文章、批斗等，那时我已经做工了。我们回来带了一台缝纫机、一部单车，这些在那边不贵，一般家庭都有。在印度尼西亚不冷，穿一件衣服就可以，养小孩比较容易，但是在我们这边就不行，孩子多经济负担就重。现在不同了，祖国变化很多。以前土地不多，种谷子收成也很少。我没有回过印度尼西亚，本来去年想去，但我丈夫生病就没去。我小孩的堂叔在印度尼西亚开菜馆，他回来过，还经常回来旅游。印度尼西亚人经常给华人当用人，煮饭、洗衣服、抹地板、带小孩等。我们在泗水开商店的都是中国人，印度尼西亚人踩三轮车、当用人赚钱。现在不同了，印度尼西亚很多大学生，很会讲普通话。我们跟他们交流也是讲印度尼西亚语。改革开放之后我们的生活就变好了，外国的东西也有了。

我们刚回来时，听不懂当地人说的话，都是说本地的壮话。我爸妈都是讲白话，我们姐妹之间用普通话和印度尼西亚话交流。我们回来的时候政府告诉他们不能乱说话，怕我们不安心。买东西不懂的时候就比画，有些讲客家话就能听得懂。我们来了之后他们就以"华侨"作为这里的地名。越南归侨回来之后就说土白话，他们很多是以打鱼为生的，跟我们的生活习惯不同。他们回来的时候没有房子住就搭棚住。现在很多归侨都去香港定居了。我们从印度尼西亚回来后还一起跳印度尼西亚舞。我们上学的时候教印度尼西亚歌曲也教中国歌曲。"文革"时候就很少唱印度尼西亚歌、跳印度尼西亚舞了，都是唱革命歌、跳表忠舞。

刘秀凤　口述

口述者简介: 刘秀凤, 女, 出生于缅甸, 祖籍福建, 1964年11月回国, 1965年曾在南宁华侨补校读书, 同年8月开始在柳城华侨农场插队, 1969年任柳城华侨茶厂副厂长, 1985年调往南宁华建公司工作, 后转至自治区侨办人事处工作, 1998年退休。

时　　　间: 2015年7月31日
地　　　点: 荣和山水美地被采访者家中
采　访　者: 苏妙英　韦佳颖　罗世念
华侨属性: 缅甸归侨
南　洋　物: 无
整　理　人: 韦佳颖

一

我是第二代华侨, 20世纪, 我父母从福建出发去了缅甸。一开始, 他们在缅甸的一个叫"沙望"的小山区生活, 没有经商, 以种菜为业, 20世纪30年代的时候父母搬到了勃生做生意, 而我就是在那儿出生的。我的父母生养了很多孩子, 共有十个小孩, 除了我大哥之外, 其他孩子都在缅甸出生, 而大哥与我相差了二十多岁, 我在家里是最小的孩子, 所以特别受照顾。

父母搬到勃生之后做的生意就是开百货店, 什么都卖。勃生当地有许多华侨, 主要以福建华侨为主, 从广东过来的华侨也有, 不过比较少。勃生是个小地方, 大部分的广东人当然更乐意去大城市里做生意。在我的印象中, 住在我们隔壁的邻居几乎都是华人, 大家共同居住, 彼此团结。我在勃生居住了许久, 在那儿读书, 在那儿看着我的姐姐们出嫁, 总之, 勃生给我留下了许多美好的回忆。

　　在我 4 岁的时候，父亲就过世了，大哥大一点的孩子都自己出去谋生，减轻家庭负担。就读书这件事来说，我很庆幸自己是家里最小的孩子，由于年纪小，受到的照顾就更多一些——我是我们家唯一能去学校读书的孩子，家里其他哥哥姐姐们根本没有上学的机会。我 9 岁开始读书，在勃生当地的华文学校上小学，课本都是从中国运过来的，老师们以国语授课，缅甸语则作为外语来学习。初中同样在勃生就读，毕业后，我则离开家人独自去往仰光求学。仰光那边的学校采取寄宿制度，虽然不能日日回家，但好在我的同学中有许多旧面孔，他们同样是从勃生过来的，就这样我在仰光读完了高中课程。我们学校在一些传统佳节都会搞庆祝活动，比如春节、元旦，都会庆祝，跳集体舞到天亮。每逢国庆节我们也会搞活动。

　　我在仰光读完高中后闲在家中，那时候许多在缅甸的华侨都往国内跑，而据我了解到的消息，高中毕业后，我们班有一半人都回国。我思来想去：毕业了，我在家里待着什么也不干（我是家里最小的孩子，根本不用我去做事），留在缅甸只能等着嫁人，好没意思，还不如回国打拼打拼呢。慢慢地，"跟着大家一起回国"这种想法在我心中生根发芽。后来，我觉得时机成熟了，就把打算回国的想法告诉了家人，但还是遭到了他们的一致反对，妈妈不同意，哥哥也不同意，妈妈说："外面很苦的，没有人照顾你！"我哥哥说："难道我们这么多人还养不起你一个小妹吗？出去做什么！"，我就回答："那么多人都回国了我也想回去看看，我可以自己照顾自己呀！如果回国后真的碰到什么困难，那也是我自己做的决定，后果自己承担。"但不管我好说歹说，家人仍是不同意让我回国，我只能暗暗酝酿起回国的计划。当时，我身边有两个要好的同学已经决定回国，他们正处于办签证手续的阶段了，我就向他们打听：回国需要办什么手续、需要拿什么证件才能办理？他们说很简单的，有身份证就得了。当时回国并不困难，我很快就办理完手续了，当然，这些事情都是我瞒着家人做的，直到我办完了所有事情，箭在弦上不得不发了，我才真真切切地把要回国的信息告诉家人。妈妈和哥哥知道劝不住我，只得一个个掉着眼泪送我离开。1964 年 11 月，我回到了国内，当时只有十八九岁。

二

　　我一回国首先到的是昆明，昆明补校有人来接我们。因为当时从缅甸回来的年轻人很多，昆明补校已经人满为患了，我们在那儿才待了两个月，就又来了一批华侨学生，这时候，补校就真的住不下人了，学校只得动员我们去南宁，他们采取志愿报名的方式，也不勉强我们。我有个叔叔在昆明，他跟我谈话，让我不要去南宁，在昆明有些家人在也好有个照应，如果我去南宁的话就基本上和家里断线了。后来我发现我同学们几乎都跑去南宁了，留下来的人我都不怎么熟识，我想和熟人在一起，不想和大家分开，最后，我还是离开了昆明去南宁补校。那些和我同样从缅甸回来的、选择继续留在昆明的学生，后来被分配去了北京，为此我还伤心了很久，觉得自己选错路了，后来我了解到，去北京的那一批学生在"文革"时期很多都被批斗了，因为他们有"国外背景"，有的还被拉到黑龙江批斗改造，天寒地冻的几乎都活不下去。我在为他们担忧之余也暗暗庆幸自己选对了路，塞翁失马焉知非福。

我到了南宁华侨补校后，发现自己的国语赶不上别人，就重新读高二。其实我在南宁补校只是断断续续地补了半年，1965 年已经是大字报满大街了，后来学校基本处于停课状态，很多人都往乡下跑，知识分子上山下乡嘛，我觉得在这个环境里读书也学不了什么，干脆跟着大家一起下乡吧。一般高三毕业了才有青年上山下乡的，但我才读高二，也不想浑浑噩噩地继续读了，想跟着一起下去。我同班同学很不理解我，说："有书读你不读，下乡那么苦，别人都不想去，你倒好，还想提前申请上山下乡，真不懂你在想什么。"我才不管他们的想法呢，对他们说："你们不想下乡，那是你们的选择，我不会说三道四的。而我要走什么样的路也是我自己的决定，你们干吗要管别人。"说完这话没多久我就跑去高三那儿签字，跟着高三班我的好友廖友梅他们一起，胸口戴着朵大红花就下乡去了。

1965 年 8 月我跟着大部队去到了柳城华侨农场，什么活儿都做，安排我做什么就做什么，大家都服从组织的安排。柳城华侨农场的知青队有五十多个，都由老师带队下去，老师跟着一起劳动，一方面他们是怕知青刚下乡不习惯，另一方面也怕我们出事。我们的带队老师是刘进营（音）老师，他很有责任心，蛮好的。

回国之前，我认为自己能在国内谋得一席之地，毕竟我会英语、会缅语、会国语，回国后再深入地学学各种语言，再不济至少还能做个翻译，总不致落魄，可谁知道一回来不久就碰上了"文化大革命"，真是造化弄人。

下到农场后，一开始我得到的任务是插田。我往田里一望，就看见那些个蚂蝗跳来跳去，我是第一次见蚂蝗，感觉又恶心又可怕，根本不敢下去，下去了也不敢打赤脚，其他学生见到这个场面也有些犯怵。柳城华侨农场的场长一看我们这样，马上喝令："下去！这点都怕？"我们只能硬着头皮下去了。插秧时间很短，也就两三天，之后我就被安排去犁地，犁地我也不会，以前根本没做过，那个犁的把手一压下去就把手割伤了，鲜血直流，做犁地的活儿让我有了一手老茧。在农场里我是比较听话的，被安排什么任务都会乖乖地去做，即使内心不想去做某些工作，最后还是会去的，所以场长喜欢叫我去做事，后来我是农场里评工分最高的两个人之一。我在农场里换了很多工作，还放过牛。犁地半年后，也就是在1967年，我被安排去青年队的饭堂烹饪，我以前根本不会煮饭做菜的，所以马上问场长："我在家连饭锅都没摸过，你要我去煮饭，人家吃了拉肚子怎么办？"他说："不懂就学！从头学起。"后来我才觉得，其实去饭堂工作是场长照顾我，不挨雨淋，没有太阳晒，肚子饿的时候还有东西吃。我也知道感恩，既然在这个岗位那就要做好，学东西要学到底，过了一段时间，农场里其他人都不愿意放我去别的岗位了，因为我不仅饭菜煮的好，逢年过节还会给大家做糕点；半夜有人肚子饿了，来问我有没有剩饭剩菜，我都会起来卖；我的饭量小，粮票用不完，就给男同事了，不会存起来，将心比心，肚子饿很难受，我可以理解他们。我在饭堂做了几年，和我爱人也是在那段时期认识的，他在饭堂做财务工作兼采购员，我们就在那儿谈恋爱，谈了好几年，1970年我们才结婚。

1966年，我五姐兰宜（音）一家也是在那时候回国的。五姐为什么会在这个时候还想回来呢，说起来大多是因为我跟她通信时误导了她，那时候我们中国和缅甸的通信没有中断，只是信件送达时间会很久，通常要等一两个月才到，信里的内容如果有一点敏感的成分对方就收不到了。当时她写信给我，问我去台湾好还是大陆好，这要我怎么回答？我在这儿很苦，又不敢讲，一是怕家里担心，我又要面子；二是当时的情况也不能讲实情，只能写中国还挺不错的，就这样把他们误导回来了。五姐一家回国后被分配到了福建宁德，我一听说他们回来了，就马上请假跑去宁德找他们。去福建探亲2个月，花了我所有的积蓄，回来时我身上只剩5毛钱了。我去福建的时候，有人说我去福建是去"逃难"了。但我见姐姐、姐夫在那边劳动太辛苦，就让他们来柳城，因为我们当时已经很少种水田了，基本都改种茶叶，起码是旱地。

1969年我被调到了柳侨茶厂工作，不久就当上了茶厂副厂长。我们茶厂设有一个正厂长、两个副厂长，两个副厂长中一个管人事，另一个管加工茶叶。我是主管加工茶叶的，很多东西不会的，怎么用簸箕筛茶我都不会，但是我还要教职工，要起带头作用，不能不会，于是我就向技术员请教，整天坐在那里筛茶，这个技术员是农场请过来的，兼厂长。后来厂长说："你够格了，可以指挥了。"我才松一口气儿。

当副厂长还要具备一些机器知识，要是一点也不会要我们能做什么？很多东西我都要从头学起。在茶厂期间，最麻烦的就是生产的时候机子坏了，机器一坏，工人都不敢动。茶叶加工是三班倒的，机器一停下来，生产就停止了，那么多茶叶就报废了，所以工人立刻会把机器停了找我，我就要去解决问题，解决不了要找机修工维修，晚上机器坏了也找我，要随时随地待命，还是挺折腾的。

我在茶厂做了十几年，在1972年入党。有一个党员身份对工作是很有帮助的，比如说知识青年分配工作，是党员的话就会方便许多，当时很讲究这个的，都是工作需要。后来1972年我一写申请书，党组织就批准了。入党对我的帮助确实很大，要不是入党，我之后可能就不能调到侨务工作处了。

1985年有一个文件下来，让知识青年回城工作，从哪里来回哪儿去，我就是在那个时候调回南宁的。我一回南宁首先到华建公司工作，华建公司是个亏损企业，我的命很好，刚到华建三个月就有人把我推荐到了侨务办公室人事处，因为那时侨办人事处管离退休职工工作的一位同志病倒了，亟须用人，我暂时顶上，人事处打算向华建公司借用我半年。半年时间过去后，领导觉得我挺能干的，不想放人了，那我就留了下来，所以说我命好，不用通过什么考试就进入了这些机关单位，要是原来我留在华建，现在生活可能就没那么好了。

我在侨办主要管离退休干部工作，同时兼办理出国手续，办护照、签证什么的。这是我最喜欢的工作了，一般都在跟老人们打交道，他们都很信赖我。老干部们一生病就会打电话给我，我肯定是随叫随到的，没有煤气的时候也会找我，当时煤气是没人送的，每次都是我扛上楼给他们，他们亲眼见到我那么负责，所以每到评比他们都给我投票、评优秀。碰到老人去世了，他们家人又在外地，还没赶回来的情况，我就要给去世的老人抹身、换衣服，处理后事，干这些活儿的时候我根本不怕，因为之前跟他们很熟，我已经把他们当作自己的父母看待了。我家人也支持我、理解我的这份工作，有些离休老干部儿女不在身边，半夜病了打电话给我，我爱人就起来送我去医院，儿女一般也由我爱人带。我在侨办工作了五六年，1998 年正式退休。

我在缅甸还有许多家人，1993 年，中缅一开放我就跑去缅甸探亲了。过去后发现我家人基本在做生意，也有人做缅甸玉的，不过大多是小打小闹，生意做得不大。我就建议他们做别的，比如做手机，或开工厂做纯净水，缅甸都是直接饮用自来水，做纯净水的人很少，而且做纯净水不需要太多成本，探测一个水源就得了。如果他们考虑做纯净水了，那工厂机器我就可以帮他们在中国找，出口给他们。后来他们决定做护理用品，机器也是我帮他们找的，我在天津订的机器，再从广东走海路送给他们。当时技术人员很难找，即使找到了也很难进缅甸，我就想了个主意，找了个本家姓的技术人员，说是我侄子，以探亲的名义去缅甸了，免去了很多麻烦。1998 年退休后我基本在帮家里的工厂找原料、进原料，所以退休后生活还是蛮充实的。我在中国生活比在国外开心、轻松，最能体现这点的就是国内有养老金，缅甸没有，有养老金算是解决了我们老人在生活上的后顾之忧。

我还是东盟博览会的志愿者，因为我是在缅甸生活了很长之间，又经常往返于缅甸，所以可以帮他们做一些沟通工作，从第一届到今年的第十一届东盟博览会，我都在那儿帮忙做翻译。我还很喜欢去旅游，小孩放暑假了，全家人就一起出去玩，已经去了迪拜、日本，今年准备去中国台湾，总之，退休后的生活还是很精彩的。

李仙尧　口述

口述者简介：李仙尧，女，84岁，出生在印度尼西亚邦加岛，是第三代华侨。1976年被评为全国劳动模范，因其采茶手艺非常厉害，半天采100多斤，一天可以采200多斤。

时　　间：2016年7月15日上午
地　　点：柳城华侨农场李仙尧家中
采 访 者：苏妙英　王贞荣　郑玉荣
华侨属性：印度尼西亚归侨
南 洋 物：无
整 理 人：罗世念

一

我今年84岁，现居住柳城华侨农场二区7队，1932年出生在印度尼西亚邦加岛。我爷爷奶奶是从中国出去的，我是第三代华侨。我爸妈也是在印度尼西亚出生的，"卖猪仔"去到印度尼西亚的。我大公（爷爷）在印度尼西亚生得我爸爸，在印度尼西亚公公婆婆就是爷爷奶奶，他们种胡椒，加工胡椒，到我爸爸这一代，做生意，卖东西赚钱。我的老家在广东梅县，我没去过。爸爸妈妈他们在印度尼西亚出生，是开杂货店的。我有10个兄弟姐妹。我是老大，排第一，我没得读书，因为我是最大的，我帮家里干活，我认得自己的名字，回来后才读了一点中国字。结婚后和我爸爸妈妈分开住了，我是在印度尼西亚结婚的，还帮爸爸妈妈带弟弟妹妹。我和妈妈同时生孩子，我最小的弟弟和我孩子差不多大，有些人结婚了还和爸妈一起住。

我老公的爸妈也是印度尼西亚华侨，经人介绍认识，大家都是老封建。我的丈夫是老师，他在邦加的一个学校当老师。以前没有说看不看得上，介绍着就开始了解，吵吵闹闹就过一辈子了，我丈夫93岁过世的。我在印度尼西亚都生了5个小孩，我的大儿子叫黄汉全。我回国就生了1个，其他女的、男的都去了香港地区。我的弟弟妹妹都在印度尼西亚，我回国以后不让他们回来，因为这里太苦了。我们回来是因为印度尼西亚排华，他们要求我们的小孩都学印度尼西亚话、写印度尼西亚文，不让学中文，我们是中国人怎么可以不学中文？那时对外宣传都说中国好，我们看画报，觉得中国还挺漂亮挺好的，我就带着小孩回来了。结果回来以后非常不习惯，环境太艰苦了，天气又冷，冬天穿得又多，我们在那边都穿凉鞋的。我们都感觉是被画报给骗了。然后我就给家里寄信，我爸妈原先将东西都准备好了，他们都想回来，结果听到这种情况就不回了，我也不给他们过来。我和家里人一直都有联系，但在"文化大革命"时断了通信，只是在"文革"之后又恢复联络了。

1963年我才劳动，因为那时有托儿所了，就把孩子放在那里，因为我那时怀孕。我老公以前教书，不会做农活，也不会做家务，都是我做的多，我又带孩子，又做家务。我也没有想过再回印度尼西亚的想法，来都来了，就坚持下去吧。生了小孩我就工作了，种茶叶。我是1960年回国，坐船回来。我在印度尼西亚没拿过锄头，回国以后就开始会种地了，什么都要做，种地种菜。我那时拿工分，男的拿多少我就拿多少，工作的都是年轻人，我们跟他们一起干活。我那时已经30多岁了。回到家还要喂猪、种菜，带小孩。我丈夫当老师，不会做工，他是独生子。我一个人做死做活，他就在那里逛来逛去。以前没有结扎，生到老为止，没有节制。我是坐"俄罗斯号"船，那是1960年的冬天，11月冷冷的。在南宁待了一段时间，当时住在朝阳旅店，看到农民挑大粪，觉得非常可怕，无法想象这个和画报里不一样的事情。后来分配的时候，他们也没有问过我想去哪里，直接就安排分配了。我们和那些有亲戚关系的人一样，想分去哪儿就去哪儿，我们直接就去了农场。

我不记得哪年被评为全国劳动模范，不太记得了，不过越南归侨还没有回来，应该是1976年。那时候我去了北京开会，到处走了好多地方，去过越南边界，如龙州，以及其他农场。我被评为劳动模范是因为我采茶厉害，半天采100多斤，一天可以采200多斤。上次春芳（音）来了，问我要以前先进的本本儿，还有奖章之类的。我那时退休了，全部丢掉了。她说我丢掉了一个房子。我把这些丢了，因为觉得自己是退休了，现在什么都没有了。以前我当厂长嘛，我将那些本本儿奖状丢了，其实是觉得不是很重要，觉得没必要留着。我那时没想过我会当上劳动模范，我就想着老老实实做工挣钱，比较朴实、本分。四处参观各个地方回来后，我就要起带头作用，给他们示范摘茶叶。我的女儿帮我做工。我后来搬到了三队，1966 年搬过来的，后来就一直住在这里，家里干净卫生是应该的。

二

　　我是 50 岁退休，20 世纪 80 年代退休的，工龄快 30 年。退休后帮小孩弄茶叶，刚开始得 20 多块钱，现在得 2000 多块钱。我是越南归侨来了以后，才再次联系上爸妈。我是写信联系，托人寄过去的。我爸妈一直住在那里，没有搬过家。90 年代联系上，距离现在 20 多年，曾再次见到他们。他们过来过一次，我后来也去过。他们两公婆过来，妹妹的老公也来了南宁，后来把妹妹接过来见了。我妹妹她觉得国内还可以，过得还行。后来我回到印度尼西亚时，见到父母，我们大家又哭又抱。我是老大，我见到他们真的非常激动，都认不出来了。弟弟妹妹的孩子不会讲中国话。在邦加时讲客家话，在雅加达讲印度尼西亚话。因为排华时，他们加入了印度尼西亚国籍，所以中国名字只能在家里叫，在外面叫印度尼西亚名字。大的妹妹名字李仙河，小的妹妹叫李仙珠。弟弟妹妹都做生意，卖杂货。有的去了雅加达，有的还留在邦加。他们现在盖的房子很漂亮，是那种楼房。我回国的时候 30 多岁，我更愿意在国内生活，因为我有退休金，老了赚不到钱就完蛋了，如果子女不孝顺就更加惨，家里人有的还挺羡慕我有退休金。

　　我现在老了，我有痛风，骨头也有毛病。女儿去了香港，她一直叫我过去，一开始刚回国时我们都想去香港的。香港好啊，可是我们没有亲戚在香港，这样的话没有房子住，又带孩子。女儿现在在香港还没退休金，60 多岁还在做工。我的孩子有 4 男 2 女，最小的男孩在国内出生，其他的都在印度尼西亚出生，最小的儿子黄汉权去广东看他女儿了。我老公叫黄允河（音）。我现在的孩子除了两个去香港，现在都在这边，有个在厂部当干部，叫黄汉奇，后来下岗了，现在他退休了。男孩都在身边，我觉得回国更加幸福了，我没有什么负担了。虽然以前很辛苦，比不上在印度尼西亚，但是现在有退休金啊，所以生活很幸福了。看人家不太幸福，生活苦，他们过来看我的时候说的。第二个孩子叫黄汉勇。我以前卖东西，做糕点，做千层糕，是帮父母做，后来自己也跟着做糕点。我跟我大姑姑做的糕点很好，我后来把手艺教给了我的儿媳妇，这个儿媳是本地人。我也有个华侨的儿媳妇，大媳妇是归侨，本地人，是象州的。他们现在也不做糕卖了，只有过年过节的时候做，自己做自己吃是真的。现在二媳妇她会过来做，我指导她。

我爸叫李进金，我妈叫陈阿姐。我是分批回来的，我先回，发现情况不对，就让他们别回来。天气冷，也没有棉被，只有稻草。湛江下船，回到南宁等待分配。那时我们什么没有，还要拿带回来的东西去和农村那边的换点生活用品，还有菜，他们也没有肉。还曾经让父母寄回牛油猪油回来，因为油非常珍贵，有油吃是很幸福的。回来的时候幸好带了锅碗瓢盆，全都用上了。带回来的东西全都吃了，还有调料品，胡椒、黄油那种。一粒一粒的胡椒，其实是很珍贵的，比那些菜值钱多了，但是逼不得已，也要换了。丘顺碧，是和我一个地方的。我写信告诉他们，爸爸妈妈不回来了。丘顺碧是第二批回来的，爸爸托她带了猪油、牛油回来，到现在这个桶还保留着，还弄得挺干净的，这桶是真的挺大的，我们吃这一桶油吃了很久。真的非常感谢父母，远在异乡最思念的就是他们，最挂念我的也还是我的父母。

梁涛喜　口述

口述者简介：梁涛喜，男，出生在印度尼西亚，祖籍梅县，单身归国求学，下乡华侨知青，曾任柳城东泉华侨农场中学校长、柳城华侨农场场长、自治区侨办经济处处长和华建公司总经理至退休。

时　　间：2015年9月4日
地　　点：梁涛喜老师家中
采 访 者：苏妙英　罗世念　韦佳颖
华侨属性：印度尼西亚归侨
南 洋 物：无
整 理 人：罗世念

一

我1940年6月12日出生，祖籍梅县。祖父是从梅县出去，原来他开碾米厂。父亲在印度尼西亚出生，哥哥姐姐现在在中国。我排第五，我下面有3个妹妹，我们家一共12个兄弟姐妹，我是第三代华侨。

祖父娶了当地的华裔，是一个娘惹，她穿纱笼。父亲出生于1910年。父亲有5兄弟、2个妹妹，4个（包括我父亲）都送回中国读书。雅加达，即椰城，以前是荷兰殖民地。祖父让中国的祖母（大妈）帮着养这4个孩子，那时没有华侨学校。我1991年到印度尼西亚，一进那个华侨村，都是华人面孔，但是他们都不会说中文。我爸爸家4个兄弟只读小学就回印度尼西亚了，读的是广东梅县松口镇小学。大一点的帮祖父经商，父亲排第四，大概13岁。祖父要带父亲（小学5年级）回印度尼西亚，结果被劫财遇害。最小的那个叔叔带了一笔钱回来，可能去买房。父亲13岁之前过得很好，后来开始艰苦，没有钱，父亲无法养活自己。父亲曾经在船上当过服务员，结果生了一场大病。泗水的大姑姑有钱，嫁了一个有钱的丈夫。父亲去她那里做伙计、做店员，后来左耳聋了。大伯和三伯到巴度（音）。父亲很好学，印度尼西亚文是自己学好的。姑丈开了一大家百货公司。

1927 年，父亲 16 岁，大姑姑接他去。父亲 20 岁结婚，曾在阿克灭尔公司（8家控制印度尼西亚的进出口贸易公司，隶属于荷兰）当高级卖手。

我出生时，父亲还在那里工作，我母亲是童养媳，大姑姑把我母亲养大，后来与我爸爸建立了家庭。1991 年去印度尼西亚见到了我母亲的弟弟，我和兄弟姐妹认了这个舅舅。我出生后在印度尼西亚泗水国民小学读书，这个学校大部分倾向于新中国。我始终记得，我的小学校长吴品仙是一位杰出的女性，她一直穿白色的旗袍，那边的华侨小学老师也都是这样。校长的养女和我同班，学校的教材和国内的一样，是商务印书馆出版的。1942 年日本入侵印度尼西亚，至 1945 年日本投降。1945 年前，我是在乌布单（音）生活。印度尼西亚人很恨日本人，遇到了要用竹子捅死。我们出门要带蒋介石的勋章，家里楼上挂国民党国旗。1947 年荷兰还想再统治印度尼西亚。在泗水有个纪念馆，纪念反抗的泗水人民，印度尼西亚人雇佣军来敲我们家的门，以及另一家没走的人，将我们一起拉出来，并用机关枪对着我们。那时父亲还在阿克灭尔（音）工作。另一家年轻的夫妇和雇佣军头子协商给钱，后来我们就逃命。一路上玻璃都被打烂了，跑过九条街，来到一个中国人的街，到了一个中药街，有人安排我住在 2楼。姑姑离开泗水，只留了第二个儿子守店。我们偷偷联系这个表哥，他派人用板车把我们接到他的住处，后来定居下来，找了个破破的房子先住了，父亲又回公司工作。

华人分为两派，亲中国大陆或亲台湾，父亲想让我去读荷兰人的学校（小学），我不愿意。桥对面是国民党开的联合中学。1951 年到 1952 年抗美援朝期间，有人开车占领了联合中学，耀武扬威。

我在老家读的初中叫泗水中华中学，简称中中，这是我自己选择的，每天都骑单车上下学。校长是浙江大学毕业的，老师也是中山大学的，这个学校的校风很严，曾经迟到过一次，吓得我半死，因为校门到点儿就把门关了。我初二时贪玩，很调皮，被留级了半年。小学的李顺琴副校长看见我抢斗风筝的风筝，告诉父亲，我父亲把我打了一顿。后来曾任印度尼西亚陆军总长的，和我们一起玩，一起操练。泗水中学有 1000 人这样。那时星期一一定要穿校服。校长一旦上台，大家鸦雀无声，他很有威望。泗水中华中学其实也会宣传新中国，那时的《人民日报》《人民画报》《觉醒志》等，大家都会偷偷看的，印度尼西亚督察如果知道会没收的，大家都很自觉地帮忙保管这些杂志。老师鼓励我们多讲点中国话，给我们看南京的雨花石，演讲比赛的奖品就是那雨花石，大家为了赢得那雨花石，都很努力。学习上，理论与实践相结合，物理化学就是这么融会贯通的。我初三时开始当家庭教师，教小学生，到上高一了，我更加懂事了。

高一时，我一步一步地帮着父亲，不知疲倦，很多同学初中毕业就回来了，和母亲提过回中国，母亲很伤心，不想我离开。在1957年的时候，年幼的我萌生了一个大胆的想法，要为我的父母挣一点钱，结果屯了东西卖不出去，最后靠我的父亲帮助卖出去了。1959年6月，面临选择，我该去做什么？中华学校老师校长反风潮，后来我被拉去教书，聘书被校长拿去介绍，既成事实。我教印度尼西亚语、历史、地理，学校对我们很好。开始排华后，父亲所在的公司被印度尼西亚管辖，父亲被公司辞掉，后来父亲重新选职业。那时父亲同意我们回国，立刻申请护照，买船票。当时印度尼西亚政府都煽动其国民，说中国人真是把印度尼西亚人剥削得太厉害了。那时有"芝字号"船和"大宝安"船，我坐的是"大宝安"船，是自费的。

二

我从泗水出发，坐船途中，在新加坡靠岸过一次。最后到达广州，那是1960年4月21日。我们在黄埔港靠岸下船，五一节是在广州过的。我和三个妹妹都是在广州华侨补校。我只待了一个月，那时求学心切，就想去北京华侨补校先修班。三个妹妹很怕冷，就留在广州，有个妹妹去医学院，有的去上山下乡。1960年，有5个学校内招考试进行内部招生，分别是北京工业学院、建筑工程学院、师范学院、师范专科学校、医学院。1961年再次考试，我却得病了，患上了急性肝炎，每月供应2斤白糖，我被隔离了一年。是因为发烧，营养跟不上，才得病的，高考就没有考了。1962年底好多了，我去考了干部贸易学院，考上了却还是因为病的问题没能就读，1964年，我已经24岁了，去广州养了半年病。1965年到来宾华侨农场种果树，那时我面临一个选择，是留下来还是回北京？25岁要退团，然而我入团还要谢谢那时的党委，在我27岁退团。之后留在柳城华侨农场当青年队的保管员。那里都是老弱病残，然后去放牛，才留在那儿。

我的前一任太太在 1994 年过世，我们是种树种茶叶的。1965 年 12 月—1966 年 6 月，只是给个补贴，一个月 10 块钱，种茶叶、苗圃、水果，挑水，种果树。每天吃豆腐乳、红薯煮菜。

1969 年我被调到厂部当出纳员，当了半年，后到柳城东泉华侨农场中学教书。当时我教数学和英文，10 年时间当老师。1979 年当了副校长，1982 年当校长。在我任职期间，做过几件大事，先是安置印支难民，再是建平房，最后起了教学楼。当副校长，增加化学实验室、图书馆等。这个学校高中在上面，初中在下面。1969 年开始复课闹革命，但在 20 世纪 70 年代已经开始步入正轨。我在学生和老师心目中威望很高，照样上课。因为我用国外的教研理念，发展德智体美劳。其实我所教的学生们，他们家里负担很重，又要学习，又要劳动。

我是在 1971 年申请入党的。我去接我岳母回家，是用拖拉机。那时住家，还是用公共卫生间。1974 年岳母带我和妻子，去了北京的外交部。岳母是潮州人，养大了 13 个孩子，岳母催着我们生孩子，我们只好暂时敷衍岳母，因为回去以后我就申请出国了。1980 年，母亲第一次回国，到了广州，我带了鸡鸭鹅给她。母亲第二次回国，是在 1988 年。因为在 1984 年改革开放初见成效，国家逐步开放了。那时给母亲带的鸡鸭鹅，而我的两个妹妹食物都供应不足，当母亲看到我亲手杀鸡，立时就哭了。母亲虽然没有读过书，但是通情达理。我最小的妹妹在香港生活，认识广州人事科科长。广东省侨联副主席给我一个写了一封信叫我来广州，后来我考到了接收单位——白云农垦企业，类似一个厂。我在里面担任教育科科长，然而学校和侨办不让我离开，我真的非常难过。

1979—1980 年，印支难民大量逃回我国，很多人来找我帮忙，征求我的意见，他们纷纷收拾黄金细软。同时，越南归侨也是大量回来，但他们见国内环境不好，立刻表示自己要走了。1978 年改革开放，大家了解了西方开放的好处，非常向往。之前学校瘫痪了一段时间，有些人跑去香港，三次都被遣返回来。1982 年我申请入党，交申请书。1982 年 1—6 月去广西教育学院校长培训班，学习结束后任命我当校长，负责全厂的 5 个小学，还要我负责行政管理，老师都由我们进行培训。

1983 年我正式成为党员，落实政策后，领导把我调到侨办来。1984 年，侨办为了稳住我，让我当农场党委书记，党龄不够，没得当上。我也流露出想走的意思，就让我走了。

1987—1988 年我已经开始享受经济处副处长待遇，几个主任动员我去一个困难的企业，这个企业工资都发不出，却还要组织一个旅游公司。这个公司全名叫作广西区华侨建设投资有限公司，打过官司，有人贷了水泥材料，我们做担保，结果那个人出了大问题。1988—1995 年，我在这个公司。开始公司效益不好，终于在1995 年解体了。接下来我们的新任务就是一定要把华侨宾馆做起来，可是那时工资也低，按副处待遇。我们想宾馆启动了，以后可以赚钱回本，我们又去农行等银行借钱。那时我们公司只有 10 个人左右，江南华侨旅行社做不下去，就丢给我们烂摊子，所以我又变成了旅行社经理。当时旅行社旗下的客房、餐厅、舞厅都亏本，宾馆方面还说我是走资本主义那套。后来舞厅开始赚钱了，停车场找了农场合作也开始赚钱了，附近的工商银行也在装修，因此承包了一层的客房，我们都笑掉牙了。一年以后终于盈利了，我们还可以上交一点钱，合同还有 9 个月的时候，有些人栽赃我，居然说我承包舞厅给别人，和我打官司，说我乱来。

林卓群（音）和我说，老梁，我们走吧。后来我们把宾馆以 4500 万元卖给了柳州银荔集团，然而我们还欠渣打银行 300 万元。那时打官司，我们请了很多律师。明知输是输定了，但想为大家留体面一点的结局。

再后来，我们又成立了一个华侨房地产公司，包含了农场、农庄。还在华建，我又不得不去帮忙，磨合整个事情。

到了 2000 年，我退休了，从此人生风平浪静了许多，我回过头，看自己的一生，觉得是很平淡地过完了这过去的岁月。

邱永福　口述

口述者简介：邱永福，男，出生于越南广陵省广河县，祖籍是玉林博白，为越南的第四代华人，世代为农。祖上因鸦片战争去越南，因越南排华而回国，在越南完成学业，回国后被安置在柳州伏虎农场，后又调到柳城华侨农场，曾任生产队里的副队长、侨联主席、党委副书记，之后兼任厂长。他身兼要职，工作上兢兢业业，为农场的建设贡献了自己的一份力量。

时　　间：2016 年 7 月 17 月
地　　点：柳城华侨农场邱永福家中
采 访 者：邓　燕　邓欣婷　陆圆圆
华侨属性：越南归侨
南 洋 物：无
整 理 人：邓　燕

一

我 1955 年 8 月出生于越南，祖上三代就在距离东兴 35 公里左右的越南广宁省广河县的农村定居，世代为农。广河县是个华人聚居的地方，那里 90% 是华人。我是我们邱家在越南生活的第四代，父亲出生于越南。据了解，我们邱家应该是在鸦片战争国难当头的时候到越南生活的，祖籍是广西玉林博白，是客家人，往上追溯老祖宗是河南的，但现在已不知道具体的地方了，但是我们老家的神台叫河南堂，我们的渊源是河南来的，从河南漂到广西，从广西漂到越南。我爷爷的爷爷的坟都还在越南，今年的 4 月我们都去越南祭坟。

我爷爷邱世兴，享年 97 岁，1988 年在伏虎华侨农场去世。爷爷一共生了六个小孩，因为当时的医疗条件，实际上只养活了我父亲邱少豪和我叔叔邱少杰，叔叔共有6个子女。我们邱家一家均是华人，整个家庭大概有二十多口人，都住在一起吃饭的时候要分两桌开饭。住的房子和中国的传统房屋很像，房子很大，有上庭下庭，上庭是大人坐的，下庭是我们小孩坐的。我们的房子跟这边也很像，就是在上排有个神台，上排和下排中间有个天井，但是我们左右不围起来。因为我们那边当时治安很好，没有小偷，没有人抢东西，没有人偷东西，晚上关不关门睡觉都可以，环境相当好。

我母亲李科珍，也是华人，祖籍是防城，是防城县滩散乡。我们父母生下6男6女，我们家孩子都在越南出生。我排老大；老二是弟弟邱永贵，1957年出生；老三是妹妹，没读什么书，叫邱大妹，1959年出生；老四是弟弟永福，1961年出生；老五是妹妹邱二妹，1963年出生；老六是妹妹永英，1966年出生；老七是弟弟永寿，1968年出生；老八是弟弟永康，1971年出生；老九是妹妹永凤，1973年出生；老十是妹妹永娇，1975年出生；十一是弟弟永乐，1976年出生；十二是妹妹永梅，1977年出生。其中永贵在越南上完小学之后当了三年兵，回来中国这边后又去靖西当兵了，他主要是做翻译的后方工作了。在自卫反击战中，永福也参军，同样是做翻译的工作。我1975年9月在越南结婚，现在有两儿，儿子已经结婚了，大儿子文康1977年出生于越南，二儿子华康1980年出生于伏虎华侨农场。

我在越南完成学业，当时在那种社会环境，子女多，家家户户都很多，父母也顾不了那么多，只能一部分在家干活，一部分去读书，要么就一部分去上全日制，一部分上早晚班。当时男的都得读书，就集中精力给男的读书，女的有的基本不得读书，或读得书比较少。男孩子基本上是上全日制课程，女孩子或是家庭经济困难一点的就是上早晚班，没有条件到全日制的学校的男孩子就上早晚班。我兄弟姐妹那多，有部分人不得读书，邱大妹和邱二妹就是上早晚班，早开堂的，就是天蒙蒙亮，大概6点半这样就要到学校了，每个早上就学一两个小时，8点半左右就要下课回家做家务、做农活；晚班大概是下午4点到学校，学到天黑就回来。早晚班学的课程是比较浅的，基本上是三年级以下的。全日制的安排就像现在的小孩那样，早上上课，中午回来吃饭。当时从小学一年级到初中都是早上8点上课，12点下课，下午就不上课了，基本上就是在家帮忙干活了，全日制和早晚班都是同一个学校，就是分不同的班而已。

我读的书是比较多的，一直读到高中。当时我们的学校叫中文学校，那时小学到初中都是学中文，到了高中就学越南文了，但是我们读初中的时候也读越文，上了高中就没有中文课了，当时越南政府也是比较重视口语的，不管怎么样都有安排学越文，我越文学到高中，直到 1973 年高中毕业。我读完书出来之后就在家里面做事情，做点农活。像我这样读完高中的也不算很多，因为那个时候是战争年代，到了年纪就要去当兵了，想要读书也不得读书，就要去当兵，当越南兵，当时是越南政府抗美救国。越南政府当时规定，家里面有两个男孩以上满 18 岁的就要有一个去当兵。我们家的邱永贵去当兵，我弟弟的文化是小学毕业，其他弟弟都还小还没够年龄，但是我家符合条件的就我们两个，我不去我弟弟就得去，两个当中有一个去也是可以的，他当了大概三年兵，1973 年去的，之后就和平，不用打仗了。当时他当兵他也不用打仗，他在后方，当了几年兵就回来了。我读完书，也在家里做点事，也到处出去闯荡，到河内海防找亲戚朋友，找点事情做，但是时间也不长。这两三年里，基本上是去玩，没能做什么工作。1975 年认识了妻子，她是在一个县里的农场工作，是专门种树的，培植苗种树种的。当时他们有个生产队在我们村，我们也是在村里认识的。我们 1975 年 9 月就结婚，结完婚就马上办入职手续，成为林场工人，当时林场不是企业，是国家事业单位，待遇很好，工资也还可以，大概是 40 多块钱。

当时我们管的是县里的林场，我是验收员，是一般的员工，专门验收。工作就是植树造林后，我们去验收，1 亩就是三万三千多株，验收就是看在这一定的面积之内，种的树达不达标准，有没有达到技术要求，成活率达到多少；成活的树苗，一级的达到多少，二级的达到多少，三级的达到多少。搞验收需要相当高的技术要求，我高中的时候没有学过，但是这种事容易学的，上岗之前都培训过，当时有专门召开技术员的培训班。还有一种验收就是验收森林，就是砍伐没有经济价值的，比如那些杂草小树，让那些有经济价值的树有空间长大。验收还要做其他的事，比如一公顷当中还有多少含有经济价值的树，就是要搞出来，基本上就是统计出数据出来。还有各种树的名称，随机抽样调查。之后就一直在林场工作。

二

从 1975 年直到 1978 年越南排华，我们回国。当时越南排华，我们农村没有受到破坏，但是在政治上受到歧视，比如原来当领导的华人不能当领导了。当时我们生活的地方还没有出现有排华的现象，但是我们看到城市的当领导当干部的慢慢没有职位，那些当领导的先回国。当时在越南就传出一种风声，说中越准备发生战争，我们看到这种现象我们也怕了，心想着迟回还不如早回，当地有头脸的人物回来了，我们也待不住了，迟早都要回来的。我们首先是和亲戚朋友商量，中越发生战争的话我们知道如何回到祖国的怀抱，而打仗的话，中国是强国，中国比较猛的，肯定是中国赢的，我们当时可看到这盘棋，觉得还是回国好。自我们广宁那个地方的人基本上是成批回来的，也有像黄牛过水，各过各的，各回各的。我们在排华之前没有想过回国，因为我们平时也经常过东兴，就像赶圩一样，如果没有排华，估计就一辈子在那里了。既然觉得要回来，我们全家就都回来。

当时我们距离东兴就 35 公里，我们是走路回来，没有坐什么交通工具，也没带什么东西，一些生活用品，我用手推车拉了一个柜子回来。当时我们从广河县，广河县之前有个名字叫下居，20 世纪 50 年代叫下居，从那里走到东兴，我们走到东兴的难民接待站，但是中越很快就发生战争了，住在越南的人就回来了，在中越边境都安排有难民接待站，当时叫印支难民接待站。我们过了河，上岸后就到接待站那登记，他们就统一安排我们的住处。当时东兴难民接待站是一批批分配人到那里去的，分配到全国各个地方，主要是广东、广西、云南、福建、江西这五个省区。我们在东兴大概待一个星期，然后柳州农场就有人过去接到伏虎华侨农场。当时分配去农场的时候没有征求我们的意见，也不会向我们介绍各个农场的情况，这些都是保密的，我们就知道是到柳州的伏虎华侨农场，但是环境怎么样我们一概不知。

刚到伏虎华侨农场的时候，我们住的是毛毡建成的安置房，住了大概有半年时间，因为当时伏虎华侨农场才 100 多个职工，突然增加 1000 人赶不及建房子。但是伏虎华侨农场也马上动手起房子了，建石头房，当时他们有专门的建筑队，归侨没有参与到建房之中去，因为没有专业技术也做不了，建好之后我们就搬到石头房。我们一大家族就分家了，我与我爸妈分开住了。

从越南到伏虎华侨农场，我们感觉还是可以适应的，因为我的祖父辈都是农民，我们父母也是种水田，这边农村有的东西那边样样有，那边的生活水平和东兴难分上下的，生活水平当时和中国这边差不多。刚回到伏虎华侨农场的时候我做了一年多的农活，主要是种甘蔗、红薯、玉米、花生，什么都做。我们在越南那边吃的东西和伏虎华侨农场这边就不太一样，我们在那边靠近海边，经常吃海鲜，但是到了伏虎华侨农场这边，就没有海鲜吃了，刚开始还是有些不习惯，住了一年多就不得吃海鲜，特别想吃海鲜。但是时间长了也习惯了，后来有冰冻的海鲜后，就有人拿海鲜贩到这里，班车也通了，我们也经常到柳州去买海鲜海产品。生活环境也慢慢习惯了，也没有什么。现在感觉和我们国家很亲近，就现在而言越南和中国，我在中国住了38年了，感情很深了，越南那边没有什么亲人了，现在肯定是我们中国好。

在农场做了一年之后我就当干部，做管理人员，是生产队里的副队长。当时在农场，我们年轻人有满腔热情，就是想着为祖国社会服务。我当副队长是1979—1981年。当了两年副队长之后就调到场部政工科，专门管干部的，也可以说是人事科，在那待了一两年，1982年我就当侨联主席，1985年当纪委书记，1987年提为党委副书记。1982年入党的，自己想入党的，当然也有人做思想工作，1988年当书记，1997年兼当场长，2001年调到本部做场长兼任常委副书记，2004年11月调到县农业局，就享受正科级待遇，2013年退休，把所有职务卸下来。

我在两个农场待过，知道农场的发展也比较艰苦，一个是农场的社会负担比较重，农场要办学校、办医院，农场要做企业的，农场要承担比较大的社会责任。比如说从小孩呱呱落地到老人百年入土，都要承担。二是农场的经济来源比较薄弱，现在农场的发展就这一二十年来，发展也是比较缓慢，过去是这样，将来也是这样。如果没有城市的辐射，农场很难发展下去。比如说现在农场的蜜橘技术支持、农药支持等方面都有待加强。霜冻等自然灾害对蜜橘的影响也比较大，我们农场这些年也掌握了一套技术，但也是风险很大。所以说农场的发展光靠农业，发展就缓慢。我在职的时候，我也有想过怎么去改变农场的发展，但是这个体制一直都改不下来，很难实现。就比如说职工的养老保险如果是个人承担就比较好，到现在还是农场承担，农场的负担就比较大了，而职工的养老保险是农场的一个大头儿。农场以农业为主，应该适当发展一些名贵的作物，希望今后能发展一些新的品种，比如柑橘的品种还有茶叶的品种等。还要吸引外面的老板来农场看看，看看农场还可以发展什么，带动一下产业的发展，现在思维的想法是这样了，但是变为现实还是很困难。工作了30多年，希望下一辈，每个人都有一份追求，一旦实现了自己的追求，努力做好自己的工作，安分守己，爱祖国，爱国敬业，做最大的努力为社会做贡献。

1979年、1980年、1981年、1983年这几年，所有农场都有外逃风，我们农场也有外逃，但是我们邱家没有一个外逃。各个农场外逃程度不同。但是主要是偷渡去香港，要冒很大的风险，有很多人葬身于大海，台风一来，就沉船了，我们知道这种情况之后，我们就不想了，外逃就是到香港那边，那边有个难民营，其他国家就来安置。香港难民营，我也搞不懂，没有亲身体验过，据说是到了难民营的人，有些去了美国，有些去了加拿大，也有些去了英国。好多国家都有，听过就是这样。除了海上风险这个因素考虑之外还有就是没有钱，外逃要花好多钱，外逃的都是有钱人，手头上有黄金。当时有些蛇头，蛇头就是专门拉拢人家出去的，只要给钱他，他就带人到香港去，蛇头是非法的，就是专门带人偷渡的，蛇头是海边的人是沿海一带的，他们有船。农场的人一般是往珠海方向走的，珠海那边有熟人，从这边通过熟人到珠海，到珠海再看那边的形势，但是珠海那边的人也就是想收点钱。当时有些人外逃出去了，有和农场的人联系，他们写信回来。在他们来信后，想出去的也有一批人。出得去的，到了其他国家后的就舒服了，但有些还是被遣派回来的。另外是有亲戚朋友在国外，移民出去的，但是他们不经过香港难民营，就是直接是从中国到其他国家，是要办一定的手续。有些人去香港几个月后被送回来的还是有的。我们在国外也没有什么亲戚，偷渡去要冒很大风险，在农场辛苦一点，没有风险加上我们也没什么钱，如果我们有钱，估计我也想试试出去，但是我们没钱的想想，还是在农场安安定定地工作，到现在我们过得不错。

肖国仕　口述

口述者简介： 肖国仕，男，1947年出生，1960年回国。第三代华侨，祖籍福建，初中学历，在印度尼西亚时居住在首都雅加达。共有7个兄弟姐妹，5个男的2个女的，在家中排第二。中学时在印度尼西亚加入工会组织，成为华侨总会委员、青年会委员及大使馆委员，主要负责外交。后在华侨总会担任保健股队长，因排华跟随组织于1960年乘坐渣华邮轮公司的芝利华号回国。在柳城华侨农场当过老师、医生，以及负责茶厂管理。怀抱一颗爱国之心，在工作岗位上任劳任怨，即使生活上有困难，也不以身份谋利，靠自身努力战胜困难。

时　　　间：2016年7月15日

地　　　点：柳城华侨农场

采　访　者：苏妙英　邓欣婷　王贞荣　郑玉荣

华侨属性：印度尼西亚归侨

南　洋　物：无

整　理　人：邓欣婷

一

我是1935年出生的，1960年回国。我是初中毕业的，祖籍在福建，在印度尼西亚的时候生活在印度尼西亚首都雅加达。我的兄弟姐妹共有7个，5男2女，最大的是姐姐，我排名第二，最小的是我妹妹。丽华、国仕、国力、国富、国元、国文、桂英。最早去那边的是我爷爷，他先去到中爪哇三宝垄。爷爷是带着我爸爸妈妈一起出去的，在中国爸爸妈妈就结婚了。我是在国外出生的。我妈妈也是福建人，姓黄。我在中华中学读书，校徽上写"华中"，李春明是我们校长。

中华中学的小学在市里面，离我家很近，但是中学很远，有校车接送，离家太远就住校。日军南进后我们就到雅加达，不是在市区，是在山洞里面躲难，在那生活了几个月。我妈妈是裁缝。我读到初中毕业，就在那边工作。我毕业后开过小铺，也当过老师。我爸爸做挑夫，挑一些杂货去卖，比如小孩子的玩具。我姐姐今年85岁，我最大的弟弟比我小两岁，每两个间隔两岁。妻子住在东爪哇，雅加达的泗水，她是第三批回来的，我们回来之后才认识的。我妻子的爸爸是最先从中国出去的，也是为了生活去那做工，她妈妈是印度尼西亚人。她爸爸是开杂货店的，卖米、酱油、盐巴等。

　　在学校的时候，有很多青年参加运动，但我们组织的是另外的，不公开的，很少有人知道。每一年春节前有三天夜市，春节后有三天夜校。夜校就是一些穷苦青年，小时候没有得读书，然后晚上去读。我们的校歌里面有校训，比如遵守学校规则，爱护群众。我在印度尼西亚是在别人的铺店打工，领工资的。后来我就去当老师，因为在那边都是读半天书，早上在一个学校教，下午可以去另一个学校教，这样我就可以领两份工资。我是家里男的最大的，大大小小主要靠我一个人。光是妈妈一个人肯定不行，在铺店工作一个月才1000多块钱，当老师我可以得到4000多块。

　　我是华侨总会的委员，也是青年会、教师工会的委员，大使馆里面的工作人员，负责外交。我在华侨总会主要负责外交，出去询问那些生活困难的人们，把国家的文件和政策传达给他们。我们舞狮队里面男女都有，都是自己练习。只要舞狮团需要你去，跟老板请假就可以了，老板不会扣我们工资的。因为我们是为国家、为群众服务，所以我们出去表演一个礼拜也不会被扣工资。到中国的传统节日，我们就会到各家各户表演。元宵节和夜市，捐款得到的钱都给学校。舞狮队是自愿加入的，每个月要交五块钱的月费。舞狮队是个人组织的，但是也归华侨总会管。有两个山东人跟我住在一起，一个老崔，另一个任炳东。任炳东是山东工会的主席。当时万隆会议之后出现了问题，周总理晚上两点到达雅加达，我们去接待。我们还接待过宋庆龄、刘少奇。

　　1960年以前印度尼西亚政府对我们华侨很好，比如有丧事，公路不通，他们就派两个兵来维护公路治安。丧事的费用全都由工会出，私人不需要花一分钱。工会的权力是很大的，所以我们就加入工会。工人没有工作，工会就会帮忙找工作。如果被开除了，由工会来处理。家里有婚事的话，工会帮忙搭棚，桌子板凳全部由工会负责，政府会派警察来维持治安。我们华侨在印度尼西亚的地位是蛮高的，总的来说就是国家的强大，国家不强大，当地政府也不会那么支持我们。有些华侨想要回印度尼西亚，第一个是因为印度尼西亚的气候，第二个就是组织性，在那边有工会我们就安全，受人尊重。首先我们本身要守规则守纪律，不能乱来。有些人回来就会不习惯，我们在那边东西一年四季都有，比如冬瓜，在那边什么季节都有，不像这边冬天才有。农业上也不同，在这边种植要经常杀虫，我们在那边不用。我们在印度尼西亚买东西很方便，而且都是新鲜的，没有过夜的菜，我们回来也还做印度尼西亚特色的菜。我是做外交的，在印度尼西亚哪个有困难，总会想办法接济他，无论是工作上还是生活上都会提供帮助，我们华侨很团结。我现在自己买小鸡来养，养猪麻烦。现在我也不想回去了，跟着社会走。

<h2 style="text-align:center">二</h2>

我是 1960 年回国的，第一个原因是我们这些有组织的人怕被威胁，第二个原因是我自己想回国。我自己一个人秘密回来的，家人没有跟我一起。因为我是有组织的，怕被砍头，是跟那些地下党一起回来的，但是他们是另一艘船，国家安排的。我父母当时同意我回来，因为他们知道我是激进的，也知道我加入组织的危险性。我是坐"芝利华号"回来的，渣华邮轮公司的。整艘船有几万人，跟我一起从那边回来的差不多一千人，我们是第一批的。有些人我不认识，有些是我帮他们办回国手续，比如去公安机关办理手续是我负责的，哪个要回国我就帮他办理手续。那时我在华侨总会，在大使馆工作，是外交部的，都是义务的，没有工资。我回来时买的船票是来回的，期限是五年，花了印度尼西亚钱万把块。我回来的时候，想进补校继续学习，但是超龄了。后来地委书记觉得我打羽毛球好，就说不如进学校去当羽毛球教练算了，我还去柳州比赛，说赢了就可以留下，但是后面赢了也没能留在学校，所以还是有点失望。

当时回来，农场还没有安排工作，我就在卫生所，还去帮学生打针。因为我做过医生，加上我有保健的执照，这边没有医生，就叫我去做。刚刚回来在卫生所工作，卫生所很小，没有医生，晚上不得休息，还要跑去二队看病。后来学校又找到我，让我去学校当老师。因为回国时在华侨里面我是领头人之一，还有两个领导，山东人。当时古一波是副队长，谭汉民正队长，我是保健股的队长。我回国时 4 月，8 月就去当老师。当时农场有两个学校，我是在一小当老师。当了四年老师，后来因故回家，去养猪、养马、养牛。1960 年老师工资 27 块钱，是最高工资。我不当老师，回到农场就在基建队工作，当时生活比较困难，我有三个小孩。基建队是按工作量算工资，我做了很多年，后面又负责治保工作。我在那个特殊时期因为有海外关系，进行劳动改造，做水利工程。家里人送饭给我的时候他们还要检查。正式平反是在 1983 年，刚开始平反是县侨办、柳州侨办、农场领导等开会，但是没有凭证，我们就提意见。后来就打印正式的名单，盖上军管会、柳城县、公安局、柳城华侨农场等五六个公章，在场部开会宣布，才算是真正地平反了。1980 年还没有平反的时候，吴礼泰书记、侨办的李主任、罗部长等几个领导都来劝我当领导，那时候我已经从基建队调到生产队了，我不同意。他们把我的锄头和茶篓都丢了，说谁让你去劳动，要你嘴巴劳动，不是手劳动。在生产队劳动就是按平均 22 块钱工资，然后抢公分计算，干活时有民兵拿木棍守着。他们问我想当哪个领导，有侨办职务、农场职务，我说我不想当。他们几个领导也叫我入党，但是我没有资格入党，所以我没写申请书。

我在 1980 年当了分场的领导，20 世纪 70 年代生产茶叶的时候我当生产队的组长。茶叶亏损了，领导叫我来管，让我当茶厂的领导，但是我不做。黄亚运当时也是生产队队长，后来就让他去管。我们农场是从 1983 年开始个人承包土地，本来是要求 1980 年开始的，但我们没有执行。因为我们考虑到群众的思想，当时生产茶叶超过产值发全部工资，还可以发奖金，但是自己承包后就靠自己承担。那时候我们就反对，后来也没办法了。我是 1988 年退休的。我的腰受过伤，工作时主要在室外工作，跑来跑去，我的腰疼得在办公室都坐不了，他们就让我提前两年退休了。退休时工资 90 多块，后来我就打零工生活了。

60 年代中期之后我跟我的兄弟姐妹们就没有联系了，我也找不到他们了。在这期间，有些搬家了，不知道地址。我姐的孩子留下地址，但我们写信过去又被退回来。我都没有回过印度尼西亚，写有很多人地址的那个本子也被没收了，也联系不到我的朋友们了。我现在还想找他们，但是不知道怎么找。

过去种茶叶有工资、奖金，现在个人承包之后就没有了。我们家虽然困难，但是从来没有申请过补助，都是靠自己。三个孩子都是自己养大的，孩子大了，我就带着三个小孩一起去帮别人挖地基、摘茶叶来维持生计，挖地基一平方米三毛多钱。现在种茶叶一年赚不到几千块钱。我的小儿子出去做零工，夫妻俩生活得比较困难，我的孙子大专毕业了，已经工作了。我的两个孩子只读到初中毕业，知道家庭困难，他们就不愿意继续读书了。我的大儿子海明 16 岁就出去打工了，现在在柳州当保安。最小的儿子海平在场部的茶厂工作，那时候老大、老二出来工作就是为了培养我小儿子，让他读到高中毕业，然后去到南宁的农工业大学学习种茶技术。现在种植茶叶的群众生活都不是很好，但是种果树的生活还可以。我的孩子海平也是后来调到场部，她妻子原来是在化纤厂工作，主动要求下岗回来一起跟他工作。为了小孩读书，我儿子做两份工，早上从6点钟工作到中午12点半，下午从6点又工作到晚上12点。我的儿媳妇也是这样，帮别人带小孩，把我的孙子培养到中专毕业，现在在汽车厂工作。

钟奇文　口述

口述者简介：钟奇文，印度尼西亚归侨，出生于印度尼西亚，是第二代华侨。父亲被"卖猪仔"卖到印度尼西亚，随后打工娶了印度尼西亚人，开了一家小杂货店，随着"印度尼西亚十号"法令的下达，原本平静的钟奇文一家，不得不因此开始颠沛流离的生活。在印度尼西亚先后举家搬迁两次，后在当地华侨的号召下，积极加入归国行列。到了农场，才算是开始了一段平静的生活。每当问起哪里是你的故乡，他都会回答："农场才是我的家。"

时　　间： 2016 年 7 月 5 日
地　　点： 广西柳城华侨农场钟奇文家中
采 访 者： 邓　燕　郑玉荣
华侨属性： 印度尼西亚归侨
南 洋 物： 无
整 理 人： 郑玉荣

一

我叫钟奇文，1939 年 7 月 17 日出生，祖籍广东梅县太平村，是第二代华侨。现在居住在柳城华侨农场分厂 85 号。我爸爸 1927 年被"卖猪仔"卖到印度尼西亚，先后在东爪哇、泗水、外南梦等地生活。父亲名字叫钟迁生，父亲当时出去的时候 20 岁，是他的哥哥带他出去的，父亲的哥哥叫钟普生。那时父亲的哥哥先出去，后来看到那边能赚到钱，就把弟弟也带出去了。父亲刚出去的时候，在海关被关押了一个月，父亲的哥哥去找钱，赎我父亲出来。之后父亲在印度尼西亚打工，当店员。父亲从小眼睛就有问题，回国的时候双目失明了，是我牵着父亲回来的。

我爸爸在那边打工，之后就认识了我妈妈巫居娜，我妈妈是印度尼西亚泗水人。结婚之前我爸爸一直在给别人打工，结婚之后，成立家庭了，父母就开了个小商店，维持生计。商店里卖一些酱油、香烟等一些杂货。我家当时住在农村，周围印度尼西亚人多一点，那时候的生活很苦。我父亲大约是1989年，85岁时去世了。我父母相差10岁，爸爸大妈妈10岁，母亲也在10年前去世了。我父母一共生育了9个孩子。大姐、二姐已经去世了，三姐也在半年前离开了我们。我排行老四，下面老五是妹妹钟菊英，老六是弟弟钟奇尤，老七是妹妹钟梅新。妹妹钟梅新很小的时候，大约10个月时就被送人了，在印度尼西亚时送给了别人。因为当时家庭条件不好，养不起这么多孩子，于是就把妹妹送人了。至今也没有和妹妹取得联系。妹妹钟赢新嫁给了桂林的印度尼西亚归侨，随后去了香港，把父母也接过去了。弟弟钟奇芬也在香港。

我在印度尼西亚读过书，读的是华侨小学，中华学校。在学校的时候我讲的是普通话，我的老师是广东新惠人，我在那边一直读到小学毕业。主要的课程是中文，有时也上印度尼西亚文。我读到小学三年级就退学了，因为家庭生活困难，没办法继续供我读书了，于是我就辍学了。辍学一两年后，我的伯伯叫我继续读书，后来我又去读书，一直到小学毕业。小学毕业的时候我已经十七八岁了。小学毕业之后我就跟着表姐在马里岛做工，帮表姐看店，在表姐的杂货店里打杂，卖香烟、白糖等之类的日用品。在表姐的店里做了大约有一年的时间。

我读书和打工的时候，我的弟弟妹妹们还很小，他们还在读书。弟弟妹妹读的是印度尼西亚文的书。我们家一共搬过三次家，刚开始的时候在外南梦的郊区，距离城市比较远，所有的小孩都出生在这里，这个地方音译过来叫作"梦住罗"。在我大约10岁的时候，我们又搬家了。这次搬家的原因是：我们家开的商店经常被偷东西。天亮以后，我们发现商店的门开着，东西没有了，在外南梦的时候，我们家的商店一共被偷了两次。

于是我们决定搬家。那里的房子随之也卖掉了，卖了500印度尼西亚币。后来我们家搬到了音译为"班木了去"的地方。在这里我们还是做老本行，开了一家小商店。半年后，我家的商店破产了，因为没有人来我家买东西，东西卖不出去，商店没办法继续经营下去了。我们一家的生活全靠这个小商店来维持，商店破产，无奈我们只好再次搬家。

这次我们搬到了音译为"的木了去"的地方。在这里我们还是继续开商店，在这里住了大概半年。这里是农村，晚上没有人，静悄悄的。家人担心安全问题，于是又搬家了。

我和父亲走路去找房子，在音译为"森内卜了去"的地方找到了房子。我们在这里一直住到回国。在这里，我们一家人的生活比较好，一直到1960年，印度尼西亚"十号法令"的颁布，我们才离开这里回到了中国。我牵着双目失明的父亲找房子的过程中，曾遇到一个好心的中国人。他开商店，生活比较好。他看到我们一家人生活困难，就帮助我们找房子，还给我们饭吃。这个好心的中国人找了当地的印度尼西亚乡长，印度尼西亚的乡长就相当于中国的村长。通过这个好心中国人的引荐，我们一家人就在这里安定了下来。好心的中国人和印度尼西亚乡长关系很好，他经常给乡长送一些东西。我们在好心的中国人的帮助下，住在了乡长的房子里，乡长定好了房租20年不变，让我们一直住着。我的姐姐经常会给乡长买些猪肉之类的，以表示对乡长的感激之情。那个时候，我们家的生活比较好，一直到印度尼西亚"十号法令"的颁布，之后我们一家人的命运就随着印度尼西亚"十号法令"的颁布而改变了。

二

我们一家人是1960年7月15日来到农场的，当时乘坐的是"海防号"。我们在印度尼西亚的雅加达上船，在广东湛江下船。我们之所以要回国是因为印度尼西亚"十号法令"规定不允许我们继续在印度尼西亚开商店了，我们只有两个选择，一个选择是加入印度尼西亚国籍，另一个选择就是回国。因为我爸爸不愿意加入印度尼西亚国籍，所以我们一家人就在祖国的号召下回到了祖国。

在我们回国的途中，当地的华侨总会给了我们很大的帮助，华侨总会派了三部车去接我们，帮着我们搬东西。我们在外南梦的吃、穿，以及在旅舍的住宿费用全部是当地的华侨总会负责的。华侨总会把当地的华人集中在外南梦，在这里我们一共住了两晚。当时在外南梦集中的人很多，随后华侨总会开车送我们到了泗水。当时送我们的车子很多，车子排很长很长的队。很多的华人都激动得哭了，因为我们在印度尼西亚的生活太辛苦了。中国派了船来接我们，我们都很感动，纷纷高声呼喊："祖国见！祖国见！"我们的这些举动把周围的印度尼西亚当地人都感动了。

我们在泗水的旅舍大约住了一个星期，随后又坐火车到了雅加达。在雅加达住了约一个星期，就去海关检查身体。我当时体检的时候身上带有印度尼西亚的香烟，海关不让带回来。我记得我们上船的时间是 6 月 6 日，上船之后，我们在船上待了 7 天 7 夜，之后到达了广东湛江。下船后，是工作人员把我抬下来的，因为我晕船晕得厉害，加上不停地呕吐，已经没办法自己走下船了。我们在湛江住了大概半个月，一直等农场的房子建好，才起身来南宁。我们在南宁也住了大约半个月。离开南宁后，我们来到了柳州，在柳州的和平旅舍住了几天，当地的工作人员带我们参观钢铁厂。之后再从柳州南站坐火车到了柳州华侨农场。一直在这里住到现在。

我们在回国之前，看到宣传中国的画报和听到他们宣传中国多么多么好。他们说，在中国晚上睡觉不用关门，中国的治安很好。这使我们很心动，都想回国。我们下船之后，工作人员不允许我们和当地人接触，也不允许我们和他们说话。他们怕我们和当地人乱讲，也怕当地人和我们乱讲。我们刚回国的时候生活很困难，我们很不适应国内的环境。这太冷了，冬天特别冷，手脚都冻得不行。

我们当时原本可以选择回广东，因为我们祖籍是广东。我父亲非常想回广东，回梅县，想落叶归根。我说，不去了吧，我们还是服从祖国的安排吧。我们上船之前填写过相关的表格，其中有一项就是想回到哪里。我填写的是服从祖国的分配。我妈妈不吃猪肉，刚到农场的时候她天天哭，我父亲的心情也不是很好。于是我就给我爸爸妈妈做思想工作，让他们接受回到中国的现实，让他们安心在这里好好生活。

我们回国时是 6 个孩子，爸爸回国的时候已经双目失明了，不能做工了。我妈妈还能做工。我回来之后在东泉继续读书，读初中。不久之后，就回到了农场做工。在农场铲草、看牛什么的都做过。我那时的工资大概是每个月 18 块。我的弟弟妹妹都还小，还不能做工。组织上很关心我们，因为我们是贫苦归侨，生活困难，组织上对我们很照顾。组织把我弟弟钟奇尤送到茶叶技术学校去学习，我弟弟在茶厂读书，之后在"文革"期间弟弟被分配到了天等。

妹妹钟赢新在农场做工，妹妹经别人介绍认识了桂林的印度尼西亚归侨，之后妹妹嫁到了桂林。钟赢新之后去了香港，后面她把我的父亲也申请带去香港团聚，我母亲于是也去了香港。

我的伯伯当时没有回国，伯伯在印度尼西亚结婚了，娶的是侨生，但是伯伯没有孩子。当时柳城华侨农场一共接收了四批印度尼西亚归侨，第一批回来的是我妻子她们这一批；我是第二批；其他人是第三批。第一批回来的归侨被安排居住的地方就叫一分场；第二批回来的归侨被安排居住的地方就叫二分场；第三批回来的归侨被安排居住的地方就叫三分场。第一批是 2 月回来的、第二批是 4 月回来的、第三批是 6 月回来的。我说的月份和日期都是在印度尼西亚的日子。苏妙英是柳城华侨农场第四批回来的印度尼西亚归侨。我回来之前不知道农场已经安排了印度尼西亚归侨，我回来来到农场之后才知道原来农场已经有印度尼西亚归侨在了。

我在那一段特殊的时期比较幸运，没有被批斗，也没有被抄家。我弟弟那时就去了天等，不知道弟弟在那边参加了什么，之后因此就被分配到了天等。有一段时间，农场的归侨都想出去，去香港或者澳门，我没有这样的想法，我弟弟有这样的想法，想出去。所以，我弟弟曾经申请去香港和姐姐团聚。我家人没有和在印度尼西亚的亲戚联系过，因为我们担心被指控里通外国，所以一直不敢联系。改革开放后，我们托朋友寻找过在印度尼西亚的表弟，朋友见到了在印度尼西亚的表弟，并带了表弟的照片回来给我们看。后来我也多次想去印度尼西亚找曾经送人的妹妹，弟弟不去我一个人不敢去。我担心自己会走丢，所以找妹妹的事一直耽搁到今天没有行动。我的护照都办好了，却一直没有动身。

我 1972 年结婚，农场派我到 7 队那边建设农场，在 7 队认识了印度尼西亚归侨丘胜娥，之后我们两个结婚了，成为夫妻。

我太太在印度尼西亚读过侨校，是高中文化。农场保送她去侨校读书。我们有两个孩子，大儿子钟俊英是老师，二女儿钟丽霞去世了。我女儿 24 岁时，被男朋友叫去坐摩托车，出了车祸。我儿子现在是农场学校的老师，儿媳张新辉是越侨，儿子有一个男孩，孙子现在 9 岁了。

我觉得中国和印度尼西亚比起来，还是中国好。虽然刚回国时，对国内的生活不太适应，冬天很冷，夏天又很干燥。那个时候的中国发展确实没有印度尼西亚好。但是我们现在退休了，我每个月有 2400 元的退休金，我妻子有 2000 元的退休金，我们在这边的生活比在印度尼西亚时的生活要好。我不后悔回国。我们那时候在印度尼西亚的生活太苦了，我们不回来根本没办法在那边继续生活，祖国又派船免费接我们回来，我们很高兴。我现在居住的房子就是当时回国时居住的房子，你别看这个房子这样子，我在印度尼西亚时的房子还没有这个好。我们在印度尼西亚居住在农村，条件很差，自来水没有，电灯、电视什么的都没有。我们回国时看到这样的房子高兴得不得了。

我们刚回国时，正值"文革"期间。刚回国的时候我觉得国内的人都很奇怪，为什么这么说呢？因为我们在印度尼西亚是做生意的，而国内的人是种地的，扛锄头种田的。这让我感到很奇怪，我们从来没有见过扛锄头的中国人。还有一个很大的不同是，在印度尼西亚的时候，办什么事都要钱，而中国不需要。在印度尼西亚，年满 16 岁的中国人就要交 1500 的印度尼西亚币，在中国就不用。在中国办事也不需要花钱来打点，这一点我觉得中国比印度尼西亚好。我们刚回国时，农场的领导慢慢地引导我们，让我们好好在这里，安心在这里生活。领导耐心地安慰我们，这让我们心里觉得很温暖。

在柳州华侨农场，当地人都对华侨很好，很看得起华侨，不会看不起我们，也不会歧视我们。我们华侨和当地人的关系很不错。我曾经去过韶山，我们现在生活好了，不能忘记毛主席呀！

我现在家里还保存着我们从印度尼西亚回来时带的一些东西，有木箱、皮箱和在印度尼西亚时拍的一些照片等。我很愿意把这些东西都捐给国家和博物馆，只要给我复印一份留作纪念就好了。

四、宁明华侨农场篇

广西宁明华侨农场位于崇左市宁明县城北郊，紧靠湘桂铁路宁明站、南友高速公路、322 国道和国家重点风景名胜区——花山。宁明华侨农场的前身为 1951 年建立的馗塘苗圃，1932 年馗塘苗圃并入由广西垦殖分局管辖的亭亮垦场，1953 年春以后相继开辟天西、中站等地区，与亭亮合并，由丽江垦殖所管辖，排称为第六垦场，后又改为第一百零六场，这是建场的标志。1954 年改为天西垦殖场，1955 年改为国营三星垦殖场，1957 年改为国营三星农场。1960 年 1 月场部迁到驼龙乡驼龙村。1960 年 4 月因安置印度尼西亚归侨改名为广西国营宁明华侨农场，属广西壮族自治区管理。

宁明华侨农场从 1960 年起，先后安置印度尼西亚归侨 5 批 502 户 3394 人。1978 年起，又安置越南归侨 17 批 991 户 4012 人。据资料显示，第一、第二、第三批印度尼西亚归侨共 373 户 1658 人，临时入住县城的财政局、商业局、邮电局、兵役站、交通局、汽车站等处的干部职工腾出的宿舍、房屋，并办起临时饭堂。第四、第五批印度尼西亚归侨共 149 户 1736 人，这两批临时安置入住宁明糖厂和县木材采购站，同时办起临时饭堂。

为了让印度尼西亚归侨有个长久的住处，1960 年 4 月底动工修建蒲瓜归侨安置点，经过苦战 6 个月，终于建成了房屋 7301.5 平方米，1300 多名印度尼西亚归侨于当月搬进了新居。蒲瓜归侨居民点建立后，组成华侨大队，下设第一、第二、第三、第四、第五生产队，归城中管理区领导。归侨生产队主要从事农业生产，种植蔬菜，水稻及护理橡胶，城中管理区成立时，规划将附近的蒲瓜、干逢、红斋、寨密 4 个农村大队并入农场管理，享受农场待遇，这四个大队同意将大片土地划给蒲瓜华侨大队作为住宅地和生产用地。然而，由于国家不同意农场并队入场转为全民制管理，农场将蒲瓜、干逢、红寨、寨密 4 个大队连同土地退回去，近 1300 名归侨面临失去生活、生产基地的处境。经上级侨务部门批准，进行调整安置工作，即分场外调整和场内调整。调整到场外来宾华侨农场的以蒲瓜居民点的华侨大队第五生产队为主，第二、第三、第四生产队部分归侨随从，共 270 多人；调整安置到场内亭亮分场的以第四生产队为主，第二生产队部分归侨随从，共 300 多人；调整安置到工棚分场的以第二生产队为主，第二、第四生产队部分归侨随从，共 300 多人；调整安置到中站分场的以第一生产队为主，第二、第四生产队部分归侨随从，共 200 多人；调整到农场淀粉厂、修配厂的有 100 多人。临时入住县木材采购站的归侨，先后安置到浦昔、高岭分场和场部。

从 1978 年 4 月 17 日起，农场先后安置越南归侨、难民共 17 批 991 户 4012 人。至 1980 年底止，共安置越南归侨 3560 人，安置经费 2680460 元。其中安置费和衣物、被子费 385660 元，建房费 2294800 元。

宁明华侨农场刚成立后，总场下设政工科、生产科、财务科、供销科、保卫科、行政秘书科 6 个科室，场部下设中站、亭亮、院景、双龙、馗塘、工棚 6 个分场和一个综合加工厂。总场设置场长、副场长（"文化大革命"期间设"革委会"主任、副主任），科（室）设配科长、副科长，分场社主任、副主任。后来分场改称管理区，1968 年又改为生产队，1973 年又重改为分场至今。为了适应体制改革的需要，国营宁明华侨农场由原属区单位移交南宁地区管理，2000 年 10 月宁明华侨农场划归宁明县人民政府管理。2013 年总场内设党政办公室、生产经营服务中心、财务办公室、保卫科、武装部、计生办公室，场部下设有渠阳、中站、中新、那标、亭亮、院景、双龙、高岭、馗塘、工棚、苗圃 11 个分场。

宁明华侨农场建立后，执行以橡胶为主，胶粮并举，长短结合，多种经营的方针。1964 年起实行农业、加工业相结合，着重发展菠萝和木薯，兴建农副产品加工厂，同时发展畜牧业，多种经营，全面发展。1979 年起，实行以菠萝为主，木薯为二线作物，稳步发展柑橙的发展方针。在农场归侨的齐心合力地工作下，1965—1989 年，农场连续 25 年盈利。1960—1989 年这 30 年期间，宁明华侨农场总体上处于兴旺发达时期，各方面均取得显著成绩。

据 2017 年 12 月统计，全场有 1814 户 5308 人，其中，非农业人口 2017 人，农业人口 3291 人，职工 2451 人；宁明归侨侨眷共 3027 人，其中归侨 1687 人（印度尼西亚归侨 267 人，越南归侨 1420 人），侨眷 1340 人（印度尼西亚侨眷 357 人，越南侨眷 983 人）①

---

① 宁明华侨农场办公室提供资料。

黄玉成　口述

口述者简介： 黄玉成，男，越南归侨，出生于越南偏北部（靠云南这一边）的一个叫"安沛"的地方，爸爸叫黄富华，妈妈叫路金梅。家里只有黄一个小孩。祖籍是广西防城港。回到宁明华侨农场之后就在罐头厂上班，1993年，罐头厂亏损，就开始自谋职业，外出打工。在外打工期间，时常跟着朋友一起去到越南做些小生意，现在利用从罐头厂学到的技术，帮忙厂里的领导调试机器，还帮忙翻译一些越南语。

时　　间：2017年6月19日
地　　点：宁明华侨农场黄玉成家中
采 访 者：郑一省
华侨属性：越南归侨
南 洋 物：木箱、皮箱
整 理 人：陈舒婷　黄玉柳

一

我叫黄玉成，我是越南归侨，1956年在越南偏北部（靠云南这一边）的一个叫"安沛"的地方出生，我爸爸叫黄富华，我妈妈叫路金梅，爷爷叫黄五，不记得奶奶叫什么名字了。我的祖籍是广西防城港。

我爷爷先到越南的，我不知道我爷爷为什么去到越南，我出生时我爷爷已经去世了，我爸爸也没有跟我说过这个事，大约是逃难或者做生意沿路一直往下走就到了越南安沛，在那里认识了也是从中国过去的我奶奶，后来便有了我伯伯和我爸爸，我伯伯在年轻的时候就去世了。在我爸爸还小的时候，越南是法国的殖民地，我爸爸就在越南的一个法语学校上学，读到四年级，所以他会说法语也会写法文，但是他不会写中文。四年级之后越南解放了，安沛也成了解放区，我爸爸就没有再上学，开始做修手表的工作，后来自己开了一家修手表的店铺，一直为此工作到 1978 年。在这期间，认识了我妈妈，我妈妈在织布厂工作，一直工作到 1978 年。我大约六七岁开始在越南的"安沛易路市华文小学"上小学，也在越南的当地中学念初中，读完七年级之后就没有再读了，我当时并不想要上高中。后来就跟着我爸爸学修手表。1978 年我爸妈就带着我们回国了。回国的原因并不是越南排华，而是因为我们还是华人的身份居住在越南，当地政府要求我们加入越南国籍，叫作越南华族这个越南的少数民族，否则不能在越南居住，我爸妈一气之下就回来了。

二

1978 年我们从越南回国，身上没有太多的行李，只有一些衣服和钱，我们沿着水路走，过了河就到了云南河口，从云南河口入了关。我和我姐姐先入关，我爸妈和我弟弟后来才入的关。听说我们入关后不久，在越南的大多数华人都回国了，还有一些华人没有回来，当地的警察就开始赶人，把剩下的那些华人安排进一个村子里，还派人监督。再后来情况缓和一些之后，村子里面的华人才开始可以出门做些小生意。我们在云南河口接待站待了两三个月，归侨越来越多，我们上山帮忙砍竹子，用来搭建临时住所。后来我们被分配到了广西，有河口的领导给我们每个人发了十几块钱。坐火车从河口到昆明，两三天后再次坐上火车到广西南宁，又坐了汽车到宁明车站，在车站外面有很多厂的车来接我们，我们一行有十九个人，被安置到一个叫"院景"的地方，距离县城有一公里路，是这里最偏僻的地方。把我们放在那之后又给我们发了一些物资，如碗筷、提桶、蚊帐、棉被、热水壶这些东西，两三天之后，给我们发了锄头，安排到各个班，就开始劳动了，无非就是除草、种菠萝、摘菠萝这些工作，这样的生活大概过了七八个月。来到宁明华侨农场之后，就在罐头厂上班。那时的宁明华侨农场盛产菠萝，出口率也很高，经济发展很好，全区第二。我在罐头厂当了一个小班长，罐头厂采取工资制，一天 8 小时正常班，每个月偶尔会有三四天需要加班。我每个月 60 块钱工资。我是技术工人，所以工资相对普通工人每个月 30 块钱的高一些。我爸爸回来十多年之后，也就是在他 70 多岁的时候去世了。

我老婆是我回来时认识的，也就是在云南河口接待处，我认识了我现在的老婆，她也是越南归侨，在越南我们并没有住在同一个地方。后来一起被分配到了宁明，自然而然地我们就结婚了，我老婆的父母和兄妹都移民去了加拿大，只有她还留在这边和我在一起。

1979年，对越自卫反击战开始了，为了响应号召，我也积极参与了，当时也很年轻，对打仗这些事情一点也不害怕。我们在扶绥县集结了一个多月，我没有直接参战，属于后勤部的，因为会越南语，所以主要负责做翻译和上前线喊话，还有接送俘虏。几个月后，我们胜利归来，领导让我们先回家，晚些时间再给我们发退伍证，然而到现在依然没有退伍证给我们，我们农场这边都没有，当然我们并不是非要拿这个证，而是说我们华侨农场没有而其他农场却有，心里觉得不公平。过后，部队给我们发一个被叫做"扶优"的补助金，每个月60块，每年都会适量增加一些，到现在是每个月130块，我退休以后这一笔补助金也没有了，然而其他农场拥有退伍证的人每个月500块。

1993年，我们罐头厂开始亏损，就开始自谋职业，我就外出打工了，那时我已经四十多岁了。做了很多工种，其中最久的是在"南宁华邦制衣厂"做厨师（有朋友在厂里做厨师，我就跟他从小工一直到厨师）五年，在外打工期间，工资也保持在每个月400块、500块。离开厨师行业之后，时常跟着朋友一起去到越南做些小生意，现在利用从罐头厂学到的技术，会帮忙厂里的领导调试机器，还帮忙翻译一些越南语。现在我退休了，要是有厂里的领导叫我过去帮忙我也会过去。

退休以后我喜欢喝喝茶，早上骑单车锻炼身体，晚上散散步。退休金2600元，我老婆2000元。退休以后有很多问题我搞不清楚，比如说我参加了新农合，后来被一个厂长修改成城镇居民，导致我现在生病看病没办法报销，也没人给我们解释。回国之后我还是常到越南去玩的，我护照上的章都要盖满了，我还记得那边的伙伴，清明节偶尔会去扫墓。我们家还保留像越南时的神龛祖先牌位，一般春节、初一、十五必须上香，土地公也会拜，保佑宅平安。

其实我很感激国家，我们刚回来被叫作"难侨"，是逃难回来的归侨，国家就帮我们安置在农场里，给我们一口饭吃。侨联这边做得也都不错，只是觉得和归侨群众们不够亲近而已。对比那些没有从越南回来的朋友，我觉得我很幸运。

黄伦孝　口述

口述者简介：黄伦孝，男，出生于越南谅山省。曾就读于华侨师范学校并分配至罗山市任小学数学老师，1978年回国继续在宁明华侨农场小学担任数学老师，1990年进入侨联，2006年退休前任农场侨联主席。秉承"一视同仁，不得歧视，根据特点，适当照顾"的宗旨，全心全意为侨服务。

时　　间：2017年6月19日

地　　点：宁明华侨农场黄伦孝家中

采 访 者：李海翔

华侨属性：越南归侨

南 洋 物：无

整 理 人：李海翔

我叫黄伦孝，1946年出生在越南谅山省，我的祖公，就是爷爷的爸爸去的越南，那是清朝后期，兵荒马乱，为了生活，逃命去的。我的祖籍是广西钦州，只知道当时钦州战乱，祖父有五兄弟，有两个跑去越南。爷爷黄丽川1957年过世，他大概是19世纪70年代生人，逃到越南以后家里做些生意。那个时候边境华侨做小生意或者做苦力工的很多，奶奶就开杂货店，爷爷还当过私塾老师，在越南教中文，私塾里的学生主要是华人和越南的壮族。那边的民族和习惯都和这边壮族是一样的，比如都有祖宗台，也喜欢读汉语。以前的私塾老师就是集中几个学生，一起上课，到了一定时间，家里有钱给点钱，没钱给点稻谷。越南的学校，书本、老师都是国内过去的，后来他们发展了一点，自己印刷，历史课都要学两个国家的历史。我父亲那时候的越南，还是法属国家，中文比较自由，到了我这里中华人民共和国成立了，走社会主义，是新的时代了，就没有以前思想那么开放了。

我们家在谅山省有房子，我记得是两层楼。家里的商店一直开到排华时期。我的父亲叫黄伯森，母亲叫何氏全，越南的女人都叫什么氏，父母都是1917年出生，母亲也是华人，祖籍也是广西，听讲是父母包办婚姻，母亲在地方供销社卖东西。我来的时候中国都还有供销社，集体经营。奶奶也是华侨，叫潘氏霞。父亲高小过后就不读书了，帮奶奶在杂货店做工，后来去越南工厂当出纳员。爸爸那个年代好像人都很厉害，他都可以用中文写诗歌，写的文章都比我写得好，毛笔字也很漂亮，我本身是初中数学老师，都比不过他写得好。我的小学到初中在谅山省的华侨学校读，跟现在小学读一样的课程，就是多一门越南语，然后就去的河内。东南亚只有一所越南华侨师范学校，就在河内，我1966年在该校毕业，后来分配工作到罗山省才认识了我的老婆，这个后边再说。

我的外公死得很早，不太清楚母亲家里的情况，有一个舅舅何海鉴也因排华回来，后来被安置到武鸣。他也是开始在农场，后来对口安排工作。因为他的儿子会开车，是个司机，县城要他就去县城工作了。

1978年越南排华反华，我们家就从越南回国。过去，越南算中国自家兄弟。1975年越南统一的时候，中国抗美援越，中国和苏联都对越南援助。20世纪60年代中苏不友好，越南为了得到帮助，在中苏两个国家之间保持中立状态。可到了他们建国后，不可能保持中立，必须明确自己的立场。越南选择了苏联，国内不可避免地反华。我们家是华侨，还是知识分子，一听到这个消息，就决定回国。当时中文学校陆续关门，我在那边教华文，没有了工作。同时各个政府部门要门，用精简人员的名头让华人逐步退出。公安、政府等比较重要的部门都精简华人。我们走得比较早，4月回国，5月就开始大面积驱逐，1979年中国就自卫反击了。后来大批大批遣送回国的时候，很多人来不及拿走家当，带了个包就回去了，房子家产都来不及变卖。

越南华侨主要去了武鸣，其他的就分布在各个小农场。我们这里开始有四千多人，到了我2006年退休就三千多人，印度尼西亚华侨两百多人，归侨都慢慢去世了，印度尼西亚归侨刚开始有一千多人，很多都去了香港或者外边城市。20世纪70年代末到香港投亲的人数不胜数，不过20世纪80年代末就很严格了，夫妻关系才可以。一下子越南的归侨去香港的就很少了，有一些嫁了印度尼西亚归侨就了，没有亲戚就不能去的。越南华侨回到中国的很多，一共回来27万人，有几万人去了世界各地。按照我了解，这些人去的地方，广东第一，广西第二，福建第三，海南也有不少。很多人从越南回来很受照顾，我们较早回来的比较少，按祖籍分配，也可以按自愿。回来的时候派干部来了解，当时没改革开放，就回广西了，要是知道改革开放我们肯定就去广东了，而且以前我们钦州也是属于广东，但是回来的时候20世纪70年代末已经划成广西了，我们就决定留在广西。后期过来的人多了，就没办法照顾了，开始国家以为只有千把人，后来越南人都开始敲门赶人，警察就说赶快回，不回后果自负啊，大家都害怕了。东西都来不及收拾，要是被杀了怎么办，大家都很紧张。

我在农场的工作经历很多，1978年一回来我就在工棚分场当小学数学老师，领导想把我调到华侨中学我没去。因为在中国不像在越南，教中学就工资高一点，在中国都是一样的。我就留在这里教小学，还轻松一点，这里工资主要还是按职称。1990年领导安排我去总厂侨联，老主席退休了，我去当钟华昌主席的秘书。我们农场最初是林福翰当主席，然后就是钟华昌。我当秘书到2005年，然后我做主席，2006年我就退休了。不过四年后才正式退休，还临时聘用当主席到2009年。1995—2002年我还在农场，主要管教育，是教育科长。后来2002年教育划到地方后我就不管了，农场没有自己的学校了，原来的学校归宁明县管了。总的来说，我这辈子工作都在为侨服务，领导叫做什么就做什么，侨有苦难我们去帮助，扶贫，"一视同仁，不得歧视，根据特点，适当照顾"，国家政策还是很好的，很多政策归侨都有。比如每年高考都可以照顾10分，其他也很多了。到了我退休之后，最多在家玩玩电脑。不比他们年轻人强，但是很喜欢。

我后来也回越南很多次，那边还有亲戚，现在两国关系好了，拿护照就可以回去了。还留在越南的三个兄弟没回来的原因，是当时听说中国在"文革"，也是很怕，顶住压力不回来，我们怕死回来了。我父亲1988年回来，他开始不敢回来，后来在越南也受了很多苦，我有八个兄弟在中国，就接他回来养老了。我父亲有两房太太十几个兄弟，以前没什么限制，有钱就要。我们八个兄弟是不同批次回来的，当时黄牛过水各顾各的。父亲回到中国就来找我大哥，去了新和华侨农场。他活到了2001年新世纪，也很有命了。

我们在农场20世纪90年代左右很艰苦，退休工资发不出，主要大问题是拖欠工资和拖欠医疗费。住房基本都解决了，我们本来是公费医疗，1990—1999年欠了很多工资和公费医疗，本来可以报百分之几十，但我们当时都是自己垫，场里效益不好，全场都拖欠工资，年年都打报告，一直也解决不了。以前的住房问题、供水问题都解决了。我们刚住上楼房的时候没有水，晚上才有水。就业问题的话，是年轻人不够吃苦耐劳。这边的工厂招工，他们不去，反映没有工作的很多是觉得工资太低。

我的小孩在广东打工，他 1974 年出生，18 岁就出去了虎门，那时正是 20 世纪 90 年代开放时期。他完全自己出去闯自己找，初中毕业之后自己还不成才，非要去找钱，只是听说改革开放容易找钱他们就去了。我想让他们读高中、大学，可他们不去，后来他打工的老板说让他们进写字楼可是学历太低了，老板想给他升职都没办法，他这么跟我说，我想大概是他后悔了。他最开始帮老板卖东西，后来在香港老板开的工厂里打工，再后来打广告搞宣传。现在他在开滴滴打车，不是很辛苦。搞宣传的时候一早出去，晚上八九点才吃饭，非常辛苦。我们在越南也辛苦但是自己做生意，想休息就休息。现在他不愿意回来，那边工资三四千一个月其实也存不下钱。我的儿媳妇是四川人，他们在广东打工认识的。孙女在宁明五校，近一点我们好接一下。

我老婆叫农玉英，1949 年出生在广西天等，她的父亲叫农正田，1916 年出生，小学文化。她父亲那一代才来到越南，大概 20 世纪 30 年代的事情，天等是边境，她父亲单枪匹马就过去。她父亲年轻的时候，能走，就自己出国谋生了。另外就是当时抗日战争可能是在躲抓壮丁。到了越南她的父亲就修理手表，母亲开杂货店。在越南在路口卖茶水都可以养一家人，在中国不行，嘴太刁了。越南人比较随便，有什么吃什么。我老婆在越南初中毕业，朋友讲一起去当兵她就去了，政府也很欢迎华侨去当兵，因为那时候和中国关系好，她当了三年。爸爸觉得太久了，就接她回来。去政府跟他们讲女儿大了该回去了。1968 年她就复员了。那时候跟美国人打仗，我爸爸怕她死了，可以去战场的，不过她是通信兵没轮到。主要在家修通信设备，过去还记得一点，现在一点都不记得了。如果爸爸不叫她回来，她还去读学校中专，修理无线电什么的，她爸爸不给做，怕她去打仗，那时候美国很厉害，说你去了就没有命回来了。看她是华侨就放我们回来了，不是华侨就不得回来，主要怕得罪中国。回来她就搞那个放电影，公家的，算转业，工资可以四十五块。很高了，打工只有十多块，跟中国钱一样的，回来的时候，一百换一百。她在那边还有一个姐姐农梅放和一个阿姨，姐姐嫁给了越南人，姐夫是教书的，排华的时候，姐夫本来能到苏联学习三年的，但因为老婆是华侨就不能去。儿子还可以讲越南话，女儿都不会，在家讲普通话也讲越南话，在农场年纪大点打招呼还是用越南话。她爷爷就去越南了，她爸爸妈妈都在越南生的只是听说中国有两兄弟。婆婆一个人去的越南。她大伯跟着法国撤退去了老挝，就是做小买卖，她爸爸就不走，就说留在越南了。她爸爸只有两兄弟，婆婆和大伯都死在老挝了，他们的小孩后来去了法国。过去有信写过来，她大伯的老婆小孩，就在法国了。大姐就跟老公在越南了。我们在中国。我们什么都不能带，在边境都被没收了。带的桂皮、钱全都没收了。我有一点钱放在女儿水鞋底下，留下一点。我们第一批过来很苦的，没有船，跟六个年轻人互相拉着，晚上过河，很危险，不走人家杀你，我们从云南河口过来的，我姐姐认为嫁了越南人还给点面子，华人被赶到农村种田，开荒地。我在农场也种了十几年木薯和菠萝。后来自己退休了在家休息了。

我和爱人原本在不同省，我毕业之后，分到越南山罗省山罗市工作。因为我上的是个中央学校，面对全越南华文学校分配工作，那边没有初中，我就在那里教小学数学，教小孩的好处就是小孩小学毕业就完成任务。我去的时候我老婆还在山罗当越南的通信兵，后来转业到我附近的国有商店里工作。后来离得很近就慢慢自由恋爱，在1971年结了婚。越南那时候跟"文革"一样很严格，走节俭的路线，走一个步伐穿一条裤子。不久生了两个孩子，一男一女。大女儿叫黄淑琼，儿子叫黄道伟，回来的时候，一个六岁一个四岁。在中国计划生育很麻烦，生活也很差，就不敢再生了。来这边后他们两个就读幼儿园，交一点学费，一个月几块钱，生活费十几块钱。到20世纪90年代农场上学就没学费了，那个时候什么都便宜，不过我工资才四十几块。我爱人就没自己的特长，不能对口安排，就做农种地，比如种菠萝、木薯。当时首先工作是对口的，医生、老师、司机就好安排，其他的要看自己的能力。

刚来的时候住的是一层的瓦房，现在都拆完了看不到了，很差，20世纪80年代建了一批四层的，2000年后又新建一批，我这里是2005年搬进来的。每家按人头分房子，两个孩子四个人，住的还是很紧张，前面是厅后边是房，孩子大了跟分场申请，等人家调走，又多要了一间，从一房一厅到两房一厅。我现在住的这个是集资房，自己出了三分之二，国家和农场分三分之一。总的来说刚来还是很不习惯，不过很快就改革开放了，好了很多。现在想想在越南还是不稳定，回国了就生活稳定，虽然工资低。

范锦华、张新妹　口述

　　口述者简介：范锦华，男，1935 年 1 月生，现已 82 岁。张新妹，女，1937 年生，现已 80 岁。范、张在印度尼西亚结婚，1960 年 8 月因为排华回国，回国时夫妻带着两个孩子一起回来，范是独子，父母留在印度尼西亚，张的父母和兄弟姐妹都没有回国。回国以后夫妻俩被安置在宁明华侨农场，范回国前在印度尼西亚开车，回国以后继续在农场开车，后去基建科工作直至退休。张回国以后先种田，然后在幼儿园做过一段时间，最后去了华侨医院做清洁工，最后在医院退休。夫妻二人共有三个孩子。

　　时　　间：2017 年 6 月 19 日
　　地　　点：宁明华侨农场范锦华、张新妹家中
　　采 访 者：陈舒婷
　　华侨属性：印度尼西亚归侨
　　南 洋 物：无
　　整 理 人：陈舒婷　黄玉柳

一

　　我是张新妹，我是 1960 年 8 月回国，已回国 57 年，回国时 23 岁，现已 80 岁，我老公是 1935 年 1 月生，现已 82 岁。回来时带了两个小孩。我老公在海外还有 6 个姐妹，我有 11 个姐妹，1960 年回国时是跟老公范锦华回来的，我的父母和兄弟姐妹都没有回来。当时是因为印度尼西亚排华回国的，回国以后分配工作，我老公以前是开车的，但当时农场还没有车队，所以没有车开，安排到农场种地。以前回来，六年内都没见过一只鸡，到了 70 年代一个月有三十多四十多块的工资，

刚回来的时候工资 12—15 块，因为要养小孩，一个人平均 6 块钱，衣服没有得穿，吃饭也很难吃。70 年代以后生活才开始慢慢好起来。以前最高工资拿过 24 块，我老公跑遍宁明华侨农场的所有分场搞基建。我以前上午 11 点半出去做工，带着盒饭去，晚上 6 点才做完工回家，没办法照顾小孩。因为无法照顾小孩，1971 年时有一个孩子去世了。我们原来有四个孩子，因为 1971 年走了一个，剩下三个孩子，两个男孩一个女孩。大男孩在南宁工作，大男孩 1997 年要求调去南宁，现在已经退休，退休工资有 3300 元，6 月 18 日母亲节回家来看望我们，第二个是女孩，在家带孙子所以没办法回来，第三个男孩范永强原来在农场的工厂做工，后来工厂倒闭了，又已经五十多岁没办法出去打工，所以现在做门卫，还有四年也要退休了。范珍珠是二女孩，在宁明县城镇二小学校做管理业务工作，已经退休了，生有两个女孩都已经出嫁了，在南宁买有房子。大男孩范新浩原来是在农场的罐头厂工作的，后来 1997 年要求调去南宁工作，工作地点在南宁火车站附近，户口也已经移到南宁。

回国以后，我们夫妻二十多年没有联系上在印度尼西亚的亲戚，后来是通过农场的蔡美兰去台湾帮询问，当时蔡美兰的亲戚想娶我亲戚的小孩，但是后来没有谈成，但知道我要寻亲，几经周折帮忙打电话去雅加达问，雅加达的亲戚一接到寻亲电话，就马上订票回国来看我们。现在在印度尼西亚的亲戚春节也会打电话来问候我们。我在印度尼西亚的亲戚现在住在雅加达，勿里洞也还有一些。今年还找到了我的一个弟弟。2014 年第一次回来，2015 年我的大姐的女孩第二次回来。我的大姐也想回国来看看，但腿脚不便没办法回来。平时都是电话联系较多。在印度尼西亚的亲戚生活过得很好，做生意的。回国看望我们还有给钱。回来的亲戚觉得我们在中国也过得好。从印度尼西亚回来的是大姐的女孩、二姐的男孩和媳妇，回来看到我过得很好就回印度尼西亚转告我的兄弟姐妹，我和兄弟姐妹电话联系多，我也没办法去印度尼西亚，主要也是腿脚不方便、身体不好。

在印度尼西亚的时候没去学校读过书，都是在家做家务、带弟弟妹妹，后来就结婚，结婚三年多四年就排华回国了。我没读书是因为家里兄弟姐妹太多，有 11 个孩子，没有办法读书。我老公是独生子女，所以读到初中。我老公的父亲在勿里洞做锡矿工人，母亲在家做家务、带孩子，没有工作。当时回国第一批我老公的父母不要回国，说等第二批，结果我们回国以后，第二批也没有去接侨了，我老公的父母就留在了印度尼西亚，他们在印度尼西亚就靠我老公的朋友照顾。当时印度尼西亚是苏哈托政府，排华非常严重，很多中华学校被关闭，华侨不可以学习中文。学校里一周只可以上一节中文课，其他的都是印度尼西亚文。我老公原来在印度尼西亚读的是中华学校，读到小学毕业，毕业以后到外地的爱华学校读初中，读到一半华校关闭就出去做工了，先与老板跟车，后来就帮老板开车。当时去读初中很辛苦，要坐单车去学校。帮开车的老板有三部大车，很多工人，住的房子也很大，老板是华侨，叫曾庆春，但后来回国以后听说这个曾老板在印度尼西亚的生意也垮了。

当时坐船坐了三天三夜，在湛江上岸，然后趁着天黑坐火车到宁明华侨农场，一路上都是山，天亮到达宁明火车站，有人来接去华侨农场。当时宁明的路都是泥巴路，还要自己去河边挑水。当时农场只有一部车，没有车开。当时想开车还需要自己付钱去学习驾照，拿了驾照才能开车，但当时也没有钱。所以一开始被分配去做基建，建房子。之后农场发展了，就去做水泥工，农场有个煤球房，也有去做煤球、卖煤球。我回国以后先种田，然后在幼儿园做过一段时间，最后去了华侨医院做清洁工，因为当时很多人死，别人都不敢碰死人，我就去做了这份工作，最后是在医院退休的，现在我有 2912 块一个月。原本我也是去做基建的。在医院退休的，现在退休工资比较高，很多人都羡慕我，但当时没有人愿意去医院做清洁工。我老公所在的基建科是属于制衣厂的，现在已合并为工业供销公司，最后是在工业供销公司退休，退休金 2708 块一个月。

现在退休有养老金，生活比较好了，当时农场的工厂倒闭，很多职工下岗又还没有退休的，没钱的人很多，去打工年纪太大了也没人要，我家里好几个亲戚都是去打工的。因为我们的孩子也是去打工的，所以退休金也不是全都是我俩用，还要让给孩子和孙子用。年轻人用钱比较多，老人用的少。还有两个孙还没有结婚。考虑到自己的孩子、子子孙孙的，为他们担忧，不过我老公则觉得担忧不了那么多，年轻人有年轻人的世界，担心不过来那么多的，老人身体健康最重要。

我们有两个儿子、一个女儿。老大是儿子在南宁，1957 年在印度尼西亚出生，回国时已经三岁，以前在华侨火葬场工作，现在已经退休，老大的老婆也是印度尼西亚华侨，在印度尼西亚出生然后回国的。第二个女孩也在南宁，在江南区普罗旺斯小区工作，跟本地人结婚。小儿子在宁明，跟本地人结婚，住在百宁商都小区。孩子叫我们去百宁住，但我们不愿意，住在百宁只能买买菜、看看电视，住在华侨农场可以打门球。我们的孩子会听印度尼西亚话，但不会讲，因为也没有教过。

我们回国以后没有再去过印度尼西亚，虽然说现在去印度尼西亚也很便宜，但是因为现在年纪大了，都八十多岁了，腿脚不便，再加上可能去到印度尼西亚会水土不服，所以就没有去。

味精厂的办公楼和仓库住了很多户人家，但并不仅限于华侨，还有很多农场的老工人。我们所居住的房子是改造房，不是正经的住房。以前没有钱起房，又没有房子住，所以当时的场长就把味精厂办公楼和仓库改造出来给人住，每个月租金13块，从住进来开始一直没涨过房租。以前有过一次农场想要提高租金，提到三十多块，但住户们都不同意，场长最后没涨价，一直保持13块每个月的房租。1988年的时候有味精厂的时候就有这个办公楼和仓库了。现在这两栋楼的一楼到三楼都有人住。我的儿子住的也是农场的改造房，是以前的商店改造的。不过这个房子住得很舒服，因为现在老了也没有钱买房，能住这个房子已经很好了，而且这个房子很高，有4米的高度，相比于现在的商品房要好很多。而且搬来这里以后房子就没有再被泡过水了，也很满意。有一年泡水泡到家门口，但是没进家。过去农场每年都召开一次退休老人座谈会，已经很多年没有了。过春节县民政局也没有过来慰问过，农场倒是有过慰问。

二

我是范锦华，我们在印度尼西亚还有亲戚，也有回来看望过我们，我老婆原来在印度尼西亚的勿里洞，周围都是海，那边生活也很困难，没有什么工厂，全靠自己自谋生活，结婚以前我老婆在家做家务、带弟弟妹妹，我帮别人开车，我岳父是有工作，跟着老板做工。以前在印度尼西亚都是男人出去做工，家属一般都没有工作的，在家做家务。

我的老爸从广东陆丰县先去的印度尼西亚，12岁就跟着亲戚去印度尼西亚了，我老婆的父亲是从广东新宁县过去的，刚回国的时候生活过得很苦，但现在觉得中国越来越好，退休金也越来越高，去医院看病有医疗保险，可以报销一半，生活好过了许多。如果在海外又没有退休金，也没有医疗保险，印度尼西亚的亲戚回来看到我们的生活都很羡慕，特别是有退休金。印度尼西亚在以前还是荷兰政府的时候是有退休金的，我老爸拿到过，后来印度尼西亚自己管了就没有退休金了。我觉得以前在印度尼西亚的时候是荷兰政府的时候好，退休人员每个月政府会送米、糖到家里。印度尼西亚独立以后，荷兰人就像华侨回国一样走了。印度尼西亚政府的时候，管理很乱，在印度尼西亚的华侨生活都很不好。

因为勿里洞地方比较小，印度尼西亚人也比较少，加上华侨住的时间长，也很习惯当地生活，所以当地人排华不严重。像雅加达等地方排华的原因，是因为那边做生意的华侨很多，很有钱，当地人眼红，政府把税收提高，华侨做生意赚的钱都不够交税。在印度尼西亚的生活虽然不是很富裕，但是也还过得去，因为我们家有地，平时拿来种菜，菜就不需要再花钱去买。印度尼西亚人大部分信仰伊斯兰教不吃猪肉。勿里洞地方小，也不是很发达，印度尼西亚人又少，与当地的华侨相处不错，所以没有出现排华现象。

我们是勿里洞倒数第二批回国的，但是当时还有接侨船去别的地方接华侨回国。勿里洞有码头，但水不深，要先乘坐小船到一个很远的地方才能搭上大船，当时乘坐的是"俄罗斯号"，当时我们从印度尼西亚回来没有带很多东西，带了衣服、单车、床铺等，因为中国这边说毛主席救苦救难，给人民发衣服，结果回来什么都没有，就发了两床棉被、四件棉衣、一顶蚊帐，床铺都没有给，给的是木板。回国以后因为没有钱就把从印度尼西亚带回来的单车、床铺卖了，单车卖得四十块。当时孩子生病，生活困难，没有钱，国家也没有补助。当时要烧火也没有柴火，要骑单车到山上去捡柴再载回来，早上去中午回。当时苏联又对中国逼债，所以国家很困难。原来住在印度尼西亚的时候有水有电，回来农场没有水电，去河边挑水，电风扇等电器都没有，都不知道要怎么生活，后来过了十几年才慢慢通电的。我们回到中国看到农场的生活是这样的，其实也想过要再回去印度尼西亚，但因为孩子生病没有钱，所以也回不去了。后来就有很多人逃跑去香港、澳门，但是当时因为家里穷没有钱，孩子也还小，因为种种条件限制，所以没有能去香港、澳门。以前小孩生病的时候为了治病，把一个从印度尼西亚带回来的金戒指卖给本地人，才卖了 6 块钱，当时印度尼西亚的亲戚也没有寄钱回来，因为回国以后跟印度尼西亚那边就没有联系了，印度尼西亚那边因为排华严重，亲戚也不敢跟国内亲人联系，也不能联系。当时父母在印度尼西亚没办法照顾，只能拜托同学拿父母的退休金帮忙照顾父母，我只有写信去印度尼西亚问候。后来我父亲去世，同学写信回来告知。当时写信给同学，同学告诉我说父母已经去世，也已经帮忙安葬好了，安葬的钱是父母的退休钱，父母还在世的时候，退休钱是让我同学管的，所以当时父母去世时还有钱，我就托同学帮忙办好父母的身后事。我的同学姓曾，是小学同学，也是华侨，但当时没有回国，曾同学的父母是种菜卖的，文化水平比较低。但我的父母去世以后，我给他写信就再也没有回信了，之后两人再也没有联系。

现在居住的房子是以前农场味精厂的办公室改造的，办公楼对面那栋楼也有住人，是味精厂的仓库。味精厂还在营业的时候，我们是住在农场的瓦房那边的，瓦房现在还在。后来味精厂关门了，留下了很多财产，办公室和仓库也是味精厂的财产。1999 年 3 月份搬到现在居住的房子里，当时搬迁的原因是瓦房进水，一到下雨就要往外面挑水。当时 20 世纪 90 年代农场没有钱发工资，当时已经下岗了，我去帮别人打石头，五毛钱一方，我老婆则是做面包来卖。2001 年开始发 300 块每个月养老金，后来就开始慢慢增加了。当时农场欠了我们很多钱，有一笔账单是农场欠三万三千块，最后只给了三千三百块。当时农场没有钱，发不起职工的退休金，每家每户都欠钱，每户至少欠了五万多块，多的还有。到了现在，农场还欠我们家里五万块，拖欠的钱是没有办法要回来了。我们都不是味精厂的职工，能分到味精厂的办公室居住是因为当时我们居住的瓦房快要倒了，农场就把我们家安排到了味精厂的办公室居住。

在印度尼西亚的出生证、护照等证件已经没有了，当时给父亲写的信件也没有了。以前在印度尼西亚曾加入中华总工会，但是证件也没有了。加入中华总工会，每个月要交五块钱，有什么事就可以去找中华总工会帮忙解决。以前回国用的是集体的护照，个人的没有。以前在印度尼西亚毕业的时候，每个同学之间相互给一张照片。当时在印度尼西亚住的地方是没有照相馆的，结婚要拍照还得坐汽车跑半个多小时到照相的地方。

当时回国从湛江上岸，上岸时已经天黑了，也没有做什么选择要去哪里就坐上火车，天亮就已经来到宁明了。我的大儿子原来也在华侨农场的罐头厂工作的，当时工厂有通心班、选片班、装罐班等，但是后来倒闭了还留有很多资产，但这些钱不知所踪，账目也没有公开，财务不清楚。当时 1978—1980 年很多人选择去香港、澳门找生活，但我不想去，现在反倒是香港、澳门的人羡慕我们在内地的生活很好。我也觉得现在农场的生活相比于以前好太多了。我在澳门有朋友，香港有大儿子老婆的姐姐。

以前在印度尼西亚结婚摆喜酒，摆了很多桌，但现在已经记不清是多少桌了，在家里吃酒席，因为以前也没有什么酒家，就是在家门口搭大棚起来，请亲戚朋友来吃饭。当时也很麻烦的，吃完饭要收拾桌子还要把桌椅还回去。我觉得归侨也不一定找归侨结婚，主要还是看两个人合不合适，有时候也会看家庭好不好。当时在印度尼西亚是住在很小的地方，住的又是华人街，很多华人，大多数是广东来的，有钱了也会去别的地方谋生。我回国以后还是保留有在印度尼西亚的生活习惯，喝咖啡、做印度尼西亚菜。我们跟农场里的印度尼西亚归侨聊天讲印度尼西亚话，但是我们在家交流讲客家话，我老婆不会讲白话。广西其他的华侨农场以前都没有宁明华侨农场好，以前很多人被调去百色、武鸣、来宾的华侨农场，因为宁明华侨农场安排不了那么多华侨，但现在那些农场都发展得挺不错的。农场的印度尼西亚归侨已经不多了，走的走，搬走的搬走。

李文成　口述

口述者简介：李文成，男，出生在越南海防，少年失去双亲，与堂哥一起生活，1978 年 5 月 9 日与堂兄一同回国。1981 年与妻子农四妹结婚并育有两女，20 世纪 80 年代末堂哥前往美国，现与老伴儿在宁明华侨农场过着平淡温馨的生活。

时　　　　间：2017 年 6 月 19 日下午

地　　　　点：宁明华侨农场李文成家中

采 访 者：李海翔

华 侨 属 性：越南归侨

南 洋 物：无

整 理 人：李海翔

一

我叫李文成，1946 年出生在越南海防，越南北方只有两个大城市，河内和海防。我们家是父亲那一代去的越南，以前的工作非常辛苦，为了生活可以说什么都做。我拉过板车，做过搬运，其实华侨最初很多是做苦工的。因为我们中国以前也很落后，跑到越南为了活命只能到各处讨生活。所以总的来说越南那边很苦，我后来不做苦工了，给老板打工，在一个面条厂里搞面条。原来拉板车也是加入老板的一个小组，帮老板干活。打工同样辛苦可是那时候依然吃不上大米饭，只能吃杂粮和木薯，有时候面条和大米一起煮，根本没什么东西，当然那时候越南人也很苦。不仅吃不饱饭，而且 20 世纪 60 年代年美国还来轰炸，其实那时候就有很多华人逃走了，躲避美越战争，但是一直到 1978 年我们才走。

我 1978 年 5 月 9 日回国，都回来 39 年了，我是和我堂哥一起回来的，在越南我的父母都过世了。父亲叫李贤章,1969年就过世了,母亲朱则良,母亲也是祖籍防城,以前防城好去越南,东兴那边很近。母亲在家做家务,我家只有我一个孩子,父母过世之后就和堂兄李家成住在一起。也没有别的亲戚了,有一些远房的还在越南农村,我就选择和堂哥一起住。堂兄以前做木工,做柜子,做船,我家的柜子就是他做的。他在越南拜师傅学手艺,他的孩子也很多做木工的。我就只拉板车搞搬运。后来20世纪80年代他们都到国外了,因为他当时有一个女孩在外国,我的侄女,她也是从这里逃出去的,然后担保他们慢慢出去。

回中国前我就在越南有听到一些广播,中国"文化大革命"什么的,很多画报啊卖到越南,讲一些毛泽东朱德周恩来的一些情况。毛泽东过世的时候,我们也都自发去中国领事馆吊唁,有一个华联会来组织。那边也有华侨小学中学,我读过初中。高中大学都有,大学在河内,其他的地方没有,华侨中学只到初中,高中和大学都是越南人办的。那时候家里困难为了生活就早早出去打工,都没办法读书,我的堂哥只学了小学。所以也不管什么中国好不好,只知道越南劳动党说要把华侨赶到新的经济区,在广播报纸里。我们就回去了,我们是头一批,后来回的真的是被赶了,有催泪弹打了。有护照的可以带上录音机、电风扇,有的人为了带财产就等着办护照,我们直接回来,东西都不要了,就拿了几件衣服就回来了。我们那边的越南人很好,送我们出去,说祖国人民叫你们回去了。我们大货车的朋友还送我们,我们从海防一直到同登,在友谊关过去,过越南关口搜身,带的东西都被拿走了,解放军在关另一边接我们。

走的时候越南政府可以让人换钱,不过每个人只能取50块,多了不能给,其余的必须放在银行。同时他们驱赶华侨,把华侨统一放到新经济区,其实所谓经济新区就是农村了。政府的目的就是想把华人集中,可是华人都害怕,纷纷跑回中国。我们家一开始到河内的中国大使馆,大使馆的人就说普通平民自己回去就可以,想要带东西回去,就在这里等着换护照。那会大多数人没时间带什么东西,我带了一个破单车和一个手表,后来回来中国发了很多东西,政府发什么都有,我们就是难民,在过关的时候越南人还没收钱和身份证。现在我们去越南,警察还是要手续费,我也去过以前住的地方旅游过。去看过越南农村的堂兄堂弟,还有堂兄在福建。我们继续就直接走到友谊关,解放军军队就说这是中国国境不要怕。我们在友谊关停留了半天,政府就派车把我们接到宁明,带饼干给我们吃,在那里填志愿问想去哪里,不过这个到了宁明也可以填,我们也不懂怎么样好,觉得这里也可以就留下了。我的祖籍在防城,其实最初想的是去湛江，因为海防是个港口城市，和湛江很像，但是我们没有那边的关系也就没给安排，后来就被分配到了这里。当时有些别的华侨农场自己去接难民，也可以自己选择。我们从中国来的时候，有的去了城市，有的去了农村，华侨是越南一种民族，所以很早去那边的话会分有土地，华侨那边太多了，后来少很多，现在也有。

二

后来回来不久就开始对越自卫反击战了，反击战就很应该了。我们帮解放军找华侨的衣服，我也号召了一帮人参加，因为我们懂越南话，用新衣服换旧的华侨的衣服，我们一直跟县里兵役局联系。他们找我，我懂中文比较多，还会写。我当办公室主任的时候，大学生过来一起练字，说比不得我，我读书的时候很注意老师写字怎么写。很多人送开水到火车站，这里有一个303医院在驮龙，我们都一直在帮忙。

我太太姓农，叫农四妹，1951年出生，可能祖籍是广西天等。他父母也回到广西，从云南过来，我们农场接侨过来。后来我们1981年结婚，搞了一个茶会，大家一起喝喝茶。那时候我们回来先住的临时棚，现在都拆掉了，住了一年，联合国给了很多钱帮建房子安置华侨。现在住的就是20世纪80年代起的，应该是1980年左右，中间还住过一段时间平房。回来这里领导安排什么工作就做什么，以前这里很多工厂，味精厂、淀粉厂、修理厂，现在就没有了，只剩下一个罐头厂，还是老板承包的，具体我也不清楚。在分场我太太只能做农活。在越南主要是在工厂做衣服，城市里也没有田给我们种，太太读书到小学，出来就做工了，那是大的国有工厂，收入很低。

我们刚回来一个月27块，省省用，回来的生活状况比在越南好得多，大米油什么都分配。在越南都是租政府的房子，现在我住的房子，最少住三个家庭，还是木板楼。2008年我去越南旅游，想看看有什么变化，越南很穷，越南也有退休金，可是不做工不够吃，也就五六百的样子，在这边用退休金就不做工了。

到现在我也退休十一年了。开始安排我在农场的修配厂当统计员，在修配厂一待就是三年。后来领导调我到总厂的食堂当总务，在食堂就是十个年头，那时候工厂食堂搞得很好，是广西壮族自治区先进食堂。然后又调我到总场办公室当管理员，后来提升到办公室副主任，做了一两年，当了办公室主任。我做主任的时候就和领导讲我年龄大，读书少，我就暂时管一下。我当时对场里经济比较了解，领导就叫我做，我就不想做，我说我没有这个能力，正科级的职位，工资也就五百多块。现在整个农场交给县里管，以前说是自治区华侨管理局管理，权力下放了，上边都不管了。不像武鸣还归市里，我有个亲戚在武鸣后来也去澳大利亚了，原来很多逃跑到国外的，现在很严了，跑不出去，原来比较容易。在场里大家比较和谐，治安都很好，不在家里锁门几年不在没有问题，安居乐业，什么都好。当时国家对归侨很照顾，现在大家都融合在一起了。我觉得管理还是要交给年轻人嘛，做了几年我就退休了。2006 年退休，当时工资只有五百块，现在两千多块，生活也还算可以了，吃不了多少，就怕有病。这几年参加了城市和乡村的医疗保险，以前是新农合后来又改了，我也没报销过，报得很低我也懒得去报。这几年我也没生什么病，也没什么。

我有两个女孩都在东莞打工，大的在超市跑业务，小的就在大饭店做经理，也是给人家打工，我也没怎么问过。大的叫李丽 35 岁，有一个女孩，二女儿李娟 33 岁了。以前我们去那边住过几年，帮照顾外孙女，住在那边不习惯，住在那边总是生病，水土不服，吃的蔬菜都是北方过来的冷冻的蔬菜，在这边都是新鲜的蔬菜水果，什么都多，人也不认识，就把外孙女带回来了。女婿是广东韶关的，打工认识的，大的买了房子了。在这里读幼儿园。他不愿意回来，一出去就不愿意回来，所以农场都是老人带着小孩，年轻人都出去了，老人有国家养，年轻在这里没办法吃饭的。以前我们做工在机关有点拖欠工资，现在很正常，拖欠了能有一万多元。以前农场很不错，人多，利润也多，后来体制改革，市场经济，拨款变成贷款，要定期还不一样了。以前我们生产的产品国家报销的，以前罐头都是出口的，后来自己找不到销路，以前罐头淀粉的质量都很好。现在国家强大了，每个月能领到生活费就很好了。我太太不到两千块，两个不到四千块，在这个地方够用了。花不了什么了，现在交着城镇医疗保险，一年一百多，大病可以报销百分之七十，我没得过，也不是太清楚，就是听说。

我堂兄 1989 年去了美国。原来他在农场的木工厂做工，他在越南就结了婚，我跟着他们一家人住，他女儿李春芳，回来一两个月就出去了，先跑到广东，后来不知道怎么去了美国。那时候我有朋友在北海，让我跑去香港，自己出路费就好了，香港政府也接待华侨，后来就可以去别的国家，如美国、英国、法国和澳大利亚，先看有没有亲戚，没有的就服从分配。我觉得这里已经比越南好多了，就没有再走了。

　　侄女她在美国生孩子多，政府补贴多。她在越南就谈了恋爱，然后夫妻一起去的美国。李春芳先担保我堂哥去美国，后来一个个担保慢慢都过去了，我堂哥四五个女孩、两个男孩。堂哥讲在美国很辛苦，工作时间很长，一天做十二个小时。但是过得很好，比这边好不少。他们就在洛杉矶市里，他的孩子一个在丹佛，另一个在阿拉斯加。其实在美国哪里找工作都可以，他们从洛杉矶分散出去，现在中国也这样逐步开放了。我堂哥前几年回来，说这里变化很大，他原来住我家楼下，现在这里还有一个孙媳妇还在等着去美国，这是要慢慢来，是一个过程。我们这里很安全，我去东莞一年，回来锁门也没什么。我现在什么地方也不想去，美国就不去了。在这里交通也很方便，五路公共汽车在宁明，想去哪里都很方便，我们七十岁以上还不要钱，要钱也就一块钱。我的孙女四岁上幼儿园，县里的幼儿园，八百块一年。现在文教卫生都归地方管，宁明华侨农场总场幼儿园，以前我们农场幼儿园到高中都有，后来都交给政府了，小学搬到驮龙小学，中学到县里了。我孙女到了小学就打算接到东莞上小学，一学期 8000 块。那边做工工资很高，东西也很贵。

梁代莉　口述

口述者简介： 梁代莉，女，1951 年在雅加达出生，1960 年离开父母，与外公外婆一同归国。不久外公外婆离世，独自生活。1971 年与当地壮族黄忠威结婚并育有一子一女。善于制作印度尼西亚千层糕等糕点。

时　　间：2017 年 6 月 20 日下午
地　　点：宁明华侨农场梁代莉家中
采 访 者：李海翔
华侨属性：印度尼西亚归侨
南 洋 物：无
整 理 人：李海翔

一

　　我叫梁代莉，1951 年在雅加达出生，以前我妈妈给我取的名字是黛莉，就像一个英文的名字，用印度尼西亚话讲很好听，后来登记身份证的时候写成了代表的代。我们家在雅加达市里，离大使馆很近，1960 年我刚九岁就离开爸爸妈妈，跟外公外婆回到中国。我本来是姓李的，回来以后跟着外公改了姓，到了农场就给改了，当时登记不可能两个姓。

　　我的外公是广东顺德人，名字叫梁超，据他讲十几岁就自己从广东去了印度尼西亚，他看到村里一帮人都去了，他也就去了。我前几年还去他的老家看过。外公讲过他们当时坐的小渔船，还路过新加坡。我们从印度尼西亚回来的时候他还给我指，那边就是新加坡。外公 1968 年过世，大概有七十岁了，他就我妈妈一个孩子。我的外婆祖籍是福建，可能爷爷以前她家就在那边了，她是侨生，叫黄汉娘。

我外公在广东公会，那边有很多公会，潮汕，客家，我们是讲白话的，那时候有一点排华活动，公会就组织讨论决定回国，我们就跟着他们回来了。我们家那边靠近中国大使馆，坐的士没多久，我朋友就在大使馆那里读书。所以我们那里就没有什么排华的表现，听说别的岛比较乱，不过既然大家都回就一起了。我自己本身原来在中华小学读，读了一段时间中华小学的老师问我自己想要读什么，我说要去学印度尼西亚文就又去了印度尼西亚学校。其实那边有很多学校，比如印度尼西亚的进步学校、中华学校等很多种类。灰色白衣是进步学校，还有穿蓝色白衣的，等于孙中山先生的，每个学校穿的衣服颜色不同的。我读过印度尼西亚国母学校，那个学校当老师的也有很多华人。父亲当时帮华侨老板打工，妈妈当家庭妇女，外公外婆开了小杂货店，卖点香烟。那会儿过得还可以，吃可以吃，比上不足比下有余吧，住的木板房，其他我也不记得了。走之前不久我的家挨了火灾，全部家产都烧完了。我记得晚上八点我们刚睡觉，妈妈把裤子收进来就说起火了，我们就跑出来，我也不知道这火是怎么起来的，一无所有就回国了。我记得那边很多公会，广东的，潮汕，客家，福建还有，山东河北，全国好多省都有公会，一到过年过节就舞狮子。我外公很爱看，我也很爱看，宁明后来也舞狮子，差太多了。

我们需要在雅加达的港口上船，先坐汽车三四个小时到了港口，我们坐的不是俄罗斯船，好像是香港船，上边写着"东汉"两个字，很多人坐"俄罗斯号"，我们没坐。我们坐的"东汉号"也是装很多人，很多都是学生，家属很少，大多是回中国读书的单身汉。我们回来的时候连油都带，搬家一样，有就带。我记得船走了六天七夜，过了广州三元里，不久就吃了月饼，在三元里住了半个多月吧，再去了黄埔港港口。那边就问愿意去哪里，外公的朋友们说去广西好，广西有蔗糖，我们就随大流，从广州坐火车坐了两天，到了南宁火车站朝阳旅社住了一个礼拜到半个月不记得了，就被送去宁明。管理人员就问有什么手艺，我外公会木工，就去了浦西的木厂，婆婆没有会的就做生产工，1963年婆婆就得病，然后过世了，当时才五十几岁。我们也不知道什么病，只见得人越来越瘦，可能是胃病，当时条件差也没有什么办法。外公也在1968年过世了，我就一个人，就把我调去了宁明。九岁回来让重新读小学，从二年级开始读，浪费了很长时间，一直读到初中。外公后来也得了高血压，又没有药吃，就不行了。然后就剩我自己了，我也没有亲戚，国家给我一个月26斤还是24斤米，给几块钱，自己生活，每天自己做一点米。我在广东还有一个我叫大哥的亲戚，以前我外公知道他的地址，知道我一个人了，他会从广东给我寄一点东西。那时候在农场想买东西都买不到，大哥就帮我买，公家给我一个月三块还是五块，也没地方花，广东比较发达一点。前几年我就去顺德找过他，去他们的政府，找他的名字，找不到，后来我的朋友一直在帮忙找，终于找到了。我就去见他了，买了点东西，去见了一面，他们现在也经常叫我去，说去火车站接我，不过我老了也不想去了。

我父亲叫李顺基，祖籍福建漳州，有七个兄弟姐妹，四男三女。我的爷爷也几代在印度尼西亚了，爸爸、姑姑都是那边出生的，福建人都很早就去印度尼西亚了。我爷爷后来在印度尼西亚有好大的庄园，我上次去印度尼西亚他们以为我要分家产，长孙把财产霸占很多，我也没这个想法。当时我也不知道爸爸妈妈怎么样了，回去才知道20世纪70年代就死了。我去印度尼西亚时是90年代，我花了九千块钱去印度尼西亚找他们，我那时候就用棉花做褥子攒路费，还好我有一点手艺。工厂也不发钱，我就做一些手工，还要供小孩上学，现在是做不了了。

当时听说中国自然灾害，我们是来探路的，要是好，父母再回来。我们带着大箱子，很多华侨都是这样，带着饼干、奶粉，70年代很多人申请去香港，我没什么亲戚，就在这里了，也不想出去了。那时候很多高中生回来来中国考大学，我有个姑姑四个男孩，两个回中国考大学，一下船也没有联系了，很久之后联系上，才知道他去过南宁华侨农场还去过宁明农场，最后待在了桂林农场，我说我要是知道你在，我就跟你走了。他毕业就分配在桂林，开始也不会讲普通话，先学普通话后来又考大学。

那个时候很乱，父母也没想叫我回去，我爸爸有气喘病，我就叫爸爸不要回来。排华也是一个地方一个地方不同，我们那里没有，我只记得那次火灾，其他不记得了，所有重新来过，新盖了房子。姑姑、伯伯给的钱，我们也都是木屋，就一层烧了就都没了，住了两年我就回来了，所以家里还是很苦。但我还记得新盖的有冲凉房，以前就在家门口冲凉，一间房子，我们三代人住在一起。不过我们在印度尼西亚东西便宜，吃的还可以，就是不像大户人家有小楼房。

二

刚从印度尼西亚回来时，在生产队里是很苦的。很大我还跟外公睡一间房，没有蚊帐，没有床，后来外公说女孩子大了想申请床铺，可农场一直到十五岁才给发了东西，外公睡铁床，我睡木床，就是两个凳子放一个木板，也算不错了。初中毕业之后安排我到罐头厂工作，在流水线上。中间也去过淀粉厂，哪里叫我去就去哪里了。2001年退休，说是退休也没有工资，一年发几个月工资，有的人欠几万块，我自己估计一万多块，我们都不想了，肯定是给不了了。说来我很早就一个人，外公外婆很早就去世了，幸好有堂哥，他原来想接我到广东，但我也知道大家都很辛苦，不想去麻烦他。我堂哥都很老了，"文革"才结婚，家里很穷。"文革"的时候知道他有海外关系都不嫁给他，我跟他孩子差不多大，我给他写信说哥没有衣服了，他就买一点来给我，因为广东东西比较多，质量也好。后来他们过得好很多，因为改革开放了那边很多工厂，我去看村子里有很多工厂。

我丈夫叫黄忠威，原来在汽车队开车，就是做工认识的，大我十岁，他是本地壮族，当时很多华侨跟本地人结婚。1971年结婚孩子，1973年出生。当时结婚前我一个人，别人都有家庭，家人都有人招呼，于是我就结婚了，有了一个家庭。他是个退伍的铁道兵，家里是农村的，这边需要就来这边开车了，别人有父母的都结婚很晚，我就一个人，病了都没人照顾，所以就早早结婚了。后来生了两个小孩，一男一女，女孩黄春玲1975年出生，男孩黄文新1973年出生。女儿开始在建设银行，后来去县环保局了。她读过中专，当时环保局刚成立，她也刚结婚在县里，就过去了。在宁明县环保那边。女儿嫁了老公就去县里工作了。儿子现在在农场保卫科，晚上守夜。我们以后也就在这里了，在这里吃少一点，出去打工肯定要挣得多一点，不过孩子怎么办。现在儿媳妇在超市工作，够吃就好。家里住的是危房改造的房子，开始交三万块，总共要交十二万块，很紧张的。以前没有退休钱，哪里攒下钱，久不久给点几百块，借了很多钱买上这个房子一百多平方米。60年来住的平房，后来去浦西也是，二〇〇几年后才住上楼房，我们讲不挨雨淋就行了，现在家里钱刚刚够用又要还钱，成了房奴了。

在宁明印度尼西亚华侨主要在工棚分场，不过老一辈大多不在了，那里就叫印度尼西亚村，大大小小都会讲印度尼西亚话。我爱人是这里的人，他不会讲印度尼西亚话。工棚那边每个人都会讲印度尼西亚话，变成华侨村，本地人慢慢也都会讲印度尼西亚话了，他们本身也喜欢讲印度尼西亚话，唱印度尼西亚歌曲，我们这里没有材料做咖喱鸡，就去那边买材料。我也是有朋友在那边，就经常去那边玩。

我很会做千层糕和发糕。那个时候开比赛，我就做这两样，千层糕和发糕都得第一名，一个得五百块，另一个得三百块。上海来的厨师来评比，那是丈夫刚去世，也就是二〇〇几年的时候。不过以后再也没举办过，也就春节的时候，有些朋友要我就做给他们。比如发糕就清明做，他们找我定，不过我今年没做了，老了不想做了。很多人会做的，门口有一家在做。谁会做什么就做什么，现在想吃了就做点吃，儿媳妇打蛋，这个只要蛋黄，一块的话三十颗蛋，一斤三两面粉。往年卖一百块，现在估计要一百一十块，什么都贵了现在。孩子的朋友想要的，就跟我小孩说，我就帮他做。

我现在还有一个妹妹梁瑞莉在印度尼西亚，一九九几年我去过印度尼西亚，以前我有四兄弟姐妹，一个很早死了。弟弟梁光明后来也出了车祸，还没结婚，他高高大大，帮老板送货，出事故就撞死了。这是后来妹妹告诉我的。我的那两个表哥，一个考了医生。2005年大姑过世了，我堂哥从香港来，问我才知道，他来过我的农场。我姑姑在印度尼西亚过得很好，在印度尼西亚很多做巴蒂衫的都是福建人。在雅加达有一个地方卖衣服的都是华人。我的姑姑被分到达广东阳春的一个华侨农场，她现在住得很好。表哥在桂林也很辛苦，就跑去了香港，那时候去香港要好多钱。他说你们在中国好，有退休金，我们现在还做工。

本来我还想回去印度尼西亚看看，现在很便宜了，一两千块，当时我去印度尼西亚一万多块，还要让我姑姑帮忙写一封信，不过现在都有电话，联系也方便了。十几年前我去，都是有人接我，我自己去起码要有人接，妹妹在那边也就是住商品房，也不会走去哪里了。当时我外婆一直讲这里太冷了，我们家也不是很有钱，所以也没有什么抱怨。有的去香港的讲你们好了，我们在香港七十岁还在做工，你们五十岁就退休了，反正我们现在比上不足比下有余了，我们工资越来越好了，现在想吃什么都能吃，生活条件好了，想去哪里都很方便，汽车、火车都有。

黎汉心　口述

口述者简介：黎汉心，男，68岁，出生在印度尼西亚雅加达，第三代华侨。1960年因当地华校被关闭，其父亲为了子女能学习华文而选择全家回国。

时　　间：2017年6月19日上午

地　　点：宁明华侨农场黎汉心父母家中

采 访 者：郑一省

华侨属性：印度尼西亚归侨

南 洋 物：桌椅、铁床、咖啡容器

整 理 人：郑一省

一

我叫黎汉心，1949年出生在印度尼西亚雅加达。我是第三代，我们家是我外公先到印度尼西亚的，外公的名字叫李帮，他的祖籍是在广东的梅州，具体是什么地方我也不清楚。我外公是被"卖猪仔"到印度尼西亚的，那是在抗战之前的时期去的。我外公到雅加达后，一直做木工，直到他过世。我外公娶的妻子，也是我的外婆叫陈荣娘，她是一个土生华人。我外婆有姊妹三个，两个妹妹她们还在印度尼西亚。我现在每两年去一次印度尼西亚，去看我的阿姨她们（外婆的姊妹的女儿，我母亲的表姐妹，还有四个，有两个比较穷，有两个还可以）。我妈叫江辫娘（她的亲生父亲姓江，外婆的前夫，我不清楚他是去世了还是怎么了，好像被日本人杀了）。她是1929年在雅加达出生，外婆就生了她一个。她上了三年的印度尼西亚学校，当时没有钱读华校。我爸爸和妈妈怎么认识的，我不太清楚，反正他们住的地方不是太远，好像是人介绍的。我爷爷也是被"卖

猪仔"出去的，也是做木工，他是广东什么地方的人，我不太清楚，讲广府话。我爸爸叫黎定云，我爸爸在印度尼西亚出生，读的荷兰语学校，大约不到初中毕业吧，学的是印度尼西亚语和荷兰语，没有学过华文，他不会讲（普通话）。他一直是在雅加达一个很大的五金公司做出纳员，他多数是讲印度尼西亚语，很少讲广府话。父亲是独子，下面有四个妹妹，现在只剩下一个小妹妹（姑妈）还在，其他都过世了。我现在的主要亲戚都是外公外婆这边的，外婆的两个妹妹，每人有 12 个孩子。我父母生了五个孩子，三男二女，我是老大，最小一个是回国后即 1961 年出生的。在 1960 时，我 11 岁，当时印度尼西亚在排华，乡村都在排华，我们在雅加达还好，但是我们也害怕，雅加达又关闭一些华校，父亲为了让我们能学习华文，怕我们中文失传了，就带着一家人回来了，我们一家人包括外公外婆、父母、四个孩子八个人一起回来的，我们在雅加达的房子卖掉了，外公的房子就给姨婆了。我在印度尼西亚时有读华校三年，半日制的，一、二年级是上午学习，三年级是下午学习，因为三年级以上，当时学校是有初中班的，主要学习华文，每周有三节英语，两节印度尼西亚语。我们雅加达的与勿里洞的是属于第三批从印度尼西亚回来的，万隆的是第四批，当时是坐的俄罗斯大船，是交钱注册了的，到勿里洞时船靠不了岸，是用小船接人上船的。

我们那一批都是中上生活水平的，带了许多东西回来。同船的还有两个华侨烈士，在"金蚂蚁"被印度尼西亚警察杀了。当时是戒严，这两个人要带侄儿去学校打球，因为戒严不让走，发生了冲突，就被杀了。一个是在街上，另一个是在家门口附近，她们的家人就送骨灰回国，要到北京去。我们是同船的，船很大，上面有两个篮球场，两个游泳池，上面是苏联人（船员），有舞厅和餐厅，应该是游船。我们从印度尼西亚出发大约经过了 7 天 7 夜，在 7 月 29 日左右到达湛江。在湛江开了追悼会，停了一晚，然后带队的说广西好，就带我们来到南宁。从湛江坐火车到南宁，那天正好是八一建军节。在南宁和平旅社落脚，待了一个星期。当时外公是想回广东的，或是准备去海南岛。外公出去时间长，几十年了，对家乡不怎么了解，听带队说广西好就来了南宁。当时我们也知道国内很困难，但是为了孩子们还是要回来，我外公非常讲究中国文化传统。我爸爸把他在印度尼西亚用的摩托车（公司给的，收钱用的）也带回来了，美国产的大摩托，但是没有汽油，用不了。我们到南宁后就直接坐火车到了宁明，当时已经来了两批人了，我们是第三批了。当时汽车站、财政局、木材加工厂都住满了人，后来安排到蒲瓜。前面到的人迎接我们时都喊"蕹菜万岁"，我们还不明白是什么意思，后来才知道是天天只有蕹菜吃。当时外公和父母亲有些后悔回来，但是已经回不去了。

我们开始是住在临时安排的住地，后来才被安排到农场分场新建的平房居住，我到这里后读了两年书，在宁明一小。后来我们家就被分配到蒲瓜分场那边去，我们一家都去了那边。外公会做木工，就在蒲西那里有个木材厂看门。我父亲就是拿锄头干农活，在那边挖坑种橡胶树，生活是比较困难的，当时还有生活补助。我们刚来这里时，外公外婆父母是不习惯的，我们煮饭是用那种土盅，我外婆看到就哭，因为这种东西是印度尼西亚人装尿用的。我们当时知道国内困难，还带了一些东西回来，因为我们那批回来时刚好有两个烈士同船，所以没有人检查限制我们，可以带金银首饰等物品。我们当时带了五罐牛油，还有咖啡豆之类的回来。我妈喜欢咖啡，我姨丈是开咖啡厂的，咖啡吃完后，就没有了。我妈妈就只好拿玉米炒老后当咖啡吃。开始是不习惯，过了五六年慢慢才习惯，我父亲就从事农活，种树胶、种菠萝等。

大约在1973年的时候，有一阵外逃风，外面寄证明过来是可以申请出去的，那时外公已经不在了。当时我们也没有想要走，后来想走，印度尼西亚那边也寄了证明过来，我们家也申请了去印度尼西亚，但是一直没有得到批准，说是那边不给接受。我们这里有三家人走了，是申请去香港了，他们有钱（或有亲戚、朋友）去了香港后，又再去印度尼西亚的。1979年我姨丈回来看我们，我陪他一起去了广东梅州。我是1964年开始上初中，在宁明中学。到1965年底，当时抗美援越，我们这里要支持部队，学校就停课了，所以我是没有正常读完初中。到1969年初中毕业，安排在农场当赤脚医生，做了三个月，又到伙房帮厨三个月，又到四分场的团支部书记做了一年。1970年再到院景小学任教，教二年级复式班，也做小学团支部书记。当时院景分场那里没有水，我们四个老师，我最小，在分场党委书记带领下我们就去找水源，找了几个山洞，找到一个山洞里发现了水源，当时是用土方法找水，就是把一个空碗放在地上，盖起来一晚上，第二天看看碗下有没有湿的，有就表示地下有水源，这个方法是我们学校一个老师想到的，他是宁明中学高中毕业的，看的书多，懂的东西多。我在那干了三年，又到中站分场的一个附属中学教英语，再后来就到宁明中学教英语，1980—1982年，我到厦门的华侨大学集美补习学校学习了两年的英文教学，当时是全国华侨农场第一届英文培训班。后来也有去南宁的师范学院进修过几次，每次一个月至三个月。

我 2007 年退休，是提前退休了。在 1971 年时农场要我提干，当时我不想提干，因为还想要去印度尼西亚，提干了就不能出去，但是农场干部私自给我填表提干了，他们弄错了我的出生年份，填成了 1947 年出生，所以 2007 年叫我退休，我说还有一年半啊，但是说按档案上已经过了半年了，所以就提前退了。我在农场及学校每年都是优秀教师，参加过全县的英语优质课比赛，得过一次第一名，第二名有几次。我 2008 年去了印度尼西亚，那是回来后第一次去，后来我每隔两年去一次印度尼西亚。我对印度尼西亚的印象还是很深刻，在那里出生，还是有感情的，每次去我表姨家，姨婆已经不在了，当时我外公留给表姨家的房子还在，但是已经卖给人家了。在那个"红溪河"附近，表姨重新买了房子。我还是喜欢穿巴蒂衫，从印度尼西亚带过来的。我太太叫孙秀莲，她姐姐是和我在宁明中学一个班的，她也是在院景插队的，我经常去她家隔壁玩，慢慢就熟悉了。

二

黎太太：我们是第四批回来的，我爸爸是山东人，在印度尼西亚万隆市做小本生意，当时是很落魄，没有钱了。我妈妈祖籍是广东的，广东什么地方我不清楚，她很漂亮，像印度人。我是 1951 年出生的，1960 年回来。我回过万隆一次。我们只有一个独生女儿，当时我是可以生两三个的，但是没有人带孩子，所以只要了一个。小孩在南宁工作，在什么公司忘记了，有两个孩子（外孙）。我母亲现在在南宁，在我妹妹家住，她现在有病，我妹妹在南宁，我有两个弟弟在东兴，有一个妹妹在柳州。我们现在这房子是父母的，两室一厅，大约五十平方米，每月要交 13.5 元房租，父母和外婆三个人一起住，这房子大约是 1981 年做的，哪年搬进来记不清了。外公是 1964 年去世，外婆是 20 世纪 90 年代去世的，我们自己的房子是在中学那边。我父亲去世三年了，过世时 93 岁，父亲辛苦了一辈子，老年时痴呆了躺床上起不来，是我妈和我照顾他，我父母一起度过了钻石婚。我父母在 2002 年时和我妹妹一起去过一次印度尼西亚，在雅加达住了一个月。"文化大革命"时期我没有受到什么冲击，但在 1973 年的时候，我当时在院景负责管理小学的教师，那年我们学校的学生考试成绩拿了我们那个地区的第一名，说是搞资本主义，要批斗我，校长开会我不去，不去参加批斗会，我说我们学校学生考试成绩拿了第一名，应该是感到光荣，我对学生负责有什么错？为什么要批斗我，我没有什么反动的，所以后来也没有批斗我，但是有的校长与老师因为出身不好，或是收到国外寄来的信件，说是与国外有联系，或是听国外广播等，都受到批斗。我是教英语的，有时候也偷偷听一下BBC广播。

黎汉心：我们农场现在还有多少印度尼西亚归侨，大约只有两百人吧，像"工房"那边还有一些印度尼西亚归侨。我们感觉农场不像华侨农场，没有人管，没有体现出来，没有特色，文娱活动都没有了，应该把农场搞活跃一些。对老年人关心不够，上面应该是有发补贴下来的，应该多关心关心老归侨。我们中学那边的房子已经是危房了，那栋楼房都是中学老师，还有一家也和我们一样是华侨，我们希望农场能建一些廉租房。

我们从南洋带回来有印度尼西亚的铁床、印度尼西亚的箱子、铝水壶、碟子、舂咖啡豆的器皿、椅子、桌子等这些都是靠我父亲干活赚来的。他年轻的时候喜欢练拳击、举重、看足球、养鸽子，说也很奇怪，我们准备回来搬家前，早上一看，鸽子能飞的都飞走了。父亲80多岁还去柳州看足球，我妈妈刚回来时没有工作，后来来这边后就在托儿所工作，一直的退休。我太太还会做一些印度尼西亚菜、九层糕，做糕的颜料是从香港买回来的，现在网购都可以。这个树（像兰花）是我表妹从印度尼西亚带来的种子我种的，每年三四月会开花，好漂亮，很香，用来做"沙嗲"好吃。

我们的工资应该补发的一直没有补给我们，廉租房也不给我们，一个月100块租金，不安排给我们，我们老年了没有钱去买集资房，我们是"无比穷"。我每个月要花500块的药钱，我有高血压、心脏病。以前我是在学校厨房做工，养猪，没有工资，说一个月100块，但是三个月才给150元，我只好自己做包卖，供女儿读书，女儿很争气，上了中专学习会计，现在在公司一直做会计，她工作后就没有再要我们的钱。

这是我们的住房，已经没有人住了，这是1984年做的房子，现在已经是危房。

龙秀莲、陈世坤　口述

　　口述者简介：陈世坤，男，1951 年出生的，1979 年从越南回国。回国以前已经在越南结婚，回国时夫妻俩带着两个儿子，家族里还有大哥、小弟、小妹、堂兄弟等一起回国。回国以后是被安排在中新分场做农工的，种菠萝。后来调来总厂。陈还参军打对越自卫反击战，当兵回来以后还是回到中新分场参加劳动。1981 年在中新分场当会计，后来 1985 年到祁扬分场继续当会计。陈在 1988 年就离开农场去北京工作，当时是帮农场销售产品，如罐头、淀粉、味精等。后来调到农业公司当副经理，又去开发公司做边贸生意。1999 年去凭祥也是做边贸生意、进出口生意。到了 2002 年陈就脱离农场的开发公司，自己出来做公司。龙秀莲，女。回国以后先在分场参加生产队，后调上总场招待所工作。

时　　间：2017 年 6 月 20 日下午
地　　点：宁明华侨农场龙秀莲、陈世坤家中
采 访 者：陈舒婷
华侨属性：越南归侨
南 洋 物：无
整 理 人：陈舒婷　黄玉柳

一

　　我叫龙秀莲。我在越南一个食品公司工作，这间公司是越南人开的，工人一半华侨一半越南人。我在越南出生，我父亲一九三几或一九四几年去的越南，但是怎么过去的不知道。我父亲叫龙缘采，祖籍是广东湛江，以前在越南做运

输船。我妈妈是防城人，家里也是自己过去越南的，到了越南父母才认识结婚，我妈妈生了三个，我爸爸的前一个老婆生了八个，我爸爸原本在中国已经娶妻生孩子，有八个孩子，后来去了越南再跟我妈妈结婚生了三个孩子。我是最小的女儿，上头还有两个姐姐。以前在越南生活只能说过得去，也没有大富大贵，因为在越南也不是耕田做农工的，是在工厂做工，所以也算不上很辛苦。当时在那边的食品公司做工也算是越南的国家工人。我们在越南的广宁省，并不是住在西贡、河内这样的越南国内的大城市。

当时是因为越南排华回国，但其实又不是真正的排华。当时因为中越关系紧张，我们住的地方有越南人用像血一样的颜料，晚上等人都睡觉了就洒在墙上，装神弄鬼想吓走当地的华侨。当时地方的领导、官员也经常来华侨住的村子里开会，动员华侨不要回去中国，留在越南。但后来因为太多华侨跑回去了，所以大家都跟着一起回去。当时因为很多人回去，所以当地的政府、官员也不拦着，任由华侨们跑回中国，但到了后期，有些华侨回国途中在越南境内遇到越南的民兵，发生了一些抢劫、打砸的事情，还打伤人。当时越南华侨回国，其实大部分人都是看到别人跑回中国，他们也跟着跑回中国，也不一定知道发生了什么事。当时住在越南那些大城市的华侨，排华时就跑去大使馆寻求帮助。但当时回中国的生活也很困难，所以有部分越南华侨是想把回国作为一个跳板，再找机会去到别的国家。去香港其实也是一个跳板，去香港就像去难民站，到了香港以后属于世界难民，再安排去其他国家。当时香港是一个中转的难民站，到了香港以后各国再按照分配领回一定数量的难民回国。这部分出去的人，在越南是住在大城市的，他们知道这样的方法和途径，借中国作为跳板跳出香港再去国外，当时也有部分有钱有文化的回国以后再出逃，我们看别人走也跟着走。北海那边有一些人有钱买船逃跑到香港，但途中遭遇海难沉船的也有很多人。

当时越南排华大概有二十几万三十万的华侨回国，也有十多万人是跑出去外国的，当时安置华侨的钱有一部分是联合国难民署安置难民的拨款。回来以后的房子、家具等都是免费领取的。但一开始1978年来农场住的是临时屋，后来起了平房，等到1979年底才住进去。后来我们调上总场来以后都是自己出钱买房子的，一开始买的就是集资楼，后来嫌太窄又换到现在住的这套房子来，也是集资楼。刚从分场上来的时候先是住在招待所，住招待所不要钱，但是没有伙房。第一套集资楼是1993年买的，集资1万元，1楼和5楼集资8000元，2楼到4楼要集资1万元，1995年做好房子，1996年才能住进去，两房一厅56

平方米。2009 年搬来现在住的房子，集资 6.5 万元，三房两厅 103 平方米。集资房的集资金额也是在逐年增加。农场里也有商品房，是属于危房改造的，每户危房改造有 2 万多元补助。地皮因为是自己农场的，不需要再出钱，只要工钱和材料钱，所以农场的商品房房价比县城要便宜。但住在这边污染太大，糖厂的甘蔗渣等经常会飞过来。

二

我叫陈世坤，男，1951 年出生。27 岁从越南回国。1979 年二三月间回国的，在东兴等了一个多月，等待国家安排去处。当时是可以选择去哪里的，或者国家安排在哪里，去不去可以自己决定，不是强迫性的。当时的难民收容所、接收站在东兴，接收从越南回国的归难侨，当时住在东兴的收容所有饭有菜吃，即使不去干活或者安排去哪个农场都有饭吃，每天收容所敲钟就开饭了。在收容所可以免费吃饭，但是没有钱发。想好要去哪里就自己写申请，各地的农场领导会到东兴接收这些越南归难侨，就像招工一样，哪里需要人，这个人愿意去就可以去。当时因为都是逃难，所以归侨中熟悉认识的人就一起去某个农场，亲属、朋友之间大家有个伴儿相互照应。当时有福建、广东、广西、云南、海南的农场都来收容所接侨，大多数是国营华侨农场，或者是华侨农场的工厂等。

我家族很早就去了越南，到我这里已经是第五代了，而且当初过去也不是固定在一个地方生活的，也跑了很多地方，有的地方是因为土地少，有的住的地方太靠山区。搬了好几次最后搬去的地方背山临海，靠近下龙湾，与下龙湾一条海峡，但在下龙湾上面。当时住的地方的石山像一条龙，所以我住的地方叫龙母，这个地方的底下还有一座石山像一条公龙，再过去就是一个越南的海港叫公门港。我住的地方全部是华人，没有越南人，越南人是卖鱼经过，但不上岸的。后来越南解放以后，越南人才慢慢上岸和当地华人一起居住。我住的那个岛，以前是原始森林，山脚到海边大概 1 公里多，都是平地，而且有水，我的祖辈父辈就在这个岛上开荒。那个岛距离防城港非常近，以前祖辈是先有人过去探路，勘察那边的岛上是否可以生活下去，发现可以生活再回来把亲戚、兄弟都带过去。还有一部分人是抗日战争时期，1937 年、1938 年、1939 年过去的，还有一些是清朝的时候就已经下去了。我那些祖辈据说是清朝的时候就已经去越南了，在那边生活跟中国差不多，有农民合作社、生产队，以前在生产队工作，也是要记工分的，记工分还是用中文记的。当时因为那个地方还没有越南人居住，所以读书都是读中文的。当时的县政府，除了正职是越南人，副职像副县长、劳动局局长这些都是中国人。我表姐那里，两个副县长都是中国人。我叔是组织部部长，很多政府职位都是华侨担任。当时越南人很少，到了越南解放以后，才从其他地方调一些越南人到这个岛上。

我与我老婆是同一个地方的，在越南结婚以后才回的国。以前在那边还没有排华的时候有回去过东兴，从芒街过就到东兴了。当时有小船可以从越南渡到东兴，几毛钱就可以了。我家一开始是耕田的，因为祖辈很早就到岛上来开荒，但是我没有耕过很多田，在越南7岁就去读书了，一直读到13岁，初中毕业以后就去读中专，读了四年中专，1972年毕业以后就安排在县里面工作，一直工作到1978年就回国了。以前读书是国家保送，读书的时候就能领钱了，因为是各地方的优秀生才能被保送。在越南读书是五分制的，我以前读书考试，每科都是五分，当时在的那个县要了7个，但华人华侨的只有我一个，有几个越南人，有几个瑶族的、客家人的。当时选拔是因为县城里需要这种人才，所以就把我们这些优秀生选拔去，保送去读书。但因为学历参差不齐，有小学毕业的、初中毕业的，有些保送去了以后学业跟不上也有被退回去的，当时食宿不要钱，一个月还给5块钱买生活用品。越南虽然说很穷，但越南的学校从小学到高中都是免费的，医疗也是免费的。以前生病了也会有人请道公来敲敲、烧煤来治病。在高岭分场、天西分场、亭亮分场都有很多道公，这些道公都是越南回来的，后来这些道公想跑去英、德等国家。因为那边没有道公，他们去那边，有需要做白事、做斋的都会请道公，花几千英镑、几万英镑请一个道公都是愿意的，他们如果在那边工作会很赚钱，但是他们去到机场就被抓回来了。

我们当时带着两个儿子，家族里还有大哥、小弟、小妹、堂兄弟等一起回国，回国时间相差不远，一些是月中回来，一些是月尾回来。当时回来先是坐船到芒街，再从芒街过东兴，回国后还在东兴住了两三个月的时间。我一个表姐当时留在越南没有回来，因为表姐的老公去当兵了，表姐又是副县长，专门管妇女工作的，还有两个女孩一个儿子，全家一起留在了越南。这个表姐跟我们家还经常来往联系。当时回国前在越南的房子都是放空的，因为赶着逃跑回来中国，也来不及卖掉。当时我的房子差点就可以卖掉了，因为我们是最先一批知道消息要回国的，上午刚跟人谈妥，那个人已经决定要了，结果下午一起住在海防的亲戚收拾行李被这个越南人看见，大家都说越南要赶华侨回国，华侨准备要跑回国了，最后那个人不敢跟我买房子，买我的房子的也是一个华侨。我的房子刚起好一年，跑回国的话，越南人就可以白占我们的房子。当时只带了几套衣服、一床棉被、一张草席回国。当时也会有极少数的住在越南南部的华侨带了收音机、摩托车回来，因为越南南部以前是法国殖民地，生活水平要比越南北部好。住在中越边境的越南华侨，在逃回国的时候还有能把自己家的牛牵回中国的。当时越南华侨回国，国家也有特别照顾，在东兴有很多越南华侨从越南拉回来的牛，卖出去价值三四百块一头，所以有些越南华侨回国以后，还偷跑到越南去偷越南人的牛带回中国来卖，也有偷其他东西出来卖。当时坐船回国是租的越南人的货船，大概 20 吨的木帆船，可以装百十来号人。当时我住的地方距离中国也不是很远，一条海峡通过去就是了，海峡也没有什么风浪，所以很顺利地就回到中国了，但有些住在大城市的华侨乘船回国时，因为路途遥远，加上海上风浪又大，沉船遇难的、遭遇海盗打劫的也有很多。

当时来到宁明华侨农场分在中新分场。以前农场有四个工厂、八个公司、医院、华侨中学等，有开发公司、畜牧公司、农业公司、商贸公司、利侨公司等，有些是挂名但不做事的，工厂有淀粉厂、罐头厂、味精厂、木工厂。当时生活还是很好的，像医院里有很多专家，还有很多从外国买回来的很先进的仪器。一开始我们是被安排在中新分场做农工的，种菠萝。后来调来总场。1979 年的时候是第一年回国，做不做工都是有钱拿的，27.9 块的工资每个月，当时有 5 块钱都可以买很多东西了，物价都很低。到了第二年就需要去做工了。当时工作，要达到一定的出勤率，工资才可以提高一级，如果没达到农场也发工资，但是就不能提级。但当时我没有去做工，出去广东玩了，后来从广东回来了又参加对越自卫反击战，1978 年、1979 年的出勤率就不够，没有能提工资。但是我觉得这不合理，因为打仗也是为中国作贡献，做着更危险的工作，但是不能算进出勤率。当时参军才参加了几个月就回来了。当时当兵回来还是回到中新分场，还没有能调到总场。1981 年我在中新分场当会计，后来 1985 年到祁扬分场，因为祁扬的土地多，生产队工作努力，效益比较好。

我们不是从农场退休的，不算农场的职工，现在退休的养老金是自己出钱交然后在社保那里领的。因为当时国家规定企业不能贷款，企业不能贷款的话就无法继续生产，没有效益那工人的工资和退休工人的退休金就发不出来，这是全国性的，并不单单是宁明华侨农场。以前宁明华侨农场是属于南宁侨办管的，不属于地方，南宁侨办又是直属于中侨办。我 1988 年就离开农场去北京工作，当时是帮农场销售产品，如罐头、淀粉、味精等。后来调到农业公司当副经理，又去开发公司做边贸生意。我到了开发公司以后就开始查账，虽然每年农场都定有指标要交钱，但是罐头厂、味精厂、各个分场都没有人上交的，当时开发公司每年要上交20万元利润，公司只有8个人，分配下来就是每个人2.5万元，所以我就在南宁也开了一个跟农场开发公司差不多，也是做边贸生意的公司。农场的开发公司接到大生意就拿去自己公司做，小生意就在开发公司做，只要能维持公司的正常运作，发得起8个人的工资，能够上交20万元利润就可以了。南宁的公司是接收别人的来做的，原来这个公司就是做边贸的，我接手以后也还是继续做边贸，但1996年以后生意不好做了，公司的资金也逐渐用完，后来这个公司也倒闭了。1999年去凭祥也是做边贸生意、进出口生意。到了2002年我就脱离农场的开发公司，自己出来做公司。当时自己做公司没有资金，因为之前就是做边贸生意的，越南人也认识很多，加上又会说越南语和中文，两边都能很好地沟通，所以越南人愿意为我提供资金和货物。子女没有接手我的生意，都在南宁工作。我老婆调上总场来是在招待所工作，招待所就是指总场的华侨酒店，以前是属于服务公司的。1997年招待所倒闭的，因为企业公司不能贷款以后，招待所就慢慢没有人住了。

覃思政、覃光冲　口述

口述者简介: 覃思政,男,在越南河内出生。祖籍在钦州。20 岁以后开始在越南一个木工厂做工人,生产家具,一直到 1979 年回国。回国后在宁明华侨农场同样是做木工,主要生产家具。1997 年去到美国,在一家华人老人院打工,直到去年回来。覃光冲,男,是覃思政的小儿子。1973 年出生,1978 年五岁回国。

时　　间:	2017 年 6 月 20 日下午
地　　点:	宁明华侨农场覃思政家中
采 访 者:	郑一省
华侨属性:	越南归侨
南 洋 物:	无
整 理 人:	陈舒婷　黄玉柳

一

我叫覃思政,1937 年在越南河内出生,我不太会讲普通话,一般是说白话。我爸爸叫覃保胜,有七个兄弟姐妹,我排行老大,有六个孩子。祖籍在钦州,一开始是我爸爸移民到越南的。

最初是我爸爸走马帮,做生意,从钦州贩大烟到云南河口老街,一路往下,一直到越南河内安了家,在河内认识了也是华人的我妈妈,我妈妈是在越南出生的。在越南有了我们兄妹八个。我爸爸在越南开了一个越南米粉加工厂。

我在越南的一个越南语学校上学,读了五年书就没有再读下去了,回家帮忙家里做生意,我们家的米粉加工厂是个人的家庭作坊,做好之后批发给零售的商人们,因为兄弟姐妹多,没有请帮工。20 岁以后我开始在一个木工厂做工人,主要生产家具，一直到 1979 年回国。回国后在宁明华侨农场也同样是做木工，主要生产家具。1997 年我去到美国，在一家华人老人院打工，直到去年回来。

1979 年，越南排华，我们一家虽然有越南国籍，但也是华人华侨，所以我们不得不回来，如果不回来都会被抓进集中营，然后被杀掉。我们一家分散着，从不同地方归国了。我们兄弟姐妹八个，还有我们的孩子们从凭祥回国，我妈妈走云南河口，我爸爸则通过越南海防到香港。我过越南海关的时候被海关搜身，拿走了我的越南身份证，在凭祥待了一两天，然后被解放军带到了宁明。领导分别问我们有什么手艺之后就把我们安排在了不同的厂里面，吃的住的都给我们安排好了。我妈妈没过多久也来到了宁明。后来我妈妈和兄弟姐妹们也陆陆续续去到香港跟我爸爸会合。1982 年我的两个弟弟和一个妹妹也去到香港了，至此，宁明只剩下我一个人还有我的孩子们。再后来他们又到了英国、美国（三个弟弟一个妹妹在英国，做餐馆生意，其他人都在美国），我的孩子们长大以后，也有几个纷纷出去了。由于在国外有亲戚担保，所以他们出去也比较方便，家里就剩下我、我老婆和我小儿子。我爸爸不愿意让我出去，因为我是家中老大，要守着我们的家。1997 年，我从木工厂离职，在美国的儿子女儿已经加入了美国国籍，于是我就去到美国和他们在一起。在美国的华人老人院打工，主要负责打扫卫生这些工作，一小时 10 美元，一直做到我的退休年龄。当地不允许老人家一个人待在家里面，必须有年轻人陪伴，我的儿子女儿们每天早出晚归，于是我不得不住进当地一家老人院，一年以后我就回国了。回国的原因自然是没有孩子的陪伴，我非常孤单，但是也只能表示理解，我其实也很想念家乡的饮食和老朋友们。在美国退休以后也是有退休金的，但我忘记是多少了，当我从美国离开的时候，退休金也不会给我了。我是没有美国国籍的，加入美国的国籍需要参加一场考试，我自然是过不了的，所以我只有一张安全身份证（允许我居住在美国，如有犯罪行为马上遣送回国）。当我回家之后，我发现我的身份证不奏效了，当地派出所显示没有我这个人的身份信息，所以我现在没有任何收入，医疗保险也没有，但是幸好我还有我的孩子们。派出所给我的答复是等下一次人口普查，给我上了户口，才能给我办理身份证。

1960 年，我在越南结婚，我老婆也是华人，在越南我有了六个孩子，回国我也把他们都带回来了。现在我退休以后就和我的小儿子住在一起。在家带我的孙子，平时散散步、种点菜，生活过得还不错，平时也会上网跟我孩子和弟弟妹妹们联系。

我觉得回家很好的。我现在是没有收入的，医疗、吃饭什么都没有的。我孩子每个月给我钱的，可以说我现在生活没有任何保障，只有我的孩子。当时在工厂工作办的是离职，给了五千块，但是当时工厂又面临破产，后来陆陆续续有扣掉税啊什么的，所以后来是什么钱也没有拿到的。

我现在在家也是带带孙子呀，现在住的房子是我小孩的。早上走一走，带带孩子，喂鸡种菜这些。

二

我叫覃光冲，是覃思政的小儿子，在家排行老六，1973 年出生。1978 年我五岁回国，我现在对越南没有什么印象了。回来之后就读书，小学在宁明华侨农场里的小学念书，中学也在农场里的中学念书，高中就是华侨中学，毕业以后就去凭祥、靖西、边贸口打工，主要是卖家具、看货、做翻译，我还会些越南语，做了几年就回来了。现在的话有空有朋友叫我去帮忙也会过去做，次数比较少了，现在越南边关管得比较严。老婆也是越南归侨，我们上中学时认识的，后来我们就结婚了。有两个小孩，老婆开了个麻将馆。我在农场里开了一个杂货小商铺，开了三四年之后生意不太景气，我也就没有再继续下去了。现在住的房子是集资房，96 平方米，拥有半产权。

我大姐、大哥，二哥和三姐去美国，二姐在台湾。三姐在美国在银行工作，二哥在做集成电路工作，二姐在台湾也是做集成电路工作的。我曾经也想跟着我哥哥姐姐们一起去到美国，但是领事馆这边的手续办理出现了一些错误，导致我被拒签，后来我就再没去了。

我都是听我爷爷说的，以前是走马帮的，做生意的，从钦州贩大烟到云南河口老街那里下，走马帮还是很辛苦的，然后就到越南"太原省"。爷爷叫覃保胜，后来就在河内安了家，然后就找到了我奶奶，奶奶也是华人，老家是福建闽江的，是在越南出生的，我爸有七个兄弟姐妹，四男四女，我爸排行老大。

我爸爸在越南读过书，上的是越南语学校，读了五年，五年以后就没读，就做生意了，在越南做米粉加工厂，个人的家庭作坊，然后批发给别人，我爸爸兄弟姐妹多，也没有请帮工。我爸爸从十五六岁开始做，做到 20 岁，然后就在木工厂做工人，做家具的，现在没有做家具的手艺了，做木工做了十年，用机器做的，1979 年越南排华就回来了，越南就赶我们回来，我是华人、华侨，也有越南国籍，直接就赶我们回来，我们不走不行，不走的都被抓进集中营了，然后杀掉，集中营在山上。我以前还是有越南身份证的，后来被海关拿走了。1979 年 5 月回来了。也有人不回来，因为越南海关那边关了，不允许回来了。我们是从凭祥入关的，但是我们一家人分散了，因为越南当局赶我们出来，我爸爸是跑出来的，不跑的话会被抓进去坐牢的，就爸爸是从越南海防过香港回来，我们兄弟 8 个是一起走的，我妈妈走云南河口，住了一段时间然后到宁明找到我们，1982 年跟我两个弟弟一个妹妹又到香港那去了。我爷爷说让我爸爸留在宁明，因为他是家中老大，在香港待了一年，后来我爸爸弟弟妹妹又去了英国，他们现在也是在英国。分散跑是因为怕被一起抓了。父亲他们跑的时候就带着身上的衣服手表这些，走的时候也被搜身的，不过他们什么也没有，也没什么怕的。

我爸爸到宁明之后就一直做木工，做到 1996 年，1997 年我爸爸就去美国了，跟我妈妈一起住。我爸爸是我姐姐担保过去美国的，去年回来的。因为老了，落叶归根就回来了。我还有我一个姐姐一个哥哥还在这边，其他人都移民到美国去了，我没有去是因为领事馆那边手续办错了，被拒签，所以就没有去成功。农场这里还有我，我大姐、大哥，二哥和三姐去美国，二姐在台湾。三姐在美国在银行工作，二哥在做集成电路的。二姐在台湾做集成电路的，因为二姐在台湾公司要求她做这一方面，有时候可以回来和大陆这边做交流之类的。他们发展得都还不错，也都已经成家的。在英国还有三个叔叔一个姑姑，他们在英国做餐馆。我们跟他们还保持有联系，他们还回来过，我们没有过去，因为手续有点麻烦。

我本来是开小卖部的，现在不开了，要照顾小孩。小卖部就在我们农场里面，其实很难卖出去东西的，小卖部做了三四年。我老婆也是越南归侨，因为都是一起读书，可能还是看相似的文化吧，我们这边找对象找外面的还是比较少的，一般是越南归侨找越南归侨，印度尼西亚归侨找印度尼西亚归侨。我老爸 1997 年已经在工厂离职了。在美国的哥哥姐姐已经加入了美国国籍，加入美国国籍要参加英文考试，所以我爸就没有加入。

我 1973 年出生，1978 年回来，我五岁，我现在对越南没有什么印象了。回来之后就读书，小学在宁明华侨农场里的小学念书，中学也在农场里中学年，高中就是华侨中学，毕业以后就去凭祥、靖西、边贸口打工，卖家具、看货、做翻译，我还会有些越南语。做了几年吧就回来了，现在的话有空有人叫我去帮忙也会过去做，很少做了，现在越南关那边很难过了。有两个小孩，老婆开了个麻将馆，老婆也是越南归侨。

现在住的房子是集资房，96平方米，13万元，拥有半产权，国家有补助1.5万元。这边还有"廉租房"。

我爸爸覃思政从美国回来，他在美国没有补助，回来中国也没有任何资金补助医疗保障，什么也没有，幸好他现在有我们，他可以照顾我们的孩子。如果有的老人没有孩子怎么办，政府也不资助，他要怎么办呢？归侨各种办理手续不全怎么办？这是我们现在关心的问题。

叶经谋、何珍爱　口述

口述者简介： 叶经谋，男，1950年出生。何珍爱，女，1951年出生。叶、何两家原都住在印度尼西亚雅加达，1960年回国时叶10岁，何9岁。叶是8月份第三批回来的，何是10月份回来的，第四批。何家回国就被安排在农场总部，叶家原来是安排在工棚分场，后来才调来总厂做工。叶毕业在工棚参加生产队，后抽调到场部的综合加工厂，在淀粉厂工作了五年，又调到了味精厂，最后在味精厂退休。何在宁明读完小学以后到南宁侨校念初中，1969年被分配到苗圃分场，下乡插队做农工，种菠萝，后调回罐头厂做工，还去过淀粉厂、酒厂、木工厂，还管过粮油，最后是在味精厂退休的。叶、何夫妻在淀粉厂工作的时候认识的，后来1974年结婚，1975年大女儿出生，共有两个女儿。

> **时　　　间：** 2017年6月20日上午
> **地　　　点：** 宁明华侨农场叶经谋、何珍爱家中
> **采 访 者：** 陈舒婷
> **华侨属性：** 印度尼西亚归侨
> **南 洋 物：** 无
> **整 理 人：** 陈舒婷　黄玉柳

一

我叫何珍爱，1951年出生在雅加达。我们原来在印度尼西亚是住在雅加达的。我家一家六口，我是最小的，有三个哥哥，妈妈不出去做工，在家打理家庭，爸爸出去做工养活一家人，吃喝都有，但是也不富裕。爸爸在华侨开的工厂打工。在印度尼西亚华侨大多数是开工厂和做生意，印度尼西亚人一般是开货车帮人

拉货，或者在门口开一个烟摊。最初是我的爸妈过去印度尼西亚的，有个姑姑在佛山，爸妈祖籍都是广东，被"卖猪仔"过去的。去到印度尼西亚后，我的爸爸出去做工，我的妈妈在家照顾孩子，每天孩子上学要送到固定的地方坐校车去中华学校读书，当时的中华学校都很远的，要去到郊区的新村，放学的时候校车送回去也需要妈妈接回家。在中华学校学习有中文、历史。

1960 年，我全家因为排华都回国了。当时的排华是这样的情况：印度尼西亚政府要求华侨要搬到一个地方去住，政府帮起好房子，但是华侨不愿意，如搬走的话自己种植的一大片果园就没有了，因为华侨不愿意，印度尼西亚人就开枪打死人了，这样就是排华了。当时事情一发生，大使馆就马上组织华侨回国，用船分批接回来。我乘坐的船能载很多人，而且有自费回国的华侨。自费生住在船的楼上，我们这些接回来不用花钱的华侨住在船的楼下。自费回国的大多数是学生，是在印度尼西亚的华侨怕小孩子留在印度尼西亚太危险，先送回中国读书，以防自己家在印度尼西亚出了什么事的话，还能留有一个孩子在中国。我是在黄浦下船，然后从黄浦坐火车到广州。当时坐火车有给华侨发馒头，他们吃不惯就扔掉，本地人就捡来吃，当时的中国很困难。到达广州以后又坐火车到南宁，在迎宾饭店住。

一开始刚来农场的时候还没有工厂，华侨被安排到山脚下去种辣椒树、种菜。后来才逐渐有了修理厂、淀粉厂、罐头厂等。我一回来就是安排在农场总部，我老公原来是安排在工棚分场，后来才调来总厂做工。我家来到农场，安排的是砖房平房给我们住，但是不是新房子，原来已经有人住过了；我老公家回来在工棚分场住的是泥巴房，自己动手搭建的。当时我那一批回来的有些是学生，并没有安排到农场来，而是分到北京、上海、福建等地方。我回国以后也还在读书，在农场的学校读三年级。当时的学校教室不多，安排三年级和四年级在一个教室上课，后来我就跑去驮龙小学读。我三哥也是在驮龙小学，读完小学以后就去南宁读侨校初中。我在南宁的华侨学校读过书，华侨学校原来叫中等补习学校，学校学习的课程跟初中、高中都一样。学校设有初中也有高中，当时学校有来自缅甸、老挝、柬埔寨、马来西亚、印度的学生，后来才改成侨校。我老公在印度尼西亚读的是印度尼西亚学校，读到四年级，我在印度尼西亚读的是中华学校，中华学校的印度尼西亚文一个星期才有两节，其他都是学中文的。1960年回国时，我老公10岁，我9岁。我老公是8月第三批回来的，我是10月回来的，第四批。当时回国有五六批华侨，第五批以后的是安排在宁明的松香厂住的，松香厂以前叫采购站，后来才被分配到农场来。

当时因为在侨校读书，去了很多地方，北京、上海、广州等。我当时代表侨校去北京是第三批，毛主席接见我们的。当时侨校派了 24 个人还是 36 个人去北京，我因为是工人出身，所以代表工人去的北京。1969 年读完初中以后，没有继续读高中，出来做工了。一开始和一个女同学一起想去宾阳工作的，但是担心去了以后没有钱用，我妈妈又不同意，所以最后是回宁明华侨农场工作的。当时如果何去了宾阳，工作不到一个月就可以调去城市工作了，因为他们华侨有照顾政策。1969 年被分配到苗圃分场，下乡插队做农工，种菠萝，工资每个月 15 块，后来才提到 18 块。1970 年结婚了，调回罐头厂做工，就回到总场了，还去过淀粉厂、酒厂、木工厂，还管过粮油，最后是在味精厂退休的。

我老公回国时 10 岁才读的一年级，因为在印度尼西亚读的是印度尼西亚学校，不会中国字和中国话，只能从一年级读起。在印度尼西亚读书的时候学校有印度尼西亚文课、数学课等，他数学成绩很好。当时是因为他的爸爸并没有打算要回国的，所以就送他去印度尼西亚学校，会说印度尼西亚话以后在印度尼西亚好做生意。当时印度尼西亚除了印度尼西亚学校、中华学校，还有国民党学校，国民党学校的校服是蓝裙白衣，中华学校的校服是全白，有立扣，有一个蓝色领带。华侨一般上两种学校，一种是一半印度尼西亚文一半中文，上午学印度尼西亚文，下午学中国文；我老公读的印度尼西亚学校是全印度尼西亚文的，属于另一种。

我在印度尼西亚还有亲戚，我父母的兄弟姐妹还在印度尼西亚，但跟他们已经不大联系了，但二哥、三哥还有跟印度尼西亚的亲戚保持通信。我妈妈在香港有一个妹妹，有三个孩子，两男一女，我哥哥跟他们还有来往。我妈妈在广东有一个妹妹。我回国以后再也没有回去印度尼西亚过了。我的大哥在珠海，跟印度尼西亚，以及中国香港的亲戚都还有联系，我的大哥是大学生，以前在宁明中学读高中考上福建泉州华侨大学中文系，毕业以后是要分配去昆明的，但是大哥觉得昆明太远，要求在南宁，然后就安排在南宁铁中当老师，教中文，后来在珠海找到工作就又去珠海了。大哥有糖尿病也比较少回来农场，小的哥哥也住在农场，还有一个哥哥已经去世。

我们夫妻在家经常做印度尼西亚菜，也很喜欢吃，两人平时交流也是讲印度尼西亚话。有两个女孩，大女孩住在农场，今年 42 岁了。大女孩的女儿，即外孙女原来在宁明四小读书，后来在宁明一中读初中，然后在扶绥一中读高中，现在在哈尔滨商业大学读书，成绩一直都很好。因为从小和我们住在一起，感情深厚，外孙女还自学印度尼西亚文，现在会读会念。小女孩今年40岁，但因为心脏病不要孩子。我的身体不好，有糖尿病、高血压、痛风，平时去宁明县城的中医院看病拿药。

现在住的是农场的廉租房，47平方米左右，两房一厅，房租要124.6块一个月。按照中央文件一平方米是一块钱的，不知道农场是怎么计算这个房租的。这栋廉租房是2010年起的，2010年底住进去的。原来是住在平房，平房是前后间的，一个月租金一块二。这栋是农场的廉租房、低保房，用来照顾困难户的，但是现在低保户、困难户已经取消了。这个廉租房的房租很贵，农场的其他房子，有的租金13块、18块一个月的。这个房子本来是不要房租的，是农场有个领导打报告去县里面要求收房租的，我们知道这个事情是因为我们去县里面问了，县里面说是农场自己要收房租的。像我们有退休金的还能负担这个房租。我们的孩子也是住在农场的，女婿是农村的，没有工作，去批发部做工一个月工资1800—2000块，做够一年有年终奖4000块，女孩在县城的超市做工，一个月1400块，因为做领班还有200块，一共1600块。一发工资就要寄钱1300块给在哈尔滨读大学的女儿，剩下300块交房租和支付家庭费用。女婿的工资拿来养家吃饭，还要还女儿读大学的助学贷款，根本不够开支。因为现在农场没有低保户了，有些家庭困难的没有低保户发钱，租不起廉租房，领导就安排去住平房，5块钱一个月。我们的身体都不太好，我老公有很严重的痛风，发病的时候不要说下楼梯，连走路都很难走。我有糖尿病、高血压，因为脚发炎已经有两个月没下楼了。我们夫妻俩现在住的是五楼，要求住现在这栋楼的2楼，2楼有一套空的廉租房，原来的住户自己买房子就搬走了。今年2月份就打报告上去，但是一直没通过。我2008年就已经有病，腿脚不方便了，搬来廉租房这里是抽签了，农场并没有照顾我们，没把我们直接安排在一楼、二楼，是农场领导打击报复。因为我老公曾经去说过农场领导卖房炒房，工人没有房子住，买农场的房子才花三万块，转手卖给别人七万块。我中秋节、十一国庆的补助五百块钱被农场扣着，是宁明工会发的，我哥告诉我是有我的名字的，但是其他人9月20日就领到了，我孩子10月11日上班去领，没有领到，当时农场跟我女孩说：你的爸爸，办公楼从楼上到楼下都很讨厌的。

我们夫妻的退休工资都是两千多块，加起来五千多块，但是因为我们都有病，看病吃药不够用。我们反映的这些问题没有跟侨联反映过，反映了也没有用。

因为原来农场有一个印度尼西亚华侨曾经去过区侨联工作的，现在已经退休，我老公曾经去向他反映问题，但是他也不敢去跟农场的侨联反映。宁明华侨农场的工作人员只有三个是华侨、侨眷，其他都不是，所以工作做得不好，不关心农场的华侨、侨眷。但是我们觉得中国对华侨还是很好的，只是政策到了地方实施不好。在中国有退休金有医保，在国外没有退休金生活也很难过。

二

我是叶经谋。我是先到湛江上岸，然后坐火车到广州，后来再坐火车到南宁的，我们的路线不一样。我老婆第四批回来的有两条船，只有她乘坐的那条船是在黄埔上岸的，因为当时他们的船坏了，坏在海中，因为要修理变成了八天七夜才到，原本应该是七天七夜就到了的。当时她乘坐的船路过巴厘岛、勿里洞。当时我老婆在的那个船上过得很好，早上有早餐，中午有午餐，到了下午3点还有牛奶饼干可以吃，下午又有晚餐。当时到了中国下船看到中国的情况感到后悔，有些人嚷着要回印度尼西亚。我老婆坐火车的时候看到周边的草比人还高，很荒凉。

我有四兄弟，老家是福建的，我母亲是侨生，我外婆是印度尼西亚人，我在印度尼西亚是第三代，我家在印度尼西亚也是住在雅加达。在印度尼西亚还有很多亲戚，但是搬家了联系不上，加上当时国内"文化大革命"要断绝海外联系，所以联系已经断了，不来往了。我爸爸以前在福建的，做了两个油桶自己漂洋过海到了印度尼西亚。我爸爸原来在福建的时候已经结婚有两个女孩，后来去了印度尼西亚才跟我妈妈结婚。我爸爸在印度尼西亚是做生意的，一个人养活家里五口人。一开始是给荷兰人做用人的，那个荷兰人是开旅社的，后来那个荷兰人看中我爸爸会讲很多种话，荷兰话、印度尼西亚话，又觉得他工作很认真努力，就把一栋楼给他承包了，荷兰人只要一个月两万块，剩下的钱都算我爸爸自己的，当时我爸爸经营的那栋楼旅社生意很好，都是满客。后来我爸爸赚钱了就把那栋旅社买下来了，还请了两个司机，买了两辆车，生活过得很好。后来我爸爸听广播说中国吃饭不用钱，孩子读书有国家来负担，老人有工作安排，家里开着门都没有人来偷东西，社会主义好。他觉得广播里的中国很好，就报名回国。当时回国坐的船，是属于接侨船，有上下两层，一条船能坐一万多人。结果回来中国，看到田地、山林，跟广播里讲的完全不一样，很多人哭得半死。

回到中国以后，华侨是可以选择去哪里的，当时我有亲戚在广州，亲戚叫我们全家留在广州，但是我爸爸担心在广州没有工作，就听从了安排到宁明的华侨农场。回国时带的行李箱上还写有从雅加达到广州，还带了单车回来，单车是英国货，我大哥买的男装单车，单车在船上用木板夹住，但是回国以后没有钱就把单车卖了。还带了布匹回来，但是因为在印度尼西亚没有冬天，所以一件长袖衣服都没有，回到国内的时候就很冷，但是当时是人先回来到的，行李后面才到，所以即使带了布匹回来也不能马上做衣服。当时还从印度尼西亚带了很多箱鲜鱿鱼回来吃，那些鲜鱿鱼用铁箱装的。但是当时回国，我们的父母对中国都不了解，所以听从安排来到了宁明华侨农场。我爸爸回国以后看到人犁地、吃饭用饭盅，十分想不通，发了神经病，在柳州医院住院了三年。那时候的饭盅是泥巴做的，天天去食堂打饭打菜，天天吃冬瓜。刚回国的时候我老婆的爸妈也是经常哭，很后悔回国。当时国家很困难，印度尼西亚归侨回来什么也没有发，发的东西还要从父母在农场工作的工资里扣。1969年我们夫妻每天要工作12个小时，从早上7点到晚上7点，一天工资七毛多一个人，工作十二个小时算八个小时的工作量发工资，多余的工作时间算是为国家做贡献。我初中不读了，18岁以后向农场要求参加农业第一线，因为我父母在工棚分场，我想离父母近一点，就选择去工棚分场劳动。当时年轻人很少，什么工作都要我去做，晚上还要上夜校学习种植技术等。当时场部招人，想把我调到总场，但是工棚分场这边因为年轻人太少不让走，后来领导要求每个单位抽一两个人到场部支援工厂工作，说是借用三个月，工棚就抽了我上来场部。当时场部有一个综合加工厂，包括粮所、木工厂、修理厂。借用了三个月后分场叫我回去，但是场部领导不让，我回去分场劳动，结果场部领导不发工资，最后又回到场部工作。一开始在淀粉厂工作了五年，到了味精厂，我是做锅炉工的，还参加考试考到了三级锅炉工。我本来在淀粉厂就是烧锅炉的，到了味精厂开办，就请我去味精厂教学徒烧锅炉。当时味精厂刚开也是没有劳动力，也是向农场各单位借年轻劳动力，当时烧锅炉的都是临时工，做了三个月就又要调回分场。最后我是从味精厂退休了。我们夫妻在淀粉厂工作的时候认识的，后来1974年结婚，1975年大女儿出生。

我文化水平低，不会背后议论，有话都是当面提出的，所以遭人讨厌。当时我说房子小也不要紧，房租不要收那么多，按照国家要求收，一百多块的房租是怎么算的。听说农场没有工资发给职工，从房租里面拿来发的。农场没有钱发工资这个事也不单是我们说，农场别的职工也有这么说的，但是我去说了这个事，农场就回答说：没有钱就不要住。这不是房租贵不贵的问题，是房租收得不合理，跟中央文件说的不一样。在凭祥的廉租房，80平方米收80块。除了房租的问题，还有水费的问题。曾经有一个月农场收了我们九块七一吨水，现在收五块多一吨。用水是农场代收水费，用的是宁明水厂供应的水。九块七一吨水这个事发生以后，我也有去跟农场反映问题，农场回复是按照总表，但是农场搞基建漏水了，而且漏水以后又没有人来保修，所以这个水费就平摊到每个职工的水费里。这个水费怎么算的呢？每栋楼都有一个总表，是整栋楼所有住户的用水总和，每个月的水费是按照整栋楼的用水总和来平摊的，并不是自己家用多少就算多少的，所以有些住户用水少的也要平摊多出来的水费。因为农场的房子是包给外面的老板来起的，有的时候施工就会弄破水管导致漏水，但是这个漏水的水费是职工平摊的，并不是这些老板赔偿或者是农场赔偿。

余荣贵　口述

口述者简介： 余荣贵，男，祖籍广东开平，出生在东加里曼丹的马里巴板市，1960 年 4 月回国。1978 年与妻子黄爱娥结婚。自幼在外公的豆腐厂帮工，回国后曾前往香港打工。哥哥姐姐皆移居香港。

时　　　间：2017 年 6 月 20 日上午
地　　　点：宁明华侨农场余荣贵家中
采 访 者：李海翔
华侨属性：印度尼西亚归侨
南 洋 物：木箱
整 理 人：李海翔

一

我叫余荣贵，祖籍广东开平，1947 年出生，现在七十岁了，1960 年 4 月回国。我原来在东加里曼丹的马里巴板市，这是一个小市，还没有宁明县大，印度尼西亚是个千岛之国，现在来说是万岛之国，很多小岛。万隆比较凉，那里可以种包菜，其他的地方种不了，因为太热了包不起来。我姐姐现在还在那个岛上，我们当时也是排华，不过不像越南。华人可以选择到大城市去，或者回国。回国可以带财产，十八岁以上就可以带，我回来时候就带了一瓶子黄金和钻石首饰，就卖给政府了。不满十八岁不可以带黄金出境，我们家好一点，成年人比较多，不过还是有很多大件没带回来，比如柜子什么的，只带了值钱的。现在家里还有两个箱子，那时候印度尼西亚中华总会通知我们准备走，我们就做了这两个箱子。我爸爸是木工，这个箱子很好，木头很好，上边写的我父亲的名字余海。

我爸爸全名余瑞海，十五岁来的印度尼西亚，当时家里是地主的天下，活不下去，就跟一帮朋友去了，他们家四个兄弟里只有我父亲去了印度尼西亚。东加里曼丹比较近，就一起过来了，他说他们是坐大渔船过来，先一边打工一边读书。印度尼西亚都是读半天书，分早上和下午，不上学的时候，学木工当学徒，他很能吃苦，后来就去学画画。因为他一直想搞建筑，就去学校学习，有专门培训的学校，后来就成了设计师，当工头可以设计房子，算多少木料多少材料。

我外公当时开了一个豆腐厂，做豆腐还做腐竹，那个岛上只有我们一家经营这些，所以很辛苦。后来我妈妈接管，雇了三个印度尼西亚苦力照顾生意，不能让印度尼西亚人具体操作买卖。而我就一方面卖豆腐，一方面做菜做饭。我五兄弟三姐妹，我们三个两个人主要帮忙卖。苦力把豆腐运出去，我们就在街上的固定摊子上卖。早上卖豆腐，要 4 点多起床，到了中午要去给各个的地方送腐竹，苦力工把东西送过去。外公也是广东开平人，不知道什么时候去的，我爸爸没有讲到过。外公叫梁宝，母亲梁振秀是侨生，她自己开始地下蒸酒，因为印度尼西亚禁白酒，只有啤酒和有颜色的红酒，要是被发现就被抓了。那时候我妈妈 3 点做酒，印度尼西亚兵 4 点就来，也不抓你，就是喝一瓶带一瓶，后来就做不下去了，来十个人带十瓶没办法应付。外公生病以前，自己做妇产，后来就母亲接管了。我母亲三姐妹，一个在桂林，一个在四川，一九四几年的时候来四川读书，后来读了一段时间就因为读不下去了，跑去共产党部队当卫生员，这是她后来来这里跟我说的。

我们家一个豆腐厂供应一个岛，我外公过世时，我已经十三岁了，他是回国前三个月过世的，那时候他 73 岁。我们听说印度尼西亚兵开枪打死中国人，丢到海里了。我们这边虽然没有，但是大家很害怕。不过在我们走的时候，印度尼西亚兵还跟我们开玩笑。我爸爸认识很多印度尼西亚兵，他在公司里帮工画画，下班一回家就在桌子上画图纸，1975 年过世，那时候六十三岁了。以前家里还过得去，不过很辛苦，我九岁就做工了，太辛苦。印度尼西亚人三天打鱼两天晒网，攒不下钱，挣点钱就去玩的。华侨天天打鱼，越多越好，所以华侨对印度尼西亚的贡献很大，重要的工作还是要华人来做。你去看印度尼西亚，盖楼房的就是中国人。平房就是当地的，一看他的瓦，破破烂烂就是印度尼西亚人。去年我妹妹过来过，我也打算跟弟弟一起去看看，不过弟弟在带孙子，他打算带孙子一起去。

我在印度尼西亚中华学校读一年级，后来我外公生病了，我就停学了专门护理我外公。那时候才九岁，什么都不会，只能慢慢学。回来之后，最初上小学二年级，那时候十三岁在工棚分场小学，大家一起从头读书。家里人就在农场种菠萝、木薯，我们在蒲瓜一年去了工棚。十八岁我小学毕业，工资很低只有十五块。就自己种菜，补贴家里。找点地方自己种，到现在工棚也是这样。1969年我参加工作，种木薯、菠萝，放牛养猪，做一些农活。1981年调来烧锅炉，当时没人愿意烧锅炉，总厂青年不愿意做，觉得太累了又脏。我就从分场过来，工资有一百多块，我当时拿回去老婆就说"哇，这么多"，那时候猪肉一块五一斤。锅炉烧到1993年，工厂就倒闭了，就只能打零工。我也去香港打过工，因为我有母子关系能去三个月。我老婆也去当过保姆，1983年味精厂倒闭，1988年她去的香港。那时候请假探亲，还可以报销路费。我哥哥就介绍我在工地搞修路，也在工厂车衣服，也在餐厅打工。我们当时在香港就两三千块，一天一百五，一天顶一个月，从那边回来，买冰箱买金，一百港币可以换一百二十块。一共去了香港五次，一次三个月。其实那边政策是不允许探亲的打工，发现了要抓进监狱，住在监狱里什么都好，有的吃水果，但是要上法庭，还要罚钱。香港法律很厉害，乱丢垃圾，抽烟都是要罚款。最后一次去是十年前全家人去香港玩。

那时候回来十三岁已经懂事了，坐的是苏联的"福安号"。我们回来是11口人，姐姐已经出嫁了，没住在一起。先去三巴林达集中，再一起去港口。三巴林达在另一个岛，那里有一个中华学校，我们等了半个月，附近的岛集中在一起，我们三百人，坐的小船。坐大船的就是有打死人，排华也是看地方的，我们那还可以。当时姐姐登记了打算第三批回来。我爸爸回来说，这里太苦了你们先不要回来，她说不回来要入印度尼西亚籍了，我爸爸就说入就入吧，我们是中国人，为了生活嘛没有办法，他们就入了。如果她们回来就被安排在海南岛了。当时中国确实比较差，不过能够在那么艰难的情况还接我们也很不容易。西瓜哇比较差，我们那边跟印度尼西亚人关系很好，就像朋友一样。我们跟印度尼西亚人混着住，就是上印度尼西亚华人学校。华人学校不教印度尼西亚文，主要就是教中文。华人都上中华学校，不去印度尼西亚学校。不过印度尼西亚人和中国人还是很多来往，不知道别的地方是如何，我们反正都关系不错。我们那里华人也蛮多，基本是广东过去的，讲开平话。

二

我们坐船到湛江待了三天，统一被带到南宁，到了南宁也还行，在迎宾饭店住了一个礼拜，后到了宁明住了半年。其实能直接留在南宁，不过为什么，我们不懂，就跟着大家，有的人不想走就留下了。他们说宁明比南宁好，我们就跟着去，去了以后什么都没有，大家都不要下火车。全是平房，连医院都是平房，一个商店都没有。只有用松树叶搭了一个棚子，叫华侨商店，还只能华侨买东西。我记得有几个青年让我买，五分钱一个。人家售货员就问，为什么买那么多，我说外边的叫买的，他们就跑了。当时我们带着那个牌子写着归国华侨，不过他们现在还能看出来我们是华侨，就叫我们华侨。当时我们只会讲印度尼西亚话，有一些会普通话，都是后来学的。在工棚大家都讲印度尼西亚话，孩子甚至本地人也讲印度尼西亚话，现在我孙子也会听。

我们在宁明上三大纪律八项注意，估计是怕我们乱来，给我们上课。有一次我看见水坑里有鱼我们就抓，一人抓一通就回去蒸，我们带了牛油来炸鱼，我们带了几大罐子，还有黄金，我还带了三部单车。那些水沟的鱼我们在印度尼西亚那都是没人要的，政府就赔偿给本地人，他们当时也不敢说什么，估计是上过课，告诉他们不要和华侨起冲突。

我们回来不用钱，吃饭也不用钱，看老百姓可怜，我们就偷偷多拿一点给老百姓。后来一年吃一次猪肉，看都看不见，市场都没有，肚子饿没有油水。那时候苏联逼债三年灾害，苏联很可恶，只要一百五十斤到两百斤的猪，大的小的都不要，搞得国家也很苦难。我开始住在蒲瓜，发了棉衣棉被，一起吃食堂。我们在印度尼西亚都没有冬天，我们4月回来还很冷，我们当时穿裙子来。太冷了就发的棉被，我们没见过被子以为是褥子，就垫在地下，我们在印度尼西亚都睡木棉花的褥子。服务员看见了吓一跳，就教我们怎么用。我们在4月就冲凉水，根本不知道要烧热水，本地人就看我们很奇怪，看着我们冲。

印度尼西亚的土地确实好，肥沃都是黑土，根本不用犁地，木薯插下去，等三个月就收了，还长得大大的。我刚来这边看见木薯，说怎么这么小啊。中国土地要是像这样肥沃，早厉害了。但是印度尼西亚人懒，现在我们华人都是小轿车，印度尼西亚人都是摩托车。现在我们这里好，让我出去我都不去。一睁开眼睛一百块，在香港要一直工作。政府工退休一次给七十万港币，我哥哥就是这样，有退休金，还有水果费，六十五岁以后，药费全免，住房不要钱。

我老婆叫黄爱娥，1952年出生。她们家开咖啡店，卖糕点，有时候还收原住民的藤和野猪油，他们拿钱就买咸鱼回去。我们自己有一个码头，有一个仓库。华人在海外比较风光，学校的游行过节，我们华人也参加，白衣蓝裤黑鞋子，很好看很整齐，校服上写着中华两个字，步伐整齐服装整齐，印度尼西亚人花花绿绿，穿拖鞋不穿鞋。

我母亲1919年出生，2002年过世。1975年的时候，哥哥姐姐都去香港了，因为我四叔在香港，以前四叔从老家去的香港。父亲带三兄弟，妈妈1981年过去了，就只有我还留在这边。他们去香港申请了三年才能去，就是因为有亲戚，就过去了。那边好，去了香港觉得其他地方都小，但我没有去，因为心里比较红。四叔在香港很不错，几个孩子都是搞旅游的。我的兄弟们在香港打工，拉土填海。大哥自己买的车，帮人在工地干活，三十几万港币的车。余荣活一个在伊丽莎白政府医院打杂，余荣浩一个搞电工，专门搞电梯，是技术工，要有证的，去了那边才学的。以前去香港有限制，1978年一年一次去看他们。他们住的地方像鸟笼，按人头的政府房，两个人的房子跟我客厅一样大，就像政府廉租房，不过大家都愿意住政府楼，有钱也住政府楼。香港人像鸟一样，就回家睡觉，福利很好，还管修家具、空调，都统一换，很方便。

我们华人自己过春节，拜庙堂，过七月十四、八月十五，元旦不过只过春节，不过国庆，但是家里面插一杆五星红旗。他们没回来都入印度尼西亚籍，我们国家强大了，现在可以去探亲了。20世纪70年代想要去探亲要排队排三年，现在跟印度尼西亚关系不错，去印度尼西亚都免检。现在国家强大，我们在户外的华人比较好过，对华人也比较尊重。他们也在看中文国际频道。

工厂倒闭的时候，我们没拖欠工资，不过死去的老人有，他们没有文化，只能种菠萝、木薯。在分厂在学校同班认识的老婆，我调过来工作一年，因为夫妻关系，她就调来这边总厂味精厂，要不然她还在那边承包土地种菠萝。我们1978年结婚，是自由恋爱，生了两个小孩一男一女，男的叫余翔在这边打工，女孩叫余萍现在在香港，嫁过去十多年了。是开始去深圳打工，认识了一个香港人，在娱乐场所工作。孩子叫我去香港，我们老了不想去了，我们老了，去了也不知道干什么，都不懂路，也不会说白话，以前去找不到路，不会转车。

曾维林　口述

口述者简介： 曾维林，男，在印度尼西亚雅加达出生，有7个兄弟姐妹，在家排行老六，祖籍是广东梅县。回国毕业以后被分配在农场里面的一个厂里，主要是种红薯、木薯、菠萝这些工作。后来跟着师傅学开车，学会之后就在农场里帮领导开车拉货，一直做到退休。1978年结婚，妻子也是印度尼西亚雅加达归侨，叫刘慧珍，退休以前是医生。夫妻俩有一儿一女，儿子叫曾荣强，女儿叫曾荣欣。

时　　间：2017年6月20日上午
地　　点：宁明华侨农场曾维林家中
采 访 者：郑一省
华侨属性：印度尼西亚归侨
南 洋 物：手摇缝衣车
整 理 人：陈舒婷　黄玉柳

一

我叫曾维林，今年71岁。我1946年在印度尼西亚的戈隆格林出生，那是一个县城，那里都是印度尼西亚学校，没有中文学校。等我长大后，父母为了让我学中文，就搬到了加拉横念书，1958年全家又搬到了雅加达。我爸爸叫曾继吾，我妈妈叫沈金莲。

我爸爸1906年出生。我有7个兄弟姐妹，在家排行老六。老大是姐姐，叫曾森妹，二姐曾优妹，三姐曾亚银，四姐曾亚净，大哥不在了，弟弟曾维兴，最小的妹妹叫曾玲妹。我祖籍是广东梅县，我不记得爷爷奶奶叫什么名字了。我在梅县县城里面出生。我爸爸是一个大地主，有钱人，有房子。我外公也是，我妈妈的爸爸，是从梅县出去的，我爷爷也是从这里出去的。因为那个时候到处跑，跑一点，赚钱。不过他们说是有钱人，我们那时是有钱人，是广东的呀，是地主的呀，我也是过后才知道。我爸爸出去，我爸爸还年轻可能是 20 世纪 30 年代，我在雅加达出生的。我爸爸 1958 年已经 68 岁了，我妈妈是 1906 年出生。我妈妈也是雅加达的侨生。

听我爸妈说，他们小时候家里面穷，我爷爷和我外公到处跑做生意，后来我爸爸去到了印度尼西亚的戈隆格林，在戈隆格林认识了是侨生的我妈妈。我爸爸在戈隆格林做工程师，做建筑设计一类的工作，家里面的生活还不错。戈隆格林的房子很大，十几个房间，还有自己的地，可以养鸡养猪。后来因为一些原因，我妈妈和我外公一家人到了雅加达，在雅加达也有了自己的商店，我跟我姐姐在戈隆格林上学。1941 年印度尼西亚整个形势不是很稳定，我爸爸就出去干他的事业了，曾经去到日本工作，也是做建筑设计这类的工作，生活过得还不错。我妈妈还有一些兄弟姐妹们也在印度尼西亚的农村地区，因为他们没有钱，没有办法搬进雅加达。

我的小学一二三年级，是在一个叫"加拉横"的一个城市上印度尼西亚学校，四年级转到中文学校读书，1958 年，我爸爸去世了，我也去到雅加达的中华中学上学了，我妈妈和我外公在雅加达有房子。印度尼西亚学校学生很多，老师比较少，为了合理安排学生上课，我们一天只需要上半天学，后来到了中文学校，就开始每天上下午都需要上课，学校为了教育我们爱劳动的精神，也偶尔会安排我们去山上种树种菜这些活动。中文学校要求全部住宿，因为我家距离学校很近，所以我时不时会回家住。

我也不是很清楚，我还很小的时候，我爸爸是一个工程师，搞建筑码头什么的，所以我们的生活水平也是不错的。搞工程，是搞设计的。过后呢，我也是和我姐姐回家的，但是我们在 1941 年那段时间，印度尼西亚那时候也不是很稳定，中国那时候也是不稳定，我爸爸在印度尼西亚的工作也不稳定。不稳定以后呢，他就去办他自己的事业了，不过我们的生活条件还可以，可以养活我们八兄弟，我们家爸爸一个人做工。在日本统治的时候，我爸爸没有做工程师了，就是搞建筑了。我爸爸在日本统治印度尼西亚时候生意还可以。但那个时候不会跟日本人靠近的。我在雅加达上学是中国与印度尼西亚学校，小学一二三年级上的是印度尼西亚学校，也有中文学校，四年级以后就到了中文学校"侨中"。读到五年级，后来我搬到雅加达。之前只在加拉横，1958 年全家都搬到雅加达了，我也就到雅加达读书了，读中华中学，学校叫"干功喜"。我爸爸在雅加达有房子，生活条件比 20 世纪 50 年代好很多。

我在雅加达上学上到初中，没有念完就回来了。爸爸在雅加达还搞工程，不过什么工程这个不清楚哦。在雅加达的房子是我外公和妈妈的房子。我还有舅舅，我妈妈是老大，就把所有的钱就给他们还了，我妈妈本身在雅加达有房子还有一个商店，我爸爸我就不知道了。在戈隆格林房子很大，十多个房间，还养猪养羊，有自己的地。读书的时候一天八个小时，不过那个时候 20 世纪 60 年代很辛苦，在学校要劳动，种菜、种树，不是在学校种，是在另一个山上种。不过也不多，是为了教育学生爱劳动。那个时候还小，叫做什么就去做什么。不过我们晚上没有课，上午四节课，下午三节课，就像现在这样的，中午有休息，然后有作业，我们住在学校，因为我们跟农村的在一起的。我愿意住我就住，不愿意住我就回家，家很近，是在中文学校的时候，在印度尼西亚学校不行，就半天学习，分两个班，半天半天地上课，因为学校有几千人，那边没有高中。我认为我们回来目的就是为了读高中，有点文化，但是不会写中文，数理化都还会，有一点基础。

1958 年我爸爸去世，在雅加达去世的。我们全都搬到雅加达了。因为我爸爸年纪也大了，我哥哥姐姐们也不住在农村了，搬到雅加达了，我爸爸也到雅加达了。我的舅舅们有的在加拉横，也有在戈隆格林，他们没有钱，没有办法搬到雅加达。我爸爸我妈妈我姐姐有钱，在雅加达买了房子，就搬了过去。我的孙子们也都是大学生，有读研的，有做医生的，做生意的也有。

我们家在印度尼西亚的房子没有卖掉，我妈妈把房子给兄弟姐妹了，那个时候我外公外婆还在那边。他们不回来是因为他们有他们的家产，带不回来的。现在他们都发大财了，比我好得多了。没有受到排华的影响，他们在那边改成印度尼西亚名字了，也加入印度尼西亚国籍了，但是自己还保留中文名字。也加入了教会，比如基督教、伊斯兰教什么的，那边比较迷信，一定要加入，不加入表示不相信上帝，主要还是说不要做坏事。在印度尼西亚会说印度尼西亚话比较好一些。

二

1960 年，我 14 岁，印度尼西亚开始排华，我妈妈就带着我们兄弟姐妹 8 个回来了，回来的时候坐"俄罗斯号"船，那时爸爸已经不在了，外公还有其他人没有一起回来。

在华侨领事馆登记之后，给我们发了船票，船票是不需要花钱买的，于是我们乘船回国了。到广东湛江下船，在湛江住了大约一个星期，再坐火车到南宁，住在和平旅社，那时候好像是8月。然后政府就分配我们往各个地方，在南宁好像住了半个月，等待分配，再到了宁明县城，住了大约半个月时间，就来到了宁明华侨农场，我们完全是按照政府分配过来的。

我们为何要回国，是印度尼西亚排华啊，我们觉得自己是中国人，有志气，不要印度尼西亚人看不起自己。我们有自己的家，要回来自己的家。我的亲戚们也有去台湾了或者其他地方了。我们看了《人民画报》，写中国怎么怎么好，说回国之后有工作安排。

我们回来的时候带的东西很多，这多年过去了，现在留下来的东西没有什么，有一张桌子和床，有一个在我姐姐那边，有一个在我弟弟那边，我的那个放在柴房那边。还带了缝衣车，手摇的缝衣车，只带了一个，现在在我姐姐那边。带回来的吃的有油，很多，用罐子装着。没有什么限制我们拿东西回来，但是钱啊、黄金啊，是不会让我们拿回来的。我们不需要在大使馆登记，我们有华侨领事馆，在华侨领事馆登记好就好了。我们还有船票，每个人挂一个牌子，就是船票，但是我没有留下来。

来到宁明华侨农场之后，农场有大食堂，政府也给我们分配了房子，只有两三个房间。我妈妈觉得中国生活太差了，对比在雅加达的生活，这边电也没有，住的不好，吃的也不好，我妈妈很难过，我觉得还行。我姐姐觉得妈妈出去工作太辛苦了，就让妈妈在家做饭照顾我们。1960年回来我妈妈还没到50岁，1996年我妈妈去世了。1963年开始，就没有在食堂吃饭了，整个农场都已经分配完了，我们也开始在自己家做饭，但是我们不能够自己种菜，种菜或者养鸡都被叫作资本主义。我在宁明中学上了几个月的学，就得去劳动了，我被分配在农场里面的一个厂里，五千多个华侨，我主要是种红薯、木薯、菠萝这些工作，一个月六七块钱，我从1960年一直做到1963年，我工作很认真也很能干。后来跟着我师父学开车，学会之后就在农场里帮领导开车拉货这些工作，一直做到退休，不过那个时候没有执照。领导很看重我，让我帮他开车，还让我收徒弟教开车，那时我已经是预备党员了，但是我当时没有选择入党，因为我还想着去印度尼西亚。后来我因为申请条件不够，便没有去。后来的对越自卫反击战期间，我负责开车送弹药送民兵。

当时的宁明华侨农场有很多厂，比如说罐头厂、淀粉厂，出口量还是很大的。中央侨办很重视我们，每年拨款几百万元给我们建设农场。但是后来也是每况愈下，一直到现在也没有好转。

1978年我和我老婆结了婚。她也是印度尼西亚雅加达归侨，叫刘慧珍，退休以前是医生。我老婆现在跟我女儿在南宁住，偶尔会回来，儿子在美国做生意。我在印度尼西亚和美国还有亲戚，现在也时常上网互相联系。现在住的房子是国家建的，已经是老房子了，20世纪90年代以后建成的，每个月月租40块钱，水电费另外交。退休之后每个月两千多元工资，是城镇居民的医疗卡和保险。

退休以后我就一直在家，每天出门散散步、和朋友聊聊天、在广场上跳舞、骑单车、打排球、打麻将这些事情。曾经带我的儿子去到印度尼西亚去探亲顺带旅游过一次，我的亲戚们都过得很好，带我们旅游也给我们提供住宿。

我找到了一些相片，是在印度尼西亚照的相片，上面一些人不是我的家人，是我在这里跳舞的时候拍照的。是在这边的广场跳舞的，十来个人，也没有天天跳舞，还上过日报。

有苦难言，我们在那边生活条件还不错。刚开始在这边生活过的太苦了，我妈妈都哭了，不喜欢这边的。从南宁到宁明也是坐火车，先是到县城里面，也没有房子，在县城里面也是住了半个月到半年的样子。到华侨农场之后用泥砖砌房子。以前住得好穿得好。（有相片）唱歌跳舞，跳印度尼西亚歌舞。我妈妈如果她还在，现在一百多岁。

1958年回来，我妈妈还没到五十岁，没有工作，我们家妹妹不要妈妈出去工作，我妈妈就在家做饭。那时候有大食堂，食堂分配东西给我们吃。我们在华侨农场住的房子，是一家一个房子，一排房子平方瓦房的那种，一个房子有两三个房间。20世纪60年代雅加达已经有电了，我那个时候还有收音机，这边没有电灯什么也没有。在雅加达算是有钱人，够吃够用。前两天我姐姐来我家，穿的也是普普通通，她在南宁有两套别墅，她不住，她讲客家话。

我回来之后还读一点书，在宁明中学读书，读了几个月半年这样就得去做劳动了，初中都还没有毕业。后来我被分配在厂，五千多个华侨，靠近农村，在那边有种橡胶。每天也没什么事情，然后也没有什么收入。一个月六七块钱，做到1963年，做了三年。那个时候那边全都分配完了。我分配在总厂里面负责拉货，拉砖之类的，我们总厂里面有车，一直做到"文革"时期，当了个组长。

那个时候我是红人啊，我认认真真工作，不埋怨不啰唆，工作积极能干，什么工作都做，对共产党忠诚老实。有个老红军，我跟他关系很好。20世纪60年代、70年代我已经会开车了，我师父教的，不过那个时候没有执照，到处跑，各种车都开过，被领导看中。但是我不入党，我那个时候还想回印度尼西亚，入了党就不能回印度尼西亚了。领导就让我开车，还教徒弟，两三个月这样大家就都会开车了，后来我到来宾华侨农场去玩，因为我们有分配到武鸣、来宾华侨农场等，然后还剩两千人。我们种菠萝，种木薯、红薯等，橡胶没有了。还有一些厂，罐头厂之类的，有些用于出口，几十万元啊。我们宁明华侨农场还是挺有钱的。中央侨办很重视我们，每年拨款几百万元给我们建设。我们以前在这里有一百多部车，拖拉机摩托车汽车都有。我去过延安，开车去拉货的。

20世纪70年代，有很多人又都去到香港印度尼西亚，我为什么没有去成呢？其实我申请了，条件不够，跟那时候排华有关系，特别排华，批斗，游街，我害怕，不敢去。有很多人走了，有很多人到印度尼西亚，到香港，去到大使馆。我那时候在印度尼西亚有很多亲戚，但是不敢利用亲戚去印度尼西亚，不敢认亲戚。政府对华侨很好，也说过不能歧视华侨，我们华侨也老老实实的，不敢动。

我认识老婆的到结婚是这样的。1978年结的婚。她读书的时候认识的，她也是归侨，从印度尼西亚回来的，也在雅加达回来的。现在也六十多了，比我小五六岁，我在工先队，她教我读书读报纸。中越反击战的时候，我是开车的，送弹药送民兵，过后，我刚刚开出来就被炸掉了。我是民兵排长，我还会打手枪。

我有两个小孩，一男一女。我老婆叫刘慧珍，孩子叫曾荣强，他在美国波士顿，女孩叫曾荣欣，她在南宁。我孩子想去，我就让他去了，在美国有亲戚，有担保，就去了，现在在美国做生意，2012年去的，生活还可以。他自己在美国波士顿，跟朋友一起，没有跟他表姐住在一起。

2006年，我带我孩子曾荣欣去到印度尼西亚玩，回到我出生的地方，即戈隆格林和雅加达。我两个姐姐在苏门答腊岛，一个舅舅、一个姐姐在雅加达，我带我的孩子走了半个印度尼西亚，从雅加达到巴厘岛、三宝垄、苏门答腊……我的亲戚们带我去玩，也提供住宿给我们。在戈隆格林住的房子被我舅舅卖掉了。我孙子在印度尼西亚有个别墅，他不住，叫人帮忙看，过年过节才过去住。印度尼西亚亲戚们过年也回来过，昨天有四个亲戚回来，带来两个孙，还有我姐姐。我老婆现在在南宁跟我女儿住，她以前是医生，现在退休了。现在是我一个人住在这个房子，我偶尔去到南宁，我老婆偶尔也回来。现在这个房子是国家的，我们 20 世纪 70 年代结婚的时候，还破破烂烂的。20 世纪 90 年代以后才有楼房，国家才给钱建房子。好像 1990 年才搬到这里来的。这边还有集资房，那是公家的，对面一排房子就是集资房，需要 12 万块钱才能买，但是没有房产证，我现在住的房子也没有房产证。集资房就是 12 万块一套，买断，国家的地皮，集资房去年 2016 才有的，有十多栋，有 3 万块、4 万块、8 万块，现在又有 12 万块，一百多平方米。有很多人不愿意去住，他们在南宁有房子。这个房子只要有钱就能买，没有什么特殊条件。我的孙子有车，十多万元，我自己没有车，我有摩托车就好了。退休金两千多元，太少了，医疗费也有，属于城镇居民，需在指定医院，报销百分之八十，还有保险，医疗卡，乱七八糟的我都不清楚了。

退休之后，就整天玩啊，打排球、骑单车、打麻将（十赌九输，所以现在不玩了，只看，以前输了很多钱）、走走逛逛。我现在与国外的亲戚联系主要靠上网，用微信，印度尼西亚那边也用微信。我这里有他们的照片。我的姐姐哥哥都在印度尼西亚，一共七个人，大哥已经去世了，孩子们各分东西，到处都有，南宁、香港、印度尼西亚都有。我喜欢到处玩，在香港，在北京，在印度尼西亚好多地方都有照片，后来又找到了在印度尼西亚学校的照片。

刚从印度尼西亚回来时，我跟我妈妈弟弟一间屋子，因为我那个时候还小，我姐姐们就住在一起，才两三件房间。那时农场都是泥巴路，下雨天就没有菜吃，那时我们就只有猪油，是印度尼西亚亲戚送给我们，我们就拿一点点，偷偷地给农民，他没有钱我们也没有钱，就只能拿点东西换农民的菜。

我们吃大锅饭是在 1960 年、1961 年、1962 年，1963 年就自己做饭了，不管我们了。吃食堂的时候，吃饭就敲钟，用一个很大的盆，给一些菜饭放在盆里面，让我们带回家吃，每个孩子平均分，饿了也不能吃多，只有那么点饭。1963 年我们就被分到这里了，也是这样，过年发工资就去买米，好像也买不到什么，但是我还小，就只知道吃饭，我妈妈姐姐就知道这些事情，但是我也知道做工，卖力气，我表现好就表扬我了，所以我那个时候吃饭都不要钱，都是阿爷给我的，所以我到现在还保留。开车的时候我也得到表扬，我什么车都会开，我也出去到处跑过。那时候领导看我表现好，就一步一步叫我开车，那时候我也已经是预备党员了。

周汉辉、吴薏妹　口述

口述者简介：周汉辉，男，1945 年 9 月出生，1960 年回来，在爪哇岛的井里汶，是井里汶第三批从印度尼西亚回来的。1945 年印度尼西亚解放的时候父亲就去世了，回国的时候是妈妈、三个兄弟、一个大姐一起回来，二姐当时已经在印度尼西亚结婚，没有一起回国。周毕业以后先是参加生产队，后去淀粉厂做工，当了淀粉厂车间副主任，后来又到综合加工厂当党支部副书记，"文革"时期当过副主任、党支部副书记，1978 年就调到场部当基建科副科长直至退休。吴薏妹，女，1952 年生，原来在加里曼丹岛的坤店，1960 年 5 月回国，父母亲加兄妹 6 个一共 8 人回国。回国以后吴在罐头厂工作，50 岁退休。1976 年周、吴结婚，生有两个女孩，一个生病去世。

时　　　间：2017 年 6 月 19 日上午
地　　　点：宁明华侨农场周汉辉、吴薏妹家中
采 访 者：陈舒婷
华侨属性：印度尼西亚归侨
南 洋 物：无
整 理 人：陈舒婷　黄玉柳

一

我叫周汉辉，1945 年 9 月出生，1960 年回来，出生在爪哇岛的井里汶，在西爪哇和中爪哇的边界。井里汶有一个中华学校。在井里汶有三种话，一种是印度尼西亚的普通话；另一种是本地话，本地话又有两种，其中一种是中爪哇的话，还有一种是万隆的话，我三种话都会说。因为读中华学校，虽然有印度

尼西亚文，但很少，中华学校一般是讲普通话。读到五年级的时候，1958 年就排华，但当时还不能回国，中华学校因为排华被关闭了，用作印度尼西亚学校。当时是住在井里汶附近的县城，坐车半个小时就到了。当时排华严重，凡是中国籍的都集中赶到井里汶的集中营住，不能在乡下住。1960 年 2 月底赶到集中营，到了 1960 年 3 月初，又集中送去雅加达，在雅加达住了大概半个月，3 月 27 日或是 28 日就在雅加达乘船回国，在船上大概有一个礼拜。我们是井里汶第三批从印度尼西亚回来的，我在云南的大姐和第四个哥哥是 2 月就回来了，是第二批回来的，安排到云南。我们第三批回来的是在湛江港下船。当时的湛江港很小，再从湛江坐火车一天到南宁。在靠近南宁火车站的朝阳的和平旅社，在旅社还住了一个多月，听说是因为宁明华侨农场的华侨安置房还没有做好。后来坐火车到宁明华侨农场也是坐了一天的车，大概 4 月 2 日还是 3 日到的，刚刚好是清明，当时下车后还下雨很冷，因为下的是大暴雨，很多老人都觉得很冷，受不了。到了宁明华侨农场还住了一个多月，等到蒲瓜的安置房盖好了，这批华侨再安排到蒲瓜，1962 年的时候就搬来宁明华侨农场了，因为淀粉厂招收工人，当时小学已经毕业，15 岁、16 岁也不能读初中了，就出来做工了。

1945 年印度尼西亚解放的时候，父亲就去世了，我刚出生不久父亲就去世了。我一共有五个兄弟姐妹，我排第五。回国的时候是妈妈、三个兄弟、一个大姐一起回来，二姐当时已经在印度尼西亚结婚，二姐老公不愿意回国，所以二姐跟着老公就不回来了。大姐和第四个哥哥被安排到云南的华侨农场，大姐后来又去了香港。但 2012 年在香港的大姐也去世了。我们全家人分两批回国，中间相隔二十多天到一个月，当时都是坐苏联的船回国，船比较大，可以装一千多人，但第三批的船上只装了六百多个人。当时进到中国南海的时候风浪很大。

我妈妈叫林丽梅，当时是因为印度尼西亚政府排华所以回国的，当时只要愿意改成印度尼西亚籍就可以留在印度尼西亚，但大部分华侨不愿意改国籍，不愿意进印度尼西亚籍。当时 20 世纪 50 年代、60 年代，在印度尼西亚的华侨都是很进步的，对中国是很热爱的。1952 年开始到 1956 年，我所在的地方，有部分人回国，这部分回国的人家里都有点钱，很多都是回国读书，但像我这样的，家里没钱的就没办法回国，这是属于个人回国的，不是因为排华回国。我的姐姐，二伯的女孩，20 世纪 50 年代就回国读书了。回国读书的华侨就留在中国，不再回印度尼西亚了。我舅舅的孩子，一男一女，也是当时回国读大学就没有回印度尼西亚了，现在留在福建，但联系不上。我妈妈有两个弟弟两个妹妹，其中一个妹妹跟荷兰人结婚，20世纪50年代跟着荷兰人回荷兰了。我爷爷和外公大概是从福建去到印度尼西亚的，所以我父母都是在印度尼西亚出生的，祖籍是福建厦门建州市的一个村，村子不记得名字，但记得靠海，三哥曾经回去过祖籍地。三哥在印度尼西亚的时候上学，已经上到初中。

当时我出生的时候，印度尼西亚也刚刚解放，社会很乱。其实妈妈至少有八个孩子，但是中途有孩子死了，所以我并不是最小的，在我一岁多的时候还有一个弟弟，但后来走了。当时家里男孩多，因为没有父亲了，所以大姐上学上到三四年级就去做工养家了，大哥（现在在香港）和二哥（现在在南宁）小学毕业也去做工了，三哥读到了初中出去做工，四哥上到初中毕业，我上到五年级的时候就回国了。当时1958年印度尼西亚学校接管了中华学校，我本来上中华学校已经上到五年级，但是因为没学过很多印度尼西亚文，印度尼西亚学校不让我继续上六年级，而是上印度尼西亚学校的三年级还是四年级，所以又只能读三年级，读了一年多到1959年，当地排华就更严重了，中国人全都不能待在乡下。当时排华严重，还有可能会有生命危险，印度尼西亚学校的华侨学生就不能读书，全部都集中到井里汶的集中营。结果回国以后，上国内的五年级又上得很吃力，就随便上到六年级，混到了小学毕业。当时中华学校都是上中文，印度尼西亚文有上但是不多，一周两节课，上国语课，教普通话。小学毕业时已经十五六岁了，没有读初中就出去做工了。

一开始在蒲瓜做农业工，安排在蒲瓜的时候就是搞农业的，种木薯、玉米、种菜。我做工的时候被分到种菜组，当时蒲瓜有两个伙房，种菜拿去供应伙房。种菜的地时农场给的，当时上班有记录员，记录每天上班的人。当时的鸡蛋很便宜，三五分就可以买到了，不过当时60年代回国的时候买什么东西都很难买。当时在印度尼西亚即使再穷也比在农场的生活好，但当时也并不知道国家困难，国家给归侨提供大米、木薯、玉米。归侨的思想波动很大，但也有部分归侨觉得生活能过得去就过去了。当时回国都是大家一起在伙房吃饭，当时吃饭是用口盅吃饭的，华侨都很不习惯，当时吃饭都是大锅饭不要钱。但听说当时本地的人想要吃上大米都很难，华侨都是有大米吃的，但华侨刚回国什么都不懂，讲话也不是很会讲，不懂这里的情况，吃饭吃不完的都丢掉，本地人就觉得浪费米饭很可惜，讲华侨浪费粮食。我当时在农场是种菜组。蒲瓜以前是属于农场的安置点，但现在叫蒲瓜村，已经不属于农场。因为后来蒲瓜土地少，就把蒲瓜的归侨分散到奎塘、工棚、高岭分场。1963年以后，农场就有一批人去了来宾华侨农场，因为农场归侨太多，来宾农场有土地需要人，所以国家就安排了部分人过去。

　　我的二哥三哥进车队开汽车，大哥是修理电工，我去淀粉厂做工，负责打木薯。我妈妈回国已经五十多岁，被安排到托儿所、幼儿园，工作了两年多三年。后来我当了淀粉厂车间副主任，又到综合加工厂当党支部副书记。"文革"时候当过副主任、党支部副书记，1978年就调到场部当基建科副科长。淀粉厂的木薯是分场的生产队种植供应的，1969年有罐头厂，以后农场开始种菠萝。淀粉厂的部分产品是出口的，如香港，但在广西是非常有名的淀粉厂。当时的淀粉厂效益很好，每年都有盈利，每个月工资有24块，有时候加班就加一点，工资每年都有涨。到了机关以后有一百多块的工资。当时淀粉厂还有一个附属酒厂，用木薯渣酿酒，所以淀粉厂加上酒厂一共有一百二十多个员工。我到基建科以后，是负责建农场里的房子。我们住的房子属于农场第一代房子，第一批起了六栋房子。后越侨回来以后又建了很多房子。农场建房是国家拨钱。但每年房子都不够分，所以每年都要建。还没分配到房子的，就先安排到平房居住，农场再逐步建房让人搬进去。我是1981年搬到现在居住的房子，48平方米大，这个房子是越侨回国时国家投资建的。第一批的房子是1978年建好的，既要以越侨为主，但又要照顾到老归侨，老职工也有安排。这些房子是叫作福利房，每个月租金9.2块，农场一直没涨价，已经有14年了。前面建的都是福利房，到了农场的第五批房子是要钱自己买的，是商品房。农场的福利房租金是按照平方米算的，大概3毛一平方米。有一房一厅、两房一厅、三房一厅的规格。我从1978年到了基建科以后，一直待到2005年从基建科退休，建了第一批到第四批的福利房。我退休以后农场还返聘，一直到2010年才正式退休不做了。国家每年都拨一点钱来建福利房，第五批是叫作集资房，国家也拨一点钱下来。国家每年是按照农场每年增加的人口，以每个人12平方米来拨钱的，12平方米是平均的，包括伙房、客厅、房间等。农场百分之九十的房子是国家拨款的，除了集资房。福利房大多是板房，房子不是很结实。2000年我的房子就被定为危房，但农场以危房改造的名义，将国家拨款用来起了新房子，也就是集资房。因为有国家拨款，加上农场的人集资建房，集资房是1580元每平方米，比市场价便宜，但按照农场的生活水平很少有人买得起，多数是分场的人在分场种地有钱来买的。

　　我在印度尼西亚的二姐还是居住在井里汶管辖的乡镇县城里，现在还有电话联系，二姐老公原来是牙科医生，但前几年去世了。二姐有两个男孩五个女孩，其大女孩在雅加达工作。二姐在印度尼西亚的生活也算过得去，孩子都有工作了，有的也结婚了。二姐没有回来过，我也没有回去过，大哥和二哥去过两三次看望二姐。当时我一家回国以后，二姐在印度尼西亚也没有寄钱来，但有写信联系。"文革"的时候也断了十年左右的联系，但后来改革开放以后又联系上了，因为二姐一直都住在那个地方没有搬家，所以一写信就联系上了。三哥跟二姐联系比较频繁，二哥经常跟二姐打电话。大姐和姐夫1954年结婚，后来1978年还是1980年去了香港。大姐在世的时候有回来农场两三次，我们夫妻也去过香港几次，探亲有三个月时间，可以在香港打工。当时我妈妈不在了，哥哥在香港，所以我去探亲有国家报销路费。我还有远房亲戚在加拿大、美国。

<h2 style="text-align:center">二</h2>

我叫吴薏妹，1952年生，回国时8岁。罐头厂50岁退休。我也是印度尼西亚归侨，原来在加里曼丹岛的坤甸。1976年结婚的，百分之七八十的归侨结婚都喜欢找归侨，因为语言通、生活习惯相似。我1960年5月回来的。回国时是母亲带全家一起回国，父母亲加兄妹6个一共8人回国，我排老三。是我父亲先去的印度尼西亚，后来我妈妈才去，他们祖籍福建。我爸妈先在福建结婚，我爸爸先去印度尼西亚，后又回国将妈妈带去，在印度尼西亚开商店。加里曼丹岛的华侨回国也是先集中到一个城市，然后再坐接侨船回国，但这里的接侨船大多是能坐三四百人的中国船。刚回来的时候很不习惯，吃不惯住不惯。在印度尼西亚再穷生活也是过得去，中国人聪明，做小买卖卖糕也可以养活五六个小孩。1971年毕业以后就去了罐头厂工作。还被派去南宁罐头厂学习。罐头厂的产品也是出口了很多国家，主要是东南亚国家，一部分到澳大利亚。1962年、1963年就已经有人去香港澳门了，到了1970年有政策了就有很多人出去香港和澳门。

我们有两个女儿，大女儿有肾炎2006年去世了，小女儿在农场跟老公做烧鸭卖，生意很好。冬天的话隔天隔天做，夏天就每天做。小女儿也住在农场，住廉租楼，小女儿老公在贺州工作。

我老公喜欢跳舞，以前在印度尼西亚就会，但是农场没有男人跳舞，而且现在也没有印度尼西亚华侨跳舞了，所以没机会跳舞。我认为没有跳舞，是上级领导不重视，没有经费，现在老年人的娱乐活动多是打门球。打门球不分印侨越侨和本地人，都一起打。门球场是旧的，2001 年做的，门球场的大棚是农场领导 2013 年、2014 年给经费做的。

我们现在还会做印度尼西亚菜，过年过节、什么时候想吃都会做，咖喱鸡、沙嗲、炸鸡、凉拌菜。我女婿是本地人，但是也喜欢吃咖喱鸡。平时早上我们也会喝咖啡。但这里的牛肉没有在印度尼西亚的好，所以咖喱牛肉做得少。

郑春来　口述

口述者简介： 郑春来，男，出生在印度尼西亚梭罗，是郑父母在印度尼西亚收养的，有一个姐姐是父母亲生的，父母祖籍是福建福清。1960 年回国，回来之后被安排到农场食堂做饭。一年以后分配到蒲瓜分厂做农活，主要是种橡胶铲草。1961 年开始自己学习开拖拉机，学会之后就主要负责开农用车。1992 年调到淀粉厂做机械维修，2002 年退休。

时　　间： 2017 年 6 月 20 日下午
地　　点： 宁明华侨农场郑春来、杜胜平家中
采 访 者： 郑一省
华侨属性： 印度尼西亚归侨
南 洋 物： 无
整 理 人： 陈舒婷　黄玉柳

一

我叫郑春来，1942 年出生于印度尼西亚梭罗，妈妈叫陈新娘，爸爸不记得叫什么名字了。我有一个姐姐和一个哥哥郑春宝，我和我哥哥是我爸妈在印度尼西亚收养的，姐姐是爸妈亲生的，爸妈祖籍是福建福清。我没有印度尼西亚出生证，因此我也不确定自己是华人还是印度尼西亚人。

我爸妈在福建福清已经结婚了，并且有了我姐姐。因为家里太穷了，我爸爸决定外出做生意，辗转之下到了印度尼西亚梭罗，而后回到福建把我妈妈接到了印度尼西亚，而我姐姐则被留在了福建和外公外婆住在一起。我爸妈在印度尼西亚开了一家小商品杂货铺，生意还算过得去。在回国之前我爸爸回国看

我姐姐两三次，我妈妈一次也没有回过国。1959 年我爸爸去世了，在丧礼上我的亲生母亲出现，但是我没有注意到，她走了之后才有人跟我说我的亲生母亲出现过。其实我非常爱我的爸妈，对于亲生母亲没有任何感情，我并不想回去寻找她。在印度尼西亚的这些年我爸爸回来过三次，是为了探亲。

我在印度尼西亚梭罗市的中华小学，读到四年级，之后就没有再念书了。在家帮着我的爸妈做小生意一直到 1960 年回国。

二

如果我们在查马丹不回来的话，得到城市里面，我们在城市里面没有认识的人，我们就回来了，但是没有加入印度尼西亚国籍，当时也有说改印度尼西亚国籍就不回来了，但是我们就是想着回来。

1960 年，印度尼西亚排华，我们卖掉了小商店，从印度尼西亚回来了，乘坐"俄罗斯号"船，在船上晃荡了一个星期，终于在国庆之后到了广东湛江，当天晚上就到了南宁。那时候我已经十七八岁，我不晕船的。在广东湛江下船，晚上就到了南宁，晚上住在和平旅社，待了一个星期这样。一个星期之后，当时分配去向的时候，并没有询问我们的意见，我们被分配到了宁明华侨农场。我妈妈想要回去福建，但是要求必须服从安排，我们也没有办法。所以我妈妈有点难过。我们回来的时候带了好几箱的东西，有香皂、牛油等。当时也有一些华人不愿意回来，如果不回来需要加入印度尼西亚国籍并且搬到大城市里面去，我们自知没有办法搬到城里，并且我妈妈十分想回国。当时我的哥哥已经结婚了，嫂子叫郑金阳，也是华人，有一个小孩。我妈妈带我和我哥哥回来的，我爸爸已经去世了，大约是 1959 年去世。我们一行五个人。我们回来的时候带了很多东西回来，像刚才所说的香皂、牛油等好几箱东西。

回来之后被安排到农场食堂做饭。一年以后分配到蒲瓜分厂做农活，主要是种橡胶、铲草。1961 年，领导看重我，觉得我做事认真又能干。我开始自己学习开拖拉机，学会之后就主要负责开农用车。不久之后蒲瓜农场也没有了，我又被分配到亭亮分厂，也是负责开农用车，后来还被评为劳动模范。大约是在越南归侨大量归来的那段时间，我被调到祁阳分厂，当了一个机械队长。一年之后，我的儿子生病住院了，我常常来往于医院，院长看中我的勤劳努力，就把我调进医院做修理工和开车这些工作。1992 年，调到淀粉厂做机械维修，

2002 年退休。退休工资从一个月 200 块、300 块到现在 2400 块一个月。我的退休工资是比其他人少一些的，主要是因为没退休时我交的养老保险金也比其他人少，我的医疗保险和其他人都是一样的。

我在归国后一年认识我现在的老婆杜胜平，我老婆是宁明县人，壮族的。我回来总厂食堂做饭，是上面安排的，做了一年左右，然后就分到蒲瓜分厂做农活，种橡胶铲草。然后我就认识了现在的老婆，我老婆当时在县城，反正年轻人大家一起玩就认识了，不是别人介绍的。她爸爸不同意我们俩结婚，觉得是印度尼西亚归侨这帮人很调皮，不像本地人，心不够定，不适合结婚，但是我老婆觉得我很好。1962 年结的婚。现在有四个小孩，三个男孩一个女孩，有三个孙子。结婚以后我的岳父岳母才开始慢慢接纳我。退休以后我在家每天散散步，和朋友聊天。我还记得印度尼西亚菜怎么做，如果我老婆想吃我会去做。我跟印度尼西亚那边的朋友已经没有任何联系了。我从来不觉得从印度尼西亚回来会让我后悔，国家对我们非常好了，我很满意。

1961 年，一开始做农活，后来开拖拉机，自己学的，然后再是开一些其他农用车，我还挺肯干的，领导们都很喜欢我。结婚以后，我岳父岳母觉得我还不错。是因为领导看我很努力工作，所以叫我去开拖拉机，各种事都做，1968 年入党，是第一批印度尼西亚归侨入党的，还被评了劳模，没有做领导，因为没有文化。我和我老婆结婚之后，我老婆也到亭亮分厂和我一起打工，也是农工杂工，种木薯、菠萝、橡胶这些。

我当过民兵，但在对越自卫反击战时，我待在家。

后来越南华侨回国，我调到祁阳分厂，当一个机械队长，待了一年，后来我儿子生病，医院的院长看我勤劳努力愿意帮忙，有什么事也愿意叫我去做，之后医院领导要求把我调进医院，做一些修理工修车开车（救护车）这些事情，但是我没有驾照，那个时候要求还没那么严格。1992 年又调到淀粉厂，做机器维修，一直做到退休。

平时喜欢喝咖啡，我老婆也会和我一起喝咖啡。结婚以后我也经常做印度尼西亚菜。跟印度尼西亚的朋友亲戚也没有来往了。当时也有朋友去到香港或者外地去，我就老老实实的，哪里也没有去。

我现在退休有十五年了。我老婆在医院做工，不需要交养老保险，我当时只是交了一千多元的养老保险金，所以我的退休工资比其他人少，我医疗保险还是有的，以前是新农合，现在是城镇居民。

退休以后就在家了，就散散步，身体也不是很好，就看看电视、聊聊天。现在对印度尼西亚没有什么特别的印象了。在印度尼西亚好像还有堂兄弟，不太记得了，现在没有联系了。

我觉得我这辈子挺好的，从印度尼西亚回来也没有后悔，但是回来是听说吃饭不要钱。看过《中国画报》，也看过排山倒海，觉得中国很好。现在住的房子是租的房子，一百块一个月，水电费另外交，四十多平方米，廉住房，就我们两个住，我孩子有自己的房子。这个廉住房是县里面建的，新房子旧房子价格不一样的租金。我觉得国家对我们还挺好的了，很满意了。

五、武鸣华侨农场篇

武鸣华侨农场的前身是 1958 年广西成立的第一个华侨农场,即广西国营华侨农场。广西国营华侨农场,是将新中国成立前后陆续从马来西亚、印度尼西亚、澳大利亚、越南、新加坡等国回来且散居在北流、容县、岑溪、陆川、博白、平南等县的归侨集中起来建立的。1960 年,由于大量的印度尼西亚华侨被驱赶回国,广西区党委和政府决定在武鸣县内以原广西华侨农场为基础,把农垦厅管辖的正安畜牧农场、武鸣县的宁武农场、广西华侨农场,宁武、里建、城厢、锣圩等公社所属大队一起并入建立武鸣华侨农场。1960 年 2 月,广西国营武鸣华侨农场建立。总部设在里建,下设团结、正安、里建、宁武四个分场,1962 年把正安分场分为正安、武帽两个分场,1963 年又把里建分场分为里建、民涵两个分场,全场共有 6 个农业分场。1988 年又成立林业分场。农场全民所有制化的土地面积 1759.46 公顷。

1960—1978 年,累计安置归、难侨 8925 人。据统计,1960 年,先后安置印度尼西亚等国归国华侨 9 批,其中:第一批安置 13 户 79 人于团结分场居民点和加工厂;第二批安置 282 户 1539 人于正安分场的正安平地和武帽工区的雷花、杏花、门臆等生产队;第三批安置 40 户 229 人于武帽工区的庆福点;第四批安置 32 户 213 人与班桂工区;第五批安置 21 户 21 户 92 人于正安分场平地工区;第六批安置 75 户 309 人于宁武分场旧书赶;第七批安置 34 户 104 人于团结分场居民点;第八批安置 80 户 304 人于团结分场居民点;第九批安置 350 户 1024 人于团结分场居民点。此外,还安置在里建分场居民点 56 户 232 人,总计 983 户 4125 人。

1964 年 8 月,安置来自于城市的归侨青年 66 人于宁武分场,成立青年队。1965 年 5 月,安置从缅甸回国的华侨 22 户 113 人于宁武分场永兴一队居民点。1978 年 4 月,武鸣华侨农场又安置越南难侨、难民九批 917 户 4616 人。其中,第一批 31 户 205 人安置在宁武新移民点;第二批 40 户 196 人安置于武帽分场雷马点;第三批 75 户 364 人安置在正安分场和武帽分场班桂点;第四批 270 户 1193 人安置在正安分场的定西、正安、青年三个点;第五批 7 户 25 人安置在宁武分场永兴点；第六批安置于宁武分场上平点；第七批 65 户 360 人安置在宁武分场永兴、新兴点；第八批 69 户 423 人安置在正安分场平地新点；第九批 187 户 800 人安置在茶厂六、七队。

为安置归侨，1960—1978 年农场累计投入资金 1011.74 万元（其中，安置费 743.37 万元）建设生产生活配套设施以解决归侨生活生产上的困难。其中，1960 年共投资 62.97 万元，为归侨兴建住宅 34665.5 平方米，投资 2.6683 万元新建伙房、厕所 781.7 平方米，投资 5.1957 万元按照照明电灯。至 1961 年初，里建居民点建成安置归侨聚居地。1978 年安置费为 542.08 元。

建立武鸣华侨农场后，归侨的安置曾进行过一些调整。1965 年在班桂的归侨 33 户 218 人重新安置到宁武分场红兴生产队。1970 年，正安、武帽分场的部分归侨 45 户 210 人重新安置到里建分场平良二队。1974 年 11 月将武帽迁入茶厂巴循生产队的归侨 19 户 51 人重新安置。工厂招收工人时，优先招收归、难侨。至 1987 年底，招收进厂当工人的归侨、难侨共有 566 人，占工厂工人总数的 31%。除场内部重新调整安置外，还调整安置到区内，外各市、县不少人。至 1991 年底，重新安置到南宁市 137 人、武鸣县 204 人、凭祥 46 人、龙州 13 人、防城 8 人、钦州 20 人、柳州 11 人以及广东 6 人、昆明 2 人、郑州 1 人。另外，经批准去港澳地区和第三国 4000 多人。其中，中国香港和澳门分别为 2100 人和 284 人。

武鸣华侨农场自 1960 年成立后，随着国家体制改革的进程，武鸣华侨农场的体制也逐渐发生变化。1960 年 2 月成立的武鸣华侨农场，由国营广西武鸣华侨农场、正安和宁武农场合并而成，并将其中的里建、宁武和锣圩公社共 18 个大队一起并入。总场部设在里建。总场部机构设中共武鸣华侨农场委员会和企业管理两套班子。当组织隶属关系根据属地管理的原则归中共武鸣县委领导和管理。中共武鸣华侨农场委员会设党委办公室、组织部、宣传部、纪律检查委员会和武装部。

随着改革的进程，1990 年 12 月 30 日，广西壮族自治区办公厅批准同意在武鸣华侨农场建立"南宁华侨投资区"，设"南宁华侨投资区管理委员会"，其与武鸣华侨农场为"两块牌子，一套人马"，具体负责投资区的管理工作。南宁市华侨投资区成立后，1990 年 12 月—1998 年 8 月，实行的仍是企业性质单位管理的多头管理体系。1999 年市委同意中共南宁华侨投资委员会党组织隶属关系由隶属武鸣县委改为直接隶属市委，由市委直接领导和管理。2001 年 12

月，南宁市委、市政府赋予投资区市级党务、行政、经济社会管理权限，给予各种扶持和优惠政策。实行特区式封闭式管理。市直接对口 27 个部门授予投资区共 153 项相应的管理职能。中共南宁华侨投资区委员会、中共武鸣华侨农场委员会内设党委办公室、组织部、宣传部、纪委办公室、监察局。2003 年 12 月，自治区党委、政府作出以南宁华侨投资区位基础成立中国—东盟经济园区的决定。2004 年 3 月 8 日，自治区政府同意南宁华侨投资区增挂中国—东盟经济园区管理委员会和中国—东盟经济园区的牌子。2004 年 4 月 20 日，市委、市政府明确中国—东盟经济园区管理机构与南宁华侨投资区管理机构实行"两块牌子、一套人马"的管理模式，实行市委、市人民政府派出机构的管理体制。2004 年 4 月 28 日，市委、市人民政府授予园区管理机构行使园区内的经济、社会事业、党政工作的管理权限。2005 年 12 月，国家发改委将"中国—东盟经济园区"更名为"南宁—东盟经济开发区"，行使市级管理权限。2005 年，中共南宁华侨投资区南宁东盟经济园区工作委员会与南宁华侨投资区开发区管理委员会合署办公，实行"一个机构、两块牌子、一套人马"的管理办法。内设党政办公室、纪检监察局、组织部、经济发展局、财政局、招商促进局、规划建设局、对外宣传办公室、农林水利局、侨务办公室（侨联）、社会事务管理局、外事接待办公室、安全生产监督管理局 13 个机构。[1]

---

[1] 董中原主编：《中国华侨农场史》，中国社会科学出版社，2017 年版，第 1329—1344 页。

安德朋　口述

口述者简介：安德朋，男，1943年生，现已74岁。1978年回国，回国时与妈妈、伴侣、一个弟弟、一个妹妹和两个小孩一起回来，大姐没有回国。回国后均被安置在武鸣华侨农场。安回国前在越南开车，回国后继续在农场开车，后到里建总厂做办公室主任，再到化工厂当经理。有两个小孩子。

时　　间：	2017年6月13日上午
地　　点：	武鸣华侨农场安德朋家中
采 访 者：	陈舒婷
华侨属性：	越南归侨
南 洋 物：	无
整 理 人：	陈舒婷　黄玉柳

一

我1943年出生，今年74岁。我在越南出生，1978年从越南回来。我家最早去海外是我父亲先过去的，我祖籍在东北，但不记得具体在哪个地方了。我父亲叫安定根。我妈妈在越南三潭，她叫罗淑瑶，是南宁人，他们是在越南认识结婚的。她是从云南河口去到越南，去到越南莱州省。我妈妈为何去越南谋生，当时好像也是国内政治动荡。我父亲去越南为了谋生，做些小生意，什么都卖，像百货，还有点钱赚，从云南运东西到越南卖，我爸妈结婚后就做些小生意。我妹妹、爷爷还在做这个生意。

我在越南读的学校是混合学校，有中文也有越南语。我是从小学开始读的，在越南一个叫三龙省的地方读初中，然后就去河内读三年师范学校（开始读文化，后来是心理学，那边很重视心理学）。后来我出来当老师也是教中文和越文，1961年师范学校毕业，留在三龙省华侨小学教书。教了一年多，军队就叫我去当越南兵，其实说是自愿，但叫你去你也不能不去。当时是1959年，周恩来过到越南讲了几句话，说第一我们是华侨，叫我们积极参加社会活动；第二在越南去当兵参加活动建设越南等于建设中国，保护越南等于保护中国，我们就跟着形势走了，当时中越关系也挺好的。后来当兵就去踢足球，受伤了两年多。就在军队里面做参谋了，开坦克啊、当侦察兵啊都有，很多兵种都有当过，五年多。1962年入伍，在三龙省第一军区。当兵期间只去过老挝，说是老挝有生化武器什么什么的。后来省里面看我在军队里面表现得好，又叫我出来开车，我开的是大班车，主要跑莱州、河内很多地方。我在越南西北的莱州省靠近"甸边谷"，我开班车去第三军，带文工团的人去表演，说是去慰问那帮当兵的，一边带他们表演一边打听消息，一个月左右，我觉不对劲了，回来之后马上收拾东西带团里面的人回国，团里面两百多个人，都是越南兵。我朋友说你要是不回来，我们也保护不了你，我就赶紧回来了。我是第一批回来的。当时也还没赶我们。我当时开班车很多人都认识我，都问我为什么那里过得好好地就回来了，我说我也不知道，就回来看看呗，没什么事就回来，骗他们。越南人叫我们越南华族。我们说是越南国籍，实际上我们是华人。

回国时已将三十多岁了。回来时有很多人，广东、云南河口很多地方都有呢，只是要我们来到河口集中，各个省派代表过来领你回来，你就填你的祖籍（愿意去哪里就填那里），我老婆是防城港的，当时防城港属于钦州，钦州也还属于广东，我们不懂，就填广西，然后就到广西了。跟我一批的人有204人到武鸣华侨农场，我们在宁武分厂，现在这边集合，后来才分配出去的，有的去了团结分厂，有的去了武帽，我就在宁武分厂。

当时跟我一起是从三罗一起回来的，我是第一批，一起的有二百多人。我们在三罗集中，坐三部车到河内，睡在火车站路边，买了火车票，到了越南老街，马上又走路过河，我的鞋子都掉了，还有越南武警要开枪打我们，不让我们回来，我们说不回那边，我在河里面时还挺害怕的，最后没有打我们，我们就过到河口了。我们到河口的一个集中营那边集中，在那边报名之后就可以吃饭了，可以帮忙安排临时住宿，然后就又马上把我们拉到各个省的接待处。广西、广东、云南都有接待人员，问我们想要去哪里，祖籍是哪里，我就说我是防城那边，就把我安排到广西。当时好像说广西要二百人，就凑够二百人，后来还多了四个人，就成了204个人。是坐火车到广西，到南宁之后坐汽车到武鸣。

我爸爸在我还在越南当兵的时候已经去世了。我妈妈1992年过世。当时回国时，是我妈妈、我和我老婆及两个孩子。我小儿子现在在越南，在国内读完大学又去越南了，去河内做化工。

我有三个兄弟姐妹，一个大姐、一个三妹、一个小弟。大姐在越南，大姐和妹妹1978年就没有回来。我现在跟在越南的亲戚他们还经常联系，也经常去那边，他们也常回来。

我跟我老婆是在越南结婚的，即1970年和我老婆结婚。我老婆也是跟她爸爸过去的，她妈妈是越南少数民族。回来的时候她爸爸妈妈也一起回来了。他们有十兄弟姐妹，大哥在宁武分厂，我老婆排行第二，还有一个在法国，还有表兄弟很多，在英国、加拿大。怎么去法国，那时期是在北海那里买船，先去到香港，不到一年，就去了法国，就定居了。我的孩子，一男一女都是在越南出生，然后带回来，那时候她们还很小。

二

不管在哪里，我觉得都差不多，我这个人比较信命运，生活比较随缘，对生命也很看得开。我们的中国社会现在确实比越南好很多。我刚回来的时候工资二十几块，每个人生活费不低于12块，如果你家里面劳动力多，人口多，生活费远远不够的。有人问我，问什么你们当年从越南回来，有的人有那么多孩子，为什么你不要多一些孩子？我觉得很简单的道理，是国策的问题；还有一个生活品质上的要求，如果你人少，工资高，各种生活方面也过的比较好，如果孩子多，生活上吃也吃不饱，上学可能也上不了，我们父母可能也照顾不周，那么我们自然就不会多要孩子。

原来在越南时，生活也比不上中国。"文革"期间，我还在越南，我们那时候经常去大使馆去学习点东西，有看到大跃进那时候的画报，现在想来也觉得好笑。

1978年3月16日到宁武，在永兴四队（生产队）。有广州军区的人叫我过去，他们还问我去越南有多少条路，还问我边境有多少部队，在哪里有兵工厂（在山洞很大的里面）、哪里有军用飞机场。我的普通话说得还不错。后来1980年调到里建总场车队，我当第四小组的组长。还要训练，要考试，很多交通规则。

1980 年底，我们每一年都要去无条件帮助越南，现在打仗之后就不给了。我那时候去越南给他们办一些事情，他们不接受我们，说是苏联的。也是 1980 年底，联合国投资了一百万美元，给我们办万头猪场，主要是为了安排归侨，我就被调到那边做筹建，开车、拉货什么都干，这样干了五年，当上了副场长。1986年调到总场，做办公室主任。刚改革时，我们跑了六个省了解情况，回来之后马上成立了南宁华侨投资区（1989 年）。很多港澳台投资商过来投资，搞了 16个项目，16 个中外合资厂，卫生巾厂等，不过现在都没有了。1990 年我到开发办（后来改为招商局）做副主任，后来又到化工厂工作，至 2003 年退休。1990年厂也建起来了，厂的老板就带领着工人去培训。后来工人比较差劲吧，我们学得不太好，广东那边的领导就决定不在这里投资，于是呢我们又得去谈，又一大帮人去到广东学习，我也去了。建成之后叫我做经理，现在觉得害死我了。当时开发办只有四个人。外国来的投资商基本都是华侨，中国香港和中国台湾，乃至美国的比较多。

如果我在政府工作，是国家干部，可能退休金会四千多元，后来在企业做。现在企业和农民都一样，都是社保怎么怎么的，我也搞不懂。但是我还是觉得不太公平，我就是装不懂，也不想过问太多，显得我人小气。我爱人工资现在比我高。我还不是党员呢，如果我是国家干部也是党员，安排我去哪儿我就得去哪儿，后来在企业，好像还有一点点可以自己选择的余地。

我老婆一开始是在生产队，后来在幼儿园工作，再后来跟我一起到猪场养猪，1986 年跟我一起到总场，在总场的饭堂里面做出纳员，一直到退休。我妈妈从越南回来时已经很老了，没有分配工作。

我每年都会去越南探亲，觉得越南不怎么样。有一段时间，我一去越南就被抓。可能是我被宣传得很厉害了。1989 年第一次去越南，抓我去派出所去，关了十多天，后来打电话给我朋友，我朋友做公安做生意当兵什么都有，帮我说情就把我放出来，我就赶紧回来中国了。第二次去，他们还是来找我，我有护照了我就不怕他们了。说什么中国发展很快，是不是要整他们，因为在越南卖的东西很贵很贵，就算我知道我什么也不敢讲，我就说我也不知道啊。怪就怪他们自己，不能怪中国，奸商奸商，又不是说着玩的。要不然有能力就打得过中国，打不赢就好好地坐下来好好谈。我是中国人，也曾是越南华族，我不希望中国说越南不好，也不希望越南说中国不好，我希望两个国家友好和平交往。

我回来时"文革"刚刚结束，没有受到什么影响的，也没有被划成分。刚到宁武分厂是，还是要按票买东西，粮票、布票等各种票，做什么都要票。

1978 年回来，而到 1979 年，正好碰上一个北海"外逃风"，即一种买船跑出国的风潮，跑出去之后就变成难民，就可以申请在外国定居了。我家没有人在外面，一开始我们不知道，知道之后已经不可以这么做了。

我们家五个，三个回来，两个在越南。当时回来带回来越南盾，但这个越南盾有了新的，旧的就没办法用了，相当于过期了，但是越南能换，中国换不了，所以当时我到河口也换不了钱。还带回了很多香料，一大捆，卖了好多钱，买了一块手表，来到这边之后就没有那么辛苦。我们刚来这里是吃大锅饭，参加集体劳动，每月 27 块工资。

一来到这边呢，住的是旧房子，我们三兄弟一起住，后来到新房子建起来了，就不给我们住在总场了，到搬到宁武的新房子，一家人一套房子。我们回来给我们安排的工作都还比较好，我妹妹在做幼儿园老师，我之前还在淀粉厂做修理工，妹夫是里建总场这边的场长，妹夫也是跟我们一起回来的，他在越南的时候当老师。

我们从越南带回来的东西基本上没有了，都坏掉了。那时候带回来了手表、黄金一些东西。我很少保留越南的习惯，因为我在外面工作，更喜欢喝茶、看新闻、做做操、唱唱歌、吹吹牛。现在在家都是我做饭菜，我爱人身体不太好，一般不做越南菜，会做也爱做。我不去跳舞的。我也比较喜欢养生。

我觉得，老人家开心最重要，做事情要放在有意义的事情上。心态一定要很好。我们国家干部退休金还不到两千元，此外什么也没有，社保什么也是空空的。政策是这样的，我说也没什么用处。

蔡相时　口述

口述者简介：蔡相时，男，1946 年出生，现已 71 岁，1960 年因为排华回国，跟着父母和兄弟姐妹一起回来的，被安置在武鸣华侨农场。中学毕业后参加生产队，后当工会副主席直到退休。

时　　间：2017 年 6 月 12 日下午
地　　点：武鸣华侨农场蔡相时家中
采 访 者：陈舒婷
华侨属性：印度尼西亚归侨
南 洋 物：无
整 理 人：陈舒婷　黄玉柳

一

我是蔡相时，71 岁，1946 年 2 月 4 日出生。我是 13 岁从印度尼西亚回来的。我家住在印度尼西亚的西爪哇的"齐干卜"。最早是我爸爸漂洋过海去到印度尼西亚，我父母是在印度尼西亚认识后在印度尼西亚结婚。我爸爸是广东大埔的，妈妈是福建的。我爸爸叫蔡建柱，妈妈叫张朵娘。我妈妈是侨生，妈妈那一家是妈妈的爷爷的爷爷过去的，妈妈活了 106 岁，2014 过世了。我有九个兄弟姐妹，四个男五个女，我排第五，四个姐妹在香港，"文化大革命"后过去的，大概 1977 年、1978 年过去的，因为结婚出嫁过去的，原来也是在武鸣华侨农场的。一个大哥早就回中国了，待在广州，现在退休了，原来的职业是公安。

在印度尼西亚那边生活也是很辛苦啊。我小时候，我大概十多岁，早上读书，下午就跟我爸妈做糕点、卖糕点。爸妈在印度尼西亚做卖糕点的生意，有时间就做糕点，后来做的是小生意，开了一个小商店。爸爸在碾米厂工作，早上去晚上回来，妈妈在家经营小商店。

我姐姐也读书了。我在那边读的是中华学校，那个中华学校是教中文的，不教印度尼西亚语的。因为印度尼西亚排华，我们跟印度尼西亚政府斗争，印度尼西亚政府就叫大使馆让我们回来，坐"俄罗斯号"回来。我们在印度尼西亚住在县城，政府不给我们在县城住，让我们到大城市里面，我们不愿意，就把我们赶到县城里面的一个地方集中，一个一个房间的，两三个月后，中国派船来接我们，我们就回国了。我们是第一批坐船回来的。有中国大使馆还有工会给我们安排，我们就被安排回来了，一批一批的。

我在广东还有亲戚，我回去过，还不错。我爸爸是独生子，我妈妈的兄弟姐妹在印度尼西亚，可能都过世了吧，我也很少跟印度尼西亚那边联系。当时回来也只有我妈妈回来，我妈妈的家人们都不回来的，因为他们没有被驱赶，他们是印度尼西亚国籍，我们是中国国籍。我妈妈家人们住在另一个县城，但也是西爪哇。九个兄弟姐妹都在印度尼西亚出生。

从印度尼西亚回来原因，是觉得在那里被欺负，就回国了。印度尼西亚那边不给我们住在县城，如果要住，就没收我们的东西，我们就觉得被欺负，就反抗，印度尼西亚政府就把我们安置在集中营，等中国派船过来之后我们就回国了，印度尼西亚有一个总理，来到我们住的那边，我们就拦车，跟他们说让我们尽快回国。

二

1960年3月12日到华侨农场了。我们回来时带了单车，床铺，皮箱和一些零星的东西，也有的人带着项链、缝衣车的。在雅加达上船，一个礼拜之后在湛江下"俄罗斯号"，由政府安排我们坐火车到南宁，1960年3月坐大巴到武鸣。被分配在武帽分厂，距离锣圩镇三公里。回来到这里觉得太难过了，黑麻麻的全都是草房、泥巴房，一开始还是住在本地人家里面的，政府给我们安排的，也没有灯，风也很大。

回国第三天我爸妈好像很高兴，就去参加劳动了，铲草这些事情，我就到一个临时小学读书，也没有教室，就是一个工地。我爸爸妈妈回来之后一直都是做农工。

1963年才给我们安置，之前就一直住在本地人家里面。安置我们到另一个点，也是武帽农场。虽然有更好的住的地方了，但是依然没有灯和水，水要去很远的地方去挑水。在印度尼西亚的条件确实比当时的中国好一点，当时中国也是很困难的，但是还是有饭给我们吃，免费的。

我在印度尼西亚读到三年级。回来之后继续读书，在里建的华侨中学读初中。一边劳动一边读书。上午读书，下午劳动。赚了一点点钱就是伙食费了。不用交学费，所有人都不用交，因为我们大家都劳动了。初中毕业"文革"就开始了。我还去到了北京，见到了毛主席，因为我是代表，代表华侨中学，其实不止我一个人。去北京主要是为了交流学习的，去了半个月。初中毕业后，我就回武帽生产队做工，也有做一些小组长。再后来就是调到武帽场部里面，一开始是当供销员，后来当工会副主席，一直到退休。我也当过民兵排长。

我老婆也是印度尼西亚归侨，是宁武分厂。她叫陈玉妹，她家住在印度尼西亚的"茂古"，跟我不是同一个城市。最初也是她爸爸妈妈过去，她妈妈是福建的，我老婆是在印度尼西亚出生。她不跟我同一批回来，应该是第三、第四批回来。刚开始工作是3块钱。我觉得现在中国好很多了，比前几年变化太大了。我没有再去过印度尼西亚，我也不想去。

我和我老婆就是来往得多了，就认识了。那时候也不是印度尼西亚归侨找印度尼西亚归侨，还是有一些嫁给香港人，因为那时候我们这里很穷的，那边比我们有钱，生活比较好。归侨跟归侨也比较难。我们两个也算是自由恋爱。那时候也没有钱，也很严格，不给摆酒席，会被批斗的，就做了两桌饭菜给人吃饭，别人送东西就送牙膏、毛主席像章这些东西，我们接新娘是踩单车的。

我有两个小孩，一男一女，都已经成家了。他们两个都在武鸣做工。我现有两个孙子，一个12岁，一个一岁多。我儿女他们也常常回来。我当时从下面搬上来换了两套房，我住这一套，小孩住另一套。

我妹妹现在在香港，在这里结婚，他们老公也是农场的。我姐夫在印度尼西亚有亲戚，回国之后没有父母亲，又是单身，就申请出国，两个姐姐和两个妹妹都是这样申请出国的。当时有一个政策，在香港停留一年就可以在香港定居。其实不去印度尼西亚就是在香港了，实际上也都是在香港，她们回来过，但是现在也都老了，不常回来了。在印度尼西亚的亲戚都已经过世了，那时我还小，也不熟悉，也没有联系了。

我爸妈觉得回国还是比较安心的，不受别人欺负了。在印度尼西亚时，我哥哥姐姐也读书，不过大哥很小的时候就已经跟爸妈做生意了。当时生活过得也一般般，能过得去。他们说觉得印度尼西亚没有什么变化，觉得中国很好，在印度尼西亚就是一天过一天的。

2014 年搬到现在住的华侨城，是第一批搬过来的。当时的政策是以房换房，有多少平方米就换多少平方米，多给少补。归侨能够照顾 20 平方米，归侨独生子女照顾 20 平方米，出生在印度尼西亚的归侨也照顾 20 平方米，其他就以房换房。我旧房子是 206 平方米，后来换了 104 平方米和 107 平方米两套，就补了 3 平方米。两千九百多块一平方米，不太清楚记得了。我们那边的地有人要用来发展，就动员我们搬过来，我们决定搬来，我们自己也老了，这边也很方便，也很好。这次是第二次搬迁了。这边已经装修好了，第一批，第二批后就没有装修了。

我觉得侨联不够关心我们，我也在生产队辛辛苦苦贡献了这么多年。现在搬到这里之后，他们什么也不知道，也很少来关心慰问我们。

广场那边周一、周三、周五跳印度尼西亚舞。我以前常常去的。侨联给我们发电机，城管们不给我们充电，发电机费用很大，又要我们买油费，我们钱都是捐上去的，跟我们说用来买油费或者修理发电机，买唱片这些，都公告出来的，一年一年地捐，捐的话随便，自愿的，一块两块也都可以的。我是和林庆忠一起管理跳舞队的。有时候会有人去到印度尼西亚，我们会叫他们帮忙找印度尼西亚歌曲，好听我们就买回来。好听的就刻录进碟片里面。这个歌曲的碟片都是自己出钱的，不用他们捐上来的钱。跳印度尼西亚舞都是随便的，想要怎么跳就怎么跳。一开始是一个小音箱两三个人，后来就越来越多人一起，音响就不够，后来也是几个人凑了一些钱买了大音响，慢慢地就壮大了。领导一开始这个也不给那个也不给，我们说自己拿钱买油费。油费一个礼拜七八十块钱。多的时候是两百多人，少的时候也有一百多个，大部分都是七八十岁的老人家，年轻人也有一小部分，除了印度尼西亚归侨也有本地人一起，我们都欢迎。每天也做事，有些人也很累，发电机也要搬，以前都是我们自己搬也很累，干脆周一、周三、周五隔天跳舞，现在的话就是侨联帮我们搬了，就没有那么累了。印度尼西亚舞队好像搬到华侨城之后组成的。

来广西是因为被安排过来的，就是政府全权分配的，我们想去广东，但是不给，就全都搬到这里来了。在生产队的时候，插秧割稻谷，晚上打稻谷，每天都很累，工资也是 30 来块，还是很开心的。

现在我们这边培养归侨干部很少的，很多归侨都出去打工了，他不是不愿意待在这儿，是因为这里待遇不好。以前在生产队还是有很多归侨干部，现在很少了。现在外来的人来很多了。现在侨联也很少有归侨干部了。

我们归侨生产队基本上是归侨，会有一两个本地人带领我们搞生产。我们分厂有二十多个、三十个生产队，好像有两三千人，我们被叫作归侨队。也有本地人，但是不跟我们一个生产队。刚开始时，印度尼西亚归侨跟印度尼西亚归侨一个队，越南归侨跟越南归侨，本地人就和本地人一个队。我们不住在一起的。"文革"以后慢慢地就合在一起了。那边农场基本上都搬过来了，还有一个果园队，8月估计也要搬完了。为什么他们没有搬过来我们也不知道，这个还是要问领导。

抽签是抽楼层，面积是根据自己家平方米，根据人口，如果只有一个人最多也就70平方米，一般是40平方米左右，多的话按这边的房价补钱。按生产队那边的房价，不是按照华侨城这里的房价的。农场那里的地已经没有的，已经被（林业厅）买断了，一次性付清了，一亩地一万两千多块吧。只有我们分厂我所在的队的地已经被买断了，别的队没有。

从印度尼西亚回国被划成分，我的家是比较有钱的。"文革"期间，在印度尼西亚的出生证、照片什么的都烧掉了。在外逃风时，所以那时有很多人想出去，不管有没有钱，想办法也要出去。我没有出去，一个是家里没有条件，我妈妈也想出去，但是都不给，说是条件不允许，如果都允许，农场基本上跑光了。我们留在这里的，现在觉得还不错。其实那时候去香港打工，我们这些打工仔都是被他们看不起的。我老婆利用探亲去香港打工三个月，也是为了赚钱，这边生活很辛苦的。香港那边也给我们寄钱，也就是一年一次，很少的啦。不过现在他们羡慕我们有房子住，他们买不起房子。

我老婆在宁武分厂工作，也比较积极。是一般职工。我们两个都退休了。我现在的2300元的退休工资。我们退休后与外面有联系，澳大利亚的一个同学，他还年年回来。之前有同学聚会，澳大利亚等好多地方的同学都回来了。

我喜欢喝咖啡，做印度尼西亚糕点，会说印度尼西亚话，不过不会写印度尼西亚文。我妈妈、二姐、老婆的哥哥会印度尼西亚文。我的孩子们都还听得懂印度尼西亚话，但是不会说。我的很多老照片都不知道到哪去了。

我觉得人要开心，不要去计较什么东西，不要发脾气，这样生活才好。

黄碧娥　口述

口述者简介：黄碧娥，女，1946 年 11 月出生于越南谅山省，祖籍广东佛山南海区。1978 年 8 月回国，在武鸣华侨茶厂小学担任教师；1989 年，调往邕宁县侨联工作。2007 年正式退休后担任南宁市越東老归侨联谊会会长、河内中华中学海防华侨中学武鸣校友会副会长等。

时　　间：2015 年 9 月 20 日
地　　点：被采访者家中
采 访 者：苏妙英　韦佳颖　罗世念
华侨属性：越南归侨
南 洋 物：无
整 理 人：韦佳颖

一

我的祖籍是广东佛山南海区，从祖母那一辈开始，我们家就定居在越南了，所以我在佛山已经没有什么认识的亲戚，我算是第三代华侨。祖父去世后，由于生活所迫，祖母带着三个孩子去了越南，居住在越南谅山省。

我的父亲叫黄德良，在谅山给一个百货店的老板打工。由于他人缘好、正直、善良、勤快，很快得到老板的信任，于是老板把那个百货店的经营事项全权交给我父亲，后来店里的生意一直很好。越南抗日、抗法战争时，他还组织华侨青年参加民兵，与越南民众携手并肩，同甘共苦，共同抗击法国殖民军，得到当地华侨和群众的信任，当了好几届华侨理事会董事长。

我父亲是在做生意时遇见我母亲的，我母亲为他的事业提供了很多帮助，明面上店里是我父亲经营，但实际上操作运营的是我母亲。由于我父亲长得帅，很受欢迎，早已订了亲，娶了个老婆，我母亲在嫁给父亲之前不知道他已经有个老婆了，直到母亲有小孩了才懂。不过我亲妈住在城镇，小妈妈住在农村，互不相见，倒也相安无事。

我 1946 年 11 月在越南谅山省出生，今年 69 岁，出生的时候正是法军卷土重来、越南反法战争爆发的时候。我有九个弟妹，加上我共有八女两男，我排行老大，十个孩子都是我亲妈这边生的，小妈比我亲妈小了十岁，也生了四个，三男一女。

一开始我在谅山的中华小学读书，越南谅山丘骡中华小学是我的启蒙学校，我在那里读到四年级。1958 年我们全家搬往河内，我便在河内读完了小学课程，河内有中华小学、新华小学两所华侨学校，我在中华小学就读。河内的华侨小学授课都是以中文为主、越文为辅，教材也是以中国课本为主。

1954 年 7 月，关于印支问题的日内瓦协定签订后，越南人民的抗法民族解放战争胜利结束，不久越南首都河内解放了，但根据"协定"规定，海防等一些城市，仍由法军暂管。法国殖民者不甘心失败，在"协定"签订后玩新花招，哄骗、强迫越南北方各地居民迁到由他们统治下的南方去。当时河内、海防、南定三大城市以及越南北方其他城镇的华侨，有不少人受骗上当，大部分人南迁，其中各地侨校教师走了大半数，学校开不了学，工厂停工，商业萧条，失学、失业的人数众多。

针对这种情况，中国驻越南大使馆领事部根据中侨委的指示，发扬国际主义精神，以亲密战友的情怀，积极协助越南政府采取有效措施安定侨心。一方面于 1954 年底组建了由我国驻越大使馆领事部领导、以当地华侨干部为主的河内华侨生产互济互救委员会，动用中国政府的救济款，进行了大量的救济工作，以安定华侨的生活，稳定他们的情绪；另一方面，遵照中侨委的指示，在越南政府教育部的协助配合下，大使馆牵头成立了由华侨干部和爱国教师组成的"越南河内华侨公立中华中学复校筹备委员会"，恢复了河内所有的华侨中小学校。中国委派优秀教师到华侨学校担任领导和骨干教师。同时，还把各地华侨爱国教师调到各侨校，为他们举办短期培训，结业后返回各地侨校当骨干教师。

毕业后我考入中华中学，中华中学曾由祖国派员协助恢复与创办，我能继续接受教育，离不开祖国对华侨青年的关心。祖国的支教老师在中华中学任教期间，在教育、教学、劳动、文艺、体育等各方面都取得了巨大的成绩。他们的工作热情、崭新的教学方法，与同学之间的亲密关系，等等，都给华侨学校的老师留下宝贵的经验。越南北方解放后，河内中华中学成为一所校园较为宽敞、师资力量雄厚和教学设备较为完善的华侨学校。校园内有图书馆，让学生学习课外知识；还有勤工俭学专用的车间，让学生学些实用的知识，如车工、电工和基本土木工程等。在全体祖国支教老师的带领下，全校师生传承、弘扬中华民族的优良传统，课内课外学习和活动都搞得红红火火，有声有色。

在中学时期，我们还参加了越南社会劳动。当时，越南正在进行医治战争创伤的建设热潮。河内教育局组织学生参加修建西湖旁边的一条马路（后来命名为青年路）每逢星期日，各所中学就组织近千名师生投入如火如荼的义务劳动中，后来又参加修筑堤坝、修建首丽公园。华侨师生经常得到上级的表扬，学校还被评为模范单位。

1963年秋季，我报考了河内华侨师范学校，就读了自然科班（即理科班）。侨师原校址在河内市纸桥（Cau giay），坐落在越南综合大学旁。1965年，美国侵略者开始用飞机轰炸越南北方，记得有一次，美机连续在上空盘旋，想轰炸我们学校附近的河内嘉林桥，嘉林桥虽有高炮阵地，但苦于人手不够。学校领导当机立断，一声令下，师生们马上跑到炮兵阵地，有的帮搬运炮弹，有的帮忙装填炮弹，我则带着急救药箱随时准备抢救伤员。美国飞机在朝高炮阵地俯冲，被高射炮迎头痛击。当日，我们华侨师生与炮兵部队共同作战，击落美军飞机数架。新闻媒体记者们赶来拍照报道，我们华侨师范学校师生与官兵们一起欢呼庆祝胜利的情景被定格在照片上，后来，我曾在河内还剑湖边的流动图片展览上看到这幅已经放大的相片，我想，它现在可能还收藏在越南的博物馆吧。

从河内华侨师范学校毕业后，我服从学校分配，到河内中华小学任教。1966年，美国悍然轰炸河内，我们必须带领华侨子女疏散到深山野岭中去。在疏散地，他们远离父母和家庭，无依无靠，当时我只有二十多岁，就得负起又是爹又是娘又是教师的责任，我们带领华侨子女疏散到山区，在那里生活了五年之久。就这样，1967—1972年连续五年，我被评为河内市先进教育工作者，还连续三年被评为抗美救国积极分子。

我1969年结婚，我爱人在广宁教育厅工作。他由于工作需要，总是在被攻占的地区来来回回地走，很危险。1972年，我小孩跟母亲在谅山住，爱人也不在身边，我一边工作，一边担心小孩，一边又担心老公出事，每天都在心惊胆战中度过，那个时候身心俱疲。

1972年，越南当局无视中越两国人民的传统友谊，逐渐走上反华、排华的邪路。中越两党分歧，作为中华民族的炎黄子孙，我坚定地站在祖国的立场上，反驳越南当局诬蔑中国的谬论，所以我被越南当局打成"亲中派"。越南当局为了阻止我们对华侨学生进行爱国教育而受到责难，于是把河内华侨师范学校毕业的同学分别从华侨学校调离，安排到越南学校工作。我先后被调到河内新潮中学及越南奠边学校，几个同学也被调到其他越南学校。我们虽然在不同的学校，但有个共同点，职务上是教师，实际是勤杂工，不给我们上课，被当时社会上称为"靠边站"。

二

1978 年，越南当局排华活动升级，我们各自从不同渠道，带着全家老少、冒着生命危险，历尽千辛万苦逃回祖国温暖的怀抱。

刚回到中国的时候我们的处境比较艰难，我被分配到武鸣华侨茶厂，一开始，我并不是在那里执起教鞭，而是天天扛着锄头做农活。后来有关政策说要归侨工作对口，因此我得以参加教师考试，之后就在茶厂小学做老师，在那里做了一年多。

我们越南的归侨学生讲白话多，普通话讲得比较少，而武鸣的老师都只会讲普通话，不会讲白话，所以我一个人要负责两个越南归侨班的数学，教材都需要自编，有些学生听不懂，我就用越南的语言解释给他听，要么用白话解释给他听，要么用普通话解释，所以那些学生对我的印象是最深的。那时候我爱人去参加自卫反击战，家里三个小孩，老人也是七十几岁了，我下课回来又备课，又改作业，又看小孩，忙得团团转，压力特别大。

最让我苦恼的是碰到下雨天，下雨后地上都是黏黏的黄泥，骑单车根本就走不了，车辘辘黏在地上，进退两难，要么扛着单车走，要么只能等天晴了，黄泥干了，使劲地敲打车身上的黄泥巴，用这种方法把单车"敲出来"。

对越自卫反击战打响后，我爱人想去参军，说我拉他的后退，我这个人是最不甘落后的，就让他去了，因为这件事情他的爸爸总是说我，我承担着很大的压力。我爱人参军期间，有两个月是绝对不能通信、不能写信的，我很担心。

后来组织慰问参军家属，我就问他们："我和老李（我爱人）都不是从农村出来的，在农场里也不用做工，只能当老师，这里的环境比较恶劣，能不能在老李退伍回来后，安排我们去县城工作？可以把我们转到一个需要教师的地方。"我的意见他们很重视。在我爱人退伍后，组织把我们的户口转去了黎塘。

我调走的时候，两个班全部停课，学生们流着眼泪过来送我，我们班的另一个老师说："你一走了他们都不想上课了。"我很不放心，做了很多工作开导他们。我跟他们说："还有两个月就考试了，我把能教的都教给你们了，你们要对自己有信心，肯定考得上。"那一届我的学生都考上了中学，现在他们有的还在农场，有些在县城，有一些甚至已经出国了，他们时不时还回来看我。

由于种种原因，我们没在黎塘停留，又调到邕宁县任教。邕宁有个统战部部长，把我们夫妇俩安排去小学，他是怕我们不会教学生。"两个越南仔，会不会做老师啊？"他这么问。但是我们也服从组织的安排，1979年，我们被调到邕宁县城关一小任教。过了一段时间，学校里的人发现这两个华侨老师教得真好——当时国内的小学老师没怎么经过培训，我们好歹也是教育专科出来的，有自己的一套方法，成绩自然突出，口碑就是这样打响的。之后学校所有公开课，都安排在我们班。

刚到城关一小不久就发生了一件令我悲痛欲绝的事：我的小儿子被水冲走了。

那天我从南宁回来，看到统战部、教育局在我们学校附近打捞，我还奇怪在捞什么，有个学生告诉我："你的儿子出事了！"一瞬间我的脚都软了，走不了了。我的这个小孩非常乖，他在我去南宁的前几天总是问："妈妈你去南宁为什么不带我去，我很乖的。"他出事前一天晚上跟着他爸爸睡，又问："我这么乖妈妈为什么不带我去？"他爸爸说："你还不够乖，要是你表现得再好一点，妈妈肯定带你去南宁。"总之心很疼。那段时间我一躺下来就想到小孩，所以更加卖力地工作，转移注意力，只要把自己搞得累累的，一躺下就能睡觉，这样就不那么想他了。

由于工作认真努力，我得到领导、教师和学生家长的信任和肯定，同时得到学生们的爱戴，组织上给予我很大的荣誉：我多次被评为南宁市、邕宁县先进工作者和优秀教师。1981—1984年，我当选为邕宁县第七届人民代表；1984—1990年，我被选为邕宁县第八届、第九届人大常委会兼职副主任。因工作需要，1989年，组织上把我从学校调到邕宁县侨联工作，同年当选为邕宁县第二届侨联主席，还兼任人大常委会副主任；1990年9月，我兼任邕宁县第四届政协副主席，还当选为南宁市第五届侨联常委委员。并且由我作为侨界代表，出席南宁市第十次妇代会、广西壮族自治区总工会第八大代表大会等。1994—2006年底，我正式转到邕宁县政协工作，任专职政协邕宁县第五、第六届副主席、南宁市邕宁区第七届政协调研员。2007年我正式退休了，却还担任一些社会职务，例如：南宁市越柬老归侨联谊会会长、河内中华中学海防华侨中学武鸣校友会副会长、南宁市邕宁片区的老人武术协会片长、邕宁离退休女干部联谊会组长，等等。

当时在推选人大代表时发生了一件趣事，我和一个副校长票数相同，需要重新投票，最后我选上了，主要原因是我一个人可以代表五个阶层——少数民族、女性、无党派、知识分子再加上我的归侨身份。我是邕宁县第七届的人大代表，代表了邕宁县整个教育界，所以做工作是很认真严谨的。我要走到每一个学校了解情况，学校把存在什么问题提出来，我就代表学校做提案。这种实地考察的工作方法使我的提案都很有用、切实；之后到邕宁侨联做侨联工作，侨联一届五年，那时新侨联的各项工作还没上轨道，我上任后第一件事情就是摸清楚归侨有多少，住在哪个地方，怎么安置，主要是解决这些问题。调查清楚归侨的规模后，就开始解决有关侨的各种问题，有一次闹水灾，各界人士赞助，我们就挨家挨户地调查，把物资下放到最困难的地方；我过了政协之后，很多侨字号的工作都是我来操作，很多国外的捐助者都是我们中华中学、河内海防、青联、同乡会的老友，他们看到我才放心地把钱放出来。

总之，我在越南教育工作八年、在广西邕宁教育界工作十二年、转到侨联工作五年，最后在邕宁政协工作了十五年。回顾我，在40多年的工作经历，回望我近七十年的人生旅程，我做人的宗旨是"脚踏实地，真抓实干"；做人要宽容大量，"释一人之怨，才能和百人同乐；免一事之丑，才能享万事之荣。"我以"助人为乐、知足常乐、自得其乐"的"三乐心态"面对一切，以乐观、愉快的心情过好一生。

我曾回到武鸣华侨农场，感觉那里的变化太大了，他们工资和我们这里差不多了，环境各方面都可以，高楼大厦都建起来了，那边我的熟人都不用干农活，做点生意，生活还不错。

现在我的晚年生活很精彩，在这方面老干部局的工作做得不错，他们每年都组织我们去体健，两年组织一次外出，比如去上海世博会、去桂林，前不久广西体育中心刚成立也带我们去看，我们还参加"百姓大舞台"等活动呢。

李荣文　口述

口述者简介：李荣文出生于广西东兴，祖籍东兴，第一代华侨，1966 年毕业，任职于越南广宁省教育厅。1978 年回国，后参加对越自卫反击战，在军中担任翻译员；1984—1997 年先后担任邕宁县城关一小教导主任、校长、校党支部书记；1981 年开始担任邕宁县第一届到第四届政协委员；1997 年退休。

时　　　间：2015 年 9 月 20 日
地　　　点：被采访者家中
采 访 者：苏妙英　韦佳颖　罗世念
华侨属性：越南归侨
南 洋 物：无
整 理 人：韦佳颖

一

我 1942 年 10 月出生于广西东兴，祖籍也在东兴，我是在读小学的时候跟着伯父去越南的，所以算是第一代华侨吧。

我们家原来在东兴，以种田为业，在我之前有两个哥哥，第一个哥哥还没养大就没了；第二个哥哥很小的时候眼睛瞎了，他五岁感染上红眼病，当时家里没钱找医生，爸爸妈妈就用三姑六婆介绍的偏方药来给二哥敷，只敷了一个晚上，我二哥的眼睛就肿起来了，什么都看不到了；在我一岁多的时候，亲生母亲去世，因此四岁的时候，我父亲就娶第二个老婆，生了三男一女。

为什么之后会去越南呢？因为我有一个伯父在那边生活，这位伯父的两任妻子都过世了，没儿没女，我爸爸就把我过继给他。那是我十多岁的事，我来了之后他也没有再找老婆。伯父家里做些小本生意，卖杂货，不愁吃穿，所以我刚去越南的时候是最幸福的，伯父把我当宝贝来养，要什么给什么，我在物质和精神方面都十分满足。

伯父家在越南老街，位于中越交界地区，跟云南接壤，因此，在我的学生时代里，往返于中越两国求学本是常事。在伯父收养我之前，我在东兴读了四年小学，之后我被伯父带到越南老街，在当地的华侨小学读到毕业；中学则返回国内读书，就在云南读——因为我住的地方是边界，两个国家就隔着一条街，虽说我家在越南，学校在云南，但上学仍十分便捷。每个前往中国学习的华侨学生都有一本通行证，一路上畅通无阻，那时我每天都会经历这样的情景：早上从越南老街出发，前往中国云南的学校上课，中午穿越国境回到越南的家中吃午饭，下午同是如此，现在想来十分有趣。我的中学是在云南河口中学就读，高中则是在越南河内就读的。读完高中后我就读师范学校了。

我这个人爱体育、爱运动，十五六岁已经是老街青年队队员了，又是河内中华中学的校队队员，到了师范大学也在校队。

我是比较幸运的，作为一个名不见经传的毕业生，我直接就能去教育厅工作。1966 年我毕业后，本来是要去金浦县（音）中学上班的，那天我去广宁教育厅报到，可能是看我成绩好吧，正好那边也缺人，那里的领导就直接安排我在教育厅工作了。广宁教育厅有三个科，分别为普教科、扫盲科、幼教科等，共有几百人，其中华侨大概有二十多个，分布在不同的科室里。我在教育厅的普教科，主要是负责华文学校的管理工作，广宁这边的汉人太多了，我生活的地方百分之七十是汉人，因此华文学校也尤其多，一般大县里的华文学校就有十多所，至少有五所，小县有一所，值得一提的是，这些星罗棋布的华文学校大多是小学，广宁省的华文小学非常多，每个乡镇都有，但华文中学只有一所。

广宁教育厅分配的任务多、事情杂，几乎每个月里我们都有半个月的时间在基层，跟当地的教师同吃同住。当时我们的交通工具就是单车，单车是分配的，这是干部才有的待遇，我很开心，单位分配之后就不会回收了，这架单车后来也被我带回了国内。虽然我有单车代步，但工作仍是很辛苦，每天要骑单车一百多里去到不同的工作地点，都是泥巴路，很难走，幸亏我一直都在锻炼身体，骑行百里都可以接受。

1971 年越南比较乱，美国人经常开飞机搞轰炸。我每周都要从广宁教育厅到弘基（音）开会，有一次我从坐船过河，突然警报就响了，原来美国人是轰炸码头，码头的石头泥巴远远地就飘到我们船上了，要是快两分钟肯定死了。

我在教育厅工作的时候越南开始对华文学校进行改革，例如1966年开始，除了语文，华文学校里其他的课程都必须使用越文授课；1968年以前华文学校的教材主要来自中国，在越南翻印，再发给学生，1968年以后教育厅组织编写了华文学校的教材，以越南文为主，中文为辅。

1966年中国"文革"，也深刻地影响了我们那里。我们那边分两派，一派是亲中派，华文学校，亲中派都会学习毛主席语录；另一派就是亲越派，两派斗争挺激烈的。

二

由于中越关系恶化，我和家人决定回国。以前中国也帮助过越南，他们这么对待中国，我觉得是忘恩负义，恩将仇报。20世纪50年代的时候，中国人在越南搞生意，很有钱，越南对我们是很佩服的，中国人和越南人的关系一直很好，到了20世纪60年代，由于他们的政策，我们华侨经济慢慢地就衰弱了，中越关系也不太好了。1978年8月15日，我带着爸爸（我伯父）、我爱人、三个孩子乘坐火车回到了祖国。

到了国内后接侨的人把我们安排到武鸣华侨农场，在那儿劳动了几个月后，我和我爱人参加了教师考试，之后我被分配在总场，我爱人则分配到茶厂。

我当老师两三个月之后主动报名参加对越自卫反击战，作为翻译员，算是参军了，在41军工作。当时解放军打高平，组织安排选拔40个翻译员在靖西的总司令部工作，我就是其中之一，要懂得越南文、普通话、白话才能留在司令部。一般的翻译是要到战场去喊话的。我主要是做口头翻译，其间也会做文字翻译，翻译一些在越南那边缴获的材料，同时作为军队语言培训的老师，教解放军一些简单的越南语，比如"放下武器、举手投降"之类的。

对越自卫反击战的时候很多归国华侨又跑出国外，我没有动过要出去的念头，因为我爱人不愿意出国，而且我也不想出去，我们夫妻俩都是做老师的，除了教书外又没有什么手艺，到外国能做得好老师吗？而且上有老下有小，在国内会更稳定些。

在参军几个月后，我又回到教书的岗位上，在邕宁县城关一小教数学，做了几年颇有成效。我所任教的邕宁县城关一小与二小差别比较大，二小是重点学校，一小就是普通学校，我们踏踏实实地抓好教学，每个学期搞公开课，慢慢地家长就觉得一小和二小也没什么区别了，学生越来越多。原来一小只有七百多个学生，后来变成一千五百多个，我们还重视到农村巡逻上课的问题，所以农村的孩子都想来我们这里读。到了1984年，在参加完一系列干部培训后，我被提拔上来做教导主任，1985年任校长，就这样一直做到1997年，1997年我要求更换岗位，做了学校党支部书记，一直到退休。

我在城关一小当老师的时候，最让我印象深刻的事情就是失去了一个孩子。刚到学校任职不久，就下了一场很大的雨，当时我爱人不在南宁，我则在家里砌厨房，我的两个孩子在外面玩耍还没回来。雨很大，整个操场都被淹没了，大孩子就有点害怕，跟小的说："你在教室里面等，我回去叫爸爸。"当时学校的下水道都是没盖子的，小一点的那个孩子可能自己跑出教室，跌进下水道里了。后来我去找他，根本找不到，所有的老师都被我问过了，都没看见，后来我们想会不会是被水冲走了，请求侨办帮忙，侨办就租了一艘快艇到河边找，还是没找到。后来这个孩子在靠医院的河边浮起来，有人打捞上来叫我过去看一下，我一看，是。那时感觉天都塌了。

1981年，邕宁县重建政协和人大，我是第一届的政协委员，一直做到第四届，我的提案大都和教育有关。

我在国内生活几十年，感到祖国的温暖，就生活条件来说，我们比在越南好得多，这个也是社会的进步。我有回越南好几次了，越南那边是两极分化，富人比我们富裕，穷人比我们穷得多。

梁景清　口述

口述者简介： 梁景清，男，1946年生于万隆，父母皆是"卖猪仔"到印度尼西亚，并在水客的牵线下结合，兄弟姐妹八人，1972年与妻子黄金妹结合。作为一个中国人、一名共产党员，应该吃苦耐劳、踏实工作。

时　　间：	2017年6月13日上午
地　　点：	武鸣华侨农场梁景清家中
采 访 者：	郑一省
华侨属性：	印度尼西亚归侨
南 洋 物：	无
整 理 人：	李海翔

一

我叫梁景清，1946年出生在万隆，回国那一年十四岁。万隆在印度尼西亚来说算是比较凉，身子弱的人冷的时候要穿外套，听说最冷有过八度，不过我们在那边还是穿短袖、冲凉。最热也不会太热，不超过25度，天气总体比较舒服。我的祖籍是广东梅县，是客家人。以前老一辈说可以卖祖宗的房子，不能忘祖宗的语言，可我的小孩都不会讲客家话，我说得也少了。我在印度尼西亚主要讲先达语，在家就讲客家话或者印度尼西亚话。

我们家是在我爸爸那一代去的印度尼西亚，他叫梁元开。他的身世也很苦，我爷爷在他两岁的时候就死在马来西亚了。以前爷爷和兄弟们下南洋谋生，去了之后听说是水土不服，那时候死了很多华人。我的奶奶在爸爸七岁的时候就改嫁了。有个家族本家的亲戚是个老师，看见父亲是孤儿很可怜，就让我爸爸帮他家烧火做饭，给一口饭吃，同时也教我爸爸读书。到了三年级，我爸爸已经十二三岁了，亲戚说你都认识字了，就自己出去吧。那时候父亲就一个人出来到梅县找工作。一开始我爸爸去报馆做了排字的工作，所以后来虽然我爸爸没上几年学，但是很多字我不认识他都认识。那个年代从南洋有水客来招工，一两年来一次，说带穷人孩子去做工。需要签一个合同，前三年工资归人家，三年过后就可以赚自己的钱。那一批水客带了二十几个人一起走，那个时候父亲觉得家乡没有亲人，又人多地少太难生活，不如去南洋闯一闯。我记得我们1960年回去，说梅县人均两分田，就知道以前种地有多难。他们那一行人，第一批去了香港，第二批去了新加坡。猪仔做工是水客开着船带他们到各个地方，哪里有工就放在哪里。我爸爸也在新加坡做了半个月，后来船又去了马来西亚。我爸爸就说不下去，因为我爷爷几兄弟都死在马来。最后在印度尼西亚的一个小镇打了一年工，一年就解放了。老板就说工资你可以全拿了，不是零花钱了，以后你可以自己做自己的。我父亲一直觉得那是个小地方不好，很想去大城市。过了一段时间，有一次水客又带了一批女孩过来。水客把女孩给华侨们看，算是相亲，大家互相交流，互相选择。那些女孩也都是老乡，是客家人，我妈妈李秀招看到我爸爸就选了他，说我爸爸家的村子就在她家村子河对面，认识这条村。谈了几个月，一个月见几次，就把事情定了。那些人从爸爸那边收了费用，水客给华人介绍女孩，就是华人看中了哪个姑娘，她的全部船票，住宿费都要付清，再出一点中介费。我爸爸那时候也已经打了几年工，有一定的积蓄，就出了钱。其实那帮水客也是客家人，知道贵了，这帮老乡华侨也出不起，也不会要多少钱，不过他们让女孩子来的目的，更多的还是为了让客家人能在这边繁衍生息。现在看来他们夫妻两个其实都等于"卖猪仔"，在我们这些人觉得这是剥削，不过对被卖的人来说，是给了一条活路。

后来父母整了点钱就做小生意，卖麻花糖、咸菜、萝卜干、豆芽。等有一点钱了，就去万隆旁边的县，大姐二姐也在那时候出生了。那会日本投降前期可能是1944年，很多人起义闹事，爸爸害怕乱，就在公路上拦车往万隆走，但我们在公路上招手停都不停。不过车上也是华人，就喊说你把金项链金手镯拿出来，爸爸一听是客家人就掏了金手镯。那些印度尼西亚人一看我爸有金子，就停下来带他们上去，他们就这么去了万隆。逃过来的很多人都互相问有没关系，有一个人跟我爸爸说有老乡在那里，我们就去找一个地方住。那时候我们是中国籍，不能买地皮，自己用木头建房，建在地主的地上，地主也没钱建房子，我们就给地主交租金，其实也很便宜。我就在那里出生，我们兄弟八个，四男四女我排老三。在万隆也是卖糖果、咸菜、萝卜干，做来做去，万隆虽然大其实也落后，我爸爸有老乡说做面好卖一点，我爸爸去人家卖面那里看了半天，就去买了十袋面，回来自己弄了一个小作坊，做手工面。我当时也去帮忙，可能只有七八岁就踩在肥皂箱上面，用手摇的切面机切面。我们1948年开始做面，做了十多年，1958年开始反华，后来也有十号法令，虽然我们不在其中，不过同乡来串门，朋友都说说客家人被抢的事情，我爸爸听了害怕。逃来万隆前，我们在县城也是丢下一个商店，里面有几十匹布拿不走，一个多礼拜回去已经被抢完了，房子也被烧了。邻居就说你们还回来做什么，那些没有跑的都挨烧挨抢。印度尼西亚人总觉得我们在那边跟他们抢食，抢地盘。但我从小还是跟印度尼西亚小孩玩。印度尼西亚小孩跟我们一起玩玻珠、风筝、陀螺。我也没钱买零食，他们输了也不会赖账。他们问我怎么不吃零食，我说爸爸就让吃正餐不吃零食，我到现在也是不吃零食。小孩也不知道你家里有没有钱，大家一起玩，我的小伙伴有个三轮车工的孩子，就是那种去学校上课有的坐马车或者三轮车。

我在万隆南化小学上学，我们主要上中文，三年级开始有印度尼西亚文做副科，后来听他们说1965年华文学校都关了。前段时间我们有个姓郭的老师组织，从四面八方去看那个学校，南宁有个老师叫我妹妹跟他一起去。我当时没毕业就回来了，我记得在万隆都有两次事件，大家都把铺面关上。原来都是进家里卖东西，有一个称。把大门都关了，我们躲在床铺地下，老人讲床铺底下安全，外边都是大喊，等外边好点了，我又开门。有一次我们看见有一个印度尼西亚小鬼在那里小便，就看见电线杆被子弹打了一个洞，那时候小鬼就觉得喊喊杀杀也没有什么，也不觉得可怕，那里懂事？我们上学就读半天书，初小下午好像是……不记得了。读到六年级下，一个学期升一次级，我也留级过两次，病了打了277天的针。也不知道为什么，我妈妈说我从七岁开始年年遭一次大难。那边有个中平中小学，我们经常跟他们摩擦。我们就小孩相互对骂，我们也不懂。我们是白衣蓝库，他们白衣黄库，他们有童子军队，全身黄的，他们的课程有武术，我们路过也羡慕。他们很正规，就像现在的军队。

二

1960年5月21日到了深圳，坐了七天七夜的船。先从万隆跟着一个华侨公会的车，他们的主席是贫苦归侨，让我们集体买票集体上船。坐车到雅加达以后，到一个客家人同乡会，同行的 68 个人都是老乡，在大院住一起，住了一两个礼拜。我们家是自己花钱买票的，有的好像没钱也行，一起组织起来好买，零零散散就不一定。二三月回正安队的那些人，是县城以下的免费接下来。我们城里的都是自费的，当然有的人没有钱迫切回来的，是万隆华侨公会出的钱。武鸣农场有六个分场，团结分场的说的印度尼西亚话跟我们不一样，他们是东爪哇回来的，或者中爪哇，我们是西爪哇回来的，住的地方不一样，口音不一样，即口音很重。我们到了宁武分场，坐的是货船，叫"芝立华"号，先从泗水到雅加达再到巨港，再到香港。有的人想去台湾，就坐小船去了台湾，看你喜欢那里就去那里。

回来一共七天七夜，第八天早上从香港出发。我们船是停在香港不靠岸，我们随大流去大陆，从深圳上岸有火车开到广州三元里招待所接待站。在广州待了几天，要登记问家庭情况，他们当初留我们家在广州，说这边有个面粉厂，后来我爸就问其他人去哪里，其他人去广西，我爸就说我们还是跟大家一起吧。我们在广州的时候也跟当地的小孩玩，我当时不知道他们那么困难。我们带的烧饼跌下来，小孩都帮忙捡，后来跌倒黑黑的泥浆里的，中年人就说不要了，红领巾小孩一看不要了就跑过去在地上咬。在印度尼西亚掉地上肯定是不要了，也很可怜，才知道当地人那么饿啊。我们小时候看电影上，《祖国的花朵》唱《让我们荡起双桨》，我们就说中国的小孩那么好啊，又读书好，又有地方玩。回来一看，水沟里的东西都拿起来吃。后来坐火车到广西，要从湖南过来，我们一看连玉米都长那么矮，我妈妈就说这个地这么瘦啊，跟印度尼西亚没法比，房子也都是黄泥巴墙。我们在大城市那么长时间，一下子落差太大。到了南宁和平旅社住了一段时间，六一儿童节还看见列队整齐，吹号庆祝。六一过了就说去武鸣，路绕着走，都走晕了。到了那里他们都列队欢迎，拿了一箩筐馒头欢迎华侨回国，他们问我还吃不吃，我吃了一口就丢了。后来剩了半箩筐，有一个福建老头儿坐在那里脚放在馒头上，本地人就觉得很生气，也不好讲。他们也确实不懂，从武鸣到了宁武，贫下中农把房子给我们住，房子都很脏的，我老婆住的原来的牛栏，还有很多牛粪在墙边。我们就看到本地人困难到什么程度。留下一张桌子、两张凳子给我们住，他们搬去什么都没有的地方。我们分的号房叫东南楼二十三号，我一看哪里有楼房。住了三年到 1963 年我们才搬走，才把房子还给他们。我记得有一个新闻记者把护照都没收走，哪里还能出去，我爸爸很老实就给他了。其实有护照的话五年内可以来回，有的人给，有的人没给，他也不强迫。

我们住在的地方，现在是宁武镇，以前卢永平的指挥所，检阅广场都有。三年后搬到建星生产队。由于没有房子把卢永平的坟墓砖都拿走盖房子，亭子什么都拆了。我当时在一中读书，下学一看怎么拆了。那时候家家户户女的都在哭，在印度尼西亚的时候我们天天都在订画报，看中国不错，想的是中国也好读书，怕孩子在印度尼西亚被杀，就说回来建设新中国。刚回来的半年，每个星期两次加菜。开始还有柴油机发电，后来也没有了，就开始点那种油灯。我后来看到了又买了一个，那时候一个月才一包火柴，有一个印度尼西亚人要抽烟，就一直点着这个油灯，烧烟就调大，烧完了就调小。

当时我爸被划成小业主，评成分的标准是人家以为你开工厂，这真的讲不清。我说我八岁就开始帮忙，我爸爸力气不够才请个帮工，而且只是请半天，就说这是剥削。印度尼西亚工人做一下，我爸爸就去卖，没办法了。我说我顶多小手工业者，相当于中农。可他们还是把我们打成小业主。由于这个原因，当时我们农场别人的工资是22块，我父亲是11块。到1978年中侨办有了政策，我父母才退休，那时我爸爸已经71岁了。妈妈退休后半年就死了，她去世的时候是67岁。我父亲一退休就恢复22块，其实那是土政策，生产队自己定的。当时贫苦归侨补助一个月7块，我们家才得5.6块。我们家其实也很困难，除了大姐结婚，二姐和两兄弟读高中，弟妹读初中，八个孩子，五个高中生，三个初中生，一个高中生五个劳动力来负担，一个初中生需三个劳动力负担。我们平均每个人补助5.6块，应该6块。我觉得不公平啊，一斤柴火九毛一块，一个月两三百斤柴火。柴钱都不够。

那时候我们分了地，只有一分地，66平方米，种点菜，我们就去自己砍柴，弟弟挑水。全家人住三十多平方米，只能放两张床。由于房间小，爸爸跟两个小弟弟睡，妈妈跟两个小妹妹睡，姐姐就很早嫁出去了，要不没地方住。我跟二弟打个地铺，放几块板就睡了。我们自己种菜、开荒，在倒塌了房子边上的地附近种一点玉米。是因为粮食不够吃，分粮食父母有36斤。十五岁上25斤，初中27斤，高中28斤。我们也养猪，陆川猪长不大也便宜，养猪九十多斤杀掉，能炼油炼了吃一年，猪油放罐子里，三斤猪肉就可以买个猪仔。1967年、1968年回来就不养猪了，我们开了两三分地，种芋头、木薯。晒干了，去食堂去饭堂蒸。1968年没书读，我就到建新生产队种地，贫下中农满分十分，我们九点几，我是九点八分。武鸣打工的时候，不是学生不收。我们就拉细沙来卖，细沙六毛一立方，粗一点一块一立方，不过也要找地方去卖，要是有泥巴人家会不要的。

回来后，我两个姐姐就给我报了武鸣一中。在那里读书时，讲武鸣话我又听不懂，学生好多还说壮族话，所以留级一年，1964年才考上高中，然后又是"文革"，我就是大家口中的"老三届"。"文革"期间，学校让学生回家去找父母，我就在家挖土方，挖河沙，挣了一点钱，就拿了五六十块到处转。心里想着反正吃饭不用钱，没想到后来还是扣钱了。我父母工资22块，我转了一趟花掉了15块。那段时间北京上海杭州广州都走了一遍，反正只要有学生证串联证都能吃饭，估计假学生证也可以，不过当时大家肯定是不敢的。

我读书回来，一起做工认识的我老婆黄金妹，她1948年生人，来自巨港。我有两个儿子一个女儿，我们是1972年结婚的。1976年无记名投票，选我队长，1977年我就已经三个孩子。1977年恢复高考，我没有参加，因当时我老婆正准备生第三个小孩。那些人考试回来，问我考得怎么样。我说，我没考。不过，他们考的问题让我答，我都能答。当时没有读书的条件，是因我老婆在生孩子。如果我去上学，农场也不会给我钱，当时我老婆22块工资，家里三个孩子怎么办。而我当时也在当生产队长，也就没办法参加高考了。

我1979年离开原来的生产队，是准备管理越南的归侨。当时越南新的归侨过来到新兴队，五百多个越桥，我用一个多月给他们建立班子，做生产队兼政工员。那里比较山，我给他们选了队长、卫生员、妇女主任。在那里呆了两个月我就走了，我回分场找书记，他们说已经找了年轻人做队长，所以派我又去宁武分场初中做总务，做了一年又调到宁武分场小学完小当老师，做到1984年，后又调到初中当老师，1988年调到分场。做小学老师我还算合格，做初中哪行？我自己才刚上高中。在宁武分场，我在宁武当过纪检员，1987年成为预备党员，1988年正式入党。我在宁武曾做政工科副科长，1989年在总厂部纪检组，1990年正式调来纪检委当委员。1992年做纪检副书记，去华侨五校培训，几个月后我都当了组织部长了。

南宁华侨投资区，那时候两个牌子，一起挂。一个班子，南宁又来考核干部，我没文凭还继续做副书记，我没有直接抓经济，在工作中我敢讲真话。2001年，改为助理调研员就退居二线了。2006年底就到龄退休了，2017年1月才正式退。我觉得，做什么工都要踏踏实实，不要歪门邪道，我们是党员，是中国人，现在改革开放这么久，生活好一点。我们农场有的去了香港，老了也过不好。我老婆家有人也去香港，她老公爸爸妈妈没回来，他们就一起找父母，去香港。

我妹妹在南宁，妹夫是缅甸归侨，做过心脏手术。我自己也动过手术，血管瘤，股骨头坏死，肾结石，脚上也动过，我现在有一点空就去锻炼，但跑不了步，就去游泳，每天都去，不锻炼不精神，不过我也不去聊天。

林瑞芳　口述

口述者简介：林瑞芳，男，1939 年出生在福建泉州，1949 年去了印度尼西亚，1960 年因排华又回国。林瑞芳与妻子汤粮娘在印度尼西亚订婚并回国结婚，妻子是侨生，只会讲印度尼西亚话。他认为印度尼西亚的禁赌和禁酒十分值得中国学习。

时　　间：2017 年 6 月 12 日下午
地　　点：武鸣华侨农场林瑞芳家中
采 访 者：李海翔
华侨属性：印度尼西亚归侨
南 洋 物：无
整 理 人：李海翔

我叫林瑞芳，1939 年出生在福建泉州，1949 年去了印度尼西亚，1960 年因排华又回国。我爷爷那代就到印度尼西亚谋生了，后来我的父亲也去了。我的父亲叫林克发，是个大学生。他是在上海大学读的，读完书在国内当老师。有一回，他教书回家有点晚，结果被土匪抓在山洞里待了两个月，后来逃了出来，但还是总被敲诈勒索。国民党时期很乱，他就向政府申请去了印度尼西亚，因为我爷爷在那里。父亲 1942 去印度尼西亚，他是生了小孩才出去。

抗战时期，我的爷爷在印度尼西亚又娶了一个老婆。爷爷给了爸爸一点钱让爸爸自己出去做生意。

由于抗日战争的原因，我父亲十年没回家。1949 年，我十岁，跟妈妈一起去印度尼西亚找爸爸。

姐姐叫林慧霞二十岁时结婚了，有了孩子已经习惯了泉州，不愿意出去了。（我姐姐 82 岁过世，我曾回去看望过。）我们去印度尼西亚找到了父亲，才知道父亲在那里开商店，也在学校里当秘书，他是用业余时间自愿管理学校，没有工资的。中国人在印度尼西亚很团结，比如上学的学费，有钱多交点，没钱少交或者不交，都是为了发展华人的教育。现在印度尼西亚从乡镇到县到省再到首都都有办学校，乡镇办小学，县里办初中，印度尼西亚首都好像有两所高中，三万多人，巴中和华中，校长都是从中国聘请的。当时的学生高中毕业后都申请回国读大学，印度尼西亚的教育不如中国，要补习一年才可以读大学。我那时候读到初中，是在省里的侨中，后来得病了没有再读，就帮家里做生意，和母亲叶琼英一起。

大部分华人都在印度尼西亚做生意，卖布卖杂货都有，而东爪哇当工人比较多。印度尼西亚人比较懒，而中国人比较勤劳就比较有钱。中国人在那边找钱容易，如果我年轻也想回去找钱。我们华人有钱的，年龄比较大的，经常让印度尼西亚人帮忙，印度尼西亚人就学着开商店。

我们那时候很爱国，就说回去建设我们自己的国家。我的姑姑留在印度尼西亚没有回来，她住在县里，没有驱赶就没有回来。我回来是自己和父母一家回来，我们家两兄弟、两姐妹，我的妹妹叫林慧莲，弟弟叫林瑞治。他们回来时还很小，三五岁，回来读小学到高中，"文化大革命"时就没再读。

当时接我们的有"俄罗斯号"和"芝立华号"的两艘破冰船，分别能装1200人和800人。1960年以前大炼钢铁，吃饭不用钱，登记职业安排工作，我们华侨有三个地方可以选，云南、广西、海南岛，我们回来本来打算去海南岛，因为那里气候和印度尼西亚很像，结果不知道怎么就来到了广西。总体来看，第一批被安排到了广西，第二批被安排到了云南。

印度尼西亚是千岛之国，我在西爪哇省的芝拉马夜，我们统一在雅加达港口坐船。印度尼西亚政府驱赶华人的时候先把华人集中到集中营，又下令在几号之前搬走。那时候中国还没有派船过来，我们搬不走，就把我们关在加拉横的一个米轮厂里。印度尼西亚有个生产大米的很大的厂子，里面有一千多人，在那里等了两个多月。大使馆派车来集中营接我们去雅加达坐船，我坐的"俄罗斯号"，到了广东湛江下船。国家派公共汽车接我们去了广西干部学校，参加第一线建设，建设社会主义。那时候为了号召华侨，就每天宣传某某响应国家号召参加劳动，其实是为了给我们做好思想工作，再把我们安排到农场。在印度尼西亚的时候就有人让我们填表自己选择想去哪里了。

我们回来还要劳动种田插秧，很不适应。我们在印度尼西亚衣服都没洗过，碗没有洗过，家里总会有用人，用人也很便宜管饭就行。我回国后，先种田种地，后来当了小队长，管理三百多个劳动力，因为工作积极，当过工区主任、支部书记，后来到场部当副场长，即正安的副场长。我老婆身体不好，现在退休十七年了，我为了照顾老婆提早两年卸任。

我的老婆叫汤粮娘，第三代华裔，祖籍福建华安，不会讲中文，华侨跟华侨结婚比较多，少数跟印度尼西亚人。我们结婚一个礼拜就带回中国，老婆的娘家都在印度尼西亚县城，没有排华。所以我们一直和印度尼西亚有联系，也回去看过几次。我老婆1944年出生，在印度尼西亚读小学。我们在印度尼西亚订婚，回国后结婚。太太父亲叫汤易飞，母亲叫张荫娘。

20世纪60年代很苦，姑姑、叔叔会寄一些钱，那时候印度尼西亚华人跟香港人做生意，那边有一个组织，通过香港从民间寄来。苏加诺下台后，苏哈托对华人很差，那边的华人后来普通话、中国字都不会。我的爱人家原来在万隆卖水管，2009年去看望过他们一次。他们说中国发展很快，有退休金有养老金有医保，可他们回不来了，在印度尼西亚老了以后就让小孩养了。我有三个小孩，林广勇、林广平、林宝珠。两男一女都在工厂打工。

我觉得印度尼西亚有两样我们可以学习，一个是禁止赌博很严格，警察一定会抓你。另一个是禁止烟酒，商店买不到酒，啤酒少量，还有就是礼节很好。以前在印度尼西亚很多人赌博，后来意识到问题就禁止。在中国社会安全有保障，在印度尼西亚只能靠小孩，回来还是好啊。

改革开放前很多人想回印度尼西亚，后来很多人都想去香港、澳门，很多人就借着回印度尼西亚的名义停留在香港。亲戚和朋友互相创造条件，我没考虑去，全家已经安排在这里了。现在看来是选对了，治安、保障、住房都很好。香港住房很差，住得很小，用公共厕所。1992年还是1993年我作为正安的场长，去给农场招商的时候也去过那边，看到了香港的情况。那时候我们招商第一批都失败了，一个编织袋厂和一个文具包装厂都垮台了。引进来的老板资本比较小，竞争不过内地的大老板。像苏雅卫生巾厂现在也赚钱的，有投资区，有老板和工商的三个股份，后来香港老板撤资了，但现在还在生产。现在大厂子有国营的珠江啤酒厂、双汇冷鲜厂。我们卖地皮给他们，收他们的税。在集中营时，侨团有补助，自己出一点钱。自己安床铺，当时也没有限制我们的自由，我们可以去市场，自己找生活的门路。华侨被组织起来，一些华侨大资本家都捐钱，我们都在等国家（中国）来接。当时我们那里有两个集中营。

　　我父亲有十个同父异母的兄弟，六兄弟，四姐妹。现在就我的姑姑和叔叔还有联系，别的已经没联系了。"文革"的时候，家里有海外关系，要把海外的事情讲清楚，我一九七几年转干，因姑姑和叔叔在中国台湾，不给我转，一直到1981年才转。叔叔林酒复在1949年因拉兵去了台湾，后来在台湾做生意，一九九几年回来过。我们春节都互相问候拜年。

　　现在跳印度尼西亚舞不标准了，就是锻炼身体，以前很好看的，现在会跳的都老了。家里还是会做印度尼西亚糕点和印度尼西亚菜，特别是过年过节的时候。还是喜欢穿巴蒂衫，棉的比较舒服。

林振才 口述

口述者简介： 林振才，男，祖籍福建漳州，1945年1月21日出生在梭罗市。曾在印度尼西亚基督教学校读书并信仰基督教。曾任团结中学老师、湖南天雄集团翻译。在华侨学校读书期间与一女孩恋爱，未成眷属，至今单身。

时　　间： 2017年6月12日上午
地　　点： 武鸣华侨农场林振财家中
采 访 者： 郑一省
华侨属性： 印度尼西亚归侨
南 洋 物： 无
整 理 人： 李海翔

一

我叫林振才，祖籍福建漳州，1945年1月21日出生在梭罗市，去那边四代了。祖父叫林滇地，奶奶是当地侨生。听奶奶黄清娘讲，祖父为了谋生，直接到了梭罗市，开始去是卖花生，后来开工厂。我家开了糕点厂，做一些饼干面包，好像养了很多印度尼西亚工人，家很大的。我就记得工厂很大，一家都住在一起，雇当地人帮忙推销。1947年我们从梭罗逃难到泗水，当时日军南进，想抓我五叔，因为他以前是当兵的，整个家族都逃到泗水。五叔那时也是印度尼西亚政府公务员，家里的工厂都卖给当地人了。

我奶奶的爸爸妈妈都是纯华人，奶奶1878年出生，祖父应该大一点。我的祖父有五男四女九个孩子。大伯林聪明，1902年出生。爸爸林聪庆排行老三，四叔给了舅公后改姓黄了，五叔林聪勇也是公务员。大姑林金羡，二姑不记得了，三姑林金娇是裁缝，嫁给做生意卖布料的，她家有一男三女。小姑林金秀 1914 年出生，只有一个女孩，我叫她表姐的，现在在香港。她原来在印度尼西亚，过柬埔寨，到山东济南，后来跟姑丈张文章到香港。

我的父亲 1917 年 7 月 7 日出生，1967 年 6 月 19 日去世。在荷兰殖民时期，他是政府公务员。荷兰政府走了后，他又在泗水做印度尼西亚政府公务员。我的家族里一直受到西方教育的影响，在泗水的荷兰学校很厉害，母亲也在荷兰学校读书，但是没有父亲那么厉害。母亲叫陈密娘，1927 年 9 月 2 日出生，2009 年去世。

在家里我排行老大，老二林素珍是 1946 年 5 月 15 日出生，老三林振义 1948 年 6 月 28 日出生，老四林素玉是 1951 年 6 月 19 日出生，老五林振源是 1954 年 12 月 9 日出生，老六林振允是 1957 年 10 月 9 日出生。我在泗水读书，小学在南青小学，这是个中华学校。后来去基督教学校，读的是中学即初中，回来差不多毕业了。爸爸想让我读中华学校，因为我爸爸是公务员。但我不想这样。驱逐公务员是二十号法令，针对在政府当公务员的华侨，要遣送回去。我爸爸本来应该是第一批回中国的，与我奶奶和妈妈商量后不准备回去了。后来泗水中华总会的来家里，刚好我爸爸在家，就敲定说要回国了。然后坐"俄罗斯号"，从泗水港坐到三宝垄，接那边接坐船的生意人，随后直接到了湛江。印度尼西亚的二十号法令，要公务员入印度尼西亚国籍改名字，政府对我爸说可以去三个地方，巴西、中国大陆和中国台湾。我爸爸想带我奶奶回中国大陆，我奶奶身体不好就选择不走，奶奶就跟大伯留那里。8 月 13 号奶奶就过世了，也有 82 岁、83 岁这样子。我还记得那时候大使说印度尼西亚没有华人的立足之地，我们在中国见。

那时表伯不同意我爸回到中国，他有个虾饼厂。祖父是在泗水过世的，那时我六岁。在泗水我们卖花生，但那时候家里已经不发达了。我大伯那时候搞染布，现在他有个女儿留在印度尼西亚，名字叫瓦拉斯（音），就是健康的意思。她嫁给了当地华人，姓郭，叫郭团础（音），给人家打工。二伯大姑都回到了漳州。我去看过堂哥，堂哥 1932 年出生，2005 年过世了。二伯是回福建后找的老婆。大姑在海外有对象，姓颜，带了两个孩子回国，一个死在国内，另一个留在印度尼西亚。

外婆外公也没有归国，他们早都在那边了，是侨生，就加入印度尼西亚籍了。印度尼西亚先颁布十号法令，又颁布二十号法令，第一批回国的都是二十号法令回来的。从泗水坐火车到雅加达再坐船回来，他们都被安排在南宁市。第一批可能是坐的"海旺号"，是中国船，第一批领队是韩春隆（音），我跟他儿子很要好，韩也是泗水的，也是荷兰时期到印度尼西亚时期都是公务员，他的夫人还健在，现住在南宁埌东澄湖路市政府公务员住宅区六栋101号。他夫人认识我妈妈。

二

　　回国以后，我在华侨学校读书到1968年。1969年1月回到农场学习中文。本来我想插队到宾阳，因为妈妈身体不好我就没去。我原来在生产队当作业小组长，1970年7月通知我到团结中学做老师，教数学、物理、英语、体育、地理。1990年成立南宁华侨投资局，我就去当厂长助理兼翻译。本来我不想改行，不过领导一直做工作，我就跟领导去招商引资，讲印度尼西亚文、讲英文。区侨联副主席林振龙也是我亲戚，后来让我去团结分场任侨联副主席。1992年协助二妹夫的哥哥杨国兴，后来他脑中风了。2007我给一个在印度尼西亚做锰矿的湖南公司当第三任翻译，因为我会写会读，本来打算做半年，后来因为没有书面合同，总经理就把我们撤回去了。当时一个月一万三千元，包吃包住，做了三个月我就回来了。我那时和湖南长沙天雄集团发生很多不愉快。那时候有个搞股份的懂一点印度尼西亚语，但是讲错渡船的价格，三百万讲成三十万，我又去跟那边长老说好话，最后收了两百万元，小组经理李晓斌，说我不向着中国人。天雄集团在印度尼西亚投资了公司，印度尼西亚公司里有三个人没有跟湖南公司签合同，我们就四个人一起回来了。余庆斌、陈胜江技术员回中国，余本想让我跟着他，我不做了就回来当英文老师了。

　　2008年他们知道我在印度尼西亚当过翻译，知道我能讲英语和印度尼西亚文，就叫我去教印度尼西亚文。现在我的学生很多在北京、上海当翻译，我还带过印度尼西亚语培训班，后来侨校不签订书面协定，要赖，又遇上我妈妈正好生病，我就不做了，后来我一直照顾我妈妈到去世。

　　1962年11月21号。我们在湛江上岸，先坐火车到南宁，在和平旅社现在叫朝阳旅社住着。我和大妹就留在南宁中等华侨补习学校，我爸本来被安排在农学院图书馆做管理，但是我爸说他不会普通话，就去了华侨农场，他只会英文、印度尼西亚文和荷兰文。后来社会主义教育运动，把我爸爸定性成破落资本家，那时在团结分场，应该是"四清"运动，翻箱倒柜把我爸爸搜集的国际邮票、国际画报，还有十字架都没收了。还没收了我爸爸的百科全书，因为那里面有蒋介石的像。后来平反的时候，问我国际邮票是哪里的，我还要解释说我不是间谍，不过后来都还给我了，还有百科全书，我爸爸在印度尼西亚的英语书都被保管着呢，不过那个十字架因为是银的，找不到了。

我的妹妹在超市当营业员，妹夫在建筑工地，他们有两个孩子。我的二妹在农场跟妹夫杨某结婚，他是知识青年，后来回南宁在华侨服装厂上班，生有两个男孩。大妹在团结小学开始当老师，后来当领导，生有一男一女。大妹夫郭某在农场当保管员，他已经退休了。我在印度尼西亚的堂弟在日惹，堂妹在泗水，还保持着联系，偶尔打打电话。堂弟做医生，有一男一女，我去印度尼西亚时，我的五叔当时还没去世，就联系上了。泗水有表姨，大表姐。

我一直没有结婚，我以前在南宁华侨学校，认识一个女孩子，跟我一样是梭罗人。她叫李洁珍。本来我们一个地方的，很谈得来，他姐姐李慧珍都同意了。她是1953年的比我小八岁，当时她想插队到宾阳，不得已又去三中读书，她在三中的时候，我们写信打电话来联系。他的爸爸回印度尼西亚了，就把她带到香港。后来听说她在香港结了婚，又离婚。后来他爸爸就把她又接到印度尼西亚，现在又结婚了。

她是1967年才回到中国，他家里考虑到女孩子在那边不方便，就把她送回来读书。后来我也申请定居到香港，然后碰到"六·四"，就把我的申请退回去了。我小姑妈就讲现在我工作稳定，让我去，后来我就不去了，大概我跟这个土地比较有缘分。

团结分场是最大的分场，以前有一万人，百分之六十的归侨，现在没多少了。回来的时候，团结分场有六个归侨队，有两个非归侨队。这些归侨包括印度尼西亚、马来西亚、印度、澳大利亚、泰国、柬埔寨、新加坡这些国家的。

现在的房子是抽签买的，以前第一批公家帮装修、装地板，后来我这个是毛坯房，一共花了四万五千元，现在房产证还没发。

林庆忠　口述

口述者简介：林庆忠，男，1949年4月生，现已68岁。1960年因为排华回国，跟着父母和兄弟姐妹一起回来。回国后被安置在武鸣华侨农场，中学毕业后参加工作，后开始做侨务工作，最后任武鸣华侨农场侨联主席直到退休。有两个小孩。

时　　间：2017年6月12日上午
地　　点：武鸣华侨农场林庆忠家中
采 访 者：陈舒婷
华侨属性：印度尼西亚归侨
南 洋 物：印度尼西亚出生证
整 理 人：陈舒婷　黄玉柳

一

我叫林庆忠，印度尼西亚归侨，1949年4月8日在印度尼西亚出生。我住在印度尼西亚东爪哇的"芝拉玛耶"，离雅加达不近也不太远。我祖籍是福建南安，我们家族从福建漂洋过海，我爸爸林长闭是最早过去的（他1981年过世，去世时78岁）。他到印度尼西亚后最早是做点小生意，算是小商贩吧。我妈妈和我爸爸在印度尼西亚认识，我妈妈梁亚金是侨生，我妈妈在印度尼西亚是第二代。其实我爸爸当时在福建已经结婚了，有孩子了，后来到印度尼西亚之后又跟我妈妈结婚了。我还有个叔叔在海外，但是已经过世了。他在雅加达，是做可口可乐生意，叔叔在福建好像还有一个孩子。

我妈妈在印度尼西亚也是跟着我爸爸做生意。我们在印度尼西亚生活也还过得去。我在印度尼西亚时有去到中华学校读书，学中文，语文、数学、地理历史这些。后来印度尼西亚政府也是不让我们去中华学校上学，我们就去到老师家里面上学，相当于私塾，应该是读到小学二年级。

1959 年印度尼西亚排华，当时印度尼西亚政府要求印度尼西亚农村的华人全都搬到县城。我们是带有爱国性的回国。我们当时在印度尼西亚被排华时，印度尼西亚政府把我们都驱赶到一个县城的集中营，相当于一个仓库，即被驱赶在加拉旺的一个汽车厂模样的集中营，睡觉也是在地板，铺一些草席这样，集中营分布了几个点，有些是在芝拉玛耶的，有些是乡村的，有的是汽车厂库，有些是其他地方。我们就爱国啊，要求回国。没有太大的限制，安全方面也没有什么问题，白天也可以自由活动，但是晚上一定要回到集中营，就是不让我们住在乡下。在集中营可能住了一年左右。过节吃饭这些都是自己安排的。

中国派船来接我们，父母带我们一家人回来，回来九个孩子，四男五女，我排行第四。我和大姐、二姐、三哥都是在 1960 年 3 月回国的。我妈妈有三个兄弟姐妹，除了我妈妈回国，我奶奶也跟我们一起回国。其他三个都在印度尼西亚，因为他们结婚成家之后都去到城市居住了，一个姨妈在布罗加达，一个姨妈在万隆，舅舅在加拉旺，我几个兄弟姐妹都去过，我没有去过那里。

我们在印度尼西亚雅加达有按手印回国的。回国时我 10 岁，我们是坐接侨船的，在雅加达上船，经过湛江回到广西，坐船坐了两天两夜，最后坐大巴到南宁。我们回国时带回了一些基本用品，单车、枕头、被子这些东西，回来之后国家分配给我们一些板凳、桌子这些东西。

二

我们是第一批回来的，被安置在广西武鸣华侨农村正安分场。那时生活也比较艰苦，还是杂草丛生、人烟稀少的，不习惯吃大锅饭。慢慢也开始变好。我们在印度尼西亚也是做小生意，没有做过什么农活。我们刚刚回国时，国家也比较困难，我们当然也不会太好，但是我们在生产队养了猪，过年过节会分给职工，就不需要钱，还有一些其他东西免费，可以说也挺好的了。

我爸妈回来后就到正安分场做工，种花生、菠萝和水稻，自己种蔬菜，养猪，好像我岳父岳母也养猪。不过那时候都是大锅饭，收入归生产队。早出晚归，晚上要学习，学习毛主席语录。我回来之后在正安分场继续念小学，小学也比较简陋，1963 年到锣圩镇锣圩中学上学。1969 年毕业后参加工作。我刚刚开始工作时，工资 18 块 20 块都有。后来也慢慢提高了一些，我队长、副队长都做过。1984 年到场部做侨务工作，一直到 2009 年退休，做了四届侨联主席。

我老婆叫邱美云，也是印度尼西亚归侨，1952 年出生，现在跟我女儿在南宁带孙子。她是在印度尼西亚的第二代，有七个兄弟姐妹，两个妹妹在澳门，祖籍是广东梅县，是客家人。也是芝拉玛耶的，我们是同一批归国华侨。我们是回国之后才认识的。刚好我们在分场的一些人经常要到处跑，我们也经常一起做事，就认识了，也算是自由恋爱。1974 年结婚。当时结婚没有办酒席，就是在家里面吃吃饭，也没有送红包，就是毛主席语录和毛主席像章这些。我们现有两个孩子、三个孙子（两男一女），大女儿在香港定居，小女儿在南宁。

我们回来之后分成分，有小商贩、资本家这些成分。1973 年有很多归侨去到澳门香港定居，我有亲戚在香港、澳门，两个妹妹在香港定居，他们也是1973 年过去，一个是申请接遗产，另一个是嫁过去，本来是要去印度尼西亚，后来不知怎么就停留在香港。我小姨（老婆的妹妹）在澳门。这里就剩下大姐、二姐、两个弟弟和我，哥哥在茶叶公司。

刚回来时也还是吃大锅饭的，也没有多少钱。1984 年搞联产计酬，种甘蔗、菠萝、板栗，价格很低的，拉到广东加工厂加工，我们收入也很低。有时自己也搞经营，自己种一点东西。

2013 年 12 月我被政府安置到了现在的华侨城。我是第一批搬到华侨城的，房子是不需要装修的，但是防盗网门、地板砖这些还是要自己弄的。我现在住的房子 124.35 平方米，多了 4.35 平方米，我的房子可能要补一万多块钱，但是正安农场那边也有补偿，那边算来算去，最后还给了我三万块钱，我就拿这三万块钱补了那一万多块的房子钱。我们就不用再交什么钱了。单位统一给我们装修好了，每个归侨有一万五千元的装修费。

归侨在华侨城分房子是这样的。第一、第二、第三批都是抽签的，要是抽不到合适你的房子（房子不够大或者过大了），可以按成本价返还钱或者补钱或者等下一批。它是一个点一个点地安排先搬过来，每个分场安排几个队。正安有二十多个生产队，有三千多人。归侨有三百多户，其中六个生产队都是归侨。正安还有一个队没搬过来，但是已经抽签了。最小的房子有六十平方米。归侨会再赠送二十平方米，本地人是没有的。每个人二十平方米，归侨赠 20 平方米，有独生子女再赠 20 平方米。

我现在已退休，有退休工资一两千元，生病也有保障。像我们这一代的人，也是在工厂啊各个单位各个地方做了很大贡献的，现在也给我们安置了住的地方，也有退休金，生活条件也很好，也是感谢党和政府给我们的照顾。我们心里也很感谢，没有这些领导也没有现在这么好的生活。

印度尼西亚还有亲戚，但"文革"之后就很少跟印度尼西亚那边联系了，也是因为他们不跟我们随便联系，有海外关系是很严重的。而且我们家的成分被定为小贩。印度尼西亚我没有回去过。改革开放后，我几个兄弟姐妹回去过，回去找我姨妈，我舅舅不在了，他们的第二代第三代还在那边。印度尼西亚亲戚没有回来过，我也想找个机会去印度尼西亚看一看，去看看我叔叔他们吧。当时我叔叔也说不要我们回来，但是我们还是回来了。当时我们这边很穷啊，他们也有寄钱回来。我还有一些亲戚在香港和澳门，我是经常过去那边玩，她们也经常回来，孩子放寒假、过节也回来。还时常联系。

退休后，我也跳印度尼西亚舞。其实武鸣华侨农场的歌舞队是我和几个人一起组织的，我、周宏伟、蔡相时、邓民祥，主要是跳印度尼西亚舞。有很多人过来跟我们联欢，他们也邀请我们过去一起，澳大利亚，中国香港和澳门，来宾都有的。我们大多都是印度尼西亚歌曲，歌曲是自己找的自己录的，上次去香港也带了一些回来。我也爱听歌，天天都听，也喜欢跳舞。咖啡也喜欢喝。平时也做印度尼西亚糕点、印度尼西亚粽子。

我还保留有印度尼西亚出生证，其他都没有了。有参加工作的各种荣誉证书。

莫乃春　口述

口述者简介：莫乃春，男，1936 年 2 月 6 日出生在马来丽民新村，祖籍是广西容县。1955 年随父归国，1958 年受第一任厂长王木容邀请，与 108 人共同建设广西华侨农场。1959 年与本地人邓少兰结合。育有三男两女，其中一子于 2005 年车祸身亡。

时　　间：2017 年 6 月 13 日下午
地　　点：武鸣华侨农场莫乃春家中
采 访 者：郑一省
华侨属性：马来西亚归侨
南 洋 物：无
整 理 人：李海翔

我叫莫乃春，今年 82 岁了，1936 年 2 月 6 日出生，在马来的时候只有十几岁，我当时住的地方叫丽民新村，我妈妈在那边去世。我的祖籍是广西容县，容县是侨乡，华侨最多的地方，我应该是容县灵山乡仁勇村的。我父亲带我去的马来，他叫莫培奎。一开始他先去打工，后来回国带我妈妈去的，我家里还有个哥哥。妈妈叫刘氏什么不记得了，她死得很早。家里为了生活去马来亚割胶，再去市场卖，领一点工资。我在马来有三个兄弟，刚回来的时候不习惯，生活差，医疗差，跟那边都不同。

1955 年，爸爸带着三个兄弟回容县，不多久一个兄弟一个妹妹死了。1958 年 8 月份我们就来到这里，当时叫广西华侨农场。只知道当时招工招华侨我就来了，我 14 岁回国，18 岁来武鸣。区侨办主任亲自带我们来，那时 4 月份建厂，第一任厂长王木容。刚建厂只有二十几个人，没有房子我们都住茅草房。我们在马来西亚早上有饼干吃，这里连牛奶也没有。当时这里一百零八个华侨，现在只剩十几个，马来、泰国、新加坡都有，慢慢都死了走了。

　　过去很艰苦，几块钱一个月。开始的时候种香茅，拿来榨油卖给国家。我打石头，烧石灰，烧砖盖房子。开始住的是泥巴做的茅草房，就要自己烧砖盖房子。工资开始四块五、六块钱、九块钱，一点点涨。还有记工分，最多十分。中午晚上食堂把饭送到工地、田头，很艰苦。一个月一个人二两肉、一两半油，我们主要吃玉米、红薯，有的人忍不住就跑回去了。我们马来那边没有玉米，吃不习惯。我也在团结剪过头发，也不收钱，自己学的技术，一个月领工资十四块，谁有空谁剪，登记一个名字，剪了三四年。1978 年刚好接侨，从团结来总场搞采购，就是帮接侨办公室搞采购。完了做了 8 年转干，提副科级。后来我们总场和基建公司合并，我在基建公司当科长管经销，一直到 1996 年退休，退休了没有事情做了。

　　刚开始那时候大锅饭，大家到时间吃饭，到时间做工，我将家安排农场里。我 1959 年结婚，我的老婆叫邓少兰，是本地人，1938 年出生，我住在他们村，在公家淀粉厂，我负责蒸香茅，在一起做工就认识了。那时候没什么谈恋爱，认识一年就去登记，也不请酒席，什么都没有，糖都没有买的。我老婆是家里最大的，也很苦难，过去的老人说女大当嫁，开始也反对，说我不是这里人，要是回去了，就不会回来了，她就说他走了我就跟他一起走。我们生了五个小孩，三男两女，现在只剩两男两女。2005 年二儿子开车到广东运输，帮公家，他的徒弟开，在肇庆那边违章左转弯撞了，去抢救不得死了，国家补偿十六万块，因为他没错。大的男孩在柳州，小的男孩在南宁，女孩也是南宁一个柳州一个，自己开车拉送货。

　　在华侨农场，大家都没有钱，就是做工。印度尼西亚华侨刚来时，哭哭啼啼，为了照顾他们，我们吃玉米，给他们吃米饭，带他们做工，他们不习惯。他们来时看见住的房子都是泥巴做的，不愿意下车，我们就做工作，说我们祖祖辈辈都住这里。后来盖了新房子，印度尼西亚归侨就开心了。

　　70 年代时，归侨在海外有亲戚的，他们很多就跑了，去香港的多，我就一个侄子也跑到那边了。

　　我住的这个在 1998 年是 82 平方米，六万块钱，买了这个房子什么都没有了，把原来公家的房子换回去了，后来他们说拆旧房子就可以换新房子，我们就亏了。

　　我退休没有工资发，就自己去农村要猪，杀猪自己卖。欠的工资前几年补了两万多块。现在每个月领 2464 块退休金，老婆是 2182 块。那时候没什么钱，农场没钱，现在好了，农场现在发展不错。我们就像老黄牛，后来退休的得很多钱，三四千块。还有公费理疗，一个月85块，多了自己出，住院应该可以报百分之七十五。

现在剩下的第一批建厂的华侨有柯基成、谢培庆，他们两个是北流的。吴惠林跟我同一天过来的，是容县的。还有陆汉才、邓月通、邓永林、杨光华、姜正曹、陈因高、刘宏章、梁树权、梁氏娟。

吴彩娥　口述

口述者简介: 吴彩娥,女,1941年出生于印度尼西亚,第二代华侨,祖籍福建泉州。1961年5月30日回国,回国后于广东华侨学校补习,后至南宁读高中;毕业后参加上山下乡活动,于武鸣华侨农场英才归侨队做工;1969年5月入党,同年调至来宾工作;1978年调任武鸣华侨农场工会妇联工作;1985年于华侨办公室从事华侨事务工作至退休。

时　　间: 2015年7月18日
地　　点: 广西华侨学校宿舍区
采 访 者: 苏妙英　韦佳颖　罗世念
华侨属性: 印度尼西亚归侨
南 洋 物: 无
整 理 人: 韦佳颖

一

我1941年在印度尼西亚出生,祖籍在福建泉州。我的父亲是福建人,有五个兄弟一个妹妹,原来在家里是放牛的,后来他做点小生意,13岁的时候就漂洋过海到印度尼西亚谋生了,在那边发展好了就把其他的兄弟姐妹也接去。在经商的途中娶了我母亲。母亲原来是在国内的,婚后母亲也去了印度尼西亚。我爸爸在印度尼西亚经商太辛苦,不到50岁就过世了,母亲在父亲去世之后也开始做点小生意,之前她是没有做过生意的,是纯粹的家庭妇女,但是她为了我们去学,就是这样赚钱拉扯着四个小孩长大,相当不容易。

我在印度尼西亚时住在爪哇那边,由于经常搬家,一会儿住在泗水,一会儿住在梭罗,四处奔波,因此在很多地方求学过。在梭罗中华中小学读一年级,在那里学国文和印度尼西亚文，后来父亲过世了，我们搬家到泗水，到开明中小学读书，开明中小学也叫开明学校，我在那里读了两年初中。读书的时候很艰苦，我家离学校远，就要每天4点钟起床上学。当时国外有两种学校，一种是进步的，另一种是反动的。开明中小学就是个进步的学校，是我们福建人创办的，它的校园很漂亮，老师对学生很好。同时它的管理也非常严格，礼拜一如果没穿校服是进不了校门的。这个学校在印度尼西亚排华之后就不能接收华人学生了，前两年我到印度尼西亚探亲的时候，发现开明学校已经变成一个没有华侨上学的普通的学校了。

1961年5月30日，我们在印度尼西亚的第二大城市泗水登船回国，那艘轮船是"美善美"号，我们是通过"美善美"号回国的第二批人。那批回来的共有三百多人，全部是自费回国的，回国这件事是我人生的一大转折。

回国前看到画报上"吃饭不用钱，睡觉不用关门，商店不用售货员"，觉得祖国很好，但是回来之后发现其实当时国内是很落后的。当时我们回国是在广东上岸的，在码头那里看到有穿白衣的纤夫拉船，那些纤夫很老了，为什么还要去拉船呢？我们想不明白，就是觉得他们太可怜了，太辛酸了，原来国内并不是我们想象的那样。我们来到乡下，看见农民都在淋粪肥养土地，就被吓了一跳，因为印度尼西亚的气候地理条件好，有肥沃的黑土地，不用施肥，所以我们从来没见过这种场景。说实话，当时中国是很落后的，肯定没有印度尼西亚那边好，在这边学习、做工都很辛苦。刚回国的时候我们都特别想在外面的亲人，每次我们收到国外亲人的来信时，都会哭得一塌糊涂，想得要死。

回国后我先是在广东补习学校补习了一段时间，后来去了南宁华侨学校读高中。我们归侨最大的特点就是爱吃零食，刚回国什么东西都没有，但是仍然改变不了我们对零食的热衷，我们甚至变卖从印度尼西亚带回的东西去买零食，比如说拿胡椒、香料去卖，我以前干过最傻的事情就是拿镶金的戒指去卖，才三块五一只，后来还拿新的缝衣车卖，卖了差不多一百块。

我在南宁华侨学校读了三年高中，毕业前老师动员我们上山下乡。当时班里已经有三十多个人签名了，我本来没想去的，后来班主任整天找我，上午找、下午找、晚上也找，我就被班主任说动了，觉得呢，我们在一个资本主义国家长大的，缺少锻炼，思想觉悟还需要提高，那下乡两三年也好，算是一个历练吧。答应了班主任后我就在电话里跟母亲说了这件事，母亲很不同意，说："不能下乡，乡下生活很艰苦的，吃东西的旁边就是粪桶，你吃得下饭吗？你还想去吗？"但是我那时已经有觉悟了，就跟她说"我不怕苦，就是死在那里我也不怕，反正中国有那么多人，死我一个算什么，更何况我只是去那里锻炼而已。"所以我最后还是下乡去了，母亲在国外根本拦不住我。和我一起下乡的还有我妹妹，我们俩是最后才签名的，我妹一直不想去，一直到最后一刻才决定跟我去农场。

上山下乡的时候是1964年，我们被分配到武鸣华侨农场，那段时间干了很多活，很辛苦，我们在那里修路、种甘蔗、种红薯、种花生、挑塘泥。我刚开始不太适应，不过想着也就是熬几年，熬过去就好了，后来熬着熬着也就适应了。我在农场的时候发生了一件让我印象深刻的事情，那就是1964年9月22日我们中国研制的第一颗原子弹成功爆炸，当时我们才下乡不久，从报纸中看到了这个消息之后我很受教育、很受鼓舞，我觉得虽然现在生活条件不好，但是国家是在不断发展的、不断壮大的，日子一定会越过越好，作为中国人，我们应该对自己的国家有信心。

我们回国主要是想继续读书，哪里想到下乡才一年半"文化大革命"就来了，之后的每年我都在生产队度过。在我印象中生产队有64个人，队长劳华强对我们特别好，那时候我们的工资不高，才有22块，只够日常开支，如果碰到生病就很麻烦了，要"大出血"一回。劳队长知道我们生活上有困难，又不忍心看到生产队队员生病了没恢复好又回来工作，就拿自己的钱给我们补助、买营养品，对我们非常好，就像是对自己的亲人一样，我们也记得他的恩情，很感谢他。劳队长后来到旅行社工作，但是在事业上很不如意，现在他生病了，我们都很关心他的身体，基本上每年我们都会在过年的时候去拜访他，我们永远记住他的好。

"文革"期间，武鸣华侨农场把归侨划分成分，那时候我在英才归侨队做工。当时有人想拉我参加造反派闹革命，我婉拒了，为什么不参加呢？因为我觉得那些所谓的造反派的行为就像个流氓一样，整天不做工，一天到晚找别人辩论，没事找事，我们私底下很讨厌那帮人，很多人在"文革"的时候不敢讲真心话，讲真心话就挨斗，也是这帮造反派搞的。我因为是工人阶级，工作比较认真，人也老实，所以"文革"没怎么受影响。

1969年8月我调到来宾，那里的归侨比较多。1969年发生了两件大事，一件是我结婚了：我和我爱人是自由恋爱，他也是印度尼西亚华侨，以前在华中读书的，回国后他就在学校当老师。我比较幸运的是有个好丈夫，我在农场割剑麻很累，又忙，所以两个孩子都是他爸爸带。每天早上上班前，我爱人就把我的镰刀磨得锋利锋利的，方便我做工，割剑麻我就不那么费力了，煮饭煮菜也是他煮，煮得很好吃，我很有口福，我都没想到能嫁得那么好；1969年发生的另一件事是我参加了共产党，我之前没想到入党，后来组织上找到我，说现在国家要培养一些归侨党员，觉得我表现不错，可以参加共产党，我回国之前就是不想生活得枯燥无味，想做一个自立自强、有能力的女性，那入党肯定更能证明我的价值，所以马上就答应了。我是1969年5月入的党，现在已经有46年的党龄了。以前的党员思想觉悟很高，有什么事肯定都是冲在前面的，吃苦在前，享受在后，先为人再为己，我们都是这样做的。

1978年，我调到场部工会里从事妇女管理工作，搞计划生育，负责的妇女有两千多人。我以前刚回国的时候很害羞的，跟别人一讲话就会脸红，后来搞计划生育、做妇女工作，有什么事情都得硬着头皮上，结果到后来别人夸我很大方，我觉得我的脸皮变得越来越厚，都是锻炼出来的。

1984年我被调去担任小学的数学老师，老师并不是我喜欢的职业，感觉比妇女工作还难搞，因为教的学生年龄差距太大了，我要备一到六年级的课，再加上我不会汉语拼音，普通话不标准，怕误人子弟。幸好这个工作我只做了半年，1985年，中央169号文件下来了，说"要把错误的历史要纠正过来"，国家号召华侨知识分子回城建设，我就是通过这个机会脱离了教师的生涯，去了自治区的华侨办公室任职，负责侨联总务科的后勤工作、财产保管，后来就一直从事华侨事务这方面的工作了。这个华侨办公室是一个临时的机构，现在已经没有了。

二

在印度尼西亚的时候，印度尼西亚的工人阶级对中国人还是蛮好的，有困难都会互帮互助，我们中国人在印度尼西亚开店开工厂，光是印度尼西亚的就业问题就缓解了很多，所以那里的劳动人民对我们很好，印度尼西亚工人对中国人好，中国人也没有亏待他们，但是知识高的人就有点不喜欢中国人，看不起中国人。后来大规模排华的时候我已经不在印度尼西亚了，只能通过电话了解印度尼西亚那边的情况。印度尼西亚排华的时候，我妈妈和几个兄弟姐妹还在印度尼西亚，家里受到了很大影响，在外面不敢用中文说话，商店被迫关掉，不能再开了。我们家为了生计，只能早上4点钟起床，在乡下收大米，再带到城市去卖，拿换得的钱买生活用品。国内资源匮乏，我过得很艰苦，但我母亲一家在国外也不好过，有资源不能使用。他们就这样熬过了排华最厉害的那段时间。

对于我来说，回国虽然很辛苦，但我并不后悔回国，因为以家里的那种情况，在印度尼西亚我肯定是要做一辈子家庭主妇，一个家庭妇女她活动的范围、视野都是很窄的，我肯定受不了。在中国就比较安定、比较平稳，不用像印度尼西亚被排挤的华人那样做什么事都小心翼翼的，我有自己的工作，能建设我们的国家、实现自己的价值，我做了很多想做的事，所以不后悔回来。

在回国前夕，我了解到的印度尼西亚女孩子的情况是这样的：她们可以接受教育，可以自由恋爱，但嫁为人妇之后，大部分只能做家庭妇女，没办法在外面工作，她们所处的环境是有限的，每天就是在家里做家务、看孩子，对我来说，这种生活很无趣。如果我留在印度尼西亚就肯定是做家庭妇女，然而我不想做家庭妇女，我要读书、要自立，想自己养活自己——当时这个想法是很强烈的。初中我是在开明中小学读书的，开明中小学是个进步学校，经常会订画报，比如看《人民画报》，在画报上有展示女拖拉机手的风采，当时的女拖拉机手就相当于现在的女飞行员，我觉得很向往，就想回国发展，而且画报上说，祖国"吃饭不用钱，睡觉不用关门，商店不用售货员"，我们看到之后就更想回国了。

我在开明中学读了两年，学校就不能上课了，弟弟妹妹也没地方读书，我觉得按这种情势下去，过不久我就要过那种家庭主妇的生活了，就想方设法读书，这时候回国的想法越来越强烈。因为父亲过世了，想要读书很困难，一是家里做生意去别的地方读书很麻烦，二是家里没什么钱了，我就先给弟弟妹妹们补课，但这也不是长远之计，我回国读书的想法更强烈了。

我把想回国的想法告诉了母亲，但是母亲不同意，我就跟她讲道理，慢慢磨她，我说我不想做家庭妇女，想要自立，还把中国女拖拉机手的事迹告诉她，最后她拗不过我，就承诺"你有本事办理回国手续，我就给你回国"。我一听到这话就仿佛听到她答应了一样高兴，立刻去打点，有困难就请教别人，回国的想法非常坚定，结果所有的手续我全部办理好了，我母亲后悔得不得了，但她后悔也没有用，那时已经是箭在弦上不得不发了，我船票都买好了。回国的时候我才19岁，自费回国，钱是堂哥出的，堂哥跟我们很亲，也是印度尼西亚华侨，再加上我父亲在过世前和堂哥有经济上的来往，所以堂哥一直很照顾我们家。我年纪小，身体又比较虚弱，母亲不放心，所以就让三妹陪我一起回来，我们回来后不久印度尼西亚华侨就不能再回国了，所以当时我很庆幸自己回得及时，也是因为这个原因，我的母亲还有其他的兄弟姐妹都留在了印度尼西亚，我和三妹在国内相依为命，一眨眼就过了五十五年。

回国我一点也不后悔，回国是我自己的决定，是将我的理想转化为现实的过程，在这里我得到了历练，发挥了自己的力量，为建设祖国的事业添砖加瓦，实现了自我价值；而我有一个好丈夫，让我不为家庭所累，能更好地投入工作。反观我在印度尼西亚的姐妹，他们都在那边嫁为人妇，过着相夫教子的日子，虽然没那么艰苦，但是毕竟她们是靠着丈夫生活，过着仰人鼻息的日子，我庆幸自己没有成为她们的一员。

现在印度尼西亚那边情况也好了一点，经济发展得比较好，排华没那么严重，我的兄弟姐妹在那边生活的还不错。现在那边有些女人也很厉害了，做得了大生意，而且做生意甚至比男人强，比如布店老板，那些布店的老板很多都是女的，女主外男主内，男人在里面算账、打后勤。

退休之后，我跟女儿一家住在一起。平时休闲比较爱看书、爱聊天，爱看电视剧。除此之外，我还喜欢参加一点文艺活动，跟老年合唱团一起练唱歌。我对印度尼西亚还是蛮喜欢的，有老师教我们唱印度尼西亚歌，一个礼拜一次；还学跳舞，我们这个地方有体育老师教跳舞，伦巴、拉丁都练，学了好几个舞种，现在在跳广场舞，这个广场舞很难，有印度那边的动作，还有西藏那边的动作。之前我们了解到健步走是老年人最好的运动方式，所以我一有空就会去健步走一下，自己身体好也是对子女好。总的来说，退休之后我的生活是非常丰富多彩的。但是呢，我个人觉得，我们这些退休的华侨，就像是被遗忘的角落，侨联对我们的关心很少，没组织什么活动，自治区侨联做的还比较好，地区侨联做的就不够了，不重视我们，有时候侨联开党纪会，真正参会的华侨才有一两个。

我的子女都很孝顺，很喜欢带我去旅游，2012年12月一家人到印度尼西亚玩了一个月，上周我女儿又带我从湖南的凤凰古镇旅游回来。我觉得钱财都是身外之物，人生不管怎么辉煌，最幸福的事情还是子女孝顺，现在我女儿每天下班都回来照顾我，帮我煮饭，我就很满足了。

邱钿忠　口述

口述者简介：邱钿忠，男，1944年出生于印度尼西亚茂物岛，祖籍福建，1960年回国，1964—1968年在海南兴隆华侨农业技术学校学习，毕业后回到武鸣华侨农场工作，曾担任武鸣华侨农场分场团委委员、武鸣高中教师、华侨办公室政治处处长等工作。

时　　间：2015年7月21日
地　　点：邱钿忠家中
采 访 者：苏妙英　韦佳颖　罗世念
华侨属性：印度尼西亚归侨
南 洋 物：家具等
整 理 人：韦佳颖

一

我是1944年出生的，今年已经76岁了，是第三代华侨，从我祖父那一辈开始，我们家都定居在印度尼西亚。我出生在印度尼西亚的茂物岛上，茂物岛拥有世界第二大植物园，宋庆龄、周总理都去过那里，当地也有很多华侨，这些华侨大部分都是从福建、广东来的。

我的初中是茂物市正中学校，高中则是在巴城中学就读。巴城中学全称华侨公立巴城中学，简称巴中，是1945—1966年位于雅加达的一所华侨名校，也是当时印度尼西亚最大的华校之一。我的兄弟姐妹，基本都在巴中读书。巴中的教育很好，老师都是用国语讲课的，当然也有教印度尼西亚文，那里的老师思想很进步，会跟学生讲中国的情况、讲社会主义的好处，关于中国的很多信息都是从三大华侨中学宣传出去的，因此我在回国前对中国的情况都比较了解。

在国庆节、中秋节这种大大小小的节日中，学校都会组织庆祝活动。

我在巴中只读了一年，高一的时候就回国了，那个时候印度尼西亚进入大规模排华时期，不得不回来。我们家原来在印度尼西亚做些小生意、开果园、经营小商店，但是排华开始后，爸爸被印度尼西亚人杀死，年仅36岁，爸爸去世之后的那段时间，都是妈妈一个人在维持生计。我妈妈没有什么文化，但是在爸爸去世后能料理果园、能算账，把家里的小商店继续经营下去，养活了全家人，大规模排华的时候我们家的商店被迫关闭，妈妈就带着我们全家回国，后来她跟我大哥、二哥去了香港安享晚年，直到87岁病逝，这么多年她都没有改嫁，我觉得她是很了不起的。回国的时候我们带了很多东西，包括铁床、缝纫机、单车、柜子、挂钟，把能带的都带了，现在我们还保留了其中的一些家具，有的放在现在的这个家里，有些放在之前住的老房子里了。

二

1960年4月22日，我们从印度尼西亚码头乘"俄罗斯号"回国，从湛江上岸，到南宁的时候是4月28日。5月我们家被安置到武鸣华侨农场，过了一段时间，当地的华侨办公室安排需要学习的学生到华侨补校，我参加了这个补校，补习了几个月。到9月，根据户籍所在地，我们被安排到武鸣中学读书，当时被安排到武鸣读书的归侨学生有一百多人。

以前在印度尼西亚的时候，华校都在灌输中国好、社会主义好的思想，学校里有画报，画的是学生在颐和园泛舟的情景，再配上《让我们荡起双桨》的歌词，我们见了就觉得中国挺不错的。当时很多画报里面写着在中国吃饭不用钱，民风淳朴，路不拾遗，夜不闭户，很多人都是受到画报的影响才回国的。从印度尼西亚回到中国，很多华侨都不能适应。很多华侨看到国内的情景，觉得被骗了，像我哥哥做领队，组织了一批人回国，回来后就经常挨人家骂。过去说中国有自来水、有电灯，回来以后没有电灯也没有自来水，都是泥土路，房子也没有，我们就先住在农民的土房子里，那个农民也很好心，把自己住的地方让给我们，自己则在房子周围搭茅棚，我们归侨学生有一些作息、习惯，和国内有区别，那老农民也从来不骂我们，到现在我们都对他心怀感激。就这样，我们在老农民的房子里住了4年，1964年政府把我们安置在新起的砖瓦房里。

经过几年的学习，我去参加了高考，但是没能考上大学，之后我回到农场做工，过了不久，农场有名额选送 13 个人到海南学习，我就是其中之一。1964年，我来到海南兴隆华侨农业技术学校，这所学校相当于中专，它筹建于 1962 年，学生成分则来自国家华侨办公室（国侨办）从广东、武汉、北京等省市的华侨农场和华侨补校抽取的归侨青年，这些华侨学生到海南读书，毕业后回到原归属地工作。进入这所学校的还有华侨大学的学生，当时华侨大学整个系都过来了，因此人很多，包括老师大致也有 2000 人，很多领导、干部都来我们学校当老师，像杨西施老师、李申山老师都在我们学校任教。这个项目在广西招了 4 批学生，到了"文化大革命"前夕就停下来了，后来这所学校也因为"文化大革命"停办。

我在海南兴隆华侨农业技术学校就读农作专业，跟我来的这批人有的还学了会计，学时一共三年，我们是 1964 年过去的，1967 年就该毕业了，1966 年"文革"开始后，学校基本不上课，真正能读书的时间其实只有 2 年，1968 年学校复课过一段时间，所以我们直到 1968 年才算真正毕业。

1968 年 8 月，我从海南兴隆华侨农业技术学校毕业后，回到了广西武鸣华侨农场，我们这一批学生都很受重视，一回来就到各个队帮助生产。"文革"初期我们家遭到了迫害，但是由于之前我被农场选送去海南学习，拥有先进的生产技术知识，又在海南参加了红卫兵，所以回来不仅没被批斗，反而得以参加各项工作。我工作于农场的红星队，在这个生产队工作了两年，在这期间我一直参加分场的团委工作，后来到了农科站，也是工作两年，团委工作也没停下。1972 年，我被调去武鸣中心当老师，教语文、物理，我原来一直搞生产，突然到学校教书还算能适应，因为以前在海南学习时，我就很喜欢跟老师、同学在一起的生活，到了学校后，实际上最主要的任务是为了加强学校内的政治教育，当时学校里也有很多红卫兵，思想政治教育是要求必须搞好的。在学校教书两年后，我又被调回农场管政治思想，从此进入领导岗位工作。

60 年代中期我在海南读书，并且参加了那里的红卫兵，当时的信息很灵通，有人说大串联运动开始了，毛主席要接见红卫兵了！于是大家就组织起来参与到红卫兵大串联运动中。这个运动，对我来说相当于旅游，去到了祖国很多个地方，我们从海南坐船到广东，再从广东徒步，经过瑞金、井冈山、安阳煤矿、直到湖南韶山，一路走路过来，路上基本不用钱，连吃饭、睡觉都是免费的。因为海南是边防省份，所以大串联的时候我们可以去北京见毛主席，我们是毛主席接见的第三批红卫兵。

60 年代中期以前，武鸣有一个"四清"运动，是国侨办在广西做的一个试点，这个试点的做法是不能白吃饭，并且要减少工资，本来是工资就只有二十几块，又被降到十八块，所以归侨意见很大，我哥也很不满。第二个是评成分，很多归侨被划分为富农、资本家等，被划分成富农、资本家的这些人也不服，互相揭露对方成分，所有人不满的情绪很严重，我们家被说是资本家，还有人乱讲我们在印度尼西亚的生活奢侈，我哥哥很生气。

我在农场工作特别认真，人家6点钟起来干活，我就5点钟起来，人家挑100斤的东西，我就挑120斤，再加上我通讯稿写得好、会跳表忠舞，还会教唱歌、跳舞，每年评先进，我都是农场的先进分子，后面的情况越来越好，慢慢地，别人就对我们家的看法改观了，所以很多事都是事在人为的。家里已经是这样了，我就要很努力很努力去表现，让我们生活得更好一些，这是我对妈妈的承诺，也是我的动力，如果没有这种动力，我们家也不可能走出来，我也没有今天。

后来我因为工作勤奋，得到了分场领导的重视，不仅如此，我有文化，能写很多农业技术文章，能带头把先进的农业知识传播出去，我还能写通信报道，讲话也好，有能力，所以领导就开始就重用我，在他们的推荐下，1971年7月我终于顺利入党了。

我们家在印度尼西亚生活的并不好，整个家都是由母亲一手撑起的；回国后遇到三年大饥荒，家里的生活很艰难。在这种情况下，我就要很努力去表现，勤勉工作、诚挚待人，乐于奉献，让我的家人生活得更好一些。因为有这种信念，我们家不仅得到了发展，并且还能为国家做贡献。

我从60年代中期吸取到很多教训，要怎么样做人、怎么样对待别人；要搞好群众关系，努力工作；要起带头作用，讲话要知道分寸。

现在国家的发展今非昔比，我姐姐在改革开放后出国了，现在姐姐一家又回来，他们都感觉国家的变化很大，对中国改革开放的成就觉得很惊奇，特别是年纪大的，讲还是中国好，有养老金，即使南宁只是座小城市，也绝不比印度尼西亚的雅加达差。

以前我曾经有过当兵的念头，20世纪60年代我回国的时候碰上了三年自然灾害，粮食不够，吃不饱，而之前我们在印度尼西亚，虽然说条件也不好，但是有自来水、有电灯，还很喜欢吃零食，在吃的方面还是很丰富的。回国后很多华侨发牢骚，甚至骂人，骂领队、骂学校、骂国家，什么都骂，认为自己是被骗回国的，领导干部就耐心地给他们做思想工作，说现在是国家困难时期，说清楚情况，安抚归国华侨的情绪，而且他们经常晚上到我们的住处嘘寒问暖，宁愿自己吃得少，也会搬来米饭、菜给我们华侨。当时的政府领导是很积极的，工作也认真，所以说那时的国家干部真的是名副其实的为人民服务，也是受到他们的影响，我很想报效国家，每次征兵都很关注，都会去报名，但因为当时有规定，归侨是不能当兵的，所以我一直没能当兵，这也是我的一个遗憾，所以我也希望通过别的途径为大家服务，之后我工作那么认真，除了想改善我们家的生活外，这也是其中一个原因。

退休后，我担任离退休支部书记，帮这边的退休党员解决生活上的难题，像我们这个小区的院子里有二十多个退休党员，他们在生活上的一些要求，我就帮着解决，包括水电、煤气问题都是我管的内容，我们这个小区是没有物业的，现在还是很忙，每天都有事情，但是我仍乐在其中。

总结我的一生，我能享受现在的待遇，和党的关心是离不开的，我经常跟孩子们说，一个人要爱国，要有感恩的思想，要踏踏实实做人。

苏彩玉　口述

口述者简介： 苏彩玉，女，1943 年生，现已 74 岁。1960 年因为排华回国，跟着父母和兄弟姐妹回国，被安置在武鸣华侨农场，中学毕业后参加生产队，后到里建总厂做会计，最后到茶厂做副经理一直到退休。有三个小孩。

时　　间： 2017 年 6 月 11 日晚上
地　　点： 武鸣华侨农场苏彩玉家中
采 访 者： 郑一省　李海翔　陈舒婷
华侨属性： 印度尼西亚归侨
南 洋 物： 无
整 理 人： 陈舒婷　黄玉柳

一

我叫苏彩玉，1943 年出生。我是福建永定五炷乡人，是客家人，可是我不爱讲客家话，很少讲，都是说普通话，在家也是普通话。去年春节的时候，南宁《广西资讯频道》来采访过我。

我爸爸在印度尼西亚做些摆摊的小生意。我妈妈叫江秀桃，做旗袍的，她很厉害的，就这样维持生活。我在印度尼西亚三宝垄新游中小学（华侨学校），都是上半天学，一直读到中学。最初是我爸爸去到印度尼西亚的，我是第二代。我妈妈也是福建人，他们在印度尼西亚认识的。

1960 年 8 月因印度尼西亚排华回来，回来之前是住在印度尼西亚的三宝垄的一个乡村。我爸爸苏定和，在三宝垄的中华总会做理事工作，当时排华，所以我爸爸不敢暴露身份，也怕被抓，被发现了要被杀头的，所以带着我回国了，

1960年8月24日从南宁到团结分场。坐"俄罗斯号"回来。当时我爸爸带了8个小孩，包括我妈妈一共10个人，当时我十多岁，我们都很晕船，风浪好大的，船上有一千多人，都是印度尼西亚归侨，我爸爸是领队。直接从三宝垄到湛江。回来之后当时有两个可选择去的地方，一个是海南岛，另一个是广西。我们选择了广西，因为我大哥先回来了，叫苏建华，他很聪明，他在广州中山医学院读大学，被安排在凭祥的人民医院当院长。然后我爸爸就带我们到了团结分场，现在叫团结农场。我们从湛江到南宁，在和平旅社住了一个星期后，才用汽车送我们来到了团结分厂。一下车之后我们感觉好心凉，一是没有水，喝的水也没有，洗澡的也没有，都是池塘里面的水，还有牛在里面洗澡；二是没有电，在三宝垄还是有电的。

二

刚回来的时候住的是瓦房。一家人不管多少人都住在一起，一个房子，也不大，也没有隔间。慢慢就安心下来，我们也没有说想要去印度尼西亚，我们是不可能再去到印度尼西亚的。回来时我17岁，我还在锣圩镇锣圩中学读书，读了两年，初二初三。我在家排第二。我们家五男五女，有两个孩子夭折了。毕业后我就在团结分场工作，养猪养蚕、保管盐，后来组织上让我学习会计，学习了半年，被分配到修配厂当会计，后来调到总厂（里建），在政治部工作。再后来调到茶厂，当副经理，一直做到1998年退休（职称是助理）。到1965年，我光荣的参加了十六周年国庆，去到天安门广场，因为我是积极分子。自己做表率，吃苦耐劳，帮助他人。刚刚出来工作的时候工资18块。我爸爸也很爱国，1963年参加了国庆，去到了天安门。我爸爸回来之后在团结分场做工会主席，一直到退休。我妈妈84岁。我爸爸1919年生，1997年去世。

我觉得印度尼西亚政治不稳定，整体提心吊胆的。在印度尼西亚还有亲戚，不过现在已经没有来往了，因为老人不在了。回来之后有外祖母资助我们，给一些零用钱，不过我爸爸妈妈只拿了一两次，就再不要了。我在印度尼西亚的身份证、书信等一些东西很少保留下来。本来我老公要帮我写回忆录，但是去世了，他自己的回忆录也只写了一半，我老公是解放军，叫潘源英，1939年生，去世时80岁，我是很爱解放军的。我当时跟我老公是办公室隔壁，领导也撮合我们，我们就两情相悦在一起了。当时结婚就是登记了。

我 1961 年 12 月入团，在锣圩中学第一批入团，1967 年入党。我爸爸写了一篇文章"农场就是我的家"，我也写了一篇文章发表在杂志上。

我有三个孩子，小儿子在家。大女儿现在在桂林华侨农场当老师，毕业于南宁侨校。只有老三入党了。老三在武鸣工作，老二在这边的一个企业工作。我现在有一个外孙，他今年已经本科毕业了。

谭卫和、陈丽花　口述

口述者简介： 谭卫和，男，1953年出生，现已64岁。陈丽花，女，1955年出生，现已62岁。由于1960年排华，谭、陈随着各自父母一起回国，均被安置在武鸣华侨农场。谭高中毕业后在中学教书，后到侨办做侨务工作，最后在社保中心工作直到退休。夫妻二人有一个小孩。

时　　　间：2017年6月11日下午
地　　　点：武鸣华侨农场谭卫和、陈丽花家中
采 访 者：郑一省　李海翔　陈舒婷
华侨属性：印度尼西亚归侨
南 洋 物：身份证、出生证
整 理 人：陈舒婷　黄玉柳

一

我叫谭卫和，1953年出生，祖籍在广东江门新会。7岁回国。我老婆叫陈丽花，1955年出生。我出生在印度尼西亚东爪哇的泗水，我有一个大舅哥还在泗水，她们家八个兄弟姐妹，我老婆排倒数第二，还有一个妹妹；她们家祖籍是广东龙川。我岳父回过龙川一次，剩下人都没有回去过。主要是因为当时刚回国很困难，没有钱回家。

最初是我爷爷去到印度尼西亚的，爷爷叫谭培，在印度尼西亚做木匠。我爸爸也是木匠，13岁跟着我爷爷做木工，回国后也是做木工。爷爷有7个小孩，三男四女，我爸爸是老大，叫谭新。我妈妈是苏门答腊的，叫陈瑞娘，是侨生华人。我妈妈那一家比我爸爸一家在印度尼西亚待的时间长。我们这边有很多到印度尼西亚谋生的。我有五个兄弟，两男四女，我排行第四。

1960 年 8 月 24 日回来，我还没有读过小学就回来了。因为排华。我们是小商贩，要是不入印度尼西亚国籍，就不能做生意了，我们不愿意入印度尼西亚国籍，就得回来，要是入了印度尼西亚国籍，想要回来就很难了。所以，我们全家都回来了。坐"俄罗斯号"回来，没有保留船票，"文革"的时候被抄家了，很多都没有保留，幸好我的身份证还留了下来，我老婆在印度尼西亚的出生证还保留着。从苏门答腊到湛江，再到南宁，待了两年，再到团结分场，这些都是国家安排的，安排我们去哪儿我们就去哪儿。我爸爸当时会说一些中国话，我们小孩和我妈妈当时还不会。我们在苏门答腊还是有一些钱的。当时的这个地方对比印度尼西亚是很荒凉的。这边没有水也没有电。回来的时候带了一些行李。过来一个星期左右，有点劳动力的，都被安排去种香茅，搞了一个香料厂，我记得我妈妈就是在种香茅，我爸爸在里建的一个厂做木工。虽然我妈妈回来时什么也不会做，也就只能硬着头皮干，种香茅、种稻谷，一直做了 10 年，后来我妈妈去到幼儿园工作，一直做到退休。

我们被安置在武鸣华侨农场下面的团结分场，我们的团结分场基本上安置爪哇、泗水这边的归侨。

我 7 岁回来，之后就是读书，在分场读完小学和高中，1967 年到里建读高中（现在叫武鸣华侨高级中学），读了两年，当时是两年制。当时有一个制度说，毕业之后要贫下中农再教育两年，第三年就到团结初中教书，教语文教了六年，当时人才很缺乏的，大学生根本没有，高中生都很少，我们那一届很多同学都是当老师。后来调到团结分场做团委书记，做了三年。再调到总场，做到 1990 年，在侨办做侨务工作，两三年吧。1993 年去淀粉厂工作。2003 年以后在社保中心工作，到 2013 年退休。我最得意的工作就是在社保中心的工作。我在"文革"的时候被批斗过。我和我老婆在学校工作认识的，1982 年我去别的地方工作了，我老婆就去读大学了，是保送去的，在广西师范大学历史系，毕业论文还是写印度尼西亚华侨历史的，为了加入广西华侨历史学会做了很多努力，最后还是没有加入成功。毕业后就在华侨中学当历史老师。

二

我的生活还是比较顺利的。我跟印度尼西亚那边的亲戚还是有联系的。

我们东爪哇的，不太会说西爪哇那边的话，只是听得懂。从巴厘岛回来，坐渡轮。印度尼西亚变化不大，我舅舅已经过世了，我舅妈也很老了。我们在印度尼西亚的亲戚还很多，都是舅舅阿姨的孩子，表兄弟这些，还有妈妈那边的，我妈妈也有六个兄弟姐妹。

我老婆回过印度尼西亚一次，就不会再想去第二次了，因为那里的糕点制作有些不卫生，我妈妈回过印度尼西亚两次，第二次去的时候，说"还是以前干净卫生一些"。我老婆的妈妈那边的兄弟姐妹入印度尼西亚国籍，我爸爸这边的就想要回家，只有我大哥不愿意回国。我大哥过得还不错，跟着一个台湾老板工作，虽然后来被骗了很多钱，但是慢慢地现在也好了一些。大哥回国过一次，回来给爸爸上坟。我爸爸1974年过世。大哥2003年第二次回来了，是因为我一个姐姐在澳门结婚，就顺便回来见一次。后来回来也是我去到澳门见面。我有三个姐姐在澳门。20世纪80年代，允许我们外出了，所以就出去了。我姐姐出去的时候我在读大学。1983年之后就很难过去了。1978—1983年，只要有亲戚，就比较好过去，有一封信，有个身份证，就很容易。先是我姐夫的弟弟在澳门，带一个姐姐的一家去澳门，我姐姐就再带了两个姐姐过去。我妈妈不愿意过去，希望留下一两个孩子照顾她。就算全家都过去，我妈妈也不愿意过去。1978年可以申请去印度尼西亚探亲，可以停留在香港24小时，就可以定居在香港了。1979年就不可以了，可以申请去印度尼西亚，但是不能停留香港了。1973年、1974年都有很多人出去了，我们归侨有很多人有亲戚在马来西亚、新加坡这些地方，亲戚们就写一些信、证明或者材料从香港寄回来，就一个带一个地出去了。有一个小学老师，1972年就出去了。只要有亲戚在那边，可以帮你找些工作找房子，帮你打点就可以，刚刚去香港一般都是去工厂打工。

我二姐姐和小妹也在澳门。我没有去是因为这边工作也还不错。武鸣这边出去的有一千多人。

以前是我们羡慕姐姐他们，现在是他们羡慕我们。因为他们得工作到65岁，而且香港没有退休金，给一次性的退职金，十多万吧。看病也有点困难，得排队好几个月。他们住的地方好小的。

我老婆退休后，还有很多事情做的，打扫卫生啊，种点花草，做点小饰品。1978年她已经转正了。我有一个小孩，在外语大学，去年结婚了，现在在广州。他比较忙，一般都是春节回来，一年能回来两次。我三个月前跟老婆去到越南雅庄玩。

印度尼西亚有钱的人很有钱，穷的也很穷。但是印度尼西亚那边这几年变化不大，我几岁的时候回来，现在依然认识路。里建这边这几年变化很大，几年不回来都不认识了。我妈妈不愿意去到印度尼西亚，我也不愿意再去印度尼西亚。那边都是小型工业，不像我们这边有大工厂。

王美算、魏土桂　口述

口述者简介： 王美算，女，1955 年生，现已 62 岁。1960 年自费申请回国，跟着父母和兄弟姐妹一起回国，被安置在武鸣华侨农场。高中毕业以后参加农工，两年后任职初中老师，最后任侨联主席直到退休。有两个小孩。魏土桂，男，王丈夫。家中有五个兄弟姐妹，排行老二。高中毕业以后务农两年，之后开车一直到退休。他 5 岁回国，在印度尼西亚还有亲戚。

　时　　间：2017 年 6 月 11 日下午
　地　　点：武鸣华侨农场王美算、魏土桂家中
　采 访 者：郑一省　李海翔　陈舒婷
　华侨属性：印度尼西亚归侨
　南 洋 物：无
　整 理 人：陈舒婷　黄玉柳

一

我叫王美算，1955 年出生，5 岁回来，我是印度尼西亚归侨，住在印度尼西亚槟港市，是滨加岛的首府。

最早是我爷爷那一辈过去的，我是第三代。爷爷叫王亚林，祖籍是海南文昌。我不知道爷爷为什么去，也不知道什么时候去的，爷爷是在印度尼西亚结婚的，我爸爸有七个兄弟姐妹。爷爷最早在印度尼西亚工厂打工。我爷爷有两个老婆，不记得两个奶奶名字。

爸爸叫王亚祥。排行老二，一个大伯，三个叔叔，三个姑姑。我爸爸工作在锡矿，打工的，也修理过柴油机。家里面只有爸爸做工挣钱。回来之后就在

厂里面修机器。我爸爸只读到小学四五年级，我妈妈读到三年级。我妈妈叫林冰心，福建南安人，（在印度尼西亚时）平时在家带孩子做卫生，还养了几只猪。我妈妈也是他们家去到印度尼西亚的第三代。妈妈原来住在槟港市附近的流上。爸妈应该是介绍认识的。

我有六个兄弟姐妹，五女两男，我排行老五，两个哥哥，两个姐姐，两个妹妹，大哥和小妹在香港。

1960年11月28日回来，我们是最后一批回来，是自费回来的，爸爸妈妈带着我们7兄妹回来，我们自己申请回来的，因为很多宣传中国很好，槟港那边没有排华，于是就回来了。坐苏联的"天鹅号"。我们家和伯父家很多东西都卖掉了，但是又听到别人说中国不好，我伯父就又没有回来。我爸爸就说回国能够让孩子读书，吃饭不要钱。

我爸妈说回来之后，跟想象的差太远了。虽然也知道差了些，但是都不说出口，我家公家婆抱怨，说的就比较多，我们家和家公家婆他们一家都是坐同一条船回来的。从槟港回来的有十多户人家，有一家人看到这里不好，不愿意下船。我们回来五天之后就被安排到了武鸣。那时候回来都是国家统一安排的，到哪里就到哪里，我们也没有说要回到海南。没有安置费，就是有房子，吃饭不要钱。有人来调查在印度尼西亚做什么工作，再给我们安排对口工作，我爸爸就去修机器了。我妈妈因为妹妹太小了，就安排到家属队，做些农工，我妈妈不愿意，就回到家这边的茶叶队，孩子长大之后就做一个小商店。房子是平房。我们在印度尼西亚住得还不错。一起回来的有些人下车时看见这边就几个茅草房，不愿意下车，自费再去了南宁，他们是因为在印度尼西亚很有钱，还有黄金。我们觉得还好。以前也没有说要再去印度尼西亚，印度尼西亚那边好像也不让我们去了。不过还是有很多人再去印度尼西亚的。"文革"时，从印度尼西亚带回来很多东西，就没有保留下来。我们刚开始回来是种田、种甘蔗，后来开始种茶。一开始是15块一个月。我爸爸是技术工，是工程师，整个农场只有两个工程师，我爸爸工资是75块，在整个农场来说是很高很高了。我高中毕业才18块，1975年我当老师才27块5角。

回来之后我们小孩就去上学。我读到高中毕业，毕业以后就做农工，在一个学生班种茶，两年之后，我就去当初中老师，一直到1982年，到淀粉厂当工会主席，1995年到机关做侨联主席。2002年，做侨办主任和侨联主席，后又兼任南宁市的侨联副主席，一直到退休。我是自治区人大代表，政协常委。2010

年退休。

侨务工作首先要有一个好的领导带领，做好规划，我们再一步一步地来，所以我们这边发展还是很好的。我们之前也去到很多华侨农场参观过，当时他们确实比我们好，所以我们也想要改革，南宁市政府也很支持我们，该给的政策都给。2010年退休之后我去到印度尼西亚看，那边没有变化，而我们改变很大。一个是我们自己有想法，我们场长陈昌意很有想法，要改变，要成立一个华侨投资区，也是侨办的努力，南宁市领导也是比较支持的，后来也取得了中央领导的支持，我们华侨农场后来归到南宁市管理。

华侨农场一共有六个分场，里建分场就是总场。当时里建到武鸣只有二级公路，我们就很努力联系很多人。就说，最好做一个敬老院，我们最后得到了政府的支持，民政部门等出了一部分钱，我们自己再出一部分钱，就搞成了一个敬老院。当时是归侨在里面减免20%，所有人都可以来，只要有床位。现在的话，多建了一层楼，已经有两百多个人了。以前护士是竞聘上岗，现在我就不知道了。

武鸣华侨农场，180平方公里辖区，分成农业用地，工业用地等，现在也还有农业用地。以前规划用地不合理，现在就重新规划，这样不浪费。我有分到安置房子，华侨安置房基本上是原来你有多少平方米，就换成多少平方米的新楼房，三百多平方米的都有，最多的话是三套房子。以前房子是自己造的，公家的房子再加上自己另外添加的房屋，都是平房，也都算到可换楼房的面积里面去。我现在住的房子是我自己买的。

我1980年结婚，结婚时25岁，我老公也是印度尼西亚归侨，是同学，也是一条船回来的，我和我老公是同年，自由恋爱，从幼儿园到高中都是同学，也有人介绍外面的人，但总觉得不靠谱，我们两个觉得互相比较了解。我们这边这一辈基本上是归侨找归侨，不过我们的下一辈都不这样的，我们应该是生活习惯上吧，现在都同化了。我们也跟本地人一起合作做事，本地人也跟我们一起学做糕点。

我还保留在印度尼西亚的习惯，比如说早上喝咖啡吃点心，做糕点，千层蛋糕、九层糕、七七饼等，我们槟港市做的糕点是很好吃的。做糕点的原料是我哥哥在香港有一个小商店，哥哥经常回来给我带了很多原料回来，我也经常去香港。这里也有卖，但是味道不好，东西也不正宗，我都是拿印度尼西亚进口的原料做。以前是过年过节才做，现在是想吃就可以做了。

我们晚上也会去唱歌跳舞，还有好多跳舞队，他们服装什么都自己买，去好多地方表演，还到市里面，甚至到香港。我还有巴蒂衫，有时候也穿，我觉得穿着舒服、凉爽。饮食我也有保持，我们不喜欢买外面的咖喱酱，不好吃，我们自己会做咖喱，自己拿原料制作，一些黄姜、楠姜、香茅这些东西，再配上我哥哥带回来的原料。

我的亲戚澳大利亚一个，香港两个（大哥和小妹），印度尼西亚是一些表堂兄弟。我大哥是跟嫂子出去的，我嫂子是 20 世纪 70 年代末出去，当时国家允许我们申请出去，我妹夫也是印度尼西亚归侨，在香港读书，我妹妹就嫁到了香港。现在还有联系，以前是座机，现在是微信。

回来之后去过印度尼西亚两次，一次是公务，一次是因私。觉得印度尼西亚，确实是没有变化。对印度尼西亚没有什么留恋，觉得现在这里很好，生活条件也很好，就不想出去。印度尼西亚的两极分化太严重了。我的印度尼西亚亲戚们太有钱了，有锡矿也有棕榈油厂，还养了奶牛啊各种，我表弟他们手上都有好多块地。我小时候他们都是卖糕点维持生活，后来也是慢慢地变好。一开始我们都没有联系，后来"文革"之后，他们就开始找我们，我刚好就在侨联工作，就恰好找到了。

我 2010 年退休，退休后就在经济学院当党政办主任。我儿子觉得我太辛苦了，2014 年不让我做了，我儿媳妇生孩子，我就不做了。

原来我印度尼西亚的表兄弟们对中国印象不好，觉得中国很乱，来了之后觉得中国太好了，感动哭。我儿子在暨南大学念市场营销，2003 年毕业，之后就在广州工作，有一个女儿。还有一个孩子在这里工作。都过得不错。

二

我是王美算的老公，叫魏土桂，我也是印度尼西亚的归侨。我有五个兄弟姐妹，我老二。高中毕业，务农两年，之后开车，给公家（单位）开车，一直到退休。在印度尼西亚还有亲戚，回国的只有我爸爸妈妈和我们小孩，我伯伯舅舅什么的都没有回来。我 5 岁回来，最小的妹妹是在国内出生的。跟印度尼西亚的亲戚还是有联系的，也去到印度尼西亚过，他们也回来看过，有的两次有的三次。我外婆他们家比较有钱，很富有的，我结婚的钱还是他们给的，我舅舅是做汽车生意的，也时常回广州进货。当时我外婆知道我们很困难，年年都给我们寄钱，后来去世之后就没有了，舅舅们回来的时候也会给我们一些钱，只是没有像外婆这么多，但是也很好了，而且现在也没有那么困难了。

我不爱出门旅游，年轻时候开车，全国各地跑，也是到各种名胜古迹，现在觉得也没意思。我是带工人出去做工，也拉货。觉得看来看去也没有意思，就不愿意出门玩。现在就是在家，喜欢钓鱼，种点花，种点菜，不喜欢打麻将，不喜欢跳舞。听音乐，印度尼西亚语和中文歌都喜欢。退休金三千多块，企业公司再补贴三百多块（南方电力公司，福利很好的）。住院生病可以报销，除了医疗保险，公司还可以另外再报销一些。

华侨农场可能会消失的，也是要跟地方规划相配合。老归侨跟地方融合比较融洽，但是越南归侨会需要国家政府政策支持，可能也是跟性格习惯有关，也只是一部分这么想要而已。我个人觉得，我们这边的越南归侨都很好了，相对于其他农场的越南归侨来说是这样的。越南归侨大部分人很好。

我个人觉得，印度尼西亚归侨更加热心、热情，捐款也比较积极。越南归侨敢闯敢做，主要是跟在国外的经历有关，印度尼西亚归侨叫老归侨，越南归侨叫新归侨。

我也是经历过 60 年代中期，虽然当时也没有对我做什么事情，我们家是工人，对我们家没做什么事情。那个时期对我们老归侨的影响还是很大的，不能参军不能读大学，读大学都是根正苗红的孩子，我们这些小孩是不能的，我同学的父亲是大队指导员书记，还有一个同学大哥是民兵营长，他们读书都不太好，我们这些读书好都不行，我 1973 年高中毕业，1975 年当老师，很忙的，没有时间去备考了，有人去考试啊。后来我们读成人高考，读函授、是读明洋大学（音）的，是大专三年，拿的是正规文凭。

我是人大代表，每年各个部门要十二个人去参加，我是代表侨的，去谈一谈这个人大代表大会有什么意见建议的事情，代表整个广西侨联。

其他华侨农场都是归各地的县、乡镇管理的，我们华侨农场是处级单位，跟县是平级的，现在归镇管理，就很冤枉，要是有什么政策要通过县，发展过程中就很难得到本该得到一些政策的对待。而我们现在是开发区，封闭式管理，很多部门也管不到我们，现在的政策也是我们自己争取到的，我也在人大上多次反映。其实发展也是跟领导有关系的，领导素质、领导重视、地理位置、资源能力等一些因素，你得积极争取才行，领导得有作为。我觉得其他一些农场没有我们发展得好，一个重要的原因就是领导根本没有领导素质，说话方式和能力，根本不能够像一个想要做好和能够做好一件事的人，这样根本不行。我们这边就是很积极地去争取这些事情，利用各种条件。

退休之后，退休金两千多块。退休基本上都有医保，要是没有就都让他们参加新农合。房子也都分好。下面一些农场里面的人也纷纷搬进来了，下面的旧房子都推掉了，可以当作农业用地，土地调换，把那边的土地换成这边的房子，有些没有搬上来是因为房源，抽签没有抽到，他们农改房，这里是拆迁房，不一样，有的第一批有的第二批，先量好房屋面积兑换这边的同等面积的房子的，就可以先搬进来。归侨子女基本上是进工厂、进企业上班、外出打工。下面的土地都已经连片承包给别人了，也不需要他们去做农活，他们也有一些承包土地种水果这些事情。老归侨已经都退休了，子女们有些也已经退休了。

我们结婚的时候，比较穷，但还是有请酒。没有什么特别印度尼西亚的风俗，但是糕点还是会做的，做的饭菜也有一部分是印度尼西亚菜，我现在还时常做印度尼西亚菜，我们下一代基本上不会做印度尼西亚菜和说印度尼西亚话了，下面分场的归侨可能还会。

邢诒琼　口述

口述者简介：邢诒琼，男，1941 年 11 月 12 日出生。柬埔寨华侨，1959 年回国，在北京华侨补校读书，后来为武鸣华侨农场知青，1980 年调到自治区侨联任办公室副主任。现任广西越柬老归侨联谊会会长。

时　　间： 2015 年 9 月 2 日

地　　点： 邢诒琼老师家中

采 访 者： 苏妙英　罗世念　韦佳颖

华侨属性： 柬埔寨归侨

南 洋 物： 无

整 理 人： 罗世念

1941 年 11 月 12 日出生，柬埔寨华侨，1959 年回国，在北京华侨补校读书，后来当上武鸣华侨农场知青，1980 年调到自治区侨联任办公室副主任，现任广西越柬老归侨联谊会会长。

祖籍海南文昌，居住在柬埔寨金边。妈妈是土生柬埔寨人，爸爸是孤儿，出生在海南，为了谋生，自己漂洋过海，到了柬埔寨，曾经我父亲也踏上过寻根之路。现在的我依然保留着喝咖啡的习惯。华侨对抗日战争所作的贡献是非常大的。

我一共有 7 个兄弟姐妹，父母亲没有一个赞成回国。回国的时候我 18 岁。从小到大我都是读华文学校，从小学、初中，到我们这届在端华中学，这个学校在柬埔寨很有名。在端华中学所读的班叫专修班，修的是高中文化课程，我们端华中学专修班的班名叫"群智社"，一个很有意思的名字，我的同学现在已经遍布全球。后来我再次回到母校，而我的身份已经变化了。那时柬共的地下党很多，1970 年朗诺政变，我已经被染"红"了，思想非常坚定。我作为骨干在柬埔寨发展，想把理想信念散播出去。

我的二姐夫在国民党中有点地位，而且他有一股子爱国热情。姐姐开了店，我父亲曾当她的师傅细心指点。我在家里排老五，前面都是姐姐，我还有一个弟弟，一个妹妹。那时我学习英语、柬埔寨语（外语）。那时的柬埔寨对于华人没有所谓的仇视。我自费从金边坐飞机到香港，先到罗湖，后在广州三元里。只是听说北方很冷，在那里住，耳朵会被冻掉。我们几个兄弟姐妹都想要留在广州，却被安排去北京。我在华侨补校待了3年（1961—1964年）。1961年排华，我想随船去接侨，在广东、广西、云南、香港都有接侨。

我回顾起来，回国没有错。虽然回到地方，受到些不公平待遇。家里一开始不让我回国，让我去加拿大读书。1961年印度尼西亚反动派赶人，排挤华侨，我们赶紧去接他们回来。把他们直接接到武鸣，我的印度尼西亚语还挺不错，所以我直接参与了接侨。有些华侨接受不了回到国内穷困的现实，以前他们认为是楼上楼下、电灯电话，本来满腔热情，看到这样的穷苦的境况，从头到脚淋了一盆冷水。后来我又陆陆续续地把华侨接到农场，配合农场安侨工作，成立了一个武侨青年队，搞好和老人家的关系。那些华侨们很多不能讲普通话，他们学的语言都是印度尼西亚语。农场里的旱地种的是甘蔗、花生。

1965年我去当老师，从小学教到高中，"文化大革命"时我教语文、数学、体育，有一次我被学生丢粉笔头，气不过就去从政了。我是农中校领导小组组长，我带领学生勤工俭学，在北京种板栗，学生赚了钱还反过来批斗我，走资派斗到我们头上。1960年在北京加入共青团，南下在农场入党，那时我的入党申请书早早就写好了。我姐夫是国民党，在入团自传里我写出来了。然而现实很残酷的。我们有一个领导对我们的印象不好，而我不愿意讨好领导，所以档案很差。

后来回去继续当老师，十一届三中全会后他们一直动员我入党。然而自治区的调令安排我调动，却被上面的人压下来不让我知道。改革开放初期，1978年我在武鸣华侨侨联，1984年我被调到了自治区侨联。全区第一个华侨企业是我着手的，在自治区侨联里我任秘书长。任昆和（音译）在武鸣华侨农场落实了华侨政策。

为了归侨居民点的生活福利，我着手开始排污工作，处理水塔，团结分场。那时党校培养人才。几个人围着我要他们的失业费，难民难侨要以礼相待，不要和他们争，要和他们讲清楚，他们有些不太有文化，会背地里骂我，以为我听不懂印度尼西亚话。顺应侨心，为归侨着想，做些实事，做错的事要承认。

实在的事我会做，但坑人的事不要做。

1978 年入党，武侨高中时转正，1978 年是预备党员，他们一直动员我入党的。十一届三中全会后，1979 年恢复了自治区侨联，1984 年我到自治区侨联，专职副主席，党组书记。1993—1995 年在区侨联工作，负责机要，文事工作，还有管理档案。

我和父母在北京的时候有联系，那时我父母听到一些谣言，说我过得很苦，只能吃青蛙、吃甘蔗渣，心疼得不得了。姐姐 1960 年回国一次，我在 1970 年结的婚。二姐和三姐的孩子现在澳大利亚。1994 年我到金边才知道家人遇难，那时跟考察团去柬埔寨，住在皇后酒店，当地非常好的酒店，大堂经理是个海南人。后来才知道战乱的时候父母失联了，我尽力到处去找他们，都一无所获。我猜想，可能是去世了。我二姐的孩子去台湾读书，由此逃过一劫。可是现在我的姐姐们也都去世了，父母、兄弟姐妹们都去世了，特别难受特别心酸，只剩下我一个了呀。仔细想想，我回国 56 年了，基本没什么好后悔的。近几年参加了同乡联谊会，在身体许可的情况下可能会去一趟澳大利亚。现在学会使用了一点现代的通信技术，微信、电脑、电话什么都会一点。最近我去了西部三省旅游，希望在自己有生之年，多去走走看看吧。人总要跟得上时代才行。

谢均兰 口述

口述者简介：谢均兰，女，1943 年出生于印度尼西亚，祖籍是福建省福清市，1960 年 8 月回国，1960 年 9 月至 1963 年于武鸣一中读书，后到武鸣华侨农场工作过一段时间，1965 年开始做会计。

时　　　间：2015 年 7 月 19 日
地　　　点：广西壮族自治区人大宿舍
采 访 者：苏妙英　韦佳颖　罗世念
华侨属性：印度尼西亚归侨
南 洋 物：无
整 理 人：韦佳颖

一

我今年 72 岁，在印度尼西亚巴厘岛出生，是第二代印度尼西亚华侨，祖籍是福建省福清市，我的爸爸妈妈都是福清人。因为家里做生意需要，所以父亲决定搬迁到印度尼西亚发展，先是父亲出去，过了几年妈妈也出去了，全家都落户在印度尼西亚。除了我之外，家里还有三个哥哥、一个弟弟，大哥是在福建那边出生的，其他都是在印度尼西亚这边出生。

我初中和哥哥们一起在中华中学读书，成绩非常好，哥哥们的成绩都比不上我，所以我可以跳级读书，很早就读高中了，高中在玛琅市的玛华中学读，我也是家里唯一读书读到高中的孩子。

回国前，我们家在东爪哇的泗水一带生活，那里有很多华侨，基本上是做生意的，爸爸也在那里开杂货店，从中国进货到印度尼西亚卖。后来印度尼西亚排华，中国人的商店被要求关闭，我们家的杂货店也不能开了，于是爸爸自愿报名回国，这就是我们回国的原因。

1960 年 8 月 3 日我们全家乘"俄罗斯号"回国，这个日期我记得很清楚，当时我只有 17 岁。回国后我们在湛江上岸，之后被分配到南宁的和平旅社，在那里待了一个星期，8 月 24 日，我们被分配到团结农场。因为之前我在印度尼西亚读高中只读到了高一，想要继续读书，所以 9 月 1 日开学的时候，我就在农场下设的武鸣一中继续读高二。

刚回国的时候我们的生活是很困难的，回来的时候正好是三年自然灾害时期，所以看到中国的这种情景，很多华侨回国后都后悔回来，被父母带回来的孩子很多都埋怨父母。我们家对这种情形的态度呢，是这样的，由于在回国前我们已经做好心理准备了，再苦再难忍一忍就会过去，而且因为印度尼西亚排华，我们在印度尼西亚是没有办法再待下去了，回国是情势所逼。国家是我们的避风港，给了我们一个安全的环境生活，所以虽然当时的中国比印度尼西亚落后，我也没感到有心理落差，中国是自己的国家，我们愿意去建设它。那个时候我的思想是很进步的，因为我们回国就是为了建设祖国的，所以根本不怕苦，无论是学习还是工作，我都很积极。

因为高考落榜，高中毕业后我又回到农场工作，那时候是 1963 年，我跟着爸爸妈妈一起干活，还跟着生产队其他队员一起，赤脚去挑肥料、挑塘泥，当时很累，但我们家都没人抱怨过。当时遇到的最困难的问题就是吃不饱，其他的都还好。

我父亲是个思想先进的人，父母从小就给我们灌输要勤勉踏实、乐于分享的思想，我们家也将这种精神做到了实处。以前我们家里养猪，杀猪的时候总会把猪肉分给邻居；以前我们农场的生产工具不好，我父亲就在回福建老家的时候带回当地的犁、耙、红薯苗、还有其他的生产工具和作物，回来统统给了生产队，使我们农场的农作活动变得轻松多了。妈妈在农场的托儿所工作尽心尽力，精心照顾每一个小孩，因此很多人都争着把孩子托付给妈妈带，我们家还经常把自己的东西拿去给托儿所用，比如说冬天需要热饭给小孩子，爸爸就把家里的大锅头给了托儿所。

总的来说，我们家一直都是很进步的，思想比较先进。由于家里的人都比较老实，又和其他人关系好，60 年代中期时倒没受什么影响。当时我是共青团员，一腔热血报效国家，我们听从了党组织的号召，带着大部队四处做工作，我们的队伍里都是学生和年轻人，做什么工作呢？破四旧立四新，看见烧香的全部打烂，看见那种首饰、贵重的东西统统没收上交。当时我们这群人满怀着一种建设新中国的激情，很有干劲做这些事情，也不知道自己做得对不对，在这种氛围下，我们做了很多过分的事情。现在回想起那段时光，就觉得很愧疚，觉得我们的行为不对，太过分了。

二

高考落榜后，我在农场工作了一段时期，1964年被安排到农场的补校学会计，从7月学到12月，学了快半年。1965年"四清"运动就开始，我被分配去查账，从此走上了会计这条路，再也没转行，做了一辈子会计。

当时参加会计工作以后就不用劳动了，根本也没有空去劳动，我负责了二十几个生产队，主要做工资账、商店账、粮所账，其他的农业方面、商业方面、机关方面的账都会，年终结算特别忙。会计这行需要的是心细，要耐得住寂寞，它是一项严谨的工作，需要足够的细心和敬业精神，只有踏踏实实地工作才能少出错、不出错，这是我对这个行业的看法。以前的会计不像现在可以借助很多电子设备帮助运算，我们那时一笔一笔地算账，自己手绘表格，再一格一格地往上填东西，虽说很麻烦，但在这种情况下我还是基本没有算错账，在会计这个行业，我几乎每年都能评上优秀，别人对我的工作都很认可。

我1998年退休，一直到1996年、1997年我还是年年都评选得上的先进个人，我的领导、同事经常称赞我不仅工作上心，而且很正直、待人热情，得到这种评价我是很开心的，我有时候看到一些会计同志，像个财神爷一样，别人要讨好他，否则这些会计就会对你爱理不理的，甚至时不时找茬，无缘无故查你的账，你要办理什么工作或者要结算工资的时候，他就故意找借口，说"没时间，过几天再来""就这个时间，你爱来不来"这种话，我觉得这种态度非常不好，这种人没有责任感，心肠不好。所以我觉得作为一个会计，除了要精通业务能力以外，对待来报账或者结算的同志应该有热情，要笑脸相迎，你尊重他，他就会尊重你，这是我们应该做的，我在工作中是这样做的，所以在单位里面有口碑。

我工作的时候发现做会计有个问题很麻烦，有人会找我报假账。我搞财务很严格，有时候遇上这种乱报销、报假账的人，我都不理，总之就是按照财政章程办事，财务厅检查我的账都是没问题的。做财务很容易得罪人，因为我不想做假，所以有些人就恨我了，在背后说我坏话，对我的工作造成负面的影响，我没想过有人会在背后骂我，觉得身边的都是好人，后来知道了也没办法，不过这些都是往事，都无所谓了。现在我知道那些人在背后说我坏话，如果让我再选一次，我仍然不会帮他们做假账的，这违背了我自己的良心。做人要善良，工作要踏实，这是父母对我的教诲。我们家以前有段时间种柑果，柑子是公家的，我们相当于是帮公家种，种出来就拿去卖，卖得的钱也会上交，我们家收获的柑果不会自己藏起来吃，想吃的话会把那一部分的柑果钱一起上交。

　　我曾经想过入党，但是一直没能顺利加入共产党，至今都不是党员。我的工作能力是不错的，也有口碑，为什么没能入党我一直没想明白。后来朋友给我介绍致公党的情况，致公党是中国民主党派之一，主要是以归侨、侨眷组成的，我在朋友的影响下于1992年加入了致公党，加入了致公党以后，我经常可以参加一些党内的党团活动，结识了很多各行各业的优秀人士，与人的接触更多了，工作也做得更加顺利，这是致公党对我的影响。现在我退休了，仍然会参加一些致公党朋友组织的活动，爬爬山、旅游、吃餐饭，这让我的晚年生活更加丰富多彩了，现在我在家养老，主要就是照顾我孙子，还会时不时出去锻炼一下，打羽毛球，以前我在印度尼西亚读书的时候是学校运动队的队员，所以很喜欢运动。

　　一直以来，父母对我品格、性格、还有观念的影响都是很深的，因为他们的影响，当时我回国后虽然有很多不习惯，但是干什么心里都很高兴，我至今都觉得中国是最好的、最安全的国家，它给我们一个归宿。我们虽然是受到排华的影响回国的，但我也不讨厌印度尼西亚人，我们家与周边的印度尼西亚人关系都很好，大家都会互相照顾，排华是印度尼西亚政府的主意，普通老百姓对待我们这些华人都很热情。爸爸回国的时候已经六十多岁了，还很积极地为集体做贡献，令我很受启发，我觉得一个人无论有怎么样的人生际遇，都应该踏踏实实的工作，忠于自己内心的价值观，乐于去分享、去奉献，这样无论是处在顺境还是逆境，我们都问心无愧。

钟悦南　口述

口述者简介： 钟悦南，男，1928年在印度尼西亚苏门答腊占比出生，今年87岁，印度尼西亚归侨。印度尼西亚地方侨社侨领，20世纪60年代归国。祖籍广东焦岭，安置于武鸣华侨农场，任农场工会副主席至退休。

时　　间： 2015年9月19日
地　　点： 广西工人医院病房
采 访 者： 苏妙英　罗世念　韦佳颖
华侨属性： 印度尼西亚归侨
南 洋 物： 无
整 理 人： 罗世念

一

我是1928年出生于印度尼西亚苏门答腊的占比（音），今年87岁，印度尼西亚归侨。印度尼西亚地方侨社侨领，20世纪60年代归国。祖籍广东焦岭，安置于武鸣华侨农场，农场工会副主席至退休。爸爸妈妈是从国内出去，不懂为什么出去，后来搬到雅加达附近的兹干伯（音）。父母在印度尼西亚卖咖啡，父亲原来是工程师，骑着自行车沿街叫卖，一开始很贫穷，我们一共3个兄弟姐妹，我上面有一个哥哥、一个姐姐，我是最小的。兹干伯是我的第二故乡，雅加达与兹干伯相差21公里，在兹干伯的时候，我开始在中华学校（简称华中）读书上学，读到了小学6年级。日军入侵兹干伯，因此我不愿继续读书了。那时对日本很抵制，语言是没有国界的。我的孙子和苏妙英老师的儿子年纪差不多大，后来不读书了我就去摆烟摊，那时我大概13岁。后来14岁以后在中华学校补习英文，一边补习一边卖烟，后来去我的叔父家，他家在雅加达的新巴刹巴山巴鲁（音），他在那里卖食品，例如咸鱼、干豆腐、豆制品。那时我跟叔父借了2000块做生意，回到兹干伯去卖肥皂，在雅加达进货，兹干伯销售。那时肥皂很热销，赚钱很不错，那时我17岁，卖出了一箱肥皂，我感觉非常激动。我有一个堂姐，从万隆回到雅里，是国民党的干部。我们一起被日本人抓到集中营。堂姐是个大老板，经营百货商店，我陪着她住。我很小的时候亲姐姐死了，在她还是婴儿的时候死的。后来我想家了，要求回去印度尼西亚。那时日本还没投降，我用柱子做成一个小摊位，卖烟再也不用背着走了。跟堂姐老公的弟弟一起去纸厂学习做纸，以后卖卫生纸。那时卫生纸需求量大，我妈妈那时在卖布。

我25岁结婚，我的太太也是华侨（侨生），后来回到雅加达的叔父身边，那时日本已经投降了，学习驾驶汽车。再后来我来到中华总会，就不用驾驶汽车了。我要求总会主席帮我找工作，后来我到香港当行政职员，因此认识很多华侨，我的房子被烧了，后来到克拉旺县（音译）住。我有5个小孩，钟志英是我最大的小孩，他们都是在印度尼西亚出生，我的一个儿子病死了，还有4个女儿，回国之前我都在兹干伯的中华总会里边任职。我们的总会有主席，中华总会是国民党的，中华工会是共产党的。我偷偷入了印度尼西亚籍，我被分到中华工会做行政工作。那时他们让我必须选择一门宗教进行信仰，我就选择了佛教。我们在克拉旺县集中营时，总会的负责人和共产党有联系。中华总会给每个人10块生活费。这10块是印度尼西亚盾，一天给10盾。

二

我在集中营待了有半年，我作为队长，带领几个人一起回国，以前的副领队现在还活着，他叫古孟辉，是南宁海关副关长。我们1960年2月回国，后来安置在武鸣，武侨正安分场的雷花队副队长兼副主任，同时任武帽分场副主任。那时我在武鸣种田，插秧很辛苦，大家都骂我带他们回来，队里150个人也就是我带的全部归侨，都在雷花队。"俄罗斯号"上总领队带了800个人。老场员把房子让给我们住，自己住亲戚家。1963年可以回印度尼西亚，但其实到了香港就会被截留下来。于是一大批人报名回印度尼西亚。60年代中期后我去场里当主任，后来去分场里的食堂当会计，很简单的会计事务，统计做饭做菜的数额，计好粮票，不能贪污米和菜。这个会计教我学会做账，饭堂管着一百多个人的饭。

总场对接侨办。我由武帽分场搬到总场，然后开始接越南归侨回来，我负责登记，副场长很官僚，本来要把越南归侨放到缺水的地方，后来在我劝说下，把他们安排到有水的地方，上头来检查工作，对我的表现很满意，把我提拔到工会当副主席。

后来我办夜校，解决老场员的学习问题，提高他们学习国语、英文的学习水平，组织篮球、足球、乒乓球、羽毛球的球队。同时我还负责文化宣传、文体方面的事务，组织大家放电影看电影，父母讲客家话，我曾经被评为三好，五好。

后来我带归侨回去印度尼西亚看过，上面的领导邀请我到北京，参加会议表彰，得到一张老虎像，被人抢走了，结果我后来得知，抢我老虎像的人出了事死了。所以做事要对得起自己的良心，不要做亏心事，人在做，天在看，不然会遭报应的。

1987年退休，其实那时没到退休年龄，只是为了照顾孩子辞职了。办理手续了。

其实，对于回国后的感受，就是感到国家从无到有，日益强大，我看到两次阅兵深深感受到的。以前贫苦年代，吃粥都吃不饱，吃饭要粮票，做衣服穿要布票，刚回国时住在安排的旅社里随便吃肉，吃得特别好，那时觉得回国实在是太正确了，结果一到农场时就特别艰苦，大家都有一种受欺骗的感觉，但是我不后悔回国，因为这里是我的家，我为我年轻时为国家奉献过绵薄之力而深感自豪。

<h1 style="text-align:right">张明华　口述</h1>

口述者简介：张明华，男，1950年出生，祖籍广东梅县。母亲为印度尼西亚人。自幼能歌善舞，曾前往香港为华侨联谊会献唱。1980年与身为南下干部子女的张淑贤结合并生有一儿一女。1971年于茶叶公司任茶叶验收员，1985年因工厂倒闭而下岗，自己经营小卖部，现随儿子长居南宁。

时　　　间：2017年6月13日上午
地　　　点：武鸣华侨农场张明华家中
采 访 者：李海翔
华侨属性：印度尼西亚归侨
南 洋 物：印度尼西亚箱子、印度尼西亚镜子
整 理 人：李海翔

<h2 style="text-align:center">一</h2>

我叫张明华。我爸爸有九个孩子，五男四女都一起回国了。我大姐叫张春美，二姐张秀美，大哥张国华，二哥张坤华，三哥张光华，三姐张蕙兰，我是老四，四妹张美兰，小弟张耀华。

三哥大姐二姐小妹在20世纪80年代去了香港。因为过来以前在印度尼西亚的房子没有处理，想去香港再去印度尼西亚把房子卖掉，结果回到香港就没有再回来，现在都在香港做工人，还经常来往。我儿子在玉林师范读的本科，后来在广西大学读研究生。现在在当公务员，当时的全区第三名。后来区公安厅安排他去桂林高级警官学校培训，现在在区公安厅工作。儿媳妇何基在财经学院当老师，女婿也是植物药物研究所的科技人员。女儿张酒仙，在广西经贸

职业技术学院做老师。

我爸爸是广东梅县人，国民党时期被"卖猪仔"卖到印度尼西亚去，是个裁缝，在印度尼西亚做衣服，我妈妈是印度尼西亚人，喜欢唱歌、跳舞。我家原来住在西爪哇的巴马努干（音），我们在印度尼西亚的时候一年四季都不穿长袖，就穿爸爸做的巴蒂衫。后来爸爸又去开店卖杂货，还有一个收入就是在海边收一些鱼虾，去雅加达卖给老板。

爸爸讲过以前他被"卖猪仔"三年之内必须给老板打工。那时候坐船很危险，是一艘帆船，估计有半个多月才到印度尼西亚。我们是1960年3月12日来到这里，算是第一批，安置在正安分场。来了我就读书，60年代中期的时候我初中毕业，因为爱唱歌、跳舞，被安排在正安的宣传队，我们敲锣打鼓去周围各个队宣传。做了差不多两年后调来的里建，因为这里要建茶厂，1971年我就在茶厂上班，当茶叶验收员。1985年茶厂效益不好，我们就只能下岗了，下岗了一半的人。后来做小生意，买厂里的商品去武鸣卖。厂里的职工买厂里的商品有优待。还是下岗好，可以多挣一点钱，上班只有三十几块，没办法供两个孩子读大学。我姑丈是南下干部，我老婆张署学是北方人，祖籍河北保定，我们1980年结婚。姑丈后来去了侨办工作，我大伯的孩子都是当官的，我堂哥当过里建的农场书记，叫张敏元，后来在南宁侨办，原来在农场正安小学当老师，他嘴巴很厉害，现在七十八岁，他在印度尼西亚中华学校读到高中。我父亲张能倡在中国读的中学，1900年出生，1972年过世，我是1950年出生。大姐张春美都有八十多岁了，在印度尼西亚结了婚，第三批回国，分配到来宾。不一样的地方分不同的批次。我妈妈蔡烟娘是印度尼西亚人，我的妈妈不知道什么时候出生，外公外婆早就死了，她是孤儿，自己打一些零工，我爸爸觉得印度尼西亚人很老实很勤劳，爸爸没有什么钱，结婚的时候也没有彩礼，妈妈就嫁过来了。

我回国的原因主要就是排华，印度尼西亚人赶我们走，把我们赶到集中营，又封闭了我们的商店。我就在苏邦集中营住了三个多月，在一个大大的房子里打地铺。但是还是可以自由活动的。中国大使馆就帮我们忙回国，漫画里也宣传社会主义好，动员华侨回国。回来以后在食堂里面吃饭，但那时候苏联逼债，华侨还可以吃米饭，当地人吃不上，只能吃木薯；当地人自己煮饭，华侨吃食堂。我们家十一口人住三间房，政府发了很多物资，我们在印度尼西亚都没穿过棉衣，来了太冷了，不过国家有些华侨补助。

二

十岁回来的时候我们住的是瓦房，但我们在印度尼西亚的房子很大，前面做商店，后边住人。以前在县城生活，来中国只能在农场种地。以前我也教给孩子说印度尼西亚话，后来他们就不会说了。印度尼西亚糕点好吃，可是后来懒做了，太太现在在南宁带孙子，平常的时候我们在南宁住。儿子的房子有一百四十平方米，是单位集资分的房子，很便宜。

爸爸妈妈开始都在食堂做工，煮饭煮菜。做了半年就自己煮饭，不用到食堂了，大家都发工资了，可以自己置办家里的东西。父母就去生产队种地，像菠萝、木薯、芝麻之类，华侨不会，当地人就来当组长组织华侨学种地。印度尼西亚人讨厌华人，就是因为华人不种地只做生意赚他们的钱。二姐在1962年还去北京见过周总理，是归侨劳动模范，当时去了十多个人，老师、生产队的都有。我二姐没读多少书，回来只能种地。

他们很多人去了香港，我没有想要去，在哪里都一样，都要做工才有饭吃。我母亲1985年去世，当时八十多岁了。我1983年去香港看过他们，后来2008年那边侨联请我去跳舞又去了一次，他们那边每年都办一次舞会。他们现在在香港已经习惯了，就是住的政府楼，那边房子太贵。1983年的时候我偷偷去做了三个月的工，两个多月挣了一万六千块回家，买电视机，在农场一个月只有三十块。我做工的老板是广东人，很想我留下来，他说我很勤劳、动作快，我们做扣子用机器，跟茶叶厂差不多，我熟悉得快。20世纪80年代，我弟媳妇在香港做家庭工帮人家带孩子。那时候做假夫妻能在香港做工三年，但要给男的两万五千块。一个月得三千块包吃包住。回来带了很多钱改善生活，农场很多这样的人，也有很多人就留在香港了。我觉得在香港房子小，赚的多花的也多。不过到了20世纪90年代，在这里生活也很好了。瓦房给多少平方米，新房就分多少平方米，归侨再加20平方米。我家在2010年就给了新房，因为太早有点亏，现在可以得两套，早拆的都亏本了。是修路先拆了我们那里，算修路的补贴，比较少。三个人每个人补20平方米，归侨补贴20平方米，自己还交了10平方米的钱。我女儿当时户口转到学校，给了一间房子住。我老婆张淑贤的姑丈赵石峰是南下干部，她就跟着姑丈来广西。她今年61岁，是1956年生人。我姑丈现在在侨办纪律检查委员会。老婆读过高中，她1978年来，我们1980年就结婚了。当时是朋友介绍的，我看她态度好，人又好很勤劳，我就去问了他姑姑。姑姑很高兴就认识了一下。我们领结婚证到武鸣县就花了两毛钱，那时候里建才只有一个商店。太太先在罐头厂，后来跟我一起去茶叶公司了，再后来下岗跟我一起开杂货店，一天得一百多块。卖衣服十几年。后来小孩结婚了就不做了，带孩子。我儿子叫张福元，1985 年的，女儿叫张酒仙，1981 年的。

　　我很喜欢唱歌、跳舞，《梭罗河》《椰岛之歌》都很拿手，《梭罗河》在印度尼西亚男女老幼都会唱。我们在印度尼西亚，我很幸运，我爱唱歌、跳舞，在印度尼西亚大家一起跳舞、唱歌，一起玩很高兴。印度尼西亚歌曲会三四十首。但是在印度尼西亚还是很乱，总有人来抢我们。父亲后来也没有再回过广东，不过大伯带两个哥哥 20 世纪 50 年代回梅县读书，就一直在梅县，1960 年我们回来，他们来广西跟我们团聚。三兄弟和很多乡亲一起被"卖猪仔"到印度尼西亚。在印度尼西亚一个县，一起排华回了广西。回来有补助也很好，在那边很乱。

章侨根　口述

口述者简介：章侨根，男，1949年生于印度尼西亚邦加岛。曾任武鸣华侨农场茶叶公司侨联主席，一心一意为侨服务，乐于助人关心群众，被农场的职工亲切的称为侨叔。

时　　　间：2017年6月12日上午
地　　　点：武鸣华侨农场章侨根家中
采 访 者：李海翔
华侨属性：印度尼西亚归侨
南 洋 物：无
整 理 人：李海翔

一

我叫章侨根，1949年出生在印度尼西亚邦加岛，那是个物产丰富的地方。我的父亲叫章焕庆，1917年在印度尼西亚出生，1996年过世，在印度尼西亚是个很有身份的政府工。他在荷兰的大工厂做总会计，要是没有走是可以退休的。我还记得那时候父亲上班的时候，要带皮包打领带，有小汽车接送。他很聪明，有知识，英文、荷兰文、印度尼西亚文都很厉害，我不知道他有没有读过大学但最少念到高中，因此回国之后他也得到了很好的工作。我的妈妈叫周土花，2012年8月过世，生了我们一共四姐妹四兄弟。

我外公叫周连发，以前是杀猪的，外阿婆搞生意开商店，叫刘仙妹，她是侨生，祖籍广东，妈妈兄弟姐妹五女四男都在香港。她的爸爸应该是被"卖猪仔"来到印度尼西亚。因为以前家里很穷，就下印度尼西亚、新加坡谋生，广东福建都有很多，广西还稍少一点。奶奶是在印度尼西亚出生的，家里祖籍是广东梅县，但我不懂自己是不是客家人，我爱人是广东大埔的。

在印度尼西亚都是男人一个人做工，女人不做工，万岛之国物产丰富。回了中国，两个月吃二两猪肉，到20世纪80年代才好一点。我的爱人叫蔡华美，她有五兄弟三姐妹，其中两个参军的，归侨很少参军的。

回国的原因就是因为排华，很害怕，当时各个省都在排华，我们就申请回国，审批了一年多。当时印度尼西亚的、荷兰的领导，跟我父亲说不要回来，我们保证你们生命安全，可是我爸爸害怕。总的来说在印度尼西亚好赚钱，在中国全部是浙江人做生意。如果不回来需要入印度尼西亚国籍，我们觉得自己是中国人怎么能入印度尼西亚国籍。华侨很爱国的，国庆节挂两个红旗，一个中国国旗一个印度尼西亚旗。不过在外国也不安全，不久就要被抢一次。以前我们看周总理来印度尼西亚的电影，我们中华学校挂两个照片，周恩来和朱德。我们家是政府工，有很多福利。荷兰用比现在南宁还好的大公共汽车，免费接上下学，给政府做工看病也不用钱。

二

回国那年我11岁。爸爸来到农械厂当保管员，那边那时候可以造枪很厉害。加工零件都要他签字，管几个仓库，权力蛮大。我在印度尼西亚读过小学，回来之后继续读小学四年级。毕业做了生产队班长，两年机耕队队长，我管六部"东方红"推土机。我也去党校学习过。我学习不好但是记性很好，开会我都不带笔，带脑子就行。当时有个在越南的大学生做了侨联主席，做了两年换了我，2008年退休。我爱人在罐头厂，50岁退休，今年63了。

我们是20世纪60年代最后一批回来的，已经11月了。我们华侨总共回来有1万多人，现在只有6000多人，有的去中国香港、澳门或第三国美国、英国什么的。侨眷可以考大学照顾20分，当地人最多十分。我们是华侨农场还有15年义务教育，这是中央和自治区明令的。我们不是因为排华被迫的，是自己回来的，当时我们的地方没有排华，我们是申请自愿回国，但是荷兰不让我爸爸走，我爸爸懂英文和印度尼西亚文，他是总会计，来这边也当领导，在机械厂当保管员跟调度员。你要加工什么，他要签字。我们还有3月回来的，5月回来的，7月、8月、9月，我是最后一批，11月回来，当时中国很困难，苏联逼债，但是对华侨都很好。现在华侨城免除十年的物业费，要感谢共产党。而且王美算是一个好的主席，王美算的爸爸是汽车大王。车开一段时间，马上知道哪里坏了。他的弟弟后来嫁给了我妹妹，他们就是因排华回来的。

我妹妹原来在中央民族学院学舞蹈，总场有十多个人去学习。广西一共80多个人学习六个月，其中选四人去中央。后来她又调去广西歌舞团当副团长，现在退休了在广西艺术学院。中央搞文艺活动，她筹备晚会，退休金7000多块，妹夫是公安厅的。

60年代中期时候我们没有受牵连，因为我们没有参加什么。那时候有30多户归侨，他们很怕，就申请去外国。过去农场的领导是北京派来的，当地的人不让当，我们喜欢北方的干部。现在我们归南宁管，但是武鸣的待遇都不如我们好。一段时间武鸣管我们，中央拨过来的一些物资，武鸣都扣一点，比如说汽车和基础建设的钱。但现在中央和南宁市都很重视我们，领导干部都来这里，不去武鸣县。

香港要回归前，侨办带两个记者，一男一女采访我，那是香港回归的两年前，他提前半天告诉我要来采访，问我对香港的看法怎么样，香港要回归，我说香港自古以来是中国的领土，不管哪个朝代领导都必须拿回来。我去过很多次香港。我们的领土肯定要回来，包括澳门和台湾，他就记下来了。他问我到香港做工没有，我们探亲去香港不能够做工。去香港，从埌东坐班车到罗湖湾不到400块。

我们要挂东盟投资区必须挂华侨农场的牌子，我以前工作的时候，工会带我们出去，和侨联带我们出去接待的效果都不一样。考察的时候我们一讲自己是归国华侨，就很有热情，跟我们工会去就不同。海南华侨农场是最大的，人口少，但是土地多。

郑 巩 口述

口述者简介： 郑巩，男，1952 年出生在越南河内，祖籍广东中山。受父亲影响，热爱摄影，在越南就曾发表过摄影作品，哥哥姐姐也都是越南画家。1986 年开始经营红侨照相馆，被评为致富带头人，现由女儿继承父业，经营奇馨数码。希望通过相片保留华侨的历史记忆，展现华侨农场的变迁。

时　　间： 2017 年 6 月 12 日下午
地　　点： 武鸣华侨农场郑巩家中
采 访 者： 郑一省
华侨属性： 越南归侨
南 洋 物： 相片
整 理 人： 李海翔

一

我叫郑巩，1952 年出生在越南河内，我的祖籍广东中山，以前回去过，不过亲戚现在没多少了。我 1978 年 5 月回国，那时候 26 岁了。家里是我父亲那一代去越南，他叫郑祥，1937 年从中山去越南发展，开工厂做小工业，1978 年过世，当时 86 岁。在越南他主要做一些字画、书法、手工作品的艺术品。我妈妈是越南京族，名叫梅氏春。我家里有八兄弟，三男五女。我排行老四，有一个大哥两个姐，大哥郑科在越南是画家，主要画油画，很出名，自己开过画展。二姐郑志玎，也是画家，主要画国画山水。我爸原来跟徐悲鸿交流过，写几米一个字的大字。三姐叫郑珰，在化纤厂做老师，后来读书时赶上"文化大革命"就去了柳州农场。还有几个妹妹在越南做小本生意。

1978 年我跟朋友、同学一起回来,我大哥娶了越南人,姐姐也是嫁了越南人,不回来的都是跟越南人结婚了。我们从云南河口回来,开始安排在柳城华侨农场,到 1981 年来武鸣。我当时在华侨摄影服务组,照相认识的我的老婆。我老婆一从越南回来就被安排在武鸣农场,我老婆原来在越南莱州省,也是第二代,祖籍广东罗定。她回去过,因为家乡还有很多叔叔。我岳父岳母跑过去,老婆在那边出生,家里做的手工业,在合作社做衣服,她讲很早我岳父就过世了。

我回来一开始在柳州那边搞摄影,原来已经在越南中华中小学读了中学,因为遇上战争了就不读了,那时候到处躲,有飞机轰炸,一有喇叭响就躲到防空洞去,我们都搬到山上了,学校也是。我记得山上都是山蚂蝗,走一会儿一看满脚都是。我受爸爸影响,搞一点摄影,其实我一直就喜欢摄影,1975 年正式从事。以前有个相机,到处拍拍照照,在越南也发表过有关战争的作品,他们打飞机我也拍过。回来以后流动部署,我就背着相机照相,有些杂志的封面也是我拍的,得过越南归侨先进个人,其实还有很多,搬家都丢了,有一个通讯员一等奖。现在是我女儿郑玉芳管我的照相馆。区侨办搞的华侨作品展《月是故乡明》,我的作品发表过很多,我拍的大小帽山、乌龟山,我们拍照是不断对艺术的追求,现在是想把以前的事情拍出来,拍得好我就拿去发表,东盟区网站有很多我拍的照片。以前喜欢跟朋友分享,给他们越南华侨拍家庭照寄过去,新和华侨农场就是越南华侨农场,我也帮他们拍。我是这边摄影协会副会长,原来有一百多人,也有过自己的展览,得意的很多放在管理会那边,后来拿去做宣传,主要是山水、归侨、风土人情,包括园区的变化,做一个见证人,我来见证这个地方以前是怎么样的。人大法制办都有我的作品,反映归侨变化的照片,想要归侨的作品。我搬了几次家,也经过几次水灾,很多底片都没了。以前广西侨报提醒我留下来,因为在广西侨报我也是通讯员,侨报 1986 年没经费就不做了,华侨历史博物馆也找我要资料,一张照片八块钱,那是一九八几年的时候。

当时我开了红侨照相馆,还被评为致富带头人。从 1986 年一直开了二十八年。因为房子是租人家的,在人民路,后来被拆了就不做了,执照还保留着。现在女儿开了一个奇馨数码,是在自己的房子,1992 年买的门面,让我女儿女婿管理,拍一些婚庆之类,这是他们自己开的。我以前也想过要不要做连锁,不过听女儿想自己搞,就让他们自己来。我家里相机很多,从 1980 年一百多块买的海鸥,到现在的佳能数码。

现在很多婚庆照片还是找我拍的,以前广西生活频道采访过我,2012 年 6

月 25 日，《走进里建》这个栏目。用照片反映时代的脚步，展现不同的人生。现在有些归侨生活困难的来照像我们都不收钱，有的老人我还去他们家帮他们拍。摄影协会周六日大家一起坐下喝茶，讨论自己的作品，提高技术，讨论生活的改变。其实摄影还是看天分，一个场面不同的人拍不一样，跟一些领导去拍风光，早上去中午拍不好看，我就等到下午拍黄昏，我的就发表了。拍人的时候，交流一下，再拍，就拍得好。给大学生拍，大学生很挑的，我拍他们就很满意，所以拍照还是运气加技巧。我在越南有个朋友，她孙子在 16 岁时获世界联合国摄影金奖。我朋友也是搞摄影的，想到就做到，他是构思的，我主要拍真实的。我主要是纪实片，现在还有不少风土人情。

二

我住的是生产队，有房换房政策，1981 年转过来，本来是武帽分场，就是 20 平方米四个人，换的这里也就是 108 平方米，补了十几个平方米按两千五百元一个平方米，我是第一批住进这个房子，哪一栋楼哪一号房都是抽签，抽到就登记了，比较公开公平，现在已经第三批，华侨城里归侨、本地人都有，只要在农场的一样享受这个待遇。我退休了五年了，工龄从 1981 年报名了劳动才开始算，在柳城没有算，医疗保险有城镇保险，退休了有终身医疗。

现在还接一下广告、婚礼的业务，今年想去加拿大旅游，又去不了了。我在越南有很多亲戚，经常回去，他们也来过。我去了三次，也不能说好不好，风俗国情不一样。大哥在那边也有退休金，大姐 700 多元人民币，我们这里退休金基本要两千元以上，在越南最多七八百元，总的来说回来蛮好的，还是对的。这里变化蛮大的，我原来在河内中心古街，回到河内还是保留传统的古街。现代化建筑也很多，不过比中国差很多，制度方面，腐败方面，税收方面，收税收得高。哥哥和姐姐都自己开了画廊，哥哥画油画就受法国影响，画欧洲风格油画，有一两米的。在河内市每个宾馆建新房要是有家哥的画才算好，大哥比较有影响。姐姐画山水画、国画，一九六几年就开始画，卖给外国人，在中国买中国画太贵了，在越南找华侨画便宜很多。哥哥 1996 年开华侨画展，有两百多幅，越南广播电台报过，他是第一个办得起画展的华侨，很出名。我也想过中越的文化交流，我们以前有个广西侨联秘书长，来这边说推荐我。李开伟以前是这里的侨联主席，东盟开发区侨联主席，现在是市侨联办公室主任。我父亲也做过东南亚文化交流，我父亲在越南是名人的，我爸的朋友有搞摄影的我就跟他们学的。我爸的朋友来我们家，玩摄影的，我就跟他们玩，有点感觉。他们去拍东西就带我们去，慢慢就喜欢上了。

祖宗牌位，每个家庭都有，他们印度尼西亚归侨是另个方式，我们明他们暗，过年过节才拿过来，这个是广东习俗，初一、十五、节日才拜。

女儿就在附近，年轻人有年轻人的想法。我们会老挝舞，我们在边界受老挝文化影响，老挝比越南小，因为离我们中华学校很近，过节的时候就一起玩，他们那里也有华侨，邀请我们一起玩，就受他们影响。现在还有聚会，莱州西北区，西北侨校，四百多人，世界各地全国各地的同乡，西北侨校校友会，那是华侨学校，全名叫莱州新华学校，三四年聚一次，昆明、北海、南宁都聚会过，几百人在北海跳老挝舞。柳州有越南归侨六十多人，专门跳越南的舞蹈。还有这些傣族的，我们从小一起长大，我们在南宁聚，他们也来。

周宏伟　口述

口述者简介：周宏伟，男，1943年1月14日出生在东爪哇泗水市仁抹县，祖籍福建福清，母亲瓦丽娜（音）是爪哇人。

时　　间：2017年6月13日下午
地　　点：武鸣华侨农场周宏伟家中
采 访 者：李海翔
华侨属性：印度尼西亚归侨
南 洋 物：无
整 理 人：李海翔

一

我叫周宏伟，1943年1月14日出生在东爪哇泗水市仁抹县的一个镇里面，我的父亲在国民党时期因生活所迫从福建福清去南洋。因为福清是沿海一带，人多地少，不过听说现在建了一个核电站。父亲在印度尼西亚四十年，应该是1920年去南洋谋生的。去印度尼西亚是先伯父去，后来我爸爸去找他。我伯伯一次回国探亲的时候得病死了，被丢到大海，那时候是帆船，很危险。

我们家在泗水开了一个小杂货店，父亲叫周廷旋，母亲叫瓦丽娜（音）是爪哇人，1990年去世的时候82岁。福清人很多跟印度尼西亚人结婚的例子。父亲原本在福建已经结婚了，有一个小孩。在印度尼西亚又和我妈妈结婚，我妈妈是当地人。我叔叔1958年带孩子回国上学，知道我福建的妈妈得病去世了，后来他们去了香港。我父亲的叔叔、弟弟还在印度尼西亚，他们也是在泗水。我父亲在中华人民共和国成立以前寄过钱给福建的家庭。我父亲1961年6月去世了，他在印度尼西亚就已经有病了，骨髓炎，又没有什么药，那时候他62岁。

我去福清看过我姑姑和同父异母的兄弟周宏云,那已经是 1980 年改革开放以后。1984 年我也去过,那时候那边开放早一点,比我们这里好很多。我带我的孩子孙子都去看过福建的变化。福建还有一个我同父同母的兄弟,我父亲回老家的时候还带过一个孩子周宏杰回福建,结果他不愿意再回印度尼西亚就留在福建,后来当兵却得了肝癌死了,所以我一共有两个兄弟在福建。我有七个兄弟姐妹,周宏云、周玉珍去了香港,其余还有周宏远、周宏信、周宏伟、周宏凯、周玉英。

1959 年印度尼西亚发生排华运动,让华人搬到县城去住。可是县里根本没有那么多房子住,国家就找船接我们回来,几天后我们就在泗水上船,坐的是"俄罗斯号"。其实那时候苏联和中国交恶,国家也非常困难,但是国家关怀我们、关照我们。那时候好像劳动力每人每个月 40 斤口粮,家属 30 斤口粮,学生 26 斤,那时候大米才 8 分钱一斤。不过当地人都很困难,有的时候都吃不饱啊。国家关照华侨,发给我们口粮。还发免费的棉衣、板凳、生活用品,把以前土改时从地主家搜出来的东西发给我们。那时候政府发动当地人给我们捐生活用品,因为刚回来我们什么也没有。所以现在也在讲民族要大团结。以前我们在团结农场很简陋,有个瓦就很好了,国家很困难,当地人只能住茅草房,所以我们不能忘记共产党,不能忘记政府,国家在那个时候,所有人都很困难,但还是照顾归侨。

二

我回来时已经 17 岁了,超龄了不能再读书了,领导也宣传建设社会主义。回来前我只在印度尼西亚读了半年初中,14 岁时爸爸就带我去泗水的一个老乡的布店打工。我回来先搞了两三年农工,然后里建糖厂又派我去南宁糖厂学习技术,那是甘蔗农木科,学了三个月,又回糖厂做工。但是家还在团结,做了七年,那时候老婆生了小孩,家里没有自来水,老婆要去五公里外挑水,我觉得老婆太辛苦就回团结了。然后当了选举管委会的队长,又做会计,我在印度尼西亚学过打算盘,可以算算账。我在生产队三十年,队长做了七年然后 2003年退休了,我退休比较早,社保制度刚开始没多久,没交什么钱,现在退休工资不到两千五百块。

我老婆祖籍容县,没读过书,我岳父在 2009 年去世 92 岁,以前在海南烧煤砖窑。老婆家九个兄弟姐妹,五女四男。岳父一共结婚过两次,回国前一次,回国后在海南岛又结婚一次。我们这里比海南的兴隆农场待遇好，他们一家就跑来了武鸣。那时候申请就可以流动，这边地很多需要劳力，国家也照顾华侨。岳父原来在马来包了一个山头种橡胶，又在海南开砖场，可惜他没文化，要是有文化可以发展很好，在那边没有读过书。

听妻子说，我岳父在马来的时候听说中国很好，共产主义不要钱。又因为岳父很爱国，是官员出身，听说中国很好了就回来了。

在印度尼西亚的时候，学校都在教热爱祖国的课，因为寄人篱下，回来之后才知道印度尼西亚 20 世纪 50 年代还比中国好，国内很多地方没有水、没有电。其实我们在印度尼西亚农村也没有电，在镇里才有，平常家里也是用油灯。从心里讲，还是不习惯，这里什么也没有，买不到东西，当然也没钱，印度尼西亚当时物产还是比较丰富。刚回来我不习惯冷，大棉衣以前都没见过。在印度尼西亚都穿这个棉的巴蒂衫，很凉快。三四年前，我去印度尼西亚探亲的时候他们就说，后来想走也走不了了，印度尼西亚人不让走了。现在因为我在印度尼西亚还有很多亲戚，我妈妈是当地人，我舅舅都在那边，他在那边当老师的，印度尼西亚人都没有什么变化，跟我们是天地之差。他们也想过来看我妈妈，我侄子来过，我侄子的女儿在暨南大学读书，现在在雅加达教中文。她有基础，他的爸爸妈妈会讲普通话，因为她的爸爸妈妈都读过中华学校。我跟她讲印度尼西亚话，她还给我说中国话。我伯伯的孙女叫周伟凤，明年就结婚了，她现在在雅加达，还叫我过去。华人在印度尼西亚还是不怎么安全，有什么风吹草动都针对华人，我跟侄子、孙女都不会讲政治的东西，大家比较回避这个。我伯伯叫周廷秀，他家很有钱，原来是卖瓷器的，也炒股票。我们回国的时候，他还让我给他儿子带一块劳力士手表，以前劳力士相当于一部小汽车。我爸爸也带了很多布。伯伯他给家乡贡献很大，捐了一个柏油路，当地幼儿园、小学都是他捐的，他在城市里很有影响，后来他回福建给家里人发红包，还帮家乡修了一个小水电站，他的老婆是小脚女人。以前他是带着老婆去的印度尼西亚。在家乡他的名字很响。我爸爸来这里一年就死了，1958 年在印度尼西亚住院，那时候他也经常来看我爸爸，我爸爸去世以后就不怎么联系了。改革开放不久我去看过他，机票一共一万多块。

从印度尼西亚回来原来带的东西都给了当地农村人了，如果有比较珍贵的就送给国家了，我们在那边也不是很富裕。我爸爸不知道为什么不愿意跟伯伯他们有太多来往，可能住得比较远了。那时候我爸爸本来生意很好，但去集中营避难回到家里都被趁火打劫的印度尼西亚人抢光了。我妈妈讲过原来我们生意很大，后来就被抢了，所以说我们华人在别人国家不安全，有钱就寄给家里。我是1968年结婚，一个生产队一起工作，那时候很苦，请一些亲戚摆一两桌，他们给点《毛泽东选集》、热水瓶。我给她家四分之一的猪，那时候很便宜。

我姐夫谢彬华，他是知识分子又有海外关系。以前他是团结完小的校长，很爱国，爱社会主义，热爱共产党，经常告诉我们不要犯罪。在60年代中期被冤枉他很伤心，后来平反冤假错案，给他们政策可以去香港。姐夫在印度尼西亚的时候也是中华学校的老师，教小学，他是在印度尼西亚出生和读书的，他的兄弟在印度尼西亚都在讲普通话。他的侄子在广州读书，先去的香港，后来接他去香港，姐夫现在九十二岁了。去了香港之后，姐夫就在香港社区当保安，在香港的时候也很困难，但现在很好了。他的孩子一个当空姐一个当老师，孙子也上大学了，还有一个孩子开家具店，他们是一点点艰苦奋斗积累了一点资金。我也经常去看他们，我姐夫也是联欢会的负责人，他就说小小的里建都变化很大，他们有的去了二十几年还是买不起房。像我这套房子在香港要一千多万，感谢党。

我有三男一女，最小的孩子周爱桥出了交通意外死了。我的女儿周惠娟，1969年元月出生，香港回归1997年去那边旅游，认识那边的就嫁到那里了。当时在里建很困难，不过有的人去那边也很后悔，现在中国发展快，我要知道现在的情况我也不会让他出去。现在她在花店做工，算是帮公司打工。那个鲜花公司在很多地方有分店，南京、上海、德国都有分公司。不过要是她在这里也该退休了。我的女婿叫赖志平，是广州出去的，原来在广州汽车总站，"文革"时期逃到香港。剩下两个孩子一个叫周杰，在化纤厂；另一个叫周秋，1972年出生，当时早产，刚生出来时只有两三斤，护士都说可能活不下来，后来精心护理活下来了但是身体不太好，刚刚一米五，现在也没工作。

郑繁仕、林万妹　口述

口述者简介：林万妹，女，1957 年生，现已 60 岁。郑繁仕，男，1938 年 4 月生，现已 79 岁。林、郑因各自伴侣去世，组合成家庭。均是 1960 年因为排华回国。林全家一起回国，郑仅自己一人回国。回国后均被安置在武鸣华侨农场。林初中毕业后参加生产队一直到退休，郑回国前跟父母一起做生意，回国后在生产队做裁缝直到退休。林有两个孩子，郑有三个孩子。

时　　间：2017 年 6 月 13 日上午
地　　点：武鸣华侨农场林万妹、郑繁仕家中
采 访 者：陈舒婷
华 侨 属 性：印度尼西亚归侨
南 洋 物：印度尼西亚出生证
整 理 人：陈舒婷　黄玉柳

一

我叫郑繁仕，1938 年 4 月生，我老婆叫林万妹。

我 1938 年 4 月 24 出生，1960 年回来，回来时 22 岁。自己一个人回，父母也不回。我的兄弟姐妹都还在印度尼西亚，住在印度尼西亚巨港，老家是广东梅县。我有 11 个兄弟姐妹，我排行第九。巨港没有排华的，爸妈在印度尼西亚做生意。兄弟姐妹在印度尼西亚都还蛮有钱的，我回来后，他们还寄钱给我的，前不久也给我们寄钱，他们也经常回来，哥哥姐姐还有他们的孩子，他们没来过这边，我们都是在外面跟着旅游团见面的。

我在印度尼西亚也是只读到初中。初中才学印度尼西亚文，小学没有学。

我现在还会写印度尼西亚文，也会读。初中毕业后，我在印度尼西亚的工作是站柜台。回来以后在农场做工就是裁缝，大锅饭的时候学会做裁缝的。回国以后被分到团结分场的裁缝组，后来第五年散了，就帮人家裁衣服，一直做到退休，后来自己做裁缝生意。

我有三个小孩，一女两男，我的女儿一个人在香港，两个男孩子在柳州。我去过香港，女儿也回来的。1991年去过印度尼西亚，拍了照，我小孩也跟着一起去了，去了差不多一个月，去祭拜了我爸爸，我爸爸葬公墓那边。我的兄弟经常回国内来旅游，他们大部分在巨港。我兄弟们都很胖的，有一个还是开中医馆的。我1991年去印度尼西亚时，觉得印度尼西亚没什么变化。

现在，我家只有我们两个老人，两个孩子在外面，一个还在团结分场没有搬上来（第二批，拿到了钥匙），我是第一批搬到华侨城的。我觉得很好，国家也是一天天强大了。当时回来的时候这里还是一片草地，现在真的是太好了。现在住的房子是124平方米，分场房子有200多平方米。由于人不够，我的安置房只有140平方米，所以要是换两套小的我也不愿意，干脆就换了一套大的。因为我们是裁缝，啰啰唆唆的东西是很多的。我觉得还是我们这里好，他们叫我去香港什么地方，我都不愿意去，这里退休金也有。不过我还有回农场做工，种葡萄，我们老人家做半天就回来的，我在分场那边还有地，我的孩子有承包地，我把地给了我孩子了。

二

我叫林万妹，1957年在印度尼西亚泗水出生，生活在靠近雅加达的地方。1960年回来，我们一家全都回来了。我吃不惯印度尼西亚的饭菜，不爱吃。我有七个兄弟姐妹，三女四男，我排第五，是最小的女孩。我爸妈也都是在印度尼西亚出生，我不知道是谁最早去到印度尼西亚的。我的祖籍是福清。我本来不想回来，想跟我姑姑在印度尼西亚，被我爸爸带回来，爸爸看到报纸、画报啊，就觉得中国比较好。坐船回来，坐接侨船。刚回来的时候真的很苦的，就是毛草地，我当时觉得要是不回来就好了，但谁也没想到现在变得这么好。

我爸妈在印度尼西亚做买卖小生意，大概也是过不怎么样，就想着回国。

我在团结小学、团结中学上过学，毕业后就参加生产队，也有去各种厂做临时工，一直在生产队到退休，50岁退休了，我现在已经退休差不多十年了。

我们两个都是团结分场四队。团结分场现在还有人没有搬过来。第一批搬到华侨城的不需要装修，之后的都需要装修，我们是 2013 年 11 月 28 号搬到华侨城。当时搬过来的人不多，我当时准备去台湾，就赶紧先搬了过来，然后我就去台湾了，留我老公一个人住在这里。我的烂房子换了一个国家给的好房子，还给了我十多万块。另有搬家费一万块（每一户都有）。后来搬上来的也有搬家费一万块的。房子搞得装修也很好啊。安排房子就是抽签，抽到哪就是哪了。一百五十五套房子，三百多人一起去抽，好多人抽不到。我住二楼，一般不坐电梯，我是管理这一栋楼的人，我也不爱坐电梯的，一层一层地走上去。

我们就是在街上认识的，聊聊天就熟悉了。1992 年 12 月 19 号结婚。刚结婚的时候只有一个纸皮，好难看，我 2013 年又去换了一个新的结婚证。我自己有两个孩子，一男一女，我老公他有三个孩子。我们两个结婚后没有再要孩子。我们两个的伴儿都已经去世了，他们也都是归侨。找归侨一起生活，也是想吃啊风俗等习惯各种比较合得来。

归侨有相信基督教的，他们在家里面唱歌，好像唱一个小时，叫我一起去，我不愿意去。叫我信基督教，要是管我吃喝那还行，还叫我去干活，我肯定不愿意。其实我也不太理解基督教这个东西。

我们在那边皮肤也不黑的，我们是黄种人，是被晒黑的，又不是天生皮肤黑。

我到过云南河口做生意，去卖水果，就是我们团结分场的水果。

我的女孩子在台湾啊，儿子在农场。我常去台湾的，我女儿也常回来。我的精神也还不错。我没回去过印度尼西亚。

我觉得现在能吃就吃，以后想吃也吃不了。我们两个工资也差不多五千块钱了。退休工资都是两千多块。不生病就是发财。我老公不爱讲话。印度尼西亚出生证我还留有。

后　记

在广西，自 20 世纪 60 年代以来陆续建立了 22 个华侨农林场和 40 多个归侨安置点，集中安置了来自南亚、东南亚等地区的近 15 万名归国华侨。与广东、福建等地不同的是，广西的华侨农林场、归侨安置点有着自己的特点：一是这些集中安置的归侨以印度尼西亚和越南归侨居多，二是在归侨中有不少是少数民族的归侨，三是以归侨的意愿建立起特别的安置点。这些华侨农林场和归侨安置点各自成体系，是一个无所不包的社会，也是一个"政治社区"和"移民社区"。

近年来，广西华侨农林场这些具有特殊意义的"政治社区"，或颇具特色的"移民社区"已逐渐进入了许多学科研究者的视野。就人类学而言，华侨农场是人类学研究的"理想实验室"。2015 年，本人申报的"广西华侨农场归侨口述史研究"项目获得广西高校人文社科"2011 协同创新中心"民族文化遗产保护与传承协同创新中心招标课题的立项，组织了该项目的学术团队，其成员主要有郑一省、苏妙英、李海翔、陈舒婷、邓燕、邓欣婷、郑玉荣、罗世念、韦佳颖、王贞荣和黄玉柳。为了完成该项目，项目组成员从 2015 年 12 月起先后到百色华侨农场、来宾华侨农场、柳城华侨农场、宁明华侨农场和武鸣华侨农场，访谈这些农场的归侨和进行口述史调研。

在前往这些华侨农场进行口述史调研的整个过程中，我们得到了各级侨务部门的大力支持。广西壮族自治区归国华侨联合会为了使这次调研进行得顺利，特拟公文并发传真给各需要调研的华侨农场，而百色市侨联、来宾市侨联、柳州市侨联、宁明县侨联和武鸣华侨农场侨联都事先拟定所要调查的访谈对象名单，并亲自派一些场部领导陪同我们项目组的成员到归侨家中进行访谈，特别是那些归侨对我们的到来表示了由衷的欢迎，无论项目组成员问什么，他们都一一应答，不仅将他们的喜愁哀乐，甚至也将他们的心里话都毫无保留地告知我们，将我们看作他们的知心人和亲密的朋友。

　　这次前往百色华侨农场、来宾华侨农场、柳城华侨农场、宁明华侨农场和武鸣华侨农场的归侨口述史调研五次，历时大半年时间，访谈 74 名归侨。第一次是在 2016 年 7 月 5—6 日，由苏妙英老师带领韦佳颖、罗世念访谈以前曾在华侨农场而后因多种原因在南宁市生活工作的归侨；第二次是在 2016 年 7 月 8—12 日，由郑一省、苏妙英老师带领邓燕、罗世念、郑玉荣、韦佳颖、王贞荣、邓欣婷、梁润丽和陆圆圆前往百色华侨农场，访谈了 12 位归侨；2017 年 7 月 14—28 日，由苏妙英老师带领邓燕、罗世念、韦佳颖、郑玉荣、王贞荣、邓欣婷前往来宾和柳城华侨农场，访谈 20 位归侨；2017 年 6 月 11—13 日，由郑一省带领李海翔、陈舒婷前往武鸣华侨农场，访谈 25 名归侨；2017 年 6 月 18—21 日由郑一省带领李海翔、陈舒婷和黄玉柳前往宁明华侨农场，访谈了 18 位归侨。

　　在该项目完成之际，我们在这里要特别感谢广西区侨联的谭中杰主任、李开伟主任、刘勇副主任、银苑丹和林婷婷，百色市侨联的温秀云副主席、百色华侨管理区的侨务专干何德海，来宾市侨联的凌茂同副主席、来宾华侨农场唐国强场长、来宾华侨农场侨联的黄世龙科长，柳州市侨联的潘伟红副主席、柳城华侨农场邱文康场长、柳城华侨农场侨联的陈贵德主席，武鸣华侨农场侨联的陈箐主席、韦清溪副主席，宁明县侨联的杨伟东主席、宁明华侨农场吴碧琼副场长，等等，正是各侨务部门领导的大力支持，以及各位归侨的真诚配合，使我们所进行的口述史调研获得完满的成功。

郑一省

二〇一八年一月于相思湖畔